Martin Heidegger

Dados Internacionais de Catalogação na Publicação (CIP)
(Câmara Brasileira do Livro, SP, Brasil)

Davis, Bret W.
Martin Heidegger : conceitos fundamentais / editado por Bret W. Davis ; tradução Fábio Creder. – Petrópolis, RJ : Vozes, 2020.

Título original: Martin Heidegger : key concepts
Bibliografia.
ISBN 978-85-326-6496-9

1. Conceitos 2. Existencialismo 3. Filosofia moderna
4. Heidegger, Martin, 1889-1976 5. Hermenêutica (Filosofia)
I. Título.

20-34896 CDD-193

Índices para catálogo sistemático:
1. Heidegger : Filosofia alemã 193

Maria Alice Ferreira – Bibliotecária – CRB-8/7964

Editado por
Bret W. Davis

Martin Heidegger
Conceitos fundamentais

Tradução de Fábio Creder

EDITORA
VOZES

Petrópolis

Tradução autorizada a partir da edição em inglês publicada originalmente pela Acumen e agora pela Routledge, membro do Grupo Taylor & Francis.

Título do original em inglês: *Martin Heidegger – Key Concepts*

Direitos de publicação em língua portuguesa – Brasil:
2020, Editora Vozes Ltda.
Rua Frei Luís, 100
25689-900 Petrópolis, RJ
www.vozes.com.br
Brasil

Editoração: Elaine Mayworm
Diagramação: Raquel Nascimento
Revisão gráfica: Alessandra Karl
Capa: HiDesign Estúdio

ISBN 978-85-326-6496-9 (Brasil)
ISBN 978-1-84465-199-3 (Reino Unido)

Editado conforme o novo acordo ortográfico.

Este livro foi composto e impresso pela Editora Vozes Ltda.

Sumário

Colaboradores

Andrew J. Mitchell é professor-assistente de Filosofia na Emory University, na Geórgia. Ele é autor de *Heidegger Among the Sculptors – Body, Space, and the Art of Dwelling* (no prelo), bem como de ensaios sobre Heidegger, Nietzsche, Derrida, James Joyce e Rainer Werner Fassbinder. Atualmente está revisando um manuscrito que explora a concepção de coisas no período do segundo Heidegger, intitulado *The Fourfold – Thing and World in Late Heidegger*. É coeditor (com Jason Winfree) de *Community and Communication – The Thought of Georges Bataille* (2009) e cotradutor (com François Raffoul) de *Four Seminars* (2003), de Heidegger.

Ben Vedder é professor de Metafísica e Filosofia da Religião na Radboud Universiteit Nijmegen, na Holanda. Ele publica especialmente nos campos da Hermenêutica, Metafísica e Filosofia da Religião. Suas obras incluem *Heidegger's Philosophy of Religion – From God to the Gods* (2007) e *Was ist Hermeneutik? Ein Weg von der Textdeutung zur Interpretation der Wirklichkeit* (2000).

Bret W. Davis é professor-associado de Filosofia na Loyola University Maryland. Além de numerosos artigos em periódicos e capítulos de livros, ele é autor de *Heidegger and the Will – On the Way to Gelassenheit* (2007), tradutor de *Country Path Conversations* (2010), de Martin Heidegger, coeditor de *Japanese and Continental Philosophy – Conversations with the Kyoto School* (com Brian Schroeder e Jason Wirth, 2010) e coeditor de *Japanese Philosophy in the World* (com Fujita Masakatsu, 2005 [em japonês]).

Charles Bambach é professor de Filosofia na Universidade do Texas, em Dallas. Seus livros incluem *Heidegger's Roots – Nietzsche, National Socialism, and the Greeks* (2003) e *Heidegger, Dilthey, and the Crisis of Historicism* (1995). Ele também escreveu sobre Hermenêutica, Fenomenologia, Ética e História da Filosofia alemã. O projeto do livro atual de Bambach, *Doing Justice to Poetry – Heidegger, Hölderlin, Celan, and the Greek Experience of dikē*, lida com a aporia trágica entre ética e justiça na filosofia alemã moderna, especificamente o diálogo de Heidegger com a poesia de Friedrich Hölderlin (1770-1843) e Paul Celan (1920-1970).

Charles E. Scott é professor-distinto de Filosofia na Universidade de Vanderbilt, no Tennessee. Seus livros recentes incluem *Living With Indifference* (2007), *The Lives of Things* (2002) e *The Time of Memory* (1999). Ele também coeditou *A Companion to Heidegger's Contributions to Philosophy* (2001).

Daniela Vallega-Neu é professora-associada de Filosofia na California State University Stanislaus. É autora de *The Bodily Dimension in Thinking* (2005) e *Heidegger's Contributions to Philosophy – An Introduction* (2003), e coeditora de *A Companion to Heidegger's Contributions to Philosophy* (2001).

Daniel O. Dahlstrom, professor e presidente do Departamento de Filosofia da Universidade de Boston, é autor de *Philosophical Legacies* (2008), *Heidegger's Concept of Truth* (2001) e *Das logische Vorurteil – Untersuchungen zur Wahrheitstheorie des frühen Heidegger* (1994). É tradutor das primeiras conferências de Heidegger em Marburgo, *Introduction to Phenomenological Research* (2005). Seus artigos recentes sobre o pensamento de Heidegger incluem "Transcendental Truth and the Truth that Prevails", em *Transcendental Heidegger* (2007), e "Feenberg on Heidegger and Marcuse", em *Techne* (2006).

Günter Figal é professor de Filosofia na Universidade de Friburgo, Alemanha, onde ocupa a cadeira anteriormente ocupada por Martin Heidegger. Seus muitos livros incluem: *The Heidegger Reader* (2009); *Verstehensfragen – Studien zur phänomenologisch-hermeneutischen Philosophie* (2009); *Zu Heidegger – Antworten und Fragen* (2009); *Gegenständlichkeit* (atualmente sendo traduzido para o inglês) (2006); *For a Philosophy of Freedom and Strife* (1998); *Der Sinn des Ver Stehens* (1996); *Heidegger zur Einführung* (1992); e *Martin Heidegger – Phänomenologie der Freiheit* (1988).

Hans Ruin é professor de Filosofia na Södertörn University College, na Suécia. É autor de *Inledning till Heideggers Varat och tiden* (2006), *Herakleitos Fragment* (1997) e *Enigmatic Origins – Tracing the Theme of Historicity through Heidegger's Works* (1994). É coeditor de *The Past's Presence* (com

M. Sá Cavalcante, 2006); *Metaphysics, Facticity, Interpretation – Phenomenology in the Nordic Countries* (com D. Zahavi e S. Heinämaa, 2003); e *Fenomenologiska Perspektiv* (1997). É cofundador da Sociedade Nórdica de Fenomenologia e coeditor das obras coletadas de Nietzsche em sueco. Ele também traduziu obras de Derrida, Husserl e Heidegger para o sueco.

John T. Lysaker é professor de Filosofia na Emory University, na Geórgia. É autor de *Emerson and Self-Culture* (2008) e *You Must Change Your Life – Poetry, Philosophy, and the Birth of Sense* (2002), e coautor de *Schizophrenia and the Fate of the Self* (2008). Seus interesses atuais incluem a natureza do self, a função social da arte e as interseções da fenomenologia com o pragmatismo e a teoria social.

Jonathan Dronsfield é leitor em Teoria e Filosofia da Arte na Universidade de Reading e faz parte do Comitê Executivo do Fórum de Filosofia Europeia do Instituto Europeu da London School of Economics. Atualmente escreve um livro, *Derrida and the Visual*, e tem publicado principalmente sobre Arte e Ética, incluindo, mais recentemente, "Between Heidegger and Deleuze There is Never any Difference" (In: RAFFOUL & PETTIGREW [eds.]. *French Interpretations of Heidegger*, 2009). • "Philosophies of Art" (In: MULLARKEY & LORD [eds.]. *The Continuum Companion to Continental Philosophy*, 2009). • E "Nowhere is Aesthetics against Ethics: Rancière the Other Side of Lyotard" (In: *Art & Research*, 2008).

Peter Warnek é professor-associado de Filosofia na Universidade de Oregon. Ele é autor de *The Descent of Socrates – Self- knowledge and Cryptic Nature in the Platonic Dialogues* (2006), e cotradutor (com Walter Brogan) de *Artistotle's Metaphysics, Theta 1-3 – On the Essence and Actuality of Force* (1995), de Martin Heidegger.

Richard Polt é professor de Filosofia na Universidade Xavier, em Ohio. É autor de *The Emergency of Being – On Heidegger's "Contributions to Philosophy"* (2006) e *Heidegger – An Introduction* (1999), e editor de *Heidegger's "Being and Time" – Critical Essays* (2006). Com Gregory Fried, traduziu *Being and Truth* (2010) e *Introduction to Metaphysics* (2000), de Heidegger, e editou *A Companion to Heidegger's "Introduction to Metaphysics"* (2001).

Theodore Kisiel é pesquisador-distinto e professor emérito de Filosofia na Northern Illinois University. Seus livros incluem *Heidegger's Way* *of Thought – Critical and Interpretative Essays* (2002); *The Genesis of Heidegger's "Being and Time"* (1993); e *Phenomenology and the Natural Sciences* (com Joseph Kockelmans, 1970). As edições incluem *Becoming Heidegger – On the Trail of His Early Occasional Writings, 1910-1927* (com Thomas Sheehan, 2007) e *Reading Heidegger from the Start – Essays in His Earliest Thought* (com John van Buren, 1994). As traduções incluem *History of the Concept of Time – Prolegomena* (1985), de Martin Heidegger, e *Heidegger and the Tradition* (1971), de Werner Marx.

Thomas Sheehan é professor de Estudos Religiosos na Universidade de Stanford e professor emérito de Filosofia na Loyola University Chicago. Entre seus livros e edições estão sua edição e tradução de *Logic – The Question of Truth* (2010), de Heidegger; *Becoming Heidegger – On the Trail of his Early Occasional Writings, 1910-1927* (com Theodore Kisiel, 2007); *Edmund Husserl – Psychological and Transcendental Phenomenology and the Confrontation with Heidegger (1927-1931)* (com Richard Palmer, 1997); *Karl Rahner – The Philosophical Foundations* (1987); e *The First Coming – How the Kingdom of God Became Christianity* (1986).

Timothy Stapleton é professor-associado de Filosofia na Loyola University Maryland. Ele é autor de *Husserl and Heidegger – The Question of a Phenomenological Beginning* (1984) e editor de *The Question of Hermeneutics* (1994).

Agradecimentos

Permitam-me que comece agradecendo aos colaboradores deste volume. Embora haja vários livros de nível introdutório sobre Heidegger (que correm o risco de superficialidade e até distorção), e embora haja uma abundância de tratados de nível acadêmico (que correm o risco de inacessibilidade e até ofuscação), este volume foi concebido com a intenção de preencher a lacuna entre esses níveis. Os capítulos destinam-se a explicar os conceitos-chave do pensamento de Heidegger de uma maneira que seja *ao mesmo tempo rigorosa e acessível*. A única forma de fazê-lo, em minha opinião, é que alguns dos melhores estudiosos da área, os quais todos publicaram no mais alto nível de erudição, estejam dispostos a dar um passo atrás e tentar articular, de forma clara e concisa, com referências textuais amplas e precisas, sua compreensão dos conceitos-chave de suas respectivas áreas de especialização. Agradeço aos colaboradores por sua disposição a assumir esse equilibrismo desencorajador, e por conseguirem encontrar o caminho do meio com tanto cuidado e perspicácia. Devido a seus repositórios de pesquisa e facilidades de elucidação, acredito que este livro será útil para alunos que procurem uma introdução confiável, perspicaz e abrangente aos contornos conceituais do pensamento de Heidegger, em todas as suas fases, bem como para estudiosos que procurem concentrar sua atenção e aprofundar sua compreensão sobre este ou aquele conceito heideggeriano específico.

O pensamento de Heidegger suscitou uma gama diversificada de respostas, mesmo no nível de explicação e interpretação. Uma vantagem que uma coleção tem sobre uma monografia é que o leitor é exposto à parte dessa variedade. Embora certas convenções de citação e tradução tenham sido coordenadas, e embora eu tenha solicitado a todos os autores que se concentrassem na *elucidação*, e não no desenvolvimento ou crítica dos conceitos de Heidegger, não quis restringir indevidamente as abordagens e os estilos individuais dos capítulos.

Em parte, devido aos conceitos tratados, os estudantes podem achar alguns capítulos (como 1, 6, 8 e 10) mais desafiadores, outros capítulos (como 3, 4, 7, 14 e 16) mais acessíveis, e os demais em algum lugar intermediário. Embora o livro possa ser lido do início ao fim como um relato abrangente e aproximadamente cronológico do pensamento de Heidegger, cada um dos capítulos também pode ser lido de maneira independente; e assim, mesmo o estudante iniciante deveria sentir-se livre para escolher capítulos de acordo com seus interesses.

Tendo agradecido aos colaboradores, quero ainda expressar minha gratidão a Tristan Palmer e Kate Williams pelo profissionalismo e habilidade com que acompanharam o manuscrito por seus vários estágios, do planejamento à produção. Foi um prazer trabalhar com eles e seus colegas da Acumen neste projeto. Eu também gostaria de aproveitar esta ocasião para agradecer a todos aqueles que me ajudaram a encontrar o caminho para o pensamento de Heidegger. Estes incluem, em primeiro lugar, meus ex-professores da Universidade de Vanderbilt, Charles Scott, John Sallis e David Wood. Também estão incluídos professores e colegas do Japão, do Collegium Phaenomenologicum, da Itália, e de conferências como a Spep, CCPC e o Círculo Heidegger. Da Universidade de Loyola Maryland, gostaria de agradecer aos meus colegas, especialmente aos participantes do nosso grupo de estudo sobre Heidegger, e aos meus alunos, especialmente àqueles que participaram de meus seminários sobre o pensamento de Heidegger. Sou grato à Loyola por uma bolsa de pesquisa de verão que me permitiu passar um verão em Friburgo trabalhando neste projeto.

Deixe-me terminar agradecendo, como sempre, à minha família, começando por minha esposa Naomi, meu filho Toshi e minha filha Koto, por fazerem tudo valer a pena – todos os dias. Embora me arrependa de não poder compartilhar a fruição deste projeto – e muito mais – com minha mãe, Barbara Davis (1938-2009), sou grato por ela ter vivido o suficiente para compartilhar as muitas andanças e retornos de seus filhos, e rir e cantar por alguns anos com seus netos. Gostaria de dedicar este volume aos meus irmãos Peter, Chris e Sean. Sou profundamente grato por sua companhia fraterna (e WML) em momentos de tristeza e de alegria.

Bret W. Davis

Abreviações

AS	"Art and Space" (1973; escrito em 1969)
BC	*Basic Concepts* (1993; escrito em 1941)
BCAP	*Basic Concepts of Ancient Philosophy* (2008; escrito em 1926)
BH	*Becoming Heidegger – On the Trail of His Early Occasional Writings, 1910-1927* (2007; escrito em 1910-1927)
BPP	*The Basic Problems of Phenomenology* (1982; escrito em 1927)
BQP	*Basic Questions of Philosophy – Selected "Problems" of "Logic"* (1984; escrito em 1937-1938)
BT	*Being and Time* (1962; escrito em 1927)
BTS	*Being and Time* (1996; *escrito em* 1927)
BW	*Basic Writings*. 2. ed. (1993; escrito em 1927-1964)
CP	*Contributions to Philosophy (From Enowning)* (1999; escrito em 1936-1938)
CPC	*Country Path Conversations* (2010; escrito em 1944-1945)
CT	"The Concept of Time". In: *BH* (escrito em 1924)
DT	*Discourse on Thinking* (1966; escrito em 1944-1955)
EGT	*Early Greek Thinking* (1975; escrito em 1943-1954)
EHD	*Erläuterungen zu Hölderlins Dichtung*. 6. ed. (1996; escrito em 1936-1969)
EHF	*The Essence of Human Freedom – An Introduction to Philosophy* (2002; escrito em 1930)
EHP	*Elucidations of Hölderlin's Poetry* (2000; escrito em 1936-1969)
EM	*Einführung in die Metaphysik*. 5. ed. (1987; escrito em 1935)
EP	*The End of Philosophy* (1973; escrito em 1941-1946)
ETP	*The Essence of Truth – On Plato's Cave Allegory and Theaetetus* (2002; escrito em 1931-1932)
FCM	*The Fundamental Concepts of Metaphysics – World, Finitude, Solitude* (1995; escrito em 1929-1930)

FS	*Four Seminars* (2003; escrito em 1966-1973)
G	*Gelassenheit*. 10. ed. (1992; escrito em 1944-1955)
GA	*Gesamtausgabe* (1975-) [citado pelo número do volume; cf. a *Bibliografia* para detalhes]
HBB	*Martin Heidegger/Elisabeth Blochmann Briefwechsel* (1990)
HC	*The Heidegger Controversy – A Critical Reader* (1993)
HCT	*History of the Concept of Time – Prolegomena* (1985; escrito em 1925)
HHI	*Hölderlin's Hymn "The Ister"* (1996; escrito em 1942)
HJB	*Martin Heidegger/Karl Jaspers – Briefwechsel 1920-1963* (1990)
HK	"Die Herkunft der Kunst und die Bestimmung des Denkens" (1983; escrito em 1967)
HPS	*Hegel's Phenomenology of Spirit* (1988; escrito em 1930-1931)
ID	*Identität und Differenz*. 11. ed. (1999; escrito em 1956-1957)
IDS	*Identity and Difference* (1969; escrito em 1956-1957)
IHS	"Phenomenological Interpretations with Respect to Aristotle: Indication of the Hermeneutical Situation". In: *BH* (escrito em 1922)
IM	*Introduction to Metaphysics* (2000; escrito em 1935)
KPM	*Kant and the Problem of Metaphysics*. 4. ed. amp. (1990; escrito em 1929)
LW	*Letters to His Wife – 1915-1970* (2008)
M	*Mindfulness* (2006; escrito em 1938-1939)
MFL	*The Metaphysical Foundations of Logic* (1984; escrito em 1928)
MHC	"Martin Heidegger in Conversation". In: *MHNS* (escrito em 1969)
MHNS	*Martin Heidegger and National Socialism – Questions and Answers* (1990)
MLS	*"Mein liebes Seelchen!" – Briefe Martin Heideggers an seine Frau Elfride 1915-1970* (2005)
NI	*Nietzsche – Erster Band*. 5. ed. (1989; escrito em 1936-1946)
NII	*Nietzsche – Zweiter Band*. 5. ed. (1989; escrito em 1939-1946)
N1	*Nietzsche – Vol. I: The Will to Power as Art* (1979; escrito em 1936-1937)

N2	*Nietzsche – Vol. II: The Eternal Recurrence of the Same* (1984; escrito em 1937, 1953)
N3	*Nietzsche – Vol. III: The Will to Power as Knowledge and as Metaphysics* (1987; escrito em 1939-1940)
N4	*Nietzsche – Vol. IV: Nihilism* (1982; escrito em 1940-1946)
OBT	*Off the Beaten Track* (2002; escrito em 1935-1946)
OG	"'Only a God can Save Us': *Der Spiegel*'s Interview with Martin Heidegger". In: *HC* (escrito em 1966)
OHF	*Ontology – The Hermeneutics of Facticity* (1999; escrito em 1923)
OWAF	"Of the Origin of the Work of Art (first elaboration)" (2008; escrito em 1935)
OWL	*On the Way to Language* (1971; escrito em 1950-1959)
PIA	*Phenomenological Interpretations of Aristotle – Initiation into Phenomenological Research* (2001; escrito em 1921-1922)
PLT	*Poetry, Language, Thought* (2001; escrito em 1936-1954)
PM	*Pathmarks* (1998; escrito em 1919-1961)
PMH	"Preface by Martin Heidegger". In: William J. Richardson. *Heidegger – Through Phenomenology to Thought* (2003; escrito em 1962)
PR	*The Principle of Reason* (1991; escrito em 1955-1956)
PRL	*The Phenomenology of Religious Life* (2004; escrito em 1918-1921)
PRM	*Parmenides* (1992; escrito em 1942-1943)
PT	*The Piety of Thinking* (1976)
QCT	*The Question Concerning Technology and Other Essays* (1977; escrito em 1936-1954)
R	*Die Selbstbehauptung der deutschen Universität – Das Rektorat 1933-1934* (1990; escrito em 1933, 1945)
RFT	"The Rectorate 1933-1934: Facts and Thoughts". In: *MHNS* (escrito em 1945)
SA	*Schellings Abhandlung Über das Wesen der menschlichen Freiheit (1809)*. 2. ed. (1995; escrito em 1936, 1941-1943)
SG	*Der Satz vom Grund*. 7. ed. (1992; escrito em 1955-1956)
SJG	*Sojourns – The Journey to Greece* (2005; escrito em 1962)

ST	*Schelling's Treatise on the Essence of Human Freedom* (1985; escrito em 1936, 1941-1943)
SU	"The Self-Assertion of the German University". In: *HC* (escrito em 1933)
SUP	*Supplements - From the Earliest Essays to Being and Time and Beyond* (2002; escrito em 1910-1925)
SZ	*Sein und Zeit*. 17. ed. (1993; escrito em 1927); tanto *BT* quanto *BTS* incluem referências à paginação de *SZ*
TB	*On Time and Being* (1972; escrito em 1962-1964)
TDP	*Towards the Definition of Philosophy* (2000; escrito em 1919)
UKE	"Vom Ursprung des Kunstwerks - Erste Ausarbeitung" (1989; escrito em 1935)
UV	"Unbenutzte Vorarbeiten zur Vorlesung vom Wintersemester 1929-1930: Die Grundbegriffe der Metaphysik - Welt, Endlichkeit, Einsamkeit" (1991; escrito em 1929-1930)
VA	*Vorträge und Aufsätze*. 7. ed. (1994; escrito em 1936-1953)
WCT	*What is Called Thinking?* (1968; escrito em 1951-1952)
WhD	*Was heisst Denken?* 4. ed. (1984; escrito em 1951-1952)
WP	*What is Philosophy?* (ed. bilíngue) (1958; escrito em 1955)
WT	*What is a Thing?* (1967; escrito em 1935-1936)
Z	*Zollikoner Seminare: Protokolle - Zwiegespräche -Briefe* (1987; escrito em 1959-1971)
ZS	*Zollikon Seminars: Protocols - Conversations - Letters* (2001; escrito em 1959-1971)
ZSD	*Zur Sache des Denkens*. 3. ed. (1988; escrito em 1962-1964)

As citações dos textos de Heidegger geralmente listarão tanto a tradução para o inglês quanto a fonte original em alemão correspondente. Nos casos em que a tradução tenha sido modificada, isso será observado. Nos casos em que apenas a fonte alemã seja citada, a tradução é do próprio autor.

Introdução

Conceitos-chave no pensamento de Heidegger sobre o ser

Bret W. Davis

> "Conceitos básicos" ou "Conceitos fundamentais" [*Grundbegriffe*] significa para nós aqui: compreender [*begreifen*] o fundamento [*Grund*] dos entes como um todo. [...] Quando compreendemos algo, também dizemos que algo se abriu para nós. [...] Portanto, "compreender" [*Be-greifen*] o fundamento significa, acima de tudo, que a "essência" do fundamento nos compreende dentro dela [*ein-begriffen*], e que nos fala em nosso conhecimento acerca dela (*BC* 18-19 = *GA* 51: 21, trad. mod.).

Martin Heidegger (1889-1976) é amplamente considerado o filósofo mais famoso, influente e controverso do século XX. Seus escritos também estão entre os mais formidáveis. Os conceitos fundamentais do seu pensamento são, para muitos, fonte de fascínio e frustração. No entanto, qualquer estudante de filosofia – ou do pensamento contemporâneo em geral – precisa familiarizar-se com as principais ideias de Heidegger. Este livro foi projetado para facilitar este processo. Cada capítulo introduz e explica um conceito-chave – ou um conjunto de conceitos intimamente relacionados – do pensamento de Heidegger. Juntos, os capítulos cobrem toda a gama do seu percurso de pensamento em seus períodos inicial, intermediário e posterior.

Quais são os conceitos-chave do pensamento de Heidegger? Uma seleção dos mais importantes deles aparece nos títulos dos capítulos deste livro: o pensamento do ser; a hermenêutica da facticidade; a fenomenologia; o Dasein como ser-no-mundo; o cuidado e a autenticidade; o ser e o tempo; a virada; o povo alemão; a verdade como *alētheia* e a clareira do ser; a obra de arte; *Ereignis* (o evento de apropriação); a história do ser; vontade e *Gelassenheit* (serenidade); *Ge-stell* (o enquadramento como a essência da tecnologia); a linguagem e a poesia; o quádruplo; e a ontoteologia (juntamente com as concepções de divindade de Heidegger). Deixarei que os autores dos capítulos, cada um especialista na área do tópico do seu capítulo, expliquem estes conceitos-chave em profundidade.

Neste capítulo introdutório, desejo orientar o leitor, abordando as seguintes questões: quem é Heidegger e como a sua vida pessoal está relacionada com o seu pensamento? O que é "a questão do ser", objeto de preocupação central de Heidegger, e quais são as características distintivas do pensamento de Heidegger sobre o ser? E, finalmente, o que são "conceitos básicos" de acordo com Heidegger? Concluirei com algumas breves reflexões sobre os legados do pensamento de Heidegger.

Vida, morte e pensamento

Será que a biografia de um filósofo é filosoficamente significativa? Ou será que, como Heidegger afirmou certa vez, "quando o trabalho de um pensador [...] [está] [...] disponível, a 'vida' de um filósofo é irrelevante para o público. Nós nunca chegamos a saber o que é essencial em uma vida filosófica através de descrições biográficas, quaisquer que sejam" (*ST* 5 = *SA* 5)? No seu discurso de abertura de um ciclo de conferências sobre Aristóteles, Heidegger declarou certa vez: "A única coisa de interesse em relação à pessoa de um filósofo é esta: Ele nasceu nesta ou naquela data, trabalhou e morreu" (*GA* 18: 5)[1]. Heidegger bem pode ter desejado que o mesmo fosse dito acerca dele mesmo. Certamente, poucos filósofos dedicaram

1 Theodore Kisiel adverte contra o abuso desta observação frequentemente citada (na qual Heidegger aparentemente rejeita a relevância da biografia na compreensão de um filósofo), especialmente por aqueles que prefeririam simplesmente ignorar os aspectos e episódios inconvenientes da vida de Heidegger. Kisiel argumenta que, ironicamente, a citação é frequentemente retirada de contexto, dado que na época Heidegger estava desenvolvendo sua "hermenêutica da facticidade", que enfatiza "a interação do ôntico com o ontológico" e a "equiprimordialidade do histórico com o sistemático". Kisiel também aponta que Heidegger havia iniciado outro curso sobre

suas vidas de maneira tão sincera à tarefa de pensar. Não obstante, há várias razões *heideggerianas* convincentes pelas quais não seria inteiramente apropriado simplesmente dizer de Heidegger que ele nasceu, trabalhou e depois morreu.

A primeira razão pela qual não devemos isolar o pensamento de Heidegger de sua vida é que, desde cedo, seu pensamento versa especificamente sobre retornar à concretude – a "facticidade" – da existência humana, e este retorno tem que ser um esforço tanto hermenêutico quanto fenomenológico, dada a inserção histórica dos seres humanos. Segundo Heidegger, o filósofo deve começar com, e retornar à situação concreta da sua própria vida histórica. "O problema da autocompreensão da filosofia", diz Heidegger em um ciclo de conferências de 1920, "sempre foi pouco levado a sério. Se se compreende este problema mais radicalmente, descobre-se que a filosofia surge da experiência de vida fáctica. E dentro da experiência de vida fáctica, a filosofia retorna à experiência de vida fáctica" (*PRL* 6-7 = *GA* 60: 8). Como ele argumenta em *Ser e tempo* (1927), os projetos de vida de um indivíduo estão inseridos no contexto histórico e social no qual é "jogado". Pode-se autenticamente escolher modificar a própria "situação" existencial somente primeiro despertando para ela. Isso não apenas significa que devemos lidar com a situação na qual nós mesmos nos encontramos ao lermos Heidegger, mas também significa que devemos levar em consideração o contexto de vida no qual ele escreveu.

Por conseguinte, não é irrelevante para entender o pensamento de Heidegger saber que ele nasceu em 1889 e morreu em 1976; que ele foi criado em Messkirch, uma pequena cidade católica conservadora no sudoeste da Alemanha; que ele pretendeu tornar-se padre e estudou teologia antes de dedicar-se totalmente à filosofia e deixar a Igreja; que ele sobreviveu às duas guerras mundiais e, principalmente, à era nazista (mais sobre isso abaixo); que ele era alemão e escreveu em alemão; que ele viveu e ensinou durante a maior parte de sua carreira em Friburgo; que ele raramente viajava, exceto por

Aristóteles dois anos antes (em 1922) ao "notar que a 'vida e obras' do filósofo são pressuposições para o curso" (*GA* 62: 8; KISIEL, 1993, p. 287, 540, n. 3).

algumas poucas viagens para outros países europeus (como Áustria, Itália, França, Suíça, Holanda e Grécia), e, no entanto, frequentemente conversava com acadêmicos visitantes de todo o mundo, inclusive intercâmbios seminais com visitantes da China e do Japão (cf. MAY, 1996); que ele passou muito tempo em sua amada cabana em Todtnauberg, uma aldeia de montanha na Floresta Negra; e que ele viveu em uma era de rápido desenvolvimento e propagação cada vez mais generalizada da tecnologia moderna[2].

A principal razão pela qual não podemos ignorar a história pessoal (ou "existenciária" [*existentiell*]) de Heidegger é o seu infame envolvimento oficial com o nacional-socialismo nos primeiros anos do regime de Hitler. Com efeito, esse emaranhamento com o nazismo não foi meramente pessoal, uma vez que Heidegger estava, na época, convencido de que era seu chamado filosófico assumir um papel de liderança na formação do movimento. Embora o seu papel político como reitor da Universidade de Friburgo durasse apenas de 1933 a 1934, embora a sua própria versão daquilo acerca do que o movimento *deveria* ser – sua tentativa fracassada de orientar filosoficamente o movimento, que ele mais tarde afirma ter sido desdenhosamente referida como o seu próprio "nacional-socialismo privado" (*RFT* 23 = *R* 30) – não estivesse essencialmente contaminada pelo racismo biológico, e embora se tornasse cada vez mais agudamente (embora amiúde enigmaticamente) crítico de Hitler e do nazismo em suas palestras públicas e escritos e correspondências particulares, não obstante, o seu envolvimento político de curta duração, bem como as implicações políticas mais duradouras do seu pensamento, permanecem um tópico perturbador e ferozmente debatido até os dias de hoje.

2 Para outros destaques biográficos, cf. a minha cronologia da vida de Heidegger, no final deste livro. A biografia filosófica de Safranski (1998) é bem acabada e esclarecedora. A biografia de Ott (1993) é informativamente detalhada e examina criticamente o que Heidegger certa vez (numa carta a Karl Jaspers, em 1935) chamou de "os dois grandes espinhos na minha carne – a luta com a fé do meu nascimento e o fracasso da reitoria [da Universidade de Friburgo]" (p. 37). A de Geier (2005) é uma ótima biografia concisa em alemão. Outra excelente fonte de informação biográfica disponível em alemão é Mehring e Thomä (2003).

Finalmente, seria inapropriado abstrair o pensamento de Heidegger da sua situação histórica, porquanto, em seu período posterior, ele vem a manter que a existência histórica do indivíduo está localizada dentro de uma época da própria "história do ser". Por conseguinte, ao estudar qualquer filósofo, precisamos saber quando – em que época da história do ser – ele ou ela escreveu. Não é suficiente, portanto, dizer que um pensador nasceu nessa ou naquela data, já que o seu pensamento surge de um contexto histórico de sentido e ajuda a determiná-lo. Acredita-se que os grandes filósofos desempenhem papéis cruciais nas mudanças entre as épocas, e Heidegger via o seu próprio pensamento como crucialmente situado no final da história da filosofia como metafísica, e no início do que ele chamou de "a tarefa do pensamento" (*BW* 431ss. = *ZSD* 61ss.).

Para Heidegger, também seria insuficiente simplesmente dizer que um pensador "morreu", pelo menos enquanto isso implicasse que a morte é meramente um evento biológico que acontece no final da vida de alguém. Como Heidegger explica em *Ser e tempo*, a existência humana (que ele chama de "Dasein") é essencialmente determinada como "ser-para-a-morte" desde o momento do seu nascimento (*BTS* 228 = *SZ* 245). Nosso ser é sempre confrontado com o seu iminente não-ser, mesmo que nós, a maior parte das vezes, fujamos, de maneira inautêntica, dessa verdade certíssima. Antecipar autenticamente esse inevitável não-ser, no entanto, não é simplesmente uma antevisão sombria da aniquilação de uma vida e existência significativas; antes, enfrentar nossa mortalidade permite-nos apropriadamente assumir a responsabilidade de abraçar esta ou aquela possibilidade de existência, que, por sua vez, é o que torna a vida significativa. Mais tarde, Heidegger dirá que a morte é "o santuário do nada" (*PLT* 176 = *VA* 171) e que "o nada, enquanto diferente dos entes, é o véu do ser" (*PM* 238 = *GA* 9: 312), implicando que enfrentar autenticamente a nossa mortalidade é também o que nos abre para uma correspondência atenta com o ser, que, em sua "diferença ontológica" dos entes, deve ser abordado como, ele mesmo, uma não-coisa (cf. *PM* 233 =

GA 9: 306; *PM* 290 = *GA* 9: 382). Portanto, longe de ser um evento biográfico ou biológico filosoficamente irrelevante, a morte, ou o ser-para-a-morte da existência humana mortal, seria uma experiência fundamental que abre e sustenta a filosofia de Heidegger como um pensamento do ser.

Uma objeção final a resumir a vida de Heidegger dizendo que ele "nasceu, trabalhou e depois morreu" é que, estritamente falando, ele não entendeu os seus esforços em pensar em termos de "trabalhar", ou os seus escritos em termos de "trabalhos". Há duas razões para isso. Uma é que Heidegger considerava o seu pensamento essencialmente "a caminho". O seu lema para a sua edição das *Obras completas* (*Gesamtausgabe*) foi "caminhos, não obras" (*Wege, nicht Werke*), e ele conta-nos que seus livros, ensaios e conferências devem ser lidos como "marcas no caminho" (*Wegmarken*) e não como obras completas. Outra razão é que Heidegger contrastou o "trabalho" feito nas ciências com o "pensamento" feito em filosofia. Enquanto o primeiro visa o "progresso", este último visa o "re-gresso"; isto é, a dar um "passo atrás" radical. "A ciência não pensa" (*WCT* 8 = *WhD* 4), Heidegger gostava de afirmar provocativamente. O que ele quis dizer com essa "afirmação chocante" é que a ciência, na maioria das vezes, não questiona radicalmente os seus pressupostos, mas realiza o trabalho de pesquisa dentro de certos parâmetros dados. Heidegger está interessado em como esses parâmetros são dados em primeiro lugar. (Nos termos de Thomas Kuhn, Heidegger estaria mais interessado em "ciência revolucionária", que produz "mudanças de paradigma", do que em "ciência normal", que trabalha dentro de paradigmas estabelecidos [cf. *BTS* 7-8 = *SZ* 9; *BW* 271-305; KUHN, 1970].) O pensamento, diz Heidegger, não é uma questão de "trabalho e realização" dentro de dados horizontes de inteligibilidade, mas sim uma espécie de "agradecimento e atenção" através dos quais tais horizontes são primeiro delimitados dentro da região-aberta do ser (cf. *GA* 77: 99-100). Em contraste com o trabalho das ciências, com suas conquistas mensuráveis e eficácia tecnológica, o pensamento contemplativo da filosofia é "o conhecimento imediatamente inútil, embora soberano, da essência das coisas" (*BQP* 5 = *GA* 45: 5).

A questão do ser

A principal preocupação de Heidegger não é com a maneira como essa coisa X específica relaciona-se com essa coisa Y específica, mas sim como é que o significado de Xs e Ys e suas possíveis relações são determinados em primeiro lugar. O que, para tais coisas, significa *ser*; o que significa dizer que elas *são*? Essa questão de "ontologia" (o estudo do ser), em vez de questões a respeito das relações "ônticas" entre entes particulares, é o que principalmente interessa a Heidegger. Além disso, sua preocupação central não é apenas com "ontologias regionais"; isto é, com o sentido do ser de, por exemplo, coisas biológicas, coisas artificiais, coisas mentais, coisas sociais ou coisas imaginárias. Antes, seguindo a compreensão de Aristóteles da ontologia como "filosofia primeira", Heidegger quer saber, sobretudo, sobre "o ser enquanto tal". Qual é o sentido do ser que todas as entidades compartilham? O que é o ser de todos os entes?

"Pois, manifestamente, você há muito está ciente do que quer dizer quando usa a expressão 'ser'. Nós, entretanto, que pensávamos que o entendíamos, agora ficamos perplexos". Heidegger abre o seu primeiro grande livro, *Ser e tempo* (1927), com esta citação de Platão (*Sofista* 244a). Ele prossegue dizendo que não apenas nós, em nosso tempo, não temos uma resposta para essa questão do sentido do ser, mas já não estamos sequer perplexos com esse que é o mais fundamental dos problemas filosóficos. Nós esquecemos a *questão* do ser. Depois de Platão, Aristóteles perguntou-se acerca da questão do "ser *qua* ser" (*on hēi on*); isto é, a questão do que significa para qualquer coisa ser, independentemente de quaisquer outras qualidades que possa ter. Embora uma investigação ontológica possa prosseguir e perguntar, por exemplo, o que faz o ser de um animal diferente do ser de um artefato, a questão fundacional da ontologia pergunta: o que significa, para qualquer coisa, ser?

Como Heidegger salienta, filósofos posteriores, como Leibniz e Schelling, reformulam a questão fundamental da ontologia como: "Por que existem entes ao invés de nada?" (cf. *IM* 1 = *EM* 1; *PM* 290 = *GA* 9: 382). Mas este modo de enquadrar a questão do ser pode ser enganador, porquanto nos levaria a pensar no ser (*das Sein*) como o ente ou a entidade mais elevada (*das höchste Seiende*), e a pensar na relação entre ser e entes em termos de causalidade (no sentido de que uma entidade dá origem a outra). Dessa maneira, os teólogos podem responder à questão do ser dizendo que Deus é o ente superior que cria o mundo, e é por isso que existem entes em vez de nada. Para Heidegger, tais respostas evadem em vez de abordar a questão do ser, uma vez que não conseguem ver o que ele chama de "diferença ontológica" entre ser e entes. "O ser dos entes não 'é' ele mesmo um ente", e assim o "primeiro passo filosófico na compreensão do problema do ser consiste em [...] não determinar os entes enquanto entes remontando-os em suas origens a outro ente – como se o ser tivesse o caráter de um ente possível" (*BTS* 5 = *SZ* 6).

O ser não é um ente dentre outros; o ser não é esta ou aquela entidade. Não é sequer o ente superior do qual níveis inferiores de entes derivam sua medida privativa de ser, como é pensado nas muitas versões da "grande cadeia do ser" (cf. LOVEJOY, 1964). Tampouco o ser deve ser derivado de entes por meio de generalização, por exemplo, da seguinte maneira: cães e gatos são animais, animais e plantas são entidades animadas, corpos animados e inanimados são entidades materiais, entidades materiais e mentais são ambas substâncias, e são tudo o que existe; portanto, a substância é o ser de todos os entes. Para Heidegger, quando o ser é pensado em termos do ente superior (como amiúde o é em teologia), ou em termos da mais universal categoria de entidades (como amiúde o é em ontologia), é pensado a partir de, ou em termos de entes ou entidades, a diferença ontológica se perde e a questão do ser enquanto tal é esquecida. É dito que esse esquecimento da questão do ser permeia a história da metafísica ocidental, dominada pelo que Heidegger chama de "ontoteologia".

O ser (*das Sein*) não é ele mesmo um ente ou algo que existe (*das Seiende*), mas o que determina os entes enquanto entes, ou o que significa, para um ente ou uma entidade, existir (cf. *BTS* 4-5 = *SZ* 6). Em última análise, para Heidegger, o ser (a que ele às vezes se refere como seer [*Seyn*]) é o evento (*Ereignis*) apropriador por meio do qual o sentido do ser dos entes é determinado (cf. *CP* = *GA* 65: pt. VIII). Embora nem sempre demarque claramente essa distinção em sua terminologia, Heidegger está cada vez mais preocupado não apenas com a diferença entre ser e entes, mas também com a diferença entre o ser dos entes (o que significa para os entes existir, o horizonte de sua inteligibilidade) e o próprio ser (o evento originário por meio do qual o ser dos entes é determinado). Embora a questão do ser e a diferença ontológica entre ser e entes tenham caído no esquecimento ao longo da história da metafísica ocidental, o próprio ser foi insinuado, mas permaneceu amplamente "impensado", mesmo no começo grego do pensamento ocidental.

Repensar o ser, juntamente com o tempo, os humanos e a verdade

Para Aristóteles, embora "o ser seja dito de muitas maneiras", o significado primário do ser é "substância" (*Categorias* 4-5; *Metafísica* VII)[3]. A substância (*ousia*) é o substrato duradouro (*hupokeimenon*)

3 Ao tentar orientar um caminho intermediário entre uma compreensão materialista e outra idealista da substância – i. é, entre a "água" de Thales ou o "ar" de Anaxímenes ou os "átomos" de Demócrito por um lado, e as "Formas" ou "Ideias" de Platão por outro –, Aristóteles faz uma distinção entre dois sentidos de substância e oscila entre dar prioridade a um ou a outro. Substância ou é algo particular, um "isto", ou é a característica universal que torna algo particular o que é. De acordo com Heidegger, essas duas noções de substância em Aristóteles – que se tornam a distinção metafísica fundamental entre "esseidade" (*Dass-sein*, literalmente "esse-ser") ou *existentia* (existência) de um lado, e "quididade" (*Was-sein*, literalmente "que-being") ou *essentia* (essência) de outro – são pensadas por ele como "modos de presenciar cuja característica fundamental é a *energeia*", uma palavra que é traduzida no curso da história da metafísica como *actualitas*, atualidade e realidade (cf. *EP* 4-8 = *NII* 402-407). Embora Heidegger tenda a pensar nesta história como um declínio da grandeza do começo grego, ele também chama a atenção para a determinação temporal impensada da noção grega de substância, traduzindo a *ousia* de Aristóteles como "presença" (*Anwesenheit*). Heidegger afirma que o que os gregos experimentaram, mas não conseguiram pensar

de algo que subjaz às mudanças em suas qualidades, localização, e assim por diante. A substância de algo permanece *constantemente presente*, a despeito de tudo o mais mudar no tempo. O desmantelamento (*Abbau* ou *Destruktion*) da tradição ocidental da metafísica por Heidegger procede apontando a determinação *temporal* do ser implicada neste pensamento do ser em termos de "presença constante". Portanto, em *Ser e tempo*, ele escreve que "o tempo é aquilo a partir do que o Da-sein tacitamente compreende e interpreta algo como sendo", e assim o tempo deve agora "ser trazido à luz e genuinamente compreendido como o horizonte de toda compreensão e interpretação do ser" (*BTS* 15 = *SZ* 17).

A seguinte citação de uma transcrição de palestras que Heidegger proferiu em 1925 oferece uma formulação particularmente clara da crítica decisiva do filósofo a "uma certa interpretação do ser [que] permeia a história da filosofia e determina toda a sua conceitualização":

> O que é impressionante aqui é como os gregos interpretavam o ser em termos de tempo: *ousia* [ser] significa presença, o presente. Se isto é o que o ser significa, então o ser autêntico é aquele que nunca não está; isto é, o que sempre está (*aei on* [o ser perpétuo]). Dentro da tradição, esse conceito do ser foi empregado para compreender a realidade histórica, uma realidade que, no entanto, nem sempre está. É claro que, se a doutrina grega do ser é aceita acriticamente como absoluta, torna-se então impossível para a pesquisa compreender uma realidade tal como o Dasein histórico (*SUP* 175; cf. tb. *BH* 273).

Heidegger prossegue afirmando que Descartes e Husserl, por exemplo, deixam de perguntar acerca do ser do "eu sou", e, usando inadvertidos uma concepção temporalmente restrita do ser como presença constante, não conseguem oferecer uma explicação adequada do ser humano. Tal explicação teria que levar em consideração o "*ek-stasis*" (literalmente "estar fora de si") temporal do ser humano: a existência humana não está simplesmente

plenamente, foi o "presenciar" (*Anwesen*) do que presencia; i. é, a temporalidade do ser como um evento de surgimento (*physis*) e desencobrimento (*alētheia*).

imersa no presente, mas também vive para o futuro e de volta para o passado.

No entanto, o apelo de Heidegger a um repensar da dimensão temporal do ser não está restrito a questões de antropologia filosófica. Desde a sua análise inicial da temporalidade do Dasein (existência humana) até o seu posterior "pensamento do ser-histórico" (*seinsgeschichtliches Denken*), uma das afirmações filosóficas centrais e mais decisivas de Heidegger é a de que *o próprio ser ocorre essencialmente de maneira temporal e histórica*. Com efeito, *Ser e tempo* não só começa com a hipótese de que o "sentido do ser desse ente que chamamos de Da-sein demonstra ser *temporalidade*" (*BTS* 15 = *SZ* 17), mas também termina com a questão de saber se o tempo pode ser considerado o horizonte do ser enquanto tal (*BTS* 398 = *SZ* 437). Nos capítulos finais de *Ser e tempo*, é demonstrado que a temporalidade do Dasein está envolvida em uma "historicidade" compartilhada (*BTS* = *SZ* § 72-77), e, em textos posteriores, Heidegger começa a falar da "história do ser" ocidental. Com efeito, em alguns lugares ele chega a dizer que "a história do ser é o próprio ser" (*EP* 82 = *NII* 489; cf. tb. *N4* 221 = *NII* 362).

Outra alegação crucial que Heidegger faz é a de que o *ser humano* – enquanto Da-sein (literalmente "ser-aí") – *é o lugar da ocorrência do ser*. Em seu pensamento posterior, Heidegger chega a dizer que os seres humanos são necessários (*gebraucht*) para o evento (*Ereignis*) apropriador que abre um mundo significativo, e é somente em tal mundo que os entes podem ser os entes que são (cf. *CP* = *GA* 65: § 194-195; *EGT* 53 = *GA* 5: 367-368; *PM* 308 = *GA* 9: 407). Por conseguinte, Heidegger frequentemente enfatiza que a sua questão do ser deve ser entendida como uma questão da *relação* entre o ser e o ser humano, uma relação que ele caracteriza como um "pertencer um ao outro" (cf. *WCT* 79 = *WhD* 74; *IDS* 30-32 = *ID* 17-19). Essa relação, de uma maneira ou de outra, esteve no centro da sua trajetória de pensamento do início ao fim, e todas as "reviravoltas" em seu pensamento do ser – tanto aquelas do seu pensamento como aquelas do ser – devem ser entendidas em termos da sua preocupação permanente com esta relação crucial entre o ser e o ser humano.

A questão do ser é, portanto, ao mesmo tempo, a questão do lugar e do papel do ser humano no evento histórico-temporal que permite que os entes sejam os entes significativos que parecem ser. Embora ocorra uma mudança importante durante o percurso do pensamento de Heidegger em relação à sua ideia do comportamento apropriado do ser humano em relação ao ser – uma mudança de uma tendência ambivalente ao voluntarismo, em seus períodos inicial e médio, para uma sintonização fundamental da "serenidade" (*Gelassenheit*) e uma tentativa explícita de pensar não-voluntária(mente), o que não quer dizer passivamente, em seu período posterior (cf. *DT* = *G*; *CPC* = *GA* 77; DAVIS, 2007) –, a questão do ser, para Heidegger, permanece, ao longo de todas as fases do seu pensamento, uma questão acerca da relação entre o ser e o ser humano.

Uma terceira alegação crucial que Heidegger faz é que *o ser nunca se revela* (ou "des-encobre", *entbirgt*) *completamente*. Como Heráclito escreveu, a "*physis* [a natureza ou o ser] gosta de se esconder" (fr. 123). A exigência epistemológica de certeza e a onisciência do "desencobrimento ilimitado" pertencem à deturpação metafísica do ser como presença constante. Heidegger não é um cético, já que ele não renuncia à busca da verdade; tampouco é um relativista (ou mesmo um pragmatista), porquanto isso significaria que a verdade varia de acordo com a mera opinião subjetiva ou utilidade instrumental. A verdade para Heidegger não é arbitrária; não está sujeita aos nossos caprichos individuais ou coletivos. Eventos de verdade efetivamente acontecem – eventos que abrem uma "clareira" (*Lichtung*) ou um espaço de inteligibilidade no qual o conhecimento dos entes se torna possível pela primeira vez – e somos chamados a participar desses eventos, que nos apropriam ao mundo como um lugar de relações significativas ao qual pertencemos. Configurações significativas do mundo efetivamente acontecem, mas tais eventos de "desencobrimento" (tradução literal de Heidegger da palavra grega para "verdade", *alētheia*) sempre implicam, ao mesmo tempo, uma retirada para o encobrimento. A verdade está sempre acoplada à inverdade, a abertura à reclusão, a clareza ao mistério. O ser recua ao chegar à presença; expropria como apropria; retém como dá. Essa compreensão da verdade como um evento duplo da revelação/encobrimento do ser é um fio condutor que percorre o pensamento de Heidegger (cf., esp., *BTS* = *SZ* § 44; *PM* 136-154 = *GA* 9: 177-202).

Dadas estas três características básicas do pensamento de Heidegger sobre o ser – a saber, a temporalidade/historicidade essencial do ser, sua exigência do ser humano, e sua verdade como um evento de revelação/encobrimento – não é surpreendente que Heidegger considerasse que o seu próprio percurso de pensamento estivesse sempre a caminho de uma concepção mais apropriada do ser, e de uma relação mais apropriada com ele. Ao abordar os conceitos-chave do seu pensamento, é, portanto, geralmente aconselhável proceder cronologicamente; e assim os tópicos dos capítulos deste livro estão organizados aproximadamente de acordo com a ordem na qual aparecem como focos específicos do seu pensamento. Deve-se acrescentar imediatamente, no entanto, que os conceitos anteriores costumam transferir-se para períodos posteriores, mesmo quando são recontextualizados e repensados ao longo do caminho. Embora alguns leitores possam acabar preferindo (aspectos do) pensamento anterior de Heidegger ao seu pensamento posterior, o próprio Heidegger, como seria de se esperar, sustentava que a sua jornada o aproximava cada vez mais de um pensamento apropriado acerca do ser. Mas ele também enfatizou a necessidade de refazer todos os passos ao longo do caminho. O leitor descobrirá que os conceitos-chave formulados pela primeira vez em paragens anteriores podem frequentemente ser ouvidos ainda ressoando nas "clareiras" da floresta do ser para as quais os tortuosos "caminhos de floresta" (*Holzwege*) do pensamento de Heidegger conduzem mais tarde. Heidegger poderia ter caracterizado sua trajetória de pensamento em termos de uma espiral que se aprofunda, em vez de uma progressão linear, uma espiral que sempre circula em torno da questão central do ser e de sua relação apropriada com o ser humano.

Linguagem e conceitos básicos

Antes de permitir que o leitor estude com maior profundidade os conceitos-chave selecionados como tópicos dos capítulos deste volume, há um outro aspecto central do pensamento de Heidegger que merece um comentário especial nesta introdução. Em todos os períodos do seu pensamento, a *linguagem* é de vital importância para Heidegger. Como ele escreveu celebremente na "Carta sobre o Humanismo" (1947), "a linguagem é a casa do ser" (*PM* 239 = *GA* 9: 313); isto é, a linguagem demarca os parâmetros de um reino no qual os seres humanos podem habitar significativamente. A linguagem domestica o ser: ela torna o mundo habitável para nós. Em *Ser e tempo*, Heidegger falou da "estrutura-como" da experiência, denotando que quando ouço um som eu o ouço *como* uma "motocicleta" ou *como* um "choro de bebê" (*BTS* = *SZ* § 32). É a linguagem que nos permite perceber e entender as coisas como as coisas que elas nos parecem ser. Em um texto posterior, comentando os versos do poeta Stefan George, "Onde a palavra cessa nada pode ser", Heidegger escreve: "Somente onde a palavra para a coisa foi encontrada a coisa é uma coisa. Só assim o *é*" (*OWL* 62 = *GA* 12: 154). Em seus relatos posteriores da história do ser, Heidegger chega a afirmar que o horizonte da inteligibilidade de toda uma época baseia-se em um único termo ou grupo de termos: palavras como *physis* (a natureza como o que surge de si mesmo), *ousia* (a substância como o que permanentemente perdura), *actualitas* (realidade), sujeito e vontade de poder determinam a maneira pela qual o ser dos entes é revelado (e encoberto) nas várias épocas da civilização ocidental (cf. *EP* = *NII*).

Os relatos de Heidegger sobre a história da metafísica, assim como as suas próprias tentativas de pensar de outra maneira, geralmente focalizam certos conceitos básicos ou fundamentais (*Grundbegriffe*). Vários títulos de seus textos atestam a centralidade de tais conceitos: por exemplo, *Conceitos fundamentais da filosofia antiga* (1926, *FCAP* = *GA* 22), *Conceitos fundamentais da metafísica* (1929-1930, *FCM* = *GA* 29/30) e *Conceitos básicos* (1941, *BC* = *GA* 51). Embora, em seus textos anteriores, tais como *Ser e tempo*, Heidegger muitas vezes tente moldar um novo vocabulário filosófico com neologismos como "ser-jogado", "disponibilidade-à-mão" e "ser-no-mundo", em seus escritos posteriores, Heidegger tenta recorrer mais frequentemente à etimologia e a conexões cognatas para recuperar um sentido mais original de locuções habituais, deixando as palavras falarem de um modo novo das suas origens. Por exemplo, Heidegger tenta deixar que a palavra cotidiana para evento, *Ereignis*, nomeie o "evento de apropriação" no qual os humanos redescobrem sua relação própria (*eigentliche*) de pertencimento ao ser, e através da qual os entes são trazidos de volta ao seu lugar inter-relacional próprio no mundo. Também é o caso, no entanto, que mesmo em seus primeiros escritos Heidegger está preocupado em descobrir implicações mais profundas de palavras cotidianas (p. ex., cf. seu uso enfático exatamente desta mesma palavra, *Ereignis*, em *TDP* 63 = *GA* 56/57: 75). Com efeito, deve-se ter em mente que, quando em *Ser e tempo* ele fala da "desestruturação da tradição", o seu objetivo é recuperar o acesso a "aquelas 'fontes' originais das quais as categorias e conceitos tradicionais eram em parte genuinamente tirados" (*BTS* 19 = *SZ* 21). Também acontece de o encontrarmos frequentemente compondo neologismos, mesmo em seu período posterior, tais como o "quádruplo" (*Geviert*) de terra e céu, mortais e divinos.

Em seus escritos posteriores sobre a linguagem, Heidegger celebremente afirma que "a linguagem fala" (*Die Sprache spricht*), enquanto "os humanos falam naquilo que eles correspondem [*entspricht*] à linguagem" (*PLT* 207 = *GA* 12: 30, trad. mod.). No decurso do seu pensamento, Heidegger tornou-se cada vez mais preocupado em *deixar* a linguagem falar, em "passar por uma experiência com a linguagem" (*OWL* 57 = *GA* 12: 149), em contraste com uma "compreensão" (*begreifen*) voluntarista de conceitos (*Begriffe*) (*WCT* 211 = *WhD* 128). Já em *Ser e tempo*, com efeito, Heidegger havia definido o seu método de fenomenologia hermenêutica como uma tentativa de "deixar o que se mostra ser visto a partir de si mesmo, justamente como mostra a si mesmo a partir de si mesmo", em oposição a uma imposição teórica de categorias subjetivas às coisas (*BTS* 30 = *SZ* 34). Mais tarde, ele distingue nitidamente a sua abordagem da linguagem do projeto do positivismo lógico de construir uma "metalinguagem" a fim de supostamente esclarecer as obscuridades da linguagem cotidiana e da filosofia. Porquanto "a filosofia analítica [...] está determinada a produzir esta superlinguagem", ela é, enquanto "metalinguística", "a completa tecnicização de todas as linguagens no único instrumento operativo da informação interplanetária" (*OWL* 58 = *GA* 12: 150). Tais tentativas de "dominar a linguagem" são, segundo Heidegger, uma das maiores loucuras hubrísticas da humanidade moderna. "Os humanos agem como se fossem os modeladores e senhores da linguagem, quando na verdade a linguagem permanece a senhora dos humanos" (*PLT* 213 = *VA* 184, trad. mod.).

Não obstante, e a despeito da propensão de Heidegger para inversões retóricas, é crucial reconhecer que, para ele, a tarefa de pensar, como deixar a linguagem falar, não é simplesmente passiva. Em vez disso, envolve uma correspondência involuntária – uma escuta e uma resposta – ao discurso do ser. As palavras fundamentais dos nossos mundos históricos surgem na conversa que ocorre entre o discurso (*Zuspruch*) do ser (*Sein*) e a correspondência (*Entsprechung*) do Dasein humano. Com seus conceitos básicos, segundo Heidegger, os grandes pensadores deviam aspirar a nada menos do que tais palavras historicamente determinadas e determinantes do ser. Os pensadores tampouco podem aspirar a nada mais, a não ser talvez, como no caso dos próprios conceitos básicos de Heidegger, que eles tentem articular as relações duradouras envolvidas nesse evento sempre finitamente outorgador da palavra e do mundo.

Legados de Heidegger

Como este capítulo introdutório começou a revelar, e como os capítulos restantes neste volume explicarão com mais detalhes e profundidade, em sua tentativa de repensar a questão mais fundamental da ontologia, a questão do "ser" enquanto tal, Heidegger repensou radicalmente tais conceitos filosóficos básicos como tempo, espaço, o self (Dasein), relações interpessoais, coisas, o mundo, linguagem, verdade, arte, tecnologia e o divino. A originalidade das ideias de Heidegger é correspondida apenas pelo rigor do seu envolvimento com os textos da história da filosofia, e a radicalidade das suas reinterpretações dos seus conceitos-chave. Como resultado da sua originalidade e radicalidade, a influência que o pensamento de

Heidegger exerceu – e continua a exercer – sobre desenvolvimentos subsequentes em filosofia e em disciplinas relacionadas de investigação intelectual está, sem dúvida, em pé de igualdade com figuras tão marcantes da história da filosofia como Platão, Agostinho, Descartes, Kant e Nietzsche.

Embora fosse exagerado afirmar que, nos últimos três quartos de século, a história da filosofia tornou-se agora "uma série de notas de rodapé a Heidegger", os legados do seu pensamento, especialmente na Europa e na "filosofia continental" ao redor do mundo, têm sido extensos e profundos. Como sua reputação como professor espalhou-se de uma maneira que Hannah Arendt comparou com "o boato do rei oculto", o nome de Heidegger tornou-se bem conhecido nas universidades alemãs anos antes que a publicação de *Ser e tempo* o lançasse no cenário mundial, em 1927. Desde aquela época, e por causa de sua escrita prolífica e docência contínua até quase o fim de sua vida, em 1976, o pensamento de Heidegger deixou um grande impacto em – e, em muitos casos, ajudou a fundar, ou pelo menos a reformar radicalmente – uma série de áreas da filosofia, inclusive a fenomenologia, a hermenêutica, o existencialismo, a ontologia, a epistemologia, a história da filosofia, a filosofia da história, a filosofia da tecnologia, a filosofia da arte, a filosofia da linguagem, a psicanálise e a filosofia da religião.

Na década de 1920, Heidegger rapidamente ascendeu de assistente de Edmund Husserl a colaborador e depois modelador rival do novo campo da fenomenologia, e gerações subsequentes de fenomenólogos (notadamente figuras francesas como Maurice Merleau-Ponty, Jean-Paul Sartre e, mais recentemente, Jean-Luc Marion) foram influenciados tanto por Heidegger quanto por Husserl. Embora nunca tenha aceitado o rótulo de Sartre, o pensamento inicial de Heidegger influenciou claramente o movimento filosófico e literário do existencialismo. Com sua atenção para a história e o problema da interpretação, Heidegger pavimentou o caminho para a hermenêutica filosófica de Hans-Georg Gadamer, Paul Ricoeur e Gianni Vattimo. As análises existenciais de Heidegger sobre o ser humano foram decisivas para teóricos críticos (como Herbert Marcuse), psicólogos e psicanalistas (como Medard Boss e Jacques Lacan), e teólogos protestantes e católicos (como Rudolf Bultmann e Karl Rahner). A *Destruktion*, por Heidegger, da tradição da ontologia ocidental, pavimentou o caminho para a "desconstrução"; por Jacques Derrida, da "metafísica da presença", e seu relato das épocas da história do ser influenciaram decisivamente as genealogias de Michel Foucault sobre os "regimes de verdade". A crítica de Heidegger à sociedade tecnológica moderna, o papel questionável da ética em seu pensamento, bem como seus controversos engajamentos políticos e pensamento, inspiraram grande discussão e debate (entre figuras como Hannah Arendt, Jürgen Habermas, Hans Jonas, Philippe Lacou Labarthe, Emmanuel Lévinas, Karl Löwith e Jean-Luc Nancy) sobre as muitas questões provocativas e consideráveis que suscitam. Os escritos de Heidegger sobre poesia e arte têm se tornado material de leitura padrão, não apenas para críticos de arte e literatura, mas também para muitos dos próprios poetas e artistas. Além de importantes estudiosos de Heidegger e filósofos continentais (como Robert Bernasconi, John Caputo, Edward Casey, Françoise Dastur, Richard Dreyfus, Michel Haar, Friedrich-Wilhelm von Hermann, David Farrel Krell, Luigi Pareyson, Otto Pöggeler, William Richardson, John Sallis, Dennis Schmidt, Reiner Schürmann, Franco Volpi e David Wood, para citar apenas alguns, e sem mencionar aqueles listados entre os contribuintes para este volume), uma ampla variedade de filósofos americanos analíticos (ou pós-analíticos), pragmatistas e outros (como Stanley Cavell, Richard Rorty e Charles Taylor) têm sido significativamente influenciados pelo pensamento de Heidegger, assim como muitos filósofos britânicos, australianos, sul-americanos e outros ao redor do mundo. Estudiosos da Índia (como J.L. Mehta) têm se interessado seriamente pela filosofia de Heidegger, e, no Extremo Oriente, filósofos como os associados à Escola de Kyoto, no Japão, (incluindo Kuki Shūzō e Watsuji Tetsurō, bem como Tanabe Hajime e Nishitani Keiji) têm sido profundamente afetados por seu prolongado diálogo com Heidegger e seu pensamento.

Este esboço dos extraordinários legados filosóficos de Heidegger permanece fragmentado (na verdade, outro livro seria necessário para introduzir adequadamente as influências do pensamento de Heidegger), e esses legados continuam a crescer. À medida que os volumes restantes da sua edição das *Obras completas* (*Gesamtausgabe*) – seguidos por suas traduções – tornam-se constantemente disponíveis, mais livros e artigos continuam a ser publicados sobre Heidegger a cada ano do que sobre qualquer outro filósofo. A variedade de abordagens que esses estudos adotam vai do agressivamente polêmico ao inquestionavelmente defensivo. Há também, felizmente, muitos estudiosos que tentam orientar um percurso entre os arruaceiros e os idólatras para empenharem-se em uma apropriação crítica e/ou um confronto dialógico com o pensamento de Heidegger. Embora certamente não seja minha intenção prescrever como o leitor deveria ler Heidegger, é minha esperança que o presente volume sirva para facilitar uma compreensão genuína do seu modo de pensar e, assim, um encontro autêntico com ele.

Referências

DAVIS, B.W. (2007). *Heidegger and the Will* – On the Way to Gelassenheit. Evanston, IL: Northwestern University Press.

GEIER, M. (2005). *Martin Heidegger.* Reinbek bei Hamburg: Rowohlt.

KISIEL, T. (1993). *The Genesis of Heidegger's "Being and Time".* Berkeley, CA: University of California Press.

KUHN, T.S. (1970). *The Structure of Scientific Revolutions.* 2. ed. amp. Chicago, IL: University of Chicago Press.

LOVEJOY, A.O. (1964). *The Great Chain of Being.* Cambridge, MA: Harvard University Press.

MAY, R. (1996). *Heidegger's Hidden Sources* – East Asian Influences on His Work [Trad., com ensaio, G. Parkes]. Nova York: Routledge.

MEHRING, R. & THOMÄ, D. (2003). "Eine Chronik". In: THOMÄ, D. (ed.). *Heidegger Handbuch* – Leben, Werk, Wirkung. Stuttgart: Metzler, p. 515-539.

OTT, H. (1993). *Martin Heidegger* – A Political Life [Trad. A. Blunden]. Nova York: Basic Books.

SAFRANSKI, R. (1998). *Martin Heidegger* – Between Good and Evil [Trad. E. Osers]. Cambridge, MA: Harvard University Press.

Leituras complementares

Fontes primárias

Cf. as seguintes obras de Heidegger: *Basic Writings*; *Becoming Heidegger – On the Trail of His Early Occasional Writings, 1910-1927*; *Ser e tempo*; *Country Path Conversations* [*Conversas no caminho do campo*]; *The Heidegger Reader*; *Introdução à metafísica*; *Caminhos de floresta*; *Marcas no caminho*.

Fontes secundárias

Para obras introdutórias e de referência, em inglês, cf. DE BEISTEGUI (2005); DREYFUS & WRATHALL (2007); GUIGNON (2006); INWOOD (1999); POLT (1999); SAFRANSKI (1998).

Em alemão, cf. THOMÄ, D. (ed.). *Heidegger Handbuch* – Leben, Wer, Wirkung. Stuttgart: Metzler, 2003.

Para estudos mais avançados, em inglês, cf. BERNASCONI (1993); KRELL (1986); MACANN (1996); PÖGGELER (1987); RICHARDSON (2003); SALLIS (1990, 1993); WOOD (2002).

1
Hermenêutica da facticidade

Theodore Kisiel

Compreender a vida factual em sua concretude holística – De Dilthey a Heidegger

Foi Fichte quem primeiro cunhou o termo abstrato "facticidade" (*Facticität*; depois *Faktizität*) para a tradição filosófica. Ele não estava assim referindo-se a fatos empíricos ou a uma coleção deles, mas ao "fato" central da tradição do pensamento moderno, que assume como ponto de partida a famosa regressão de Descartes ao "fato do eu-penso", entendido como o limite irredutível de reflexão além do qual já não se pode questionar. Torna-se então o fundamento no qual toda a filosofia moderna se posiciona, como Atlas, para mover o mundo inteiro. A locução do "fato do eu-penso" aparece ocasionalmente na Primeira Crítica de Kant, que ele complementa com outro fato abrangente, no início da Segunda Crítica, quando proclama que a lei moral, em sua correlação com a liberdade, é "o único fato da razão pura [prática]". Poderia, por conseguinte, ser chamado de fato transcendental, embora Fichte tendesse a chamá-lo de "facticidade", especialmente em sua série de conferências posteriores. A publicação póstuma destas conferências e obras posteriores pelo seu filho teólogo, Immanuel Hermann Fichte, poderia ser considerada a fonte mais próxima da difusão do termo na literatura, tanto filosófica quanto teológica, do século XIX. A teologia protestante do século XIX está repleta de referências à "facticidade" dos eventos da história da salvação cristã, sobre os quais a fé cristã assume a sua posição original. O uso persistente, embora esporádico, do termo por escritores do século XIX, como Kierkegaard, Feuerbach, Dilthey e os neokantianos, é uma questão de registro lexical (KISIEL, 1986-1987, 2008).

O uso ocasional do termo por Dilthey é especialmente influente sobre Heidegger. No contexto da distinção entre o pensamento mítico e a experiência religiosa, o primeiro Dilthey faz a seguinte observação sobre o mundo da humanidade primitiva:

> [E]ste contexto [...] fundamentado na experiência religiosa [...] está igualmente condicionado pela maneira como a realidade é dada aos seres humanos naqueles dias. *Realidade é vida* e permanece vida para eles; não se torna um objeto intelectual por meio do conhecimento. Portanto, é de todas as maneiras *vontade, facticidade, história*; isto é, *realidade original viva*. Por estar presente para todo ser humano vivo e não ter sido ainda submetida a nenhum tipo de análise e abstração intelectual (e, por conseguinte, diluição), é, portanto, ela própria, vida. [...] A vida nunca é exaurida pelo pensamento (DILTHEY, 1988, p. 161 = 1973, p. 141, ênfase adicionada, trad. mod.).

E, no entanto, a vida é suscetível de pensamento, quando realizado sem intrusão teórica; isto é, fenomenologicamente. Em sua busca de uma crítica da razão histórica, Dilthey gradualmente renuncia à razão elevada do ego transcendental desapegado, "em cujas veias não flui sangue real" (1973, p. xviii), e pede, em vez disso, um retorno a "este-lado" da vida, à facticidade plena da vida mesma *unhintergehbares*, "atrás da qual o pensamento [teórico] não pode ir", a realidade original vital dada aos seres humanos viver antes de virem a pensar sobre ela, uma irredutível facticidade última e irrevogável na qual os seres humanos não podem senão viver, e longe da qual são obrigados a viver. É o retorno fenomenológico "às coisas mesmas", neste caso, de volta ao fato transcendental da vida mesma. Partindo da inerradicável facticidade da vida fáctica, o fenomenólogo deve agora entrar nesta vida a fim de compreendê-la a partir dela mesma, em seus próprios termos. Em sua filosofia da vida histórica, a ambição de Dilthey era desenvolver as "categorias" – Heidegger eventualmente as chamará de existenciais –, ou estruturas básicas da vida histórica, a partir da própria vida fáctica, que, antes de qualquer pensamento, articula-se e contextualiza-se espontaneamente em uma multiplicidade de relações básicas vitalmente concretas e significativas (começando com eu-mesmo-ser-incorporado-no-mundo-com-outros-entre-coisas) que constituem o seu mundo-da-vida imediato. Na frase prenhe de Dilthey, "*das Leben selbst legt sich aus*": "a própria vida se expõe, se interpreta", gerando o seu próprio *significado e sentidos de direção* na forma e impulso combinados de um *contexto de trabalho e continuidade de estrutura operativa* (*Wirkungszusammenhang*) (KISIEL, 1993, p. 134-135).

Com efeito, a vida humana *é* essa continuidade operativa de contexto autoarticulante e, portanto, fundamentalmente compreensível. Por conseguinte, a fenomenologia como a protociência pré-teórica da experiência original é uma "hermenêutica *da* facticidade", cujo objetivo inicial é tornar explícitas as estruturas implícitas nas quais a vida histórica já se articulou espontaneamente, "se expôs", antes de qualquer pensamento estranho ou intrusão teórica estrangeira. O jovem Heidegger, portanto, contrasta claramente o eu historicamente situado com qualquer tipo de eu teórico ou ego transcendental abstraído de modo cartesiano de seu contexto vital, assim desnudado de seu mundo, desistorizado e desvitalizado (KISIEL, 1993, p. 45-46; *TDP* 61-66, 74 77, 174 = *GA* 56/57: 73-78, 88-91, 206, 208-209).

Este eu historicamente situado logo será ontologicamente identificado com o Da-sein como ser-no-mundo (cf. cap. 3). A linguagem da vida agora desliza para a linguagem do seer [*be-ing*]. No entanto, nos bastidores do Dasein como ser-no-mundo, a hermenêutica espontânea da experiência da vida fáctica continua a operar como um domínio primitivo pré-teórico do ser. Considere o tema da compreensão-do-ser. O ser humano compreende o ser. Mas essa "compreensão-do-ser" não é, a princípio, de natureza conceitual; é, antes, a mais factual compreensão do que significa ser que advém de simplesmente se viver uma vida. Para começar, não sabemos o que "ser" significa conceitualmente, mas estamos, de fato, bastante familiarizados com seu sentido de maneira pré-conceitual na, e através da, múltipla atividade habitual de viver. Se o termo "conhecimento" ainda se aplica a essa compreensão da vida em seu ser, é mais o "saber-fazer" imediato ou o "*savoir-faire*" da existência, um jeito ou senso prático do que significa ser e de como "lidar com a atividade" (*umgehen*) de ser que advém da experiência de vida. Nós já *sabemos como* viver, e esta pré-compreensão dos modos de ser é repetidamente elaborada e cultivada em nossas várias incursões no mundo ambiente das coisas e no mundo comunal do ser-com-outros, os quais se intercalam e chegam a um ponto crítico no mais abrangente dos contextos significativos, o eu-mundo do nosso próprio ser-no-mundo.

Esse repetido cultivo e explicação da nossa pré-compreensão do ser em contextos articulados de significado relacional habitualmente reforçados é o que Heidegger chamou de uma "hermenêutica *da* facticidade", onde o "da" é considerado como um duplo genitivo. Ou seja, a facticidade da experiência de vida, com base em uma compreensão prévia, já se explica e se interpreta espontaneamente, desdobrando-se repetidamente na rede de relações significativas que constituem o tecido das preocupações humanas que chamamos de nosso mundo histórico. A existência historicamente situada em sua facticidade é completamente hermenêutica. Por conseguinte, qualquer hermenêutica da facticidade manifestamente fenomenológica, em sua interpretação expositiva das preocupações multifacetadas da situação humana, é apenas uma recapitulação explícita de um processo pan-hermenêutico implícito já inerente à vida histórica. A facticidade é completamente hermenêutica (compreensível, inteligível e significativa).

Mas há mais. Também relacionada à *situação hermenêutica* da vida fáctica está uma das "teses" mais celebradas de Heidegger, a saber, que o *Dasein é revelabilidade*, o *locus* da verdade como o desencobrimento do seer (cf. o cap. 8). Este modo originário da verdade já se manifesta a partir da *dimensão tácita* da compreensão pré-predicativa que deve ser repetidamente explicada a partir de sua latência e encobrimento precedente, em primeiro lugar no exercício persistente do hábito de viver, que pode então ser explicado mais manifestamente por meio de uma exposição existencial e fenomenológica deliberativa. A *situação hermenêutica da própria vida fáctica*, desdobrando-se contra o contexto de fundo do mundo ambiente do uso de ferramentas e da aquisição de produtos, o mundo interpessoal do uso social e do costume comunal em ser-com-outros, e o eu-mundo do se-esforçar-para-ser e descobrir-se em seu ser único, *é a imediata arena reveladora da verdade originária como desencobrimento.* A verdade é assim deslocada do seu *locus* tradicional no julgamento e na afirmação – mesmo tratando-se de afirmações aparentemente abrangentes, como *Cogito ergo sum* – para a questão expositiva existencialmente contextualizada, especialmente quando está pronta na fronteira dupla do encobrimento da situação humana em seu mistério e sua errância.

A abrangente capacidade reveladora da existência humana foi de fato reconhecida muito cedo pela tradição filosófica. Aristóteles, por exemplo, observa que "a alma humana é, de certo modo, todos os entes"; isto é, é capaz de "reunir-se com" todo ente por meio de intelecção cognitiva (*SZ* 14, citando *De anima* 3, 430a14). Mas, para essa tradição, que vai de Parmênides a Husserl, o modo básico de conhecer é a total transparência do ver iluminativo, a intuição, que, em termos temporais, significa um tornar-presente. No contexto de uma hermenêutica da facticidade, em contrapartida, o modo básico de conhecer é a exposição interpretativa a partir de um fundo de compreensão que, em geral, permanece tácito, latente, retirado e, no máximo, apenas meramente presente, uma presença tangencial que sombreia nas sombras do encobrimento do ser. O descobrir dos entes e a revelação do self e do seu mundo acontecem em uma "clareira" *temporal* do ser que desencobre, o qual exibe uma tendência primordial a retirar-se no encobrimento. Mas essa mesma retirada é o que leva o ser humano inquiridor ao pensamento incessante em sua busca questionadora do sentido *temporal* e do mistério do ser.

Contrariar a ruinância e indicar formalmente a facticidade da vida

A facticidade da vida foi primeiramente tematizada *indicativa e esquematicamente*[4] no Semestre de Emergência de Guerra de 1919, sob o título de "algo primal" (*Ur-etwas*) pré-teórico da "vida em si e

4 O esquema pode ser encontrado apenas na edição de 1999 de *GA* 56-57.

para si" (KISIEL, 1993, p. 21-22, 38, 50-55; *TDP* 186-187, 98 = *GA* 56/57: 219-220, 116). Os semestres que se seguem tornam a vida fáctica a questão única e central de uma fenomenologia definida como a ciência primal pré-teórica da experiência original.

O tratamento fenomenológico mais exaustivo da própria vida fáctica realizado por Heidegger ocorre no Semestre de Inverno de 1921-1922, repleto de um elaborado sistema de categorias, no espírito de Dilthey, que traça os complexos movimentos da vida em suas relações com o mundo. Os movimentos transitivos da vida incluem viver em, viver de, viver para, viver contra, viver com, e assim por diante, algo. Esse "algo" que sustenta essas múltiplas relações de vida é chamado de "mundo". A categoria "mundo", por conseguinte, nomeia o que é vivido, aquilo a que a vida se aferra, o conteúdo visado pela vida. Consequentemente, se a vida é considerada em seu sentido relacional, o mundo então caracteriza seu sentido de propriedade, seu sentido de contenção. O sentido relacional de viver pode ser mais formalmente especificado como cuidar. Viver é cuidar. Entendido de maneira ampla, viver é cuidar das nossas privações ou necessidades, por exemplo, do "pão nosso de cada dia". Aquilo de que cuidamos e com que nos importamos, aquilo a que o cuidado adere, pode ser definido como significação. A significação é uma determinação categorial do mundo contextualizado. O mundo e seus objetos estão presentes na vida no sentido relacional básico do cuidar. "Um ato de cuidado os encontra, depara-se com eles à medida que segue o seu caminho" (*PIA* 68 = *GA* 61: 90). Cuidar é uma experiência de objetos em seu respectivo modo de encontro, que vão de coisas e pessoas até a si mesmo, que respectivamente ocupam o mundo ambiente, o mundo compartilhado e o próprio mundo de alguém, os três mundos específicos do cuidado. Ser um objeto aqui é ser encontrado no caminho do cuidado e experimentado como significativo. Significação deve ser considerada de maneira ampla e não restrita a um domínio particular de objetos, digamos, objetos de "valor". A significação não é experimentada enquanto tal, mas pode tornar-se explícita na interpretação expositiva da própria vida *como fáctica* (*PIA* 70 = *GA* 61: 93).

A estrutura mais profunda da vida fáctica, que subjaz à *correlação intencional* entre nós e o mundo, revela-se, portanto, a correlatividade do cuidado e da significação. Essa estrutura profunda pode agora ser apropriadamente identificada como a sua facticidade, que, como um contexto articulado de sentido, não é, de maneira alguma, um fato bruto fechado em si mesmo, mas sim um contexto significativo aberto a novos desenvolvimentos. Um desses desenvolvimentos – Heidegger aqui o chama de a realização de uma tendência inerente à vida fáctica – é, para a vida fáctica em seu cuidado, entrar no mundo a ponto de ser tomada por ele e nunca conseguir retornar a si mesma.

O primeiro relato fenomenológico detalhado de Heidegger das formas de decadência – neste semestre chamada de "ruinância" (*Ruinanz*) – é apresentado em uma linguagem idiossincrática e em um nível de complexidade que será em grande medida abandonado em relatos futuros, como o é em *Ser e tempo*, onde é descrita como uma "queda" na "inautenticidade" (cf. o cap. 4). Uma amostra de apenas uma das formas de ruinância desenvolvidas aqui pode ser suficiente. A tendência da vida a tornar-se totalmente absorvida no mundo pode chegar ao ponto de abolir o sentido de distância do mundo enquanto tal. Em vez disso, seu sentido de distância é desviado para a dispersão, sendo transportado de uma arena significativa para outra, agora buscando distanciamento *dentro* do mundo significativo. A vida de cuidado no mundo compartilhado está, por conseguinte, direcionada para o *status*, o sucesso, a posição, o progresso, a vantagem e a superioridade (*PIA* 77, 90 = *GA* 61: 103, 121). Este cuidado com o distanciamento e a distinção encontra sempre nova gratificação na dispersão, que se multiplica infinitamente. "A vida, em sua inclinação a dispersar o seu sentido relacional no distanciamento, é *hiperbólica*" (*PIA* 78 = *GA* 61: 104). A própria multiplicidade torna-se um modo de significação. Em sua busca incessante por variedade e novidade, a vida às vezes cai na tentação da curiosidade, a fascinante "luxúria dos olhos". Ao olhar incessantemente para o mundo, a vida desvia o olhar de si mesma. Ao ser atraída para o mundo, a vida está, de fato, fugindo de si mesma. A própria multiplicidade de possibilidades aumenta as possibilidades de nos equivocarmos quanto ao nosso próprio self de maneiras mundanas sempre novas. É-se embarcado em uma vida de intermináveis erros, uma verdadeira vida de errância. Sucumbindo à ilusão de infinitas possibilidades, a vida sequestra-se de si mesma. Ao fazê-lo, a vida fáctica evade-se constantemente de si mesma e persegue o caminho do *elíptico* (*PIA* 81 = *GA* 61: 108), cultivando múltiplas maneiras de autoevasão, dissimulação e autoengano.

Aqui, por conseguinte, uma hermenêutica antirruinante da facticidade assume o papel de desmascarar a dissimulação e o disfarce, a fim de trazer a vida fáctica de volta de sua perdição na multiplicidade do mundo e restaurá-la para si mesma em sua posição mais original, autônoma e unicamente unificada na facticidade da vida. O contramovimento à perdição na decadência é o movimento de transcendência em direção a simplesmente encontrar a si mesmo na facticidade pura e absoluta da própria situação fáctica singular de simplesmente ser-aí/aqui na sua plena insegurança e questionabilidade radical. É da essência da filosofia ser antirruinante em seu movimento perseverante em direção à facticidade *pura e simples*. Contrariando a fuga da vida fáctica de si mesma, ela busca a sua própria facticidade na sua mais plena concreção temporal e histórica, que acaba por ser o seu próprio self fáctico em sua situação histórica única, como a base singular para interpretar a sua situação hermenêutica. Para que isso seja alcançado, é necessária uma revisão dos *sentidos de direção* que subjazem à descrição acima dos movimentos intencionais da vida fáctica.

Já destacamos o sentido de contenção do mundo como contexto significativo e o sentido relacional do cuidado, e enfatizamos a ampla formalidade desses sentidos interligados na mais básica das relações intencionais de facticidade. A relação de cuidado com o mundo tem sido mobilizada em uma multiplicidade de formas e manifestações, e, assim, levada a uma realização concreta. Esse é o seu sentido de realização, nesse estágio "ruinante" que é em geral impróprio ou "inautêntico". Uma concreção mais própria (*eigentlich*: "autêntica") deve ser alcançada pela extensão temporal e histórica do sentido de realização, seu sentido temporalizante, que indica "como a realização torna-se realização *em e para a sua situação [holisticamente própria]*, como desenvolve-se temporalmente, amadurece e vem à fruição. Esse amadurecimento temporal deve ser interpretado com base no sentido de temporalização" (*PIA* 40 = *GA* 61: 53, ênfase adicionada). O contexto experiencial fáctico agora adquire um impulso histórico único em seu sentido de realização. Este contexto holístico deve ser entendido e interpretado não em termos histórico-objetivos, mas em termos de realização histórica, como história-em-atuação, como *auto*rrealização no próprio contexto histórico singular e completo. Trata-se de um convite para o self a ser histórico na e para a sua situação *própria*. E é por meio do sentido temporalizante – que em *Ser e tempo* se torna o movimento unitário "autenticador" da temporalidade originária – que agora alguém "se apropria" da sua própria situação histórica em sua inteireza, tornando-se assim um self historicamente situado, próprio. Permeando o sentido temporalizante abrangente está um sentido do *kairos*, um sentido da oportunidade da própria situação histórica chegando à sua plenitude de tempo, solicitando ao self que responda com uma oportunidade correspondentemente apropriada a fim de *ser o seu tempo*. Compreendendo essa situação de uma maneira simultaneamente adequada e holística, o sentido temporalizante assim transforma as categorias intencionais da vida em categorias hermenêuticas *próprias* operando em seu contexto histórico *propriamente abrangente*, categorias que são, por conseguinte, de caráter formalmente indicativo, *indicativo da própria situação concreta em sua realização própria, enquanto permanecendo formal no nível do nexo-da-vida holístico* (*PIA* 87 = *GA* 61: 116). Unificada pelo sentido de temporalização propriamente abrangente, a prestrução de triplo sentido (os sentidos de contenção, relação e realização esquematizados acima) da relação intencional entre a vida e o mundo torna-se agora um conceito formalmente indicativo plenamente desenvolvido; e, no final, Heidegger considera que os conceitos formalmente indicativos são os únicos conceitos propriamente filosóficos. A prestrução de triplo sentido é ela mesma agora traduzida na estrutura pressuposicional triádica (da pré-possessão, pré-visualização e pré-concepção) da situação hermenêutica *própria*, que se torna o local concreto de interpretação do qual a vida e a filosofia agora amadurecerão até a maturidade plena e chegarão a *si* mesmas.

Porquanto a filosofia, radicalmente entendida, sempre parte do domínio pré-teórico da facticidade da experiência original, ela não "põe" ou "postula" suas pressu-posições. Pois já foi posicionada dentro da sua "pressuposição" mais básica, a própria facticidade da vida fáctica. Na linguagem inicial de Heidegger, sua *Voraus-setzung* básica é, na verdade, *Voraus-dasein* (*PIA* 120-122 = *GA* 61: 159-161), "pré-existência" no seu ser-aí/aqui. Em vez de um postulado, é mais uma questão de um retorno radical à facticidade original da situação de vida concreta na qual já nos encontramos posicionados, apropriando-a e desenvolvendo-a interpretativamente em *nossa própria situação hermenêutica singular* na qual e da qual a filosofia deve fazer o seu trabalho de interrogação expositiva. Pressuposições deste tipo devem ser vividas, apreendidas enquanto tais a fim de se mergulhar de todo o coração na dimensão facticamente histórica da existência (*IHS* 478, n. 4). O que deve ser salientado como a pré-possessão básica da própria situação hermenêutica temporal e historicamente particular de alguém é a plena concreção da própria vida fáctica, que é o único e abrangente "objeto" da investigação filosófica. E como ela mesma é um modo de vida fáctica, "a investigação filosófica é ela mesma a *realização* explícita de um movimento básico da vida fáctica e se mantém constantemente dentro dessa vida" (*IHS* 158, ênfase adicionada). A filosofia realiza-se apenas por meio do questionamento radical e concreto que surge da ansiedade acerca da sua própria situação historicamente particular. O que está sendo colocado em questão é a facticidade mesma do próprio tempo e geração de alguém. Sendo assim questionada por uma situação histórica que é singularmente sua, a "filosofia só é o que pode ser como a filosofia do 'seu tempo'" (*OHF* 14 = *GA* 63: 18).

Compete, por conseguinte, a cada época e a cada geração de filósofos, submeter sua situação hermenêutica corrente, a qual, para começar, foi-lhe transmitida em um estado interpretativo [*inter-*

pretedness] já dado, a uma regressão desconstrutiva, a fim de explicar as forças motrizes ocultas que estão operacionais dentro dessa interpretação fáctica. No final, toda a história da filosofia deve ser submetida a uma contestação destrutiva de seus conceitos veneráveis a fim de recuperar as experiências originais a partir das quais tem se desenvolvido. Tudo isso para direcionar a situação presente para uma possibilidade mais radical de apropriação de sua situação histórica. O que Heidegger alcança neste estágio da perspectiva da facticidade é uma crítica da tradição greco-cristã da interpretação da vida, especialmente da vida humana (*IHS* 169-170), um pouco aquém da metafísica da presença constante no nível do ser que, muito em breve, ocupará um lugar central, e, afinal, será identificada com a ocidental "história do seer" (cf. o cap. 11)[5].

Ser jogado e a derrelicção do seer

Peculiar a *Ser e tempo* é o tratamento da facticidade em estreita proximidade com o sentido da "derrelicção" [*thrownness*] (*Geworfenheit*) da existência humana. A interjeição da derrelicção em *Ser e tempo* também marca a conclusão na mudança radical de paradigmas, do Cogito husserliano para o Da-Sein heideggeriano, de uma consciência intencionalmente orientada para uma existência historicamente situada, que foi perceptivelmente imperfeitamente realizada nos, meio confusos, primeiros relatos da facticidade da vida.

O sentido de derrelicção, coloquialmente posto, é a percepção potencialmente espantosa de que eu me encontro jogado em um mundo que eu não fiz e em uma vida que eu não pedi. Nessa revelação gritante e simples da finitude humana, se é confrontado com o

5 Pode-se notar parenteticamente que a situação fáctica concreta que motiva esse esforço destrutivo é a facticidade atual da própria filosofia, realizando-se como o faz no contexto operativo da universidade, que se tornou ela mesmo o *locus* intelectual e espiritual da mudança geracional (*PIA* 49-58, 122 = *GA* 61: 65-78, 161). E a presente geração se distingue de todas as gerações anteriores por sua aguda consciência histórica do passado (*PIA* 55 = *GA* 61: 74). A instituição histórica fáctica da universidade, portanto, já se encontra em uma vida fáctica que é inteiramente histórica (*PIA* 57 = *GA* 61: 76). Cabe, portanto, às presentes gerações de filósofos atualizar um sentido completamente radical do histórico dentro da sóbria e venerável tradição da universidade.

inelutável fato radical de simplesmente estar aqui, querendo ou não; ou, como Heidegger o coloca, "o ser do Dasein irrompe como o nu [e puro fato] 'de que é e tem que ser'" (*SZ* 134). O termo "derrelicção" visa transmitir este autoencontro existencialmente radical do pura e simplesmente ser-aqui do Dasein. "O Dasein sempre 'se encontra' apenas como um Fato jogado" (*SZ* 328). "A expressão 'derrelicção' pretende sugerir a *facticidade do ser transferido* [para si mesmo e o seu ter-que-ser] *[do Dasein]*" (*SZ* 135). Na verdade, o Dasein não é um fato da maneira como as coisas existentes são fatos; antes, trata-se de um fato ex-sistente, que continua a ser o que sempre já tem sido, a saber, jogado, carregando essa derrelicção adiante à medida que se joga adiante; isto é, projeta-se em suas possibilidades de ser. Tomadas em conjunto como uma única trajetória, a projeção-jogada é um movimento unitário que constitui a temporalidade finita do Dasein. Como outro de tais Fatos, a derrelicção é *unhintergehbar*: "Como existente, o Dasein nunca volta atrás de sua derrelicção" (*SZ* 284). Ela constitui uma das situações-limite da vida, aquela de encontrar-se já situado na existência, querendo ou não, que, quando acoplada à outra situação-limite extrema, aquela da morte tomada como a minha possibilidade mais remota, a possibilidade da impossibilidade de ser-no-mundo, permite-nos assumir o nosso self finito pleno em sua individualidade radical e sua totalidade.

Mas há mais acerca da derrelicção do que este Fato austero e puro de simplesmente ser aqui, meu ser entregue ao Fato "de que eu sou e tenho que ser". Também pertence à derrelicção o fato de que o Dasein "foi relegado a um 'mundo' e existe facticamente com outros" (*SZ* 383). Quer dizer, fomos jogados não apenas no puro ser, mas também em um ser já contextualizado que compartilhamos com os outros. A derrelicção, neste contexto, está associada ao ter nascido – como a extremidade da vida oposta à morte – no mundo (*SZ* 374) e, mais especificamente, nascido em uma certa herança que é considerada uma herança amplamente histórica (*SZ* 383) que bem poderia incluir elementos de herança familiar, como criação, mas certamente não hereditariedade biológica. Essa derrelicção mais concreta, mas ainda assim radical, refere-se, portanto, ao fato de termos "nascido", ou sido "jogados", em nosso mundo histórico particular. "Nascido" aqui é de uso meio metafórico, aproximando-se do literal apenas quando se refere ao fato de termos nascido na *comunidade* histórica de um *povo* particular e em uma *geração* histórica particular dessa comunidade (*SZ* 384-385). Essa tríade de conceitos "sociopolíticos" que proveem concreções sociais à historicidade da situação humana também vêm de Dilthey (*SZ* 385 n.; KISIEL, 2001), que também não os entendia biologicamente, mas os cultivava no contexto de uma "história do espírito". Como entes históricos, já estamos em uma tradição que nos foi transmitida por meio de uma progressão de trocas geracionais de uma comunidade linguística. Facticamente, fomos precedidos e se nos criaram precedentes, e, portanto, fomos sempre já interpretados, e este mundo-da-vida histórico, de precedência e tradição, é o inevitável ponto de partida da nossa própria existência histórica.

Assumir o controle da própria derrelicção histórica, por conseguinte, envolve assumir a própria herança (*SZ* 382-384) na protoação de uma historicidade própria. Em particular, envolve assumir as possibilidades da própria herança que sejam julgadas relevantes para a própria situação histórica corrente, como possibilidades herdadas, e, no entanto, ainda assim escolhidas. A ação historicizadora básica da historicidade própria ocorre na reconstituição do movimento unitário da projeção-jogada, que é a temporalidade originária; resolutamente aberto a toda a sua situação histórica única, o Dasein, na precedência futura da sua própria morte, deixa-se jogar de volta no ter-sido do seu "aí" fáctico, onde assume a sua própria derrelicção ao transmitir para si mesmo as mais pertinentes das possibilidades herdadas, a fim de ser aí no momento oportuno de decisão para "o seu tempo" (*SZ* 385). Crucial aqui é a recuperação das possibilidades precedentes que sejam apropriadas para "o seu tempo" e a sua geração. É por isso que a repetição de uma tradição não pode ser uma repetição rotineira. A recuperação de possibilidades precedentes envolve ao mesmo tempo uma re-vista e uma re-visão delas, ou, nos termos de Heidegger, uma oposição e uma revogação ao ponto de um "repúdio àquilo que no 'hoje' está funcionando como o 'que passou e se foi'" (*SZ* 386). O aspecto notável deste processo de reinterpretação das possibilidades precedentes para o seu tempo é que o nosso próprio passado vem agora encontrar-nos fora do futuro projetado (*SZ* 20), como nossas tarefas históricas próprias.

Porquanto a repetição envolve interpretação e reinterpretação de acordo com o contexto holístico da situação histórica na qual se é jogado, retrocedemos completamente a uma hermenêutica da facticidade, agora enfocando a manifesta exposição reveladora justamente da sua própria situação, o lugar próprio dessa hermenêutica da facticidade mais focada; isto é, formalmente indicativa (indicial). Reconhecer a situação holística como precisamente a minha própria, assumindo assim a responsabilidade por ela, responder prestativamente às solicitações e demandas exigidas por essa situação temporalmente particular, apropriar-me de uma possibilidade precedente latente em minha herança por meio de repetição e explicitamente transmiti-la a mim: todos esses atos hermenêuticos de apropriação [*enownment*] juntam-se na protoação (*Urhandlung*) da historicidade própria, que recapitula resolutamente o movimento da projeção-jogada que é a minha temporalidade originária em sua propriedade [*ownness*] e integridade finita, do futuro ao tendo-sido, ao momento oportuno de decisão, onde pode ser dito que "eu sou o meu tempo". Ou, para colocá-lo em sua plena finitude e nua derrelicção: eu sou o meu uno-e-único tempo de vida singular e próprio. Historicamente, isso poderia ser chamado de meu destino, assim como "nós somos o nosso tempo" poderia ser a expressão do destino comum de uma geração particular, digamos, de filósofos.

Recorrer aos pronomes pessoais indexicais traz-nos de volta ao conceito formalmente indicativo, que, como já foi observado, encontra sua atualização última somente na própria situação temporal. A mais central das indicações formais exige que essa atualização aconteça no nível do próprio seer: "O seer *com o qual* esta entidade [chamada Dasein] está preocupada é em cada instanciação meu [seu, nosso]" (*SZ* 42). O seer, no seu mais próprio [*ownmost*], portanto, encontra a sua expressão própria nas declarações existenciais dos "pronomes pessoais, eu sou, você é, [nós somos]" (*SZ* 42).

Prosseguir nessa indicação formal, apropriando-nos do nosso seer mais próprio, leva-nos a transformarmo-nos no mais próprio [*ownmost*] (*eigenstes*) Da-sein dentro de nós mesmos, que, por sua vez, atrai-nos mais ou menos diretamente para *das Er-eignis*, o evento de apropriação [*enownment*], propriação [*propriation*], properizante [*properizing*]. Pois é na propriedade [*ownhood*] e na condição própria [*proper-dom*] da apropriação properizante [*properizing enownment*] que o eu, o você e o nós se reúnem, e, em cada instanciação, tornam-se eles-*mesmos*, em uma "individualidade [*selfhood*] [que] é mais originária do que qualquer eu e você e nós" (*CP* 225 = *GA* 65: 320), em suma, a *individualidade* única e própria *do* seer que transcende e compreende todos os pronomes "pessoais". (Colocado em termos gramaticais, a apropriação *do* seer transforma os indexicais de eu, você e nós em seus "reflexivos" mais intensivos, eu-*mesmo*, você-*mesmo*, nós-*mesmos*.)

Das Er-eignis, "a própria história originária" (*CP* 23 = *GA* 65: 32), é a mais frequentemente evocada e a mais profunda caracterização feita pelo segundo Heidegger da relação *Da-sein-Sein* (cf. o cap. 11), que se pode supor já estar tomando forma acima na relação cada vez mais receptiva, ao ponto de uma reversão de iniciativa, que se desenvolve entre o ser humano e a sua situação derrelita do seer. Será que alguém se atreve a dizer que a temporalidade originariamente possuída no nível do Dasein, e, mais ainda o evento de apropriação [*enownment*]/propriação [*propriation*] no nível do seer (cf. o cap. 5), seja agora a facticidade última, além da qual não se pode prosseguir? Sem dúvida, não o *fundamentum inconcussum* que Descartes buscou, mas, enquanto temporal, claramente um *fundamentum concussum*, uma fundação instável, um fundamento que dá lugar a um abismo (*Ab-grund*)?

Em uma nota de cerca de 1929, que se encontra entre as tentativas de completar o fragmento em que consiste *Ser e tempo*, Heidegger observa:

> *temporalidade: não é somente um fato, mas pertence ela mesma à essência do fato: facticidade. O fato da facticidade* (eis aqui a raiz da "reviravolta" da "ontologia" [em uma metontologia]).

> Alguém pode perguntar: "Como o tempo se origina?" [...] Somente com o tempo existe uma possibilidade de originação. [...] Mas então, qual é o significado da impossibilidade do problema da originação do tempo? (*UV* 9, ênfase adicionada).

Pós-escrito conclusivo não-científico sobre "indicação formal"

A dimensão formalmente indicativa da hermenêutica da facticidade surgiu no relato acima, em primeiro lugar, por meio dos sentidos de direção que se reúnem na *intencionalidade* de sentido triplo da vida fáctica, que atinge a sua mais própria integridade em um sentido de temporalização unificador culminante; e, em segundo lugar, no contexto de uma *ex-sistência* situada que se encontra jogada em um mundo histórico e exortada a tornar essa situação histórica sua própria por meio de uma manifesta exposição reveladora e de uma recuperação de suas possibilidades precedentes latentes que ainda são relevantes para o seu próprio tempo e geração, e sua projeção como nossas tarefas históricas próprias. A dimensão formalmente indicativa, o seu caráter indicial, portanto, encontra o seu lugar próprio na protoação do meu reconhecimento da minha situação holística a fim de chegar ao meu próprio e íntegro self historicamente situado, uma protoação que recapitula resolutamente a projeção-jogada que é a minha temporalidade originária em sua propriedade e integridade finita. Com efeito, toda a Divisão Dois de *Ser e tempo* (*BT*) é dedicada a levar a "projeção ôntico-ontológica do Dasein no seu próprio e autêntico potencial-para-ser-íntegro" (*SZ* 313) à fruição no movimento próprio e holístico da temporalidade originária. Os cursos de palestras que se seguem à publicação de *Ser e tempo* constituem várias tentativas de esboçar a direção da sua nunca publicada Divisão Três (KISIEL, 2005). Esses cursos gradualmente deixam claro que a dimensão formalmente indicativa constitui uma revisão radical da própria essência da filosofia. A filosofia já não é uma ciência, sequer a ciência original da experiência originária, mas algo mais originário em sua implacável transcendência para o fundamento temporal do Dasein, a fim de existir puramente a partir desse fundamento revelador. Como tal, a filosofia abre esta possibilidade de transcendência para os seres humanos facticamente existentes, e assim aponta-lhes o caminho e concede-lhes margem de manobra para transcenderem em direção ao seu próprio Dasein temporalmente particular, que em cada instanciação é meu, seu, nosso. Ao incitar os indivíduos existentes a transcenderem em direção a esse fundamento, ao prover a ocasião para essa decisão fundamental de "deixar a transcendência acontecer", a filosofia está exercendo a sua função exortativa, que Aristóteles já designou como o protréptico da filosofia. A filosofia não é uma ciência, mas um protréptico exortativo diretivo.

O curso do Semestre de Inverno de 1929-1930 enfatiza esse ponto desde a perspectiva do último tratamento de Heidegger da indicação formal. Em contraste com os conceitos científicos, todos os conceitos filosóficos são formalmente indicativos.

> O conteúdo-significado destes conceitos não tenciona ou expressa diretamente aquilo a que eles se referem, mas apenas oferece uma indicação, um ponteiro para o fato de que qualquer um que esteja procurando compreender é chamado por este contexto conceitual a *realizar* uma transformação de si no Dasein [dentro de si mesmo] (*FCM* 297 = *GA* 29/30: 430, ênfase adicionada, com adendo de *FCM* 296 = *GA* 29/30: 428).

Uma vez que tais conceitos só podem nos transmitir o chamado a tal transformação sem serem eles mesmos capazes de provocar esta transformação, eles são apenas conceitos *indicativos*. Em cada instância, apontam para o próprio Dasein, que em cada instanciação é o meu (o seu, o nosso) Da-sein, como o *locus* e o agente potencial desta transformação. "Porquanto nesta indicação eles, em cada instância, apontam para uma *concreção do Dasein individual* no homem, mas nunca trazem consigo o conteúdo desta concreção, tais conceitos são *formalmente indicativos*" (*FCM* 296 = *GA* 29/30: 429). Mas quando os conceitos são genéricos e abstratos, em vez de apropriados para a ocasião concreta em cujos termos devem ser interpretados, "a interpretação é privada de todo o seu poder autóctone, uma vez que quem quer que procurasse compreender não estaria então prestando atenção na diretiva que reside em todo conceito filosófico" (*FCM* 298 = *GA* 29/30: 431). No entanto, o tipo de interpretação que procura a sua própria facticidade em cada instância não é "alguma aplicação adicional, assim chamada ética, do que é conceituado, mas [...] uma abertura prévia da dimensão do que deve ser compreendido" (*FCM* 296 = *GA* 29/30: 428-429), a saber, a "concreção de [cada] Dasein individual", a sua própria individualidade. Os conceitos e questões do filosofar estão em uma classe própria, em contraste com a ciência. Essas questões conceituais servem à tarefa da filosofia: não descrever ou explicar o homem e seu mundo, "*mas evocar o Dasein no homem*" (*FCM* 174 = *GA* 29/30: 258). Por conseguinte, a filosofia não é uma ciência, mas um protréptico exortativo diretivo, cujos conceitos não são genéricos e comuns, aplicáveis a TODOS indiscriminadamente e uniformemente, mas hermeneuticamente distributivos e próprios, aplicáveis a CADA UM individualmente de acordo com o contexto temporal único no qual cada indivíduo esteja situado. O mesmo argumento é apresentado em *Ser e tempo* na distinção entre "categorias" e "existenciais" (*SZ* 44-45), entre a questão-Que e a questão-Quem, entre o self-de-qualquer-um uniforme e o self próprio de um tempo de vida único e irrepetível. "TODOS os homens são mortais" é genérico e comum, afirmando um fato científico neutro, enquanto "CADA um de nós deve morrer a sua própria morte" é distributivamente seletivo e individualizante, singularizando cada um para chegar a um acordo com a sua própria facticidade de ser-aí/aqui.

Esses conceitos formalmente indicativos, propriamente filosóficos, portanto, apenas evocam o Da-sein no ser humano, mas não o produzem de fato. Há algo de penúltimo acerca do filosofar. Seu questionamento leva-nos até a beira da possibilidade do Dasein, a ponto de "restaurar para o Dasein a sua *realidade*; isto é, sua *existência*" (*FCM* 173 = *GA* 29/30: 257). Há uma linha muito tênue entre filosofar e *realizar*, através da qual o ser humano não pode meramente deslizar, mas deve antes saltá-la a fim de desalojar o seu Dasein. "Somente a própria ação individual pode desalojar-nos desta beira da possibilidade para a realidade, e este é o momento da decisão e do *insight* holístico [da situação concreta da ação e do seer]" (*FCM* 173 = *GA* 29/30: 257). É a protoação (*Urhandlung*) da abertura resoluta para a própria situação concretamente única do seer, do deixar ser, em cada instanciação concretamente reatuada de acordo com a própria situação única e o "enquanto" particular da história, que autentica a nossa existência e torna próprio [*properizes*] o nosso filosofar. É nessa ação originária, repetidamente reatuada de uma geração à seguinte, que a ontologia encontra a sua fundação ôntica. Assim como Aristóteles (e, portanto, a tradição metafísica) fundou a sua *prote philosophia* na *theologia*, assim também Heidegger agora funda a sua ontologia fundamental em "algo ôntico – o Dasein" (*BPP* 19 = *GA* 24: 26).

Referências

DILTHEY, W. (1988). *Introduction to the Human Sciences* – An Attempt to Lay a Foundation for the Study of Society and History [Trad. R.J. Betanzos]. Detroit, MI: Wayne State University Press. [Originalmente publicado como *Einleitung in die Geisteswis-senschaften* – Versuch einer Grundlegung für das Studium der Gesellschaft und der Geschichte. Gesammelte Schriften, I. 7. ed. Stuttgart: Teubner, 1973.]

KISIEL, T. (2008). "On the Genesis of Heidegger's Formally Indicative Hermeneutics of Facticity". In: RAFFOUL, F. & NELSON, E.S. (eds.). *Rethinking Facticity*. Albany, NY: Suny Press, p. 41-67.

______ (2005). "The Demise of *Being and Time*: 1927-1930". In: POLT, R. (ed.). *Heidegger's Being and Time* – Critical Essays. Lanham, MD: Rowman & Littlefield, p. 189-214.

______ (2001). "Der sozio-logische Komplex der Geschichtlichkeit des Daseins: Volk, Gemeinschaft, Generation". In: WEISS, J. (ed.). *Die Jemeinigkeit des Mitseins* – Die Daseins-analytik Martin Heideggers und die Kritik der soziologischen Vernunft. Konstanz: UVK Verlagsgesellschaft, p. 85-103.

______ (1993). *The Genesis of Heidegger's Being and Time*. Berkeley, CA: University of California Press.

______ (1986-1987). "Das Entstehen des Begriffsfeldes 'Faktizität' im Frühwerk Heideggers". In: *Dilthey- Jahrbuch*, 4, p. 91-120.

Leituras complementares

Fontes primárias

As duas traduções inglesas existentes de *Ser e tempo*, de Heidegger, de John Macquarrie e Edward Robinson, de 1962 (*BT*), e de Joan Stambaugh, de 1996 (*BTS*), contêm ambas a paginação da edição original alemã de *Sein und Zeit* (*SZ*), de 1927, nas margens. A protoação do Dasein é formalmente indicada, especialmente na Divisão Dois, onde as seções centrais e de resumo são os § 45, 46, 54, 61-66, 69, 74, 83.

The Fundamental Concepts of Metaphysics - World, Finitude, Solitude [*Os conceitos fundamentais da metafísica* - Mundo, finitude, solidão] é a tradução inglesa, de William McNeill e Nicholas Walker, de *GA* 29/30, Curso do Semestre de Inverno em Friburgo (*WS*) 1929-1930. Cf. especialmente o § 70a, "Formal Indication as a Fundamental Character of Philosophical Concepts" ["A indicação formal como um caráter fundamental dos conceitos filosóficos"], p. 291-298.

Towards the Definition of Philosophy [*Para a definição de filosofia*] é a tradução inglesa de Ted Sadler de *GA* 56/57, que edita as três primeiras aulas do curso de 1919, em Friburgo. Cf. especialmente o curso do Semestre de Emergência de Guerra de 1919, "The Idea of Philosophy and the Problem of World Views" ["A ideia de filosofia e o problema das visões de mundo"], parte 2, p. 53-99, e "Apêndice II", p. 183-188.

Phenomenological Interpretations of Aristotle - Initiation into Phenomenological Research [*Interpretações fenomenológicas de Aristóteles* - Iniciação à pesquisa fenomenológica] é a tradução inglesa, de Richard Rojcewicz, de *GA* 61, o início do Curso do Semestre de Inverno em Friburgo (*WS*), 1921-1922. Sobre a indicação formal, cf. especialmente a parte 2, cap. 2, "Appropriation of the Situation of Understanding" ["Apropriação da situação de entendimento"], p. 32-58. Sobre a "Vida fáctica", cf. especialmente a parte 3, p. 61-115.

Cf. tb. "Phenomenological Interpretations with Respect to Aristotle: Indication of the Hermeneutical Situation" ["Interpretações fenomenológicas com respeito a Aristóteles: Indicação da situação hermenêutica"]. In: KISIEL, T. & SHEEHAN, T. (eds.). *Becoming Heidegger* – On the Trail of His Early Occasional Writings [*Tornando-se Heidegger* – Na trilha de seus primeiros escritos ocasionais], 1910-1927. Evanston, IL: Northwestern University Press, 2007, p. 155-184, 477-480. Este "Natorp-essay" foi escrito em outubro de 1922.

Ontology – The Hermeneutics of Facticity [*Ontologia* – A hermenêutica da facticidade] é a tradução inglesa, de John van Buren, de *GA* 63, o início do Curso de Palestras do Semestre de Verão em Friburgo (*SS*) de 1923.

Basic Problems of Phenomenology [*Os problemas fundamentais da fenomenologia*] é a tradução inglesa, por Albert Hofstadter, de *GA* 24, o Curso de Palestra do Semestre de Verão em Marburgo (*SS*) de 1927.

E cf. ainda "Unbenutzte Vorarbeiten zur Vorlesung vom Wintersemester 1929-1930: Die Grundbegriffe der Metaphysik – Welt, Endlichkeit, Einsamkeit". In: *Heidegger Studies*, 7 (1991), p. 5-12.

Fontes secundárias

Cf. KISIEL (1993, esp. caps. 1 e 3). • KISIEL. "The Demise of *Being and Time*: 1927-1930". In: POLT (2005, p. 189-214). • KISIEL & VAN BUREN (1994), esp. cap. 10: "Heidegger (1920-1921) on Becoming a Christian: A Conceptual Picture Show", p. 175-193, que inclui exemplos de esquemas conceituais formalmente indicativos. • RAFFOUL & NELSON (eds.) (2008), esp. cap. 2: "On the Genesis of Heidegger's Formally Indicative Hermeneutics of Facticity" (de T. KISIEL), p. 41-67; cap. 3: "Factical Life and the Need for Philosophy" (de F. RAFFOUL), p. 69-85; cap. 4, "The Passion of Facticity" (de G. AGAMBEN), p. 89-112; e cap. 7: "Intransitive Facticity? A Question for Heidegger" (de R. VISKER), p. 149-191.

2
Fenomenologia
Heidegger depois de Husserl e dos gregos

Günter Figal
(tradução de Richard Polt)

A anonimização e a universalização da fenomenologia por Heidegger

Em um dos últimos textos que Heidegger publicou, ele esboça seu "caminho para a fenomenologia" e, ao mesmo tempo, reflete sobre as possibilidades futuras da fenomenologia:

> A era da filosofia fenomenológica parece ter acabado. Já é considerada algo passado, sendo apenas registrada historicamente junto com outras escolas de filosofia. Mas no que lhe é mais próprio, a fenomenologia não é uma escola. É a possibilidade de pensar, às vezes mudando e só assim persistindo, de corresponder à afirmação do que deve ser pensado. Se a fenomenologia for assim experimentada e retida, ela pode desaparecer como uma designação em favor da questão do pensamento cuja condição manifesta permanece um mistério ("Meu caminho para a fenomenologia", *TB* 82).

Portanto, "no que lhe é mais próprio", a fenomenologia não tem necessariamente que ser realizada; ela permanece o que ela é, mesmo como uma possibilidade que está apenas esperando pela sua realização. Mas, sobretudo, esta "mais própria" [*ownmost*] possibilidade da fenomenologia persiste sem estar vinculada a um programa filosófico ou a um método filosófico. Como Heidegger a caracteriza, ela não é senão a própria possibilidade de pensar. Enquanto o pensamento se articula, esta possibilidade assume várias cores – assim como, de acordo com Heráclito, o fogo assume o cheiro do incenso misturado a ele (fr. B67). Considerada em relação à sua possibilidade "mais própria", a fenomenologia torna-se anônima. Ela é o inominado – e, portanto, geralmente também o desconhecido – em todo pensamento, mesmo que, na direção filosófica que Heidegger atribui a si mesmo, ela tenha ingressado, por um tempo limitado, na familiaridade do nomeado.

O anonimato da fenomenologia não é uma descoberta tardia para Heidegger. Em retrospectiva, já é aparente como central para o seu começo filosófico. Ele diz que, em seu estudo das *Investigações lógicas* de Husserl – "a princípio, levado por suposição em vez de guiado por algum discernimento fundamentado" –, experimentou como "o que ocorre para a fenomenologia dos atos de consciência como a automanifestação dos fenômenos é pensado mais originalmente por Aristóteles e em todo pensamento e existência gregos". Aí – e este já é o caso para o jovem Heidegger – a questão para o pensamento filosófico é *alētheia* (cf. o cap. 8). Esta é, de acordo com a sua explicação retrospectiva, "a condição manifesta [*unconcealedness*] do que-é [*what-is*] presente, seu ser revelado, seu mostrar-se" (*TB* 79). Portanto, o anônimo "mais próprio" [*ownmost*] da fenomenologia não apenas constitui o futuro da fenomenologia; é também já o seu passado e, enquanto tal, o passado de toda a filosofia. Porquanto a filosofia vive com base no seu começo grego, toda a filosofia tem sido, em última análise, fenomenologia, sem ter sido reconhecida e nomeada como tal. O fato de Heidegger ainda designar o seu próprio começo filosófico como um "caminho para a fenomenologia" não é incompatível com essa anonimização da fenomenologia. É verdade que o acesso à fenomenologia leva primeiro a um programa filosófico particular; ele familiariza com um método particular. No entanto, porquanto a fenomenologia é reconhecida em sua essência, ela torna-se universal e pode, portanto, dispensar seu nome. Por sua vez, essa universalização confere um peso especial a um pensamento que se estabelece sob o nome de fenomenologia. Com a universalização da fenomenologia, a sua forma explícita, a forma que realiza essa universalização, torna-se a verdade de toda a filosofia.

A anonimização e a universalização da fenomenologia é o movimento fundamental do pensamento heideggeriano. Como tal, esse movimento é sua contribuição para a fenomenologia, uma contribuição não menos essencial do que paradoxal. Com base nesse movimento, o poderoso trabalho filosófico de Heidegger vem à luz em uma homogeneidade que talvez seja surpreendente, dada a sua implacável alteração e reinterpretação dos seus próprios conceitos, dada a sua prontidão sempre alerta para um novo começo. No entanto, esse movimento inclui até mesmo o seu posterior afastamento da filosofia em favor de um pensamento que quer articular "algo que já não é a questão a ser pensada pela filosofia" ("O fim da filosofia e a tarefa do pensamento", *BW* 441). O "fim da filosofia" e a "tarefa do pensamento" relacionam-se sob o ponto de vista da fenomenologia anonimizada. A filosofia, como Heidegger a entende, vive na esteira do começo grego do "desencobrimento" dos fenômenos, independentemente de a filosofia estar ciente desse começo e de seus conceitos serem adequados ou inadequados a ele. E o pensamento que vai além da filosofia a fim de pensar o seu caminho para o "impensado" da filosofia (*BW* 446) esbarra em algo que Heidegger, com Goethe, chama de "fenômeno primordial" (*BW* 442). Porquanto o pensamento ganha acesso ao "impensado" da filosofia como um fenômeno primordial, ele é radicalmente diferente da filosofia, e, no entanto, de uma maneira inominada, fenomenológico como a filosofia. Portanto, a relação distintiva de Heidegger com a tradição filosófica é esclarecida pelo caráter fenomenológico deste pensamento.

No entanto, esse caráter fenomenológico abriga uma tensão; ele é tão paradoxal quanto a anonimização e a universalização da fenomenologia praticada por Heidegger, que parte de um modo limitado de questionar, encontra fenomenologia em todo filosofar e pensar, e, contudo, é capaz de encontrá-la exclusivamente graças à limitação do seu próprio modo de questionar. Já que esse tipo de questionamento continua sendo o ponto de partida, deve-se reportar-lhe a universalização; o pensamento de que todo pensamento é fenomenologia anônima pode iluminar apenas tanto quanto pode fazê-lo a compreensão dos fenômenos que sustentam esse pensamento. E se o pensamento não levasse a uma melhor compreensão da essência dos fenômenos, ele permaneceria dependente de uma fenomenologia pressuposta e, portanto, ficaria aquém de toda tentativa fenomenológica de esclarecimento. Portanto, a questão decisiva é o que a anonimização e a universalização da fenomenologia praticada por Heidegger contribuem para a fenomenologia.

Como veremos, essa contribuição é menos evidente no pensamento inicial de Heidegger do que no período posterior; embora Heidegger nomeie abertamente seu pensamento fenomenologia, sua contribuição para ela permanece, em comparação com suas obras posteriores, bastante convencional. Com o passar dos anos, as meditações de Heidegger tornam-se mais concentradas; ele volta-se cada vez mais decisivamente para a essência dos próprios fenômenos, a fim de compreender o destino da filosofia com base nessa essência. No entanto, em suas reflexões finais sobre o tema, ele define a essência dos fenômenos de tal maneira que esta essência é novamente distinguida de todo o pensamento filosófico ao qual foi incorporada como motivo. É o impensado não apenas para a filosofia tradicional, mas também para a própria tentativa de Heidegger – agora vista sob uma luz autocrítica – "de perguntar acerca de uma possível tarefa de pensar no fim da filosofia" (*BW* 446). Heidegger enfatiza o tema a respeito da "questão do pensamento" – que é ao mesmo tempo a questão da fenomenologia anonimizada – dentro de todo pensamento, inclusive o seu próprio pensamento anterior. Com efeito, pela mesma razão, a "questão do pensamento" também é o que há muito tem sido "impensado". Porém, uma vez mais, essa questão tem um *status* independente. A anonimização e a universalização da fenomenologia são tacitamente retraídas, de modo que pode novamente haver abertamente o que essa anonimização e universalização tacitamente pressupuseram: a própria fenomenologia. Esta não é a solução proposta por Heidegger; mas se ele torna essa solução possível, sua contribuição para a fenomenologia leva além do domínio do seu próprio pensamento.

O desencobrimento como *alētheia* e *physis*

A contribuição de Heidegger para a fenomenologia, e, portanto, também para a sua anonimização, começa exatamente quando Heidegger a relata em seu texto posterior: como uma crítica ao programa de Husserl, uma crítica que visa ver a experiência fenomenológica não como um método científico, mas como uma possibilidade fundamental da vida humana. Aqui, Aristóteles entra em jogo para Heidegger: a "fenomenologia dos atos de consciência" remonta a uma atividade que Aristóteles chama de *alētheuein* (desencobrir). A essência da vida humana, ou "Dasein", como Heidegger resolverá em conexão com Aristóteles, é descobrir ou revelar. Porquanto tudo o que é, é dado no Dasein, é pensável em seu "desencobrimento" exclusivamente tendo como base o Dasein. Sob o pressuposto de que os entes se mostram como o que *são*, e que, por sua vez, ser consiste em mostrar-se, Heidegger pode ligar sua adaptação fenomenológica de Aristóteles a uma revisão da ontologia aristotélica. Porque toda entidade mostra-se no Dasein, o ser do Dasein é o único ponto de referência em cujos termos tudo o mais é entendido como algo que é. Tudo quanto seja descoberto pelo Dasein e no Dasein se anuncia como um fenômeno, e, portanto, anuncia-se em seu ser. A ontologia, sob esse pressuposto, é possível "*apenas como fenomenologia*", como *Ser e tempo* o coloca (*SZ* 35).

Se desconsiderarmos, por enquanto, essa ontologização da fenomenologia – e fenomenologização da ontologia –, a compreensão de Heidegger do fenômeno, como acabamos de o esboçar, permanece bastante próxima daquela de Husserl, ou, mais precisamente, de sua definição canônica do fenômeno (cf. MARION, 2002, p. 68). De acordo com *A ideia da fenomenologia*, "o significado da palavra 'fenômeno' é duplo por causa da correlação essencial entre *aparecer* e *aquilo que aparece*". Husserl prossegue explicando que o *phainomenon* significa propriamente "'aquilo que aparece', e, no entanto, é predominantemente usado para o próprio aparecimento, o fenômeno subjetivo (se é permitido usar essa expressão, que pode ser mal compreendida em um sentido psicológico grosseiro)" (HUSSERL, 1999, p. 69, trad. mod.). A definição se repete no contexto do pensamento de Heidegger: um fenômeno é algo na medida em que é visto no Dasein em termos do seu próprio aparecimento, e não como algo que aparece, algo dado independentemente como um fato. A diferença em relação a Husserl reside exclusivamente na descrição do fenomênico, e na maneira como o fenomênico, enquanto tal, é validado. No sentido de Heidegger, o que é fenomênico não são os objetos do conhecimento, mas os momentos de um mundo, que podem ser experimentados em sua significância; e eles são compreendidos como fenômenos não através da reflexão, mas sendo retirados como realmente dados no Dasein. O que está faltando, o que se nega ou se retém, mostra-se ainda mais intensamente como o que é facticamente dado. Já não se trata de algo que aparece de fato; mas de algo que entra em aparecimento no Dasein.

Este é um pensamento decisivo: para Heidegger, um momento essencial do fenomênico é a retirada. No "aí da ausência" (*GA* 18: 298), algo está aí de uma maneira intensificada. Praticamente o mesmo pode ser dito de algo que seja produzido a partir da ausência. Isso também, nos termos de Husserl, não é dado como "aquilo que aparece", mas, em vez disso, é no "aparecer". Nesse sentido, de acordo com *Ser e tempo*, um fenômeno é "algo que proximalmente, e na maioria das vezes, *não* se mostra de modo algum: é algo que está *oculto*, em contraste com aquilo que proximalmente, e na maioria das vezes, se mostra" (*SZ* 35). O fenômeno é o que deve ser descoberto, deve ser retirado do encobrimento. Somente isso garante que se trata de algo que se mostra, e não apenas de algo que aparece, no sentido de uma ilusão. Um fenômeno é algo mesmo, e não algo que se parece com algo que na verdade é outra coisa.

Heidegger permanece fiel a essa convicção – de que a fenomenalidade dos fenômenos se deve ao processo de descoberta – até o início da década de 1930. Quando, no ciclo de conferências do Semestre de Inverno de 1929-1930, o Dasein é entendido como "formador de mundo", isso é uma radicalização da posição de *Ser e tempo*. O que vem a aparecer no curso da "projeção" de um mundo não é apenas descoberto, mas é produzido (*FCM* 285; sobre o conceito de formação-de-mundo, cf. FIGAL, 2003, p. 94-110). Na verdade, os esclarecimentos posteriores de Heidegger mostram que aqui ele está pensando não em manufatura, mas em exposição: algo é exposto, estabelecido no domínio no qual pode ser experimentado, de modo que pode, portanto, ser experimentado em seu aparecimento (*GA* 43: 219; cf. tb. *N1* 176; FIGAL, 2006b). Essa radicalização é tanto problemática quanto esclarecedora: ela deixa claro que o pensamento radicalizado não era desprovido de problemas sequer no início. A radicalização obscurece o traço fundamental dos fenômenos: o fato de que os fenômenos não apenas são mostrados ou indicados, mas mostram a *si mesmos*. Este fato já foi marginalizado quando Heidegger enfocou a descoberta, e em sua orientação para a produção ele se perde.

Este ponto pode ter sido um fator significativo que levou Heidegger a retratar sua absolutização da produção. Ao fazê-lo, ele refere-se ao início da filosofia no pensamento grego, mas de um modo bem diferente de como o fez no início da década de 1920. Ele já não vê o "primeiro e definitivo desdobramento" (*IM* 14) desse pensamento no pensamento aristotélico da *alētheuein*. Heidegger encontra uma nova palavra fundamental: a palavra *physis*.

Mesmo agora, a identificação da fenomenologia com a ontologia, em *Ser e tempo*, permanece firme. *Physis*, como Heidegger diz em sua aula do curso do Semestre de Verão de 1935, *Introdução à metafísica*, é "o ser dos entes" (*IM* 19, trad. mod.) porque é "o que emerge de si" ou "o desdobramento que se abre" (*IM* 15). Em uma terceira variação do pensamento, *physis* é "a entrada-no-aparecimento em tal desdobramento, e a manutenção e a persistência no aparecimento – em suma, a influência permanente e emergente" (*IM* 15). Nesta última formulação, pelo menos, está claro que Heidegger está pensando na *physis* como a essência dos fenômenos. É o aparecimento no qual uma coisa é algo que aparece.

No entanto, a caracterização do aparecimento como *physis* ainda é preliminar. Mesmo aqui, o projeto de Heidegger de encontrar a fenomenologia anonimamente no pensamento grego não se cumpre de uma maneira completamente convincente. É verdade que, de certa forma, sua caracterização idealmente se encaixa na compreensão dos fenômenos como aquilo que se mostra. Mesmo que a autodemonstração seja ocasionada por uma indicação, é essencial que aconteça por si só, ou então, poder-se-ia dizer, sozinha, e é precisamente essa originalidade que é transmitida no conceito de *physis*. O pensamento da *physis* representa a objetividade e a incondicionalidade da doação, que já para Husserl estava vinculada ao começo da fenomenologia.

Mas, por outro lado, o pensamento de Heidegger é específico demais. Algo pode se mostrar mesmo que essa demonstração não ocorra na *physis*. O que se mostra e, no entanto, não é um *physei on*, deve, portanto, pelo menos ser dependente de autodemonstração no sentido da *physis*. Como um fenômeno, deve ser entendido exclusivamente com base na *physis*, e isso não é convincente; restringe o pensamento da autodemonstração muito severamente.

Heidegger viu claramente essa dificuldade. Ele tentou resolvê-la em seu ensaio sobre o começo do segundo livro da *Física* de Aristóteles, distinguindo entre a "essência" da *physis* e seu "conceito" ("Sobre a essência e o conceito de *Physis* na *Física B*, I, de Aristóteles", em *PM*). De acordo com essa distinção, somente o "conceito" de *physis* nos vincula a um domínio particular de entes – isto é, entes naturais –, enquanto a "essência" original da *physis* é supostamente a emergência e a autodemonstração sem contenção. A contenção, como dada com o conceito, supostamente pode ser dispensada; entra em jogo apenas quando se tenta compreender o acontecimento da *physis* em contraste com a produção. A contenção foi erroneamente vinculada à *physis* como o fato da emergência.

Mesmo assim, temos que perguntar como o "por si só" que Heidegger quer compreender com o pensamento da *physis* poderia ser explicado, exceto em termos do natural ou do vivo (cf. FIGAL, 2006a, p. 377-378). Toda tentativa de definir a autodemonstração com base na *physis*, ou mesmo como a própria *physis*, baseia-se no surgimento e crescimento do natural. Este não é apenas um modelo para o "por si só", mas a sua única realização. Portanto, o conceito de *physis* não é neutro o suficiente para representar a essência dos fenômenos. Se a essência da *physis* é expressa adequadamente em seu conceito, então a referência a este conceito é inadequada para a anonimização da fenomenologia.

Heidegger tira uma conclusão que está ao alcance da mão. Ele volta ao seu conceito orientador inicial de *alētheia*, mas já não o compreende, com a *Ética a Nicômaco*, com base no *alētheuein*. Em vez disso, volta a Parmênides. Ele lê a afirmação de Parmênides sobre a autoidentidade [*self-sameness*] do pensamento e do ser como afirmando acerca de um self-idêntico [*Selfsame*] que pode ser caracterizado separadamente e que domina tanto o pensamento quanto o ser, porquanto os separa um do outro e, portanto, os mantém juntos na "dualidade" da "revelação" e do "encobrimento" (*EGT* 87). Se este self-idêntico é entendido como *alētheia* (*EGT* 93), então a posição posterior de Heidegger já foi fundamentalmente alcançada. *Alētheia* só precisa ser explicada como a "clareira" a fim de que a "tarefa do pensamento" seja definida em relação ao começo grego.

A clareira e a tarefa do pensamento

Heidegger já havia falado de "clareira" (*Lichtung*) em trabalhos anteriores. Em *Ser e tempo*, o termo é usado para explicar o "desencerramento" (*SZ* 133), bem como o parentesco dessa característica ontológica do Dasein com a imagem da *lumen naturale*. Heidegger também emprega a expressão em "A origem da obra de arte" (cf. cap. 9). Com efeito, descobrimos aí que ela já tem o mesmo significado que virá a ter em seus textos posteriores. Ele já não entende "clareira" em termos de luz, mas como "um lugar aberto". Os entes "permanecem dentro e projetam-se dentro" dessa abertura, o que nos provê uma "passagem para esses entes" (*BW* 178). A clareira é a possibilidade dos fenômenos.

Deve-se admitir que, em "A origem da obra de arte", Heidegger ainda confere ao termo "clareira" um acento distintamente diferente do que tem em seus textos posteriores. No ensaio sobre arte, a clareira é pensada como a abertura do encobrimento e do desencobrimento, e está vinculada ao "combate" entre o "mundo" e a "terra". A clareira é, portanto, sinônimo do acontecimento do clarear, em um sentido bastante consistente com a concepção anterior de Heidegger: um acontecimento que é agora, ao mesmo tempo, acima de tudo, o acontecimento da retirada, da negação e da recusa. A clareira, diz Heidegger, "nunca é um palco rígido com uma cortina permanentemente levantada", mas, em vez disso, acontece como "encobrimento" (*BW* 179). Algo se mostra à medida que tenha sido retirado do encobrimento e indicado. Desse modo, na obra de arte, um mundo se mostra como o contexto inteiro para os entes, e os próprios entes também se mostram.

Mas a clareira é considerada de maneira diferente no texto tardio "O fim da filosofia e a tarefa do pensamento". Aqui a clareira é chamada de "lugar de quietude" que "primeiro concede o desencobrimento" (*BW* 445); isto é, permite o jogo de encobrir e desencobrir. A clareira é o "*espaço livre*" (*BW* 444): o que não é ocupado nem pelo presente nem pelo ausente. Não são nem entes nem não-entes; é o intervalo no qual algo pode se mostrar e ser mostrado.

Como esse espaço livre, no entanto, a clareira precede todo desencobrimento e encobrimento. Até mesmo a luz pressupõe a clareira, assim como é pressuposta "pela ressonância e pelo eco, pelo som e pela diminuição do som" (*BW* 442). A clareira já está aí quando algo é estabelecido e surge do que se recusa a aparecer; mas a clareira não é um fundamento (*archē* ou *principium*) com base no qual o encobrimento e o desencobrimento poderiam ser entendidos. A clareira não é um fundamento, mas, como diz Heidegger com Goethe, um "fenômeno primordial" (*Urphänomen*); ou, como se teria que dizer, segundo Heidegger, uma "matéria primordial" (*Ur-sache*: *BW* 442).

É especialmente notável, no entanto, que Heidegger considere essa "matéria primordial" como a matéria de um pensamento que se diferencia de toda "filosofia". A filosofia como metafísica é o pensamento fundacional, ao qual o pensamento da clareira renuncia. Tal pensamento não encontra nenhum ganho na filosofia e, portanto, nenhum começo. Embora "no começo da filosofia", com Parmênides, a clareira seja "nomeada" com a palavra *alētheia*, "posteriormente não é explicitamente pensada como tal pela filosofia" (*BW* 446). Essa observação é extraordinária: aqui Heidegger revisa implicitamente a compreensão da filosofia que existia desde o plano de 1922 para *Ser e tempo*, passando pelas *Contribuições à filosofia*, até as palestras dos anos de 1950. Mesmo em *O princípio de razão*, Heidegger continua a se orientar pelo conceito de *physis*, e, portanto, não se afasta fundamentalmente de seus pontos de vista na *Introdução à metafísica*.

O que Heidegger abandona em seu texto tardio é o *mito do começo*: suas muitas variações na história da filosofia como a perda de uma verdade originária, uma perda provocada pela tradição (cf. o cap. 11). Esta verdade, de acordo com o mito, deve ser recuperada, reconquistada ou retomada em um "outro começo". Mas, como parece ser o caso agora, a história da filosofia não é a história trágica de uma perda involuntária, na qual o que é perdido é, no entanto, retido e pode ser trazido à vista se se volta ao começo. Em vez disso, a filosofia sempre tem sido o que é no presente. Mas atualmente, de acordo com o diagnóstico de Heidegger, ela está chegando ao fim em consequência de seu pensamento fundacional. Em sua opinião, deve-se deixar a filosofia para esse fim, que promete alívio e liberação para uma nova possibilidade. A tarefa de pensar, à qual todo pensamento está agora obrigado, é colocada apenas depois do fim da filosofia.

Com este afastamento da filosofia em favor de um pensamento que já não é filosófico, porque já não é fundacional, a universalização da fenomenologia também chega ao fim. Porquanto no começo da filosofia a clareira não foi pensada, mas foi, na melhor das hipóteses, nomeada pelo termo "*alētheia*", a interpretação fenomenológica do pensamento inicial pode contar como uma possibilidade independente. Mas não é arbitrária; como uma interpretação digna do nome, ela pode descobrir apenas o que está contido nos textos que têm sido transmitidos. No entanto, apenas ela, como interpretação, o descobre. Nos textos antigos não havia nada intencionado que fosse então perdido e coberto. O elemento fenomenológico neles vem à luz exclusivamente através da fenomenologia.

Se este é o caso, a interpretação fenomenológica pode novamente manifestar-se abertamente como tal. Pode – e deve – ser chamada de fenomenológica, em vez de ficar escondida anonimamente em toda filosofia e todo pensamento. O próprio Heidegger aponta nessa direção quando adota o termo fundamental de Goethe, "fenômeno primordial". Isso denota algo que se trata de um fenômeno com particular clareza e distinção: um fenômeno que se mostra com uma intensidade especial que torna possível experimentar o seu caráter como fenômeno. Isso também implica que é evidentemente impossível que os fenômenos primordiais sejam fundamentados em qualquer outra coisa. Eles eliminaram, por assim dizer, qualquer tentativa de lhes prover uma fundação; não podem ser entendidos com base em qualquer outra coisa. Daí os fenômenos primordiais, como diz Goethe, deslocarem-nos "em uma espécie de admiração ao ponto da ansiedade" (1991, p. 792); "sentimos a nossa própria inadequação" (p. 798). Os fenômenos primordiais não vêm de nenhum outro lugar, e, portanto, também não são "dados"; isso exigiria um doador. Na melhor das hipóteses, pode-se dizer, com Heidegger: *es gibt sie* ("eles são", ou literalmente, "se lhes dá"; sobre essa expressão, cf. *TB* 38-40). Mas isso significa que eles não surgem "por si sós", como coisas naturais; em vez disso, eles aparecem.

O aparecimento de fenômenos primordiais pode deixar a vontade de fundação sem palavras; como diz Goethe, quando se deparam com tais fenômenos, "pessoas sensatas" preferem abrigar-se no "espanto" (1991, p. 792). Mas os fenômenos primordiais não precisam ser aceitos sem palavras. Eles podem ser interpretados, podem ser desenvolvidos em sua estrutura e momentos, e, portanto, também podem ser entendidos como coerentes. Eles podem ser experimentados hermeneuticamente. Desta maneira, eles nos animam e encorajam "através do eterno jogo da experiência [*Empirie*]" (p. 798).

Isso vale para fenômenos que, em geral, sejam reconhecidos enquanto tais. Só vale para os fenômenos primordiais quando a "experiência" é determinada pela intensidade do fenomênico. Só se faz justiça aos fenômenos primordiais se, ao interpretá-los, considera-se a sua fenomenalidade enquanto tal. A abertura na qual aparecem, o espaço hermenêutico que lhes permite oporem-se a nós como objetos e nos dá acesso a eles, encontra-se nesses próprios fenômenos (FIGAL, 2006a, p. 153-173).

O discurso de Heidegger sobre a clareira provavelmente deveria ser entendido nesse sentido. A clareira, então, não é um fenômeno primordial, e, de fato, não é um fenômeno dentre outros, mas é a clareza dos fenômenos, que se torna evidente nos fenômenos primordiais. Seria então próprio do pensamento da clareira aceitá-la enquanto tal, mas não a considerar como um objeto separado. O pensamento da clareira enquanto tal então pertenceria antes a uma "experiência" que, por sua vez, seria orientada por esse pensamento. O pensamento estaria à frente de uma espécie de investigação e descrição que, além do pensamento fundacional, estaria aberta a todo o domínio do fenomênico. Estaria à frente de uma fenomenologia que retornou a si mesma do anonimato e da universalidade.

Referências

FIGAL, G. (2006a). *Gegenständlichkeit* Das Hermeneutische und die Philosophie. Tübingen: Mohr Siebeck.

______ (2006b). "Machen, was noch nicht da ist. Herstellung als Modell gegen und für die Metaphysik". In: DREWSEN, M. & FISCHER, M. (eds.). *Die Gegenwart des Gegenwär*. Friburgo/Munique: Karl Alber, p. 128-137.

______ (2003). *Martin Heidegger zur Einführung*. Hamburgo: Junius.

GOETHE, J.W. (1991). Maximen und Reflexionen. In: FINK, G.-L.; BAUMANN, G. & JOHN, J. (eds.). *Sämtliche Werke nach Epochen seines Schaffens*. Münchner Ausgabe. Vol. 17. Munique: Carl Hanser.

HUSSERL, E. (1999). *The Idea of Phenomenology* [Trad. L. Hardy]. Dordrecht: Kluwer.

MARION, J.-L. (2002). *Being Given* – Toward a Phenomenology of Givenness [Trad. J.L. Kosky]. Stanford, CA: Stanford University Press.

Leituras complementares

Fontes primárias

Cf., de Heidegger: "My Way to Phenomenology". In: *On "Time and Being"* ["Meu caminho para a fenomenologia"]. • *History of the Concept of Time* – Prolegomena, Parte Preliminar. • "The End of Philosophy and the Task of Thinking". In: *Basic Writings* ["O fim da filosofia e a tarefa do pensamento"]. • *Ser e tempo*, § 7. • *Introdução à investigação fenomenológica*, parte 1.

Fontes secundárias

Cf. CARMAN, T. "The Principle of Phenomenology". In: GUIGNON (2006, p. 97-119). • DAHLSTROM, D.O. "Heidegger's Critique of Husserl". In: KISIEL & VAN BUREN (1994, p. 231-244). • HELD, K. "Heidegger and the Principle of Phenomenology". In: MACANN (1992, vol. 2, p. 303-325). • STAPLETON (1983).

Cf. tb. CAPOBIANCO, R. "Heidegger's *die Lichtung* – From 'The Lighting' to 'The Clearing'". In: *Existentia*, 17 (5-6), 2007, p. 321-335.

3

O Dasein como ser-no-mundo

Timothy Stapleton

Heidegger usa a palavra "Dasein" para referir-se ao que habitualmente pode ser chamado de si mesmo [self] ou "eu"; ou, como ele diz mais cautelosamente, a "esta entidade que cada um de nós é ela mesma" (*BT* 27). Mas, embora as denotações das palavras "si mesmo" e "Dasein" possam ser as mesmas, as conotações diferem radicalmente. Quando devidamente entendida, a palavra "Dasein" captura o ser único do "eu sou", o qual é mal-interpretado por termos tais como, por exemplo, "si mesmo", "ego", "alma", "subjetividade" ou "pessoa". Para Heidegger, o que constitui o próprio "sou" do "eu sou" é que o ser é uma questão para ele: é uma questão e um tema com os quais ele se importa. Essa entidade que eu sou compreende isso implicitamente. Mais radicalmente, ela *é* essa compreensão, ou o lugar onde essa compreensão do ser ocorre. Por conseguinte, "Dasein" significa o si mesmo *como* o aí (*Da*) do ser (*Sein*), o lugar onde uma compreensão do ser irrompe no ser.

"Ser-no-mundo" é a interpretação descritiva de Heidegger do si mesmo *como* Dasein. Para Heidegger, como veremos, descrição e interpretação não precisam estar em desacordo. Um tipo de interpretação (*Auslegung*), como uma explicitação daquilo que é apenas tácito, é uma descrição. "Ser-no-mundo" destina-se a capturar, de maneira descritiva, várias dimensões do que significa para o Dasein "ser". Mas muito mais precisa ser dito, em termos de interpretação, sobre essa descrição.

Dasein e a compreensão do ser

Ser e tempo é uma obra sobre ontologia. Indaga sobre o sentido do ser. O ser é sempre o ser (*Sein*) de alguma entidade ou ente

(*Seiendes*); *de* árvores e mesas, *de* seres humanos e suas questões. "Ôntico" é a expressão que Heidegger usa para os entes e nosso modo de falar sobre eles, "ontológico" para o ser de tais entes e sua linguagem. O ôntico e o ontológico são inseparáveis. Mas a ontologia deve sempre começar com o ôntico e avançar para o ontológico. Além disso, "o *Dasein* é onticamente distintivo por *ser* ontológico" (*BT* 32). Ser ontológico aqui aponta para aquela compreensão implícita do ser que ocorre com e na existência do Dasein. Mas o que, mais concretamente, é essa compreensão implícita do ser?

Vamos começar com um exemplo simples. Eu olho pela janela e vejo, contra o fundo da rígida alvenaria cinza do Templo Maçônico, as folhas vermelhas no galho de um bordo mexendo-se à brisa do fim da tarde. O que eu vejo é uma árvore, seus galhos e folhas vermelhas. O que apreendo, mais precisamente, são não apenas as folhas e a cor vermelha, mas as folhas *sendo* vermelhas. Eu não digo, por exemplo, "folhas vermelho" ou "folhas e vermelho", mas, "As folhas *são* vermelhas", "As nuvens *estão* se reunindo", "Um homem vestido com um kilt xadrez está passando". Para Heidegger, há uma compreensão do ser como substância (o ser das folhas) e acidente (o ser da vermelhidão) que acompanha tais experiências simples; que as guia e as estrutura de antemão (*a priori*) e torna possível que o que eu experimento seja o que é. O ser enquanto entendido em termos dessas *categorias* tradicionais é o que Heidegger chama de "categorial"[6].

Uma das primeiras maneiras como Heidegger fala sobre o ser é como "o que determina as entidades enquanto entidades" (*BT* 25). O ser não "faz" com que os entes sejam no sentido de os criar ou causar. "Determinar" aqui significa algo mais como abrir um lugar ou espaço onde essas entidades possam se mostrar pelo que são. Ou, como Heidegger às vezes diz, o ser *liberta* os entes para o seu ser.

Além disso, essa compreensão do ser *é* ela mesma alguma coisa. A compreensão do ser também compreende o seu próprio ser. En-

6 As ideias apresentadas acima se baseiam fortemente na distinção de Husserl entre intuição categorial e sensual, conforme encontrada na Investigação VI de suas *Investigações lógicas* (HUSSERL, 1970). Heidegger cita essas seções das *Investigações lógicas* como tendo uma importante influência sobre os seus primeiros trabalhos.

quanto olho em todo o jardim para as folhas vermelhas do bordo, estou, ao mesmo tempo, consciente de que *eu estou vendo* isso. Essa autoconsciência não é algo que surge apenas quando acontece um ato explícito de reflexão. Uma autoconsciência pré-temática é uma dimensão essencial da consciência vivida. A questão crucial é: que tipo de compreensão do ser acompanha ou "determina" essa autoconsciência vivida como o tipo de coisa que ela é? Heidegger afirma que, com demasiada frequência, a compreensão do ser que libera os objetos no mundo para o seu ser é refletida no ser da própria experiência. O "eu" é tomado como uma substância, embora talvez de algum tipo especial (ego, mente, *res cogitans*, alma), e o "ver" como uma atividade dessa eu-coisa.

> *Ontologicamente*, toda ideia de um "sujeito" – a menos que seja refinada por uma determinação ontológica prévia de seu caráter básico – ainda postula o *subjectum* (*hupokeimenon*) junto com ele, não importa quão vigorosos sejam os protestos ônticos contra a "substância da alma" ou "reificação da consciência" (*BT* 72).

Mesmo quando a subjetividade é entendida não como isolada de, mas como conectada essencialmente e "intencionalmente" aos objetos de sua experiência (a posição que Heidegger associa à fenomenologia tradicional daquela época), nada muda com respeito à ontologia em operação. O si mesmo ou o sujeito e seus atos de consciência ainda são tomados como entidades que se apresentam ao olhar temático da reflexão, como já aí e dados de modo a serem apreendidos em tal reflexão.

Dois pontos intimamente relacionados devem ser observados aqui. Primeiro, Heidegger quer afirmar que a compreensão tradicional do ser, guiada pela noção de substância, é inseparável da ideia de "presença". Aquilo que realmente é, o *ontōs on*, é aquilo que se apresenta, e o modo temporal preeminente de apresentação no qual isso acontece é no presente. Em segundo lugar, há uma conexão íntima entre essa compreensão do ser e a própria atitude teórica. Quando uma orientação teórica é assumida, alguém recua e olha, inspeciona, obtém uma distância crítica (objetiva) para ver como as coisas "realmente são". Seja empirista (visão e os sentidos) seja racionalista (o olho da mente, intro*specção*, o *eidos* ou Ideia como aquilo que é iluminado), ser é ser "visível". Dentre as ideias orientadoras da tradição ocidental está que o movimento do parecer para o ser, da aparência para a realidade, exige a suposição da atitude teórica. Mas esse movimento implica postular aquela compreensão do ser que é necessária para a própria teoria.

A nova ontologia fundamental de Heidegger deve combater o peso considerável de ambos os preconceitos – fundamentados como estão na linguagem, na tradição e na tendência a tal autoencobrimento que faz parte do próprio ser do Dasein. A hegemonia do categorial deve ser desafiada, e Heidegger o faz tentando entender e interpretar o "ser" do Dasein como ser-no-mundo.

Uma interpretação do ser-no-mundo

Quando Heidegger introduz pela primeira vez a expressão "ser-no-mundo", ele chama a atenção para várias características importantes. Primeiro, embora se trate de uma expressão composta, significa, no entanto, um fenômeno unitário. Essa unidade é essencial: suas diferentes dimensões não são tanto peças (como as pernas e o topo de uma mesa), mas momentos (como a cor e a forma do tampo da mesa). A natureza hifenizada da expressão não faz senão enfatizar essa unidade elementar. Além disso, Heidegger observa que o ser-no-mundo é triádico. Há (i) o "no-mundo", (ii) o "ser-em", e (iii) a entidade ou o "quem" que é enquanto ser-no-mundo. Cada uma dessas dimensões será, por sua vez, exposta, mas prestando-se constantemente atenção à sua interconectividade essencial.

Essas análises (que constituem um Dasein analítico) devem ser entendidas como uma tentativa de uma ontologia "não-categorial". Heidegger usa a palavra "*Existenz*" para referir-se ao tipo singular de ente que o Dasein "é". Em vez de categorias, os conceitos ontológicos básicos a serem desenvolvidos aqui são, por conseguinte, chamados de "*existentiala*", dentre os quais o mais básico é o ser-no-mundo. Como um conceito ontológico, esta noção funcionaria no lugar, mas de uma maneira não muito diferente, dos conceitos de substância e acidente na região de objetos ou coisas.

Considere o diagrama a seguir:

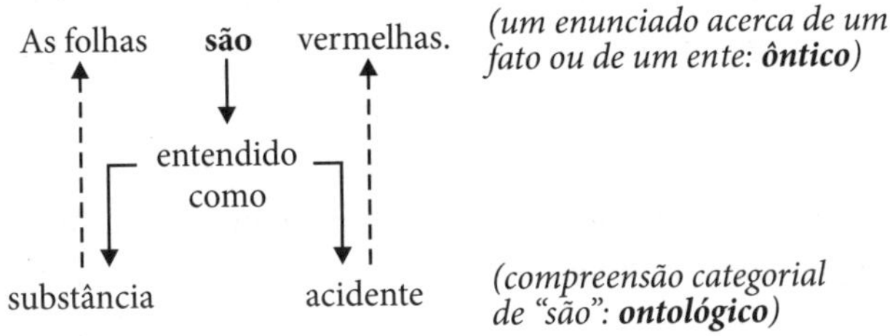

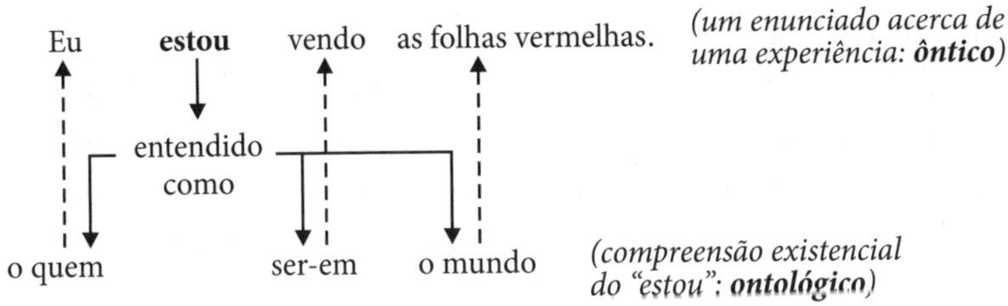

Assim como as folhas *sendo* vermelhas dependem da compreensão categorial do ser como substância, "minha experiência das folhas como vermelhas" é dependente do ser-no-mundo. Essa compreensão implícita (ontológica) acompanha, embora necessariamente de uma maneira implícita, a experiência vivida (ôntica) do meu ver as folhas. Tanto a unidade como a estrutura da experiência (em termos do "eu", do ato e do objeto) são determinadas pela unidade e integridade estrutural do fenômeno do ser-no-mundo. Mas como? E o que, mais detalhadamente, é este *existentiale* do ser-no-mundo?

O mundo e sua mundidade

O "mundo" pode ser considerado o componente referencial do ser-no-mundo. É aquilo para o qual o ser do Dasein se move em sua existência. O mundo não deve, no entanto, ser entendido como a soma total de todos os objetos e possíveis relações entre eles que existam ou possam existir. O mundo, para Heidegger, pertence ao ser do Dasein. Essa expressão tenta capturar o que queremos dizer, por exemplo, quando falamos acerca do mundo de um artista, de uma pessoa que habita um mundo religioso, ou de conhecer alguém que abriu o mundo de sua família para mim. Heidegger descreve isso como "aquele '*onde*' um Dasein fáctico enquanto tal pode ser dito 'viver'" (*BT* 93). Note que o mundo, então, enquanto uma característica do Dasein, não é algo subjetivo, algum estado interior ou ideia que se interponha entre o si mesmo e as coisas que são. Viver em um mundo familiar é precisamente o que me permite, por exemplo, experimentar aqueles que me rodeiam como família.

A multiplicidade de mundos, no entanto, não é, afinal de contas, o que Heidegger quer descobrir e descrever. Ele está interessado no fenômeno do mundo enquanto tal, na "mundidade do mundo": "A mundidade mesma pode ter como seus modos quaisquer totalidades estruturais que quaisquer 'mundos' especiais possam ter na época; mas abrange em si mesma o caráter *a priori* da mundidade em geral" (*BT* 93). Será que existem certas estruturas universais e necessárias que pertencem a quaisquer e todos os mundos, lembrando que "mundos" aqui não significa objetos ou entidades enquanto tais, mas aquele ambiente social contextual de significado para o qual o Dasein é em seu ser?

A fim de descobrir tais estruturas *a priori*, Heidegger não se volta para algum modo especial ou privilegiado de ser-em ou para um mundo, habitado apenas em certos momentos ou épocas. Em vez disso, o que deve prover o ponto de partida para tal análise "transcendental" é o mundo cotidiano no qual vivemos continuamente, aquilo que está mais próximo de nós e do qual outros tipos de mundo podem emergir: o mundo cotidiano do nosso entorno comum (*Umwelt*). Partir de qualquer outro lugar seria um erro por pelo menos duas razões. Se escolhêssemos algo como a "percepção", no sentido tradicional do termo, e falássemos acerca do mundo daqueles que veem (*versus*, p. ex., o mundo dos cegos), ou se começássemos com o ato de conhecer e o mundo do teórico, confundiríamos uma parte com o todo, um mundo particular e um modo mundano de ser com o mundo enquanto tal. Em segundo lugar, tais pontos de partida secretamente importariam para as análises uma compreensão do ser como substância ou presença-à-mão, e assim cobririam a natureza genuinamente *existencial* do ser-no-mundo do Dasein. Ou, como Heidegger tanto se esforça para lembrar ao leitor, "a mundidade mesma é um *existentiale*" (*BT* 92).

Este mundo cotidiano não é um mundo de contemplação teórica, de tentar descrever a maneira como as coisas "parecem" [*look*] ou "ver" [*see*] as conexões causais entre eventos, mas um mundo de envolvimento prático. Antes, e até mesmo enquanto eu olhava pela janela para descrever as folhas do bordo como um objeto no meu campo de visão, eu estava ocupado com o teclado do computador, um lápis, papéis, livros, a bagunça do desktop, um lugar para a minha caneca de café, mudar o meu próprio corpo de posição em uma cadeira menos do que confortável, e assim por diante. Eu me levanto e atravesso a sala para ajustar as persianas, passando por um armário de arquivos e uma cadeira de balanço cuja parte traseira de vime desgastada pega a ponta da minha unha. Essas "coisas" com as quais eu lido revelam-se não como objetos a serem olhados de fora, nem como entidades que poderiam existir "em si mesmas" se eu não estivesse *aí*. Considerá-las dessa maneira exige uma quantidade extraordinária de abstração e posicionamento teórico de minha parte. Que tal abstração da experiência de estar envolvido de uma maneira preocupante com o "aparato" ou o "equipamento" (*das Zeug*) do mundo cotidiano venha tão fácil e "naturalmente" testemunha não a eficácia de tal abstração, mas a influência da compreensão categorial na qual eu, como Dasein histórica, linguística e culturalmente constituído, tão naturalmente "caio". O desafio fenomenológico, poderíamos dizer, é precisamente deter essa tendência "natural", que está fundamentada no próprio ser do Dasein.

Descobrir a mundidade do mundo implica revelar aquelas estruturas que pertencem ao meu envolvimento com o mundo circundante cotidiano e o possibilitam. Se eu descrevesse, por exemplo, a janela do meu estúdio como encontrada no meu envolvimento cotidiano com ela, pouca atenção seria prestada na cor ou na composição da sua moldura, e no comprimento, na largura ou no peso do vidro. A minha "experiência", ao contrário, é que estou fechando a janela às pressas para impedir a entrada da chuva de uma tempestade de começo de verão. Ou, mais tarde, eu a estou abrindo para dar as boas-vindas ao ar agora chocantemente fresco em um apartamento quente e abafado. O que torna possível a janela *ser* o que ela é enquanto uma janela, ou como Heidegger o coloca em determinado ponto, aquilo "a partir do qual ela adquire o seu caráter côisico [*Thingly*] específico" (*BT* 98), são as estruturas constitutivas da mundidade do mundo (juntamente com a nossa compreensão dessas estruturas).

Essas estruturas *a priori* da mundidade podem ser esboçadas da seguinte maneira: "com... em... a fim de... em prol de...". Ou seja, estou envolvido *com* a janela *no* ato de abrir *a fim de* deixar entrar o ar fresco *em prol do* meu próprio conforto. Estou ocupado *com* o controle remoto *em* pressionar o que eu espero ser o botão certo *a fim de* silenciar o som *em prol da* minha paz de espírito. Heidegger chama essa totalidade estrutural de "contexto de atribuição" [ou contexto referencial], porquanto o implemento encontrado está sempre dentro de um contexto de atribuições: à janela, por exemplo, é atribuído (ou refere-se a) o trabalho ou a tarefa (abrir, fechar etc.), com o objetivo mais imediato (deixar o ar entrar), bem como referindo-se a mim mesmo e aos outros (meu ou nosso conforto) e até mesmo à natureza em geral (a leveza da janela, enquanto ela desliza para cima ou para baixo, como uma função da *coisa* [*stuff*] da qual é feita, junto com a janela como uma maneira de lidar com o *clima*).

A ideia-chave, no entanto, é que essas estruturas da mundidade do mundo são *a priori*, no sentido de serem necessárias e universais. Tente imaginativamente eliminá-las e o mundo cotidiano entra em colapso. Ou, do lado daquele que está "em" tal mundo, alguém que não conseguisse compreender essas estruturas, não teoricamente, mas prática e implicitamente, nunca poderia encontrar uma ferramenta ou uma peça de equipamento enquanto tal. Na melhor das hipóteses, ele ou ela poderia simplesmente olhar vagamente para ela. Mas esse seria o olhar vazio não de alguém que não entendeu "para" o que ela era (o contexto de atribuição), mas de alguém que nem sequer compreendeu a ideia das coisas serem-para alguma coisa. Essas estruturas são as condições necessárias em cuja ausência o mundo deixa de existir.

A universalidade que caracteriza essas estruturas não consiste apenas no fato de elas pertencerem a todos e quaisquer mundos circundantes cotidianos (se estou abrindo uma janela, dirigindo um carro, mudando móveis de lugar etc.). Pois mesmo quando eu supostamente vou além do mundo da *praxis* cotidiana, quando passo a habitar os domínios teóricos da ciência, da matemática, da lógica, e assim por diante, essas estruturas ainda dominam. Elas não são transcendidas, mas apenas modificadas. O cientista ainda está ocupado *com* um espectroscópio *no* ato de observar *a fim de* determinar os comprimentos de ondas de luz emitidas por um determinado composto *em prol do* nosso conhecimento da sua composição química. Até mesmo o lógico formal ainda está envolvido *com* a lei lógica do silogismo disjuntivo *ao* aplicá-la a uma certa linha de uma prova *a fim de* demonstrar a validade de um argumento *em prol de* estabelecer nossa certeza de uma conclusão. Em outras palavras, mesmo quando nos recusamos ao que pode ser chamado de nosso envolvimento prático cotidiano com "coisas", de modo a apenas observar como elas são de uma perspectiva teórica, não suspendemos o funcionamento da mundidade do mundo. O mundo teórico das coisas que estão simplesmente presentes para um observador é uma modificação particular da mundidade cotidiana do mundo, e permanece fundamentado nela.

O mundo, então, é aquilo por meio do que os entes são "determinados" enquanto entes (ferramentas): aquilo por meio do que eles são "libertados" para o seu ser. Heidegger quer identificar o mundo ou a sua mundidade não com o ser, mas com o ser tal *como* entendido de uma certa maneira. Essa compreensão do ser, em contraste com a compreensão do ser como presença-à-mão, é descrita como "disponibilidade-à-mão" (*Zuhandenheit*), uma expressão que captura as conotações de utilidade ou usabilidade que pertencem ao próprio ser dos implementos. E a *compreensão* tácita da disponibilidade-à-mão, a "sensação" dessas estruturas que permanecem neles e os mantêm abertos, é o que Heidegger chama de "circunspecção".

Ser-em

Mas, ao chamar a atenção para a circunspecção, um segundo momento da estrutura triádica do ser-no-mundo vem à tona: o fenômeno do ser-em. A circunspecção é uma *compreensão* particular *do* ser (em contraste com o ser *como* compreendido) e como tal um modo de ser-em. Heidegger descreve essa "compreensão de" como *revelação*, uma abertura do que foi fechado ou escondido. O ato de preocupação circunspeta não cria as estruturas da mundidade, o contexto de atribuição, mas as ilumina ou as mantém abertas. O ser-em "é ele mesmo a clareira", o *Da* do Dasein, e uma análise deste fenômeno do ser-em implicaria uma explicação da "constituição existencial do 'aí'" (*BT* 171).

O ser-em, tal como o mundo, é um *existentiale*. Por conseguinte, "em" aqui não pode significar um tipo de relação objetiva e espacial como quando eu poderia falar sobre o meu casaco estar no armário que está no quarto, no apartamento que eu tenho em Baltimore. Assim como o mundo não deve ser entendido categorialmente como a totalidade dos objetos, deve-se igualmente conferir a "em" um sentido existencial. Para que se perceba isso, Heidegger recorre ao sentido de "ser-em" como habitar, residir ou estar familiarizado. Esse sentido de "em" é o que é expresso, por exemplo, quando digo que estou *no* jazz, ou que eu simplesmente não consigo entrar *na* vida do subúrbio. Pode-se objetar que tais expressões são metafóricas: que o significado literal de "em", o significado primário no qual as metáforas se baseiam e se expandem, é o "em" dos objetos e do espaço objetivo. Mas Heidegger quer afirmar precisamente o oposto: que o sentido original de "em" é o existencial, e o "objetivo" ou literal, derivado – uma modificação de significado que é o resultado de uma mudança de um envolvimento prático com a engrenagem do mundo-da-vida circundante para uma atitude teórica, que substitui as particularidades do habitar e situa a extensão homogênea do espaço euclidiano.

Compreender (*Verstehen*), como já foi sugerido, é uma das maneiras pelas quais esse ser-em é realizado. Mas a compreensão é sempre complementada e acompanhada por outro modo de ser-em, aquele do estado-de-ânimo (*Befindlichkeit*). Heidegger descreve essas duas estruturas constitutivas do ser-em como "equiprimordiais", no sentido de que elas são igualmente importantes e elementares em suas capacidades de revelar o mundo. Uma maneira de ver esses dois modos de ser-em poderia ser como análogos existenciais ao que Kant, com referência ao domínio teórico, chamou de as duas fontes do conhecimento: a saber, a sensibilidade e o entendimento. Nossa capacidade de sermos *afetados* por objetos, o momento de receptividade no e por meio do qual os objetos são *dados*, é o que Kant chamou de sensibilidade. O entendimento, por sua vez, era aquela faculdade através da qual os objetos dados na sensibilidade vêm a ser pensados conceitualmente. A sensibilidade, para Kant, atestava a natureza situada da nossa experiência: que nós não criamos o mundo, mas sempre já (tempo) nos encontramos nele (espaço).

É justamente essa noção de "sempre já estar em" que Heidegger destaca com o seu *existentiale* do estado-de-ânimo. O nosso ser é algo ao qual, como diz Heidegger, somos entregues. Existe uma "doação" elementar acerca da minha existência. Ela irrompe no mundo além do meu controle. Eu não pedi para nascer, para nascer branco e do sexo masculino e dos pais e no lugar onde eu estava. Essa *facticidade* bruta satura o meu Dasein, embora não apenas no sentido de algum passado distante (cf. o cap. 1). É como um fenômeno ininterrupto que acompanha continuamente o meu ser-no-mundo. Heidegger descreve essa característica como uma "derrelicção", no sentido que eu poderia denotar, por exemplo, ao falar sobre ser jogado em uma situação que não foi criada por mim. "A expressão 'derrelicção' pretende sugerir a *facticidade do seu ser entregue*" (*BT* 174). Todos e cada um dos momentos de todos e cada um dos dias do meu ser são algo a que eu fui entregue como algo já aí que deve ser assumido. E é esse fenômeno que é revelado pelo estado-de-ânimo de uma maneira que nenhuma quantidade de pensamento ou conceitualização poderia realizar. Os humores, para Heidegger, são as várias maneiras concretas pelas quais o estado-de-ânimo é elaborado. O estado-de-ânimo (*Befindlichkeit*), com a sua ressonância em alemão da maneira como alguém já se *encontra*, é a nossa capacidade afetiva de ter ou *estar em* uma disposição de ânimo. Os meus humores são intimamente meus, no entanto, ainda assim eles me acontecem. Eu já me *encontro* neles, sejam eles bons humores, maus humores ou a sensação de pálida indiferença que pode me acompanhar a maior parte do tempo. Para Heidegger, é a capacidade reveladora dos humores, como maneiras pelas quais o ser-em como estado-de-ânimo é percebido, que é crucial. Enquanto reveladores, eles são ontologicamente reveladores de uma "hecceidade" [*that-ness*] existencial irredutível, uma profunda e penetrante finitude que engolfa e qualifica o meu ser-em até as suas próprias raízes[7].

Mas tal facticidade elementar está entrelaçada com a potencialidade: "O Dasein é o Ser-possível que tem sido entregue a si mesmo – *possibilidade jogada* por completo" (*BT* 183). A compreensão, complemento do estado-de-ânimo e continuamente acompanhada por ele, é fundamentalmente a projeção de possibilidades. A circunspecção, por exemplo, é uma maneira pela qual a compreensão descobre ferramentas para a sua possível usabilidade, para a sua utilidade. Essa compreensão do ser como disponibilidade-à-mão libera as entidades para o seu envolvimento e para a variedade de *possíveis* maneiras como podem ser. A janela com a qual me envolvo é o tipo de coisa que *pode ser* fechada e aberta, e uma fonte de luz necessária, e uma distração, e uma ocasião de vulnerabilidade em uma paisagem urbana, e um exemplo de um ente que *pode ser* tudo isso.

Quando o trabalho tácito de compreensão se torna explícito, a rede de relações-de-atribuição aberta por meio de sua projeção passa a ser exposta. Tal exposição é o que Heidegger chama de interpretação (*Auslegung*). Note-se então que, para Heidegger, "interpretação" não tem o sentido usual de imposição de significado subjetivo, individual ou coletivo, sobre coisas que de algum modo já são aí "em si mesmas". A compreensão é o que primeiro torna possível esse encontro com os entes. A própria ideia de "ser em si" é uma função

7 Posteriormente, em *Ser e tempo*, Heidegger analisa o humor da ansiedade como singularmente revelador do ser-para-a-morte do Dasein, sua finitude *mortal*. Mas todos os humores, eu sugeriria, testemunham e revelam a finitude *essencial* do ser do Dasein.

de uma certa compreensão implícita (e, para Heidegger, derivada) do ser que, quando disposta explicitamente, vem a ser *interpretada* como substância e como pura presença-à-mão. A interpretação não cria, mas torna explícito esse "como" anterior.

Ao mesmo tempo, o Dasein não apenas compreende o ser das entidades com as quais se preocupa no mundo, mas também compreende a si mesmo *como* ser-no-mundo. Se o estado-de-ânimo ilumina a minha facticidade e finitude intratáveis (o meu sempre já ter sido), a compreensão revela a minha potencialidade-para-ser (o meu ainda não). O Dasein é tanto o ponto de origem quanto o de retorno nessa compreensão projetiva e afetiva. A compreensão do ser que surge no Dasein tem, como seu término (o termo final na rede de referências de atribuição "com... em... a fim de... em prol de..."), o próprio Dasein. A minha atrapalhada tentativa de afrouxar com uma chave de fenda uma instalação congelada a fim de impedir a torneira de vazar é "em prol" da minha possível conveniência. Eu compreendo-me em termos das minhas possibilidades de ser, projetando-me para o que eu posso ou poderia ou sou capaz de ser. Note que isso não implica necessariamente uma interpretação egocêntrica estreita. As mesmas estruturas ontológicas também poderiam tornar possível o referente final como "em prol da" capacidade do *meu* filho de dormir em paz ou para conservar o *nosso* abastecimento de água. Nestes últimos casos, eu me compreendo *como* ser-em um mundo familiar ou comunitário, mas é a minha autocompreensão (do Dasein).

O "quem" do ser-no-mundo

Mas "quem" então é esse Dasein? Somos agora conduzidos do mundo e sua mundidade, passando pelo ser-em como estado-de-ânimo e compreensão, até o terceiro momento essencial do fenômeno do ser-no-mundo: "uma abordagem da questão existencial do 'quem' do Dasein" (*BT* 150). O tema retomado aqui é, em muitos aspectos, um tema antigo e bem desgastado: o tópico da identidade pessoal. Tratamentos anteriores têm sido uma legião. Em Descartes, por exemplo, recorre-se a um tipo de alma substantiva, uma *res* abaixo do *cogitans*. Kant postulou uma necessária "unidade de apercepção", um "eu penso" que deve acompanhar toda experiência. Husserl às vezes falava de um "ego-polo" do qual emanam os raios luminosos da consciência. Tais explicações, segundo Heidegger, pressupõem e são nutridas por uma compreensão categorial do ser como presença-à-mão.

Um tratamento existencial da "egocidade [*I-ness*] do eu" deve prosseguir por um caminho diferente. Desde o início, ao indicar primeiro, de uma maneira meramente formal, o tipo único de ser que pertence ao Dasein, Heidegger diz: "Esse Ser que é um *problema* para essa entidade em seu próprio Ser, é em cada caso meu [...]. Porquanto o Dasein tem *em cada caso minhidade* [*mineness*] (*Jemeinigkeit*), deve-se sempre usar um pronome pessoal ao se lhe dirigir: 'eu sou', 'você é'" (*BT* 68). Quando perguntado, por exemplo, "quem está aí?", há apenas uma resposta: "Eu". O "quem" do ser-no-mundo do Dasein, expresso onticamente pelo termo "eu", é tingido por uma "minhidade" quase inefavelmente íntima. "Eu sou" não apenas *uma* pessoa (uma instância de um tipo universal ou geral), nem mesmo apenas *esta* pessoa *particular* (enquanto diferenciada de todas as outras por causa das singularidades da genética e das experiências de vida). Pois esta pessoa particular sou *eu*. Reminiscente das considerações feitas nos escritos indiretos e pseudonímicos de Kierkegaard, as *categorias* de universal e particular não conseguem revelar esse fenômeno. "Minhidade" é um *existentiale*.

A autenticidade e a inautenticidade são modos possíveis de ser para o Dasein por causa da "minhidade" do meu ser-no-mundo. Esses termos, "autêntico" (*eigentlich*) e "inautêntico" (*uneigentlich*), contêm a raiz alemã "*eigen*" (próprio), e Heidegger diz explicitamente que ele os escolheu precisamente por essa razão. Eu posso ser o meu *próprio* si mesmo ou não ser o meu *próprio* si mesmo somente porque, em primeiro lugar, esse si mesmo é meu. E mesmo quando não estou sendo o meu próprio si mesmo, o fenômeno fundacional da minhidade não se dissolve de forma alguma. Não ser o meu próprio si mesmo é precisamente um modo, e até mesmo o modo predominante, no qual o fenômeno da minhidade é elaborado no meu ser-no-mundo cotidiano.

Por exemplo, pode ser justo dizer que, na maior parte, minha existência cotidiana é caracterizada por uma habitualidade poderosa e profundamente arraigada: uma habitualidade que é simplesmente "natural" demais e até mesmo necessária para a vida comum. Minha vida *me leva* por caminhos familiares percorridos por outros. Ainda é, obviamente, a minha vida. Mas eu adoto maneiras de pensar, sentir e escolher, assumo modos de valorar e modelos de excelência humana que, desde a infância, eu tenho aprendido com os outros. "O si mesmo do Dasein cotidiano é o *eles* [*they-self*]" (*BT* 167). A existência humana é mimética, e o único caminho pelo qual posso chegar a mim mesmo é absorvendo e habitando, tanto consciente quanto inconscientemente, esses caminhos dos outros. Isso não é menos verdadeiro, mesmo para aqueles atos de rebelião, não-conformidade e gestos de alegada criatividade ocasionados, talvez, pelo tédio, ou pela corrosiva sensação de não se encaixar ou de não estar realizado nos papéis tradicionais que me esperam. Um "hábito de ser" é trocado por outro que pode ser mais adequado.

Mas, então, e quanto à autenticidade e ao si mesmo autêntico que é o seu *próprio* si mesmo? Será que essa autenticidade é possível? Se o for, como? E, antes de tudo, o que isso significaria? Porções significativas da Divisão Dois de *Ser e tempo* são dedicadas a uma análise desse tema em termos de ansiedade, culpa, consciência, resolução, finitude e morte, cujos detalhes estão muito além do escopo deste capítulo. Devo dizer apenas o suficiente para lançar alguma luz sobre esse fenômeno, pois ele se relaciona diretamente com o "quem" do Dasein como ser-no-mundo.

Ao final do tratamento inicial de Heidegger do "quem" ou "eu" do Dasein na Divisão Um de *Ser e tempo*, ele oferece a seguinte sinopse: "*O autêntico ser-o-próprio-si-mesmo* não repousa sobre uma condição excepcional do sujeito, uma condição que tem sido separada do 'eles'; *é antes uma modificação existenciária [existentiell] do "eles" – do "eles" como um existencial essencial*" (*BT* 168). A autenticidade é mencionada aqui como uma *modificação*, em vez de uma fuga ou distanciamento, do eles [*they-self*] inautêntico. E este último é dito ser uma característica constitutiva *essencial* do ser-no-mundo do Dasein. O autêntico "eu" não deve, então, ser entendido como algum eu profundo, interior, "real": essa parte especial de mim mesmo que somente eu posso verdadeiramente vir a conhecer. Nem em termos de um ideal romântico de um si mesmo que, como o "nobre selvagem" de Rousseau, vive incontaminado pelos modos da cultura e da civilização. A compreensão autêntica, o autêntico ser-no-mundo, baseia-se em uma autoconsciência lúcida da verdade do ser do Dasein, um ser que *é* cultural, histórico e social. Kant, por exemplo, estabeleceu a distinção entre heteronomia (determinada pela lei dos outros) e autonomia (dar a lei a si mesmo). Aparece aqui um vislumbre da distinção entre o inautêntico e o autêntico, entre a outridade do "o-eles" e eu mesmo. Mas, para Kant, o ser humano é constituído pelas formas puras da racionalidade, e realiza-se nelas. Ser autônomo, para Kant, é ser o próprio mais próprio [*ownmost*] si mesmo como racional. Para Heidegger, o Dasein não possui nenhuma tal natureza pré-dada e inerentemente racional. A essência do Dasein é seu *Existenz*, que é um problema ou questão para ele, caracterizado por uma derrelicção e finitude temporal: um ente que é "entregue a si mesmo" e é responsável pelo que faz disso. A percepção lúcida de que o meu "Dasein como ser-no-mundo" é "sem fundamento", uma verdade da qual fujo na habitual "dispersão" no eles, provê a possibilidade para o que pode ser chamado de "autonomia existencial", na qual eu assumo o ônus da minha existência, e a responsabilidade por ela, como ser-com outros, onde "o-eles" que ainda *sou* eu nem me absorve nem me libera da responsabilidade pelo meu *mais próprio* ser-no-mundo (cf. o cap. 4).

Referências

HUSSERL, E. (1970). *Logical Investigations* [Trad. J. Findlay]. Nova York: Humanities Press.

Leituras complementares

Fontes primárias

Cf., de Heidegger: *Ser e tempo*; *A essência do fundamento* (cf. tb. *PM* 107-120); *Os problemas fundamentais da fenomenologia*, P. I; *History of the Concept of Time* – Prolegomena; *Kant and the Problem of Metaphysics*, esp. § IV.

E cf., de E. Husserl: *Investigações lógicas* [*Logical Investigations*; trad. J. Findlay]. Nova York: Humanities Press, 1970, vol. II, § 2, cap. 6.

Fontes secundárias

Cf. DREYFUS (1992); GELVEN (1970, esp. p. 43-88); POLT (1999, esp. p. 23-84).

4
Cuidado e autenticidade

Charles E. Scott

Comecemos com uma história citada por Heidegger sobre "Cuidado":

> Certa vez, quando "Cuidado" estava atravessando um rio, viu um pouco de barro; cuidadosamente pegou um pedaço e começou a moldá-lo. Enquanto pensava no que havia feito, Júpiter apareceu. "Cuidado" pediu-lhe que lhe desse espírito, e ele alegremente o concedeu. Mas quando ela quis que o seu nome lhe fosse concedido, Júpiter o proibiu e exigiu, em vez disso, que fosse dado o seu nome. Enquanto "Cuidado" e Júpiter discutiam, Terra (*Tellus*) surgiu, e desejou que o seu nome fosse conferido à criatura, uma vez que ela lhe havia oferecido parte do seu corpo. Eles pediram a Saturno para ser o juiz. E Saturno deu a eles a seguinte decisão, que parecia ser justa: "Porquanto você, Júpiter, deu o seu espírito, você deve receber esse espírito na morte; e porquanto você, Terra, deu o seu corpo, você receberá o seu corpo. Mas porquanto "Cuidado" primeiro moldou essa criatura, ela a possuirá enquanto viver. E porque há uma disputa entre vocês quanto ao nome, que seja chamado de "homo", pois é feito de *humus* (terra) (*BTS* 184, trad. mod.).

Heidegger inclui essa história em *Ser e tempo* a fim de mostrar que a consciência do papel definitivo do Cuidado no ser humano é arraigada e pré-teórica em nossa linhagem histórica. Ele está dizendo, com efeito, que a linguagem desse livro pode ser difícil em seus esforços para forjar uma nova interpretação do ser humano, mas a consciência básica que o guia foi articulada muito antes que a filosofia começasse. Essa história antiga mostra que o modo de ser comum das pessoaś suporta um sentido intrínseco – uma sintonia fundamental – da necessidade tanto de responsabilidade cuidadosa por nossas vidas e mundo quanto da inevitabilidade, na vida, da perda e do infortúnio. De acordo com o sentido da estória, a forma do ser humano é a do Cuidado; o ser humano é moldado pelo Cuidado. Se Heidegger quiser oferecer o seu próprio relato filosófico do ser humano de acordo com esse sentido antigo e definitivo, ele deve, em seus próprios termos, descrever a estrutura do Cuidado que define a vida humana e mundana[8].

Uma segunda parte igualmente importante desta história é encontrada na função crucial de Saturno, o deus do tempo. Somente pela sua mediação é que os elementos de outro modo conflituosos do Espírito, da Terra e do Cuidado se reúnem e permitem que a figura do Cuidado apareça como humana. Enquanto o Cuidado é a origem e o sentido da vida humana no mundo, o tempo constitui a origem e o sentido da estrutura unificada onde o Cuidado ocorre. As pessoas têm que cuidar porque a vida mundana está sempre acontecendo; nada escapa ao impacto do tempo. O tempo rege a aparência e a passagem do ser humano. Voltarei a esse pensamento.

As palavras e conceitos de Heidegger articulam uma interpretação filosófica do ser humano. Os personagens da estória, por outro lado, significam uma experiência básica da vida humana sem o auxílio da filosofia. A consciência dessa experiência, como Heidegger a entende, faz parte de uma herança ocidental profunda e geralmente inconsciente que constitui o nosso mundo de sentido; é uma experiência da origem e do destino da vida humana. Um dos objetivos de Heidegger em *Ser e tempo* é mostrar os modos como o sentido do Cuidado e o governo do Tempo foram encobertos e esquecidos nos padrões da vida comum, bem como em nossas mais sofisticadas maneiras de pensar. Embora esse encobrimento possa parecer inicialmente insignificante, ele o considera um dos aspectos mais destrutivos da nossa tradição cultural, destrutivo

8 Escreverei Cuidado com a inicial maiúscula quando me referir a ele como uma estrutura ontológica ou como a personagem da história. Usarei a inicial minúscula quando me referir ao cuidado como uma atitude ou verbo. Também usarei Tempo com a inicial maiúscula quando me referir a ele como uma estrutura ontológica.

não apenas da qualidade das vidas individuais, mas também da capacidade das sociedades de criar as condições para a prosperidade humana.

O cotidiano e a questão do sentido do ser

As maneiras como cuidamos e do que cuidamos governam nossas vidas em um grau considerável. A energia em nossas dedicações mede a intensidade das nossas vidas, e aquilo com o que nos comprometemos dá a nossas vidas sua direção e caráter. Geralmente, as pessoas parecem preocupar-se com aquilo por que a maioria das outras ao seu redor demonstra preocupação: os detalhes da vida comum e os valores que indicam normalidade e aceitabilidade em um dado ambiente. Heidegger chama esse tipo de normalidade de "cotidianidade". Há nela um tipo de anonimato, tipificado pelo nosso uso comum de "eles", como em "Dizem que você deveria se exercitar para se manter saudável". Ou o anônimo "alguém": "Simplesmente não se usa sapatos brancos com um *smoking* preto". "Anônimo" aqui descreve ações e atitudes que careçam da autoria singular de um indivíduo: alguém nem sequer decide ser um desses; já se é alguém quando se preocupa em olhar.

Se eu me relaciono comigo mesmo como se espera que se o faça, se eu me vejo da maneira como os outros me veem, se eu me deixo levar para me dar bem, eu faço escolhas como se eu não fosse a minha própria vida. Eu pretendo o que eles pretendem para mim. Falamos como se o faz. O bate-papo comum da conversa em grupo é um exemplo do que Heidegger chama de existência inautêntica. Todos sabemos o que queremos dizer, e permanecemos na superfície das coisas. A maneira como vivo é como se o tempo fosse meramente uma medida de partes de duração e o cuidado não significasse mais do que tomar conta das coisas da maneira como se supõe que se o deva fazer. Heidegger chama essa modalidade de vida, quando o cotidiano define a nossa existência, de inautenticidade.

É difícil não ser inautêntico. O cotidiano não vai embora. Somos entes sociais que exigem identidades comuns, sistemas de sinais e práticas rotineiras. As pessoas, diz Heidegger, sempre se encontram jogadas em um mundo e, portanto, "jogadas" nas situações de uma dada cultura, bem como nas inevitabilidades de ser humano. Não podemos evitar essa "derrelicção". Sentido e significação não-situados e não-históricos não acontecem. O espírito humano não ocorre sem carne. A síntese do corpo e da consciência reflexiva nunca está fora do tempo. Encontramo-nos ocorrendo com respostas e sentidos que foram gerados e mudados ao longo do tempo e sob toda sorte de circunstâncias. "Derrelicção" significa, em parte, que vigilância, racionalidade e outros aspectos do viver sempre acontecem no meio de realidades, verdades, ambiguidade não resolvida, emaranhados complexos e os estranhos dados requisitos de estar vivo.

A estória de Cuidado indica que podemos compreender intuitivamente que temos que planejar com antecedência e cuidar das coisas a fim de sobrevivermos, que podemos sentir como se os nossos espíritos não pertencessem à terra, e que os corpos passarão e se transformarão em *humus*. Na interpretação de Heidegger, em *Ser e tempo*, essa compreensão intuitiva significa que é intrínseco ao ser humano uma sensação pré-verbal e pré-racional de que o ser – a própria ocorrência da vida – está em questão: como criaturas do Cuidado, estamos continuamente perecendo e recomeçando enquanto cuidamos de nossas vidas, e, em seu tempo terreno, o ser humano não provê nenhuma resposta permanente para a questão de por que simplesmente está acontecendo. A *questão* do sentido do ser forma o *sentido* de *Ser e tempo*: o sentido do livro é encontrado em uma questão que não é suscetível de uma resposta definitiva com base na ocorrência da vida. No continuar a ser da questão do ser, vidas se abrem em um mundo sem garantias de continuação e sem qualquer presença sustentadora a definir o que quer que ainda esteja por acontecer. A questão do ser surge simultaneamente com o acontecimento do ser humano. É uma questão *do* ser enquanto acontece: o ser não traz consigo nenhuma garantia de que continuará a ser. Antes de considerarmos as maneiras pelas quais as pessoas podem viver autenticamente com a questão do ser, no entanto, precisamos observar algumas das distinções úteis de Heidegger.

Ôntico e ontológico – Os seres humanos e o Dasein

"Ôntico" refere-se à maneira como algo existe especificamente (*BTS* 11-12). Refere-se a entes. Como vimos no capítulo 1, os entes, em sua facticidade, têm significância nos modos como vêm à luz e existem em circunstâncias particulares. A estória de Cuidado, por exemplo, é ôntica no sentido de que, como um mito particular, fala da vida por uma narrativa que conta os feitos de personagens divinos específicos. Ela não formula uma explicação conceitual do ser, da maneira como a vida humana inevitavelmente aparece. A estória conta, em vez disso, sobre a constituição natural e o destino dos humanos, dizendo quais figuras mitológicas os formaram. Ela não está preocupada com as estruturas gerais do Dasein (cf. o cap. 3) ou com uma metodologia para fazer afirmações cuidadosamente conceituais e holísticas sobre o ser.

"Ontológico", por outro lado, refere-se a linguagem e conceitos acerca das maneiras como os entes inevitavelmente ocorrem. Refere-se diretamente ao ser como o fundamento dos entes. *Ser e tempo*, ao compor uma ontologia fundamental (*BTS* 11-14), é um relato filosoficamente disciplinado do modo como o ser acontece, independentemente das circunstâncias, e quando Heidegger fala de ser, ele aborda as necessidades de nossas vidas. O ser implica todos os aspectos da vida humana, e uma explicação apropriada do ser descreverá as inevitabilidades estruturais da nossa existência. "Cuidado", nos seus termos, por exemplo, significa a *inevitabilidade* da preocupação, da incerteza, da insegurança, projetando-se adiante e mantendo todos os aspectos dos nossos compromissos humanos, bem como o caráter desejável da responsabilidade e da dedicação. Essa inevitabilidade para o ser humano indica o caráter ontológico do termo Cuidado, como distinto de instâncias de preocupação, solicitude e organização. Os filósofos podem reconhecer esses últimos eventos ônticos como atestando o Cuidado quando desenvolvem um método e uma linguagem que podem tornar evidente o aparecimento das dimensões ontológicas em ocorrências particulares. Nossa ênfase recai sobre a inseparabilidade das dimensões ôntica e ontológica na existência humana: as ocorrências ônticas sempre têm uma dimensão ontológica, e as estruturas ontológicas aparecem somente nos acontecimentos ônticos.

"Dasein" nomeia, para Heidegger, a dimensão ontológica do ser humano, e *Ser e tempo* é uma ontologia fundamental no sentido de que provê uma explicação da maneira como os seres humanos devem ocorrer. Em vez de oferecer uma explicação das estruturas universais da subjetividade humana, como muitos filósofos pós-kantianos fizeram a fim de falarem da natureza humana, Heidegger oferece uma descrição da maneira como o Dasein acontece. "Ser-no-mundo" é sinônimo de Dasein e nomeia o modo como todas as pessoas acontecem como interconexões com os entes existentes. Nós somos seres constituídos por relações mundanas. Quando falamos de inevitabilidades e possibilidades ontológicas, neste contexto, estamos falando de Dasein, do *acontecimento* de eventos mundanos perceptivos. Podemos chamar indivíduos específicos que vivem de suas maneiras particulares de seres humanos. Chamaremos suas estruturas ontológicas unificadas e ocorrentes de Dasein. Os seres humanos podem viver de maneiras mais ou menos sintonizadas com o fundamento inescapável da sua existência, mais ou menos enredados pelos seus ambientes, mais ou menos em sincronia com a maneira como são ontologicamente.

Temporalidade mortal

De acordo com a estória de Cuidado, Saturno, o deus do tempo, é o fator decisivo para decidir entre os elementos incompatíveis Terra, Cuidado e Júpiter (Espírito), e unificá-los. Saturno governa a "estadia temporal no mundo" (*BTS* 185). Heidegger também aborda a importância unificadora do Tempo, mas em um relato ontológico dele. Embora a estrutura ontológica do Cuidado descreva o sentido do ser humano em sua constante indigência, ela não confere unidade às ocorrências do Dasein ou explica a simultaneidade de circunstâncias ônticas e ontológicas no meio das quais as pessoas sempre se encontram. A confusão de determinações circunstanciais ônticas nas quais nos encontramos jogados inclui coisas tais como herança física e cultural, e condições sociais e familiares. Somos formados por toda sorte de relações mundanas, e até mesmo a nossa capacidade de reconhecê-las e lidar com elas é constituída por relações históricas, culturais e sociais. Também encontramos a nossa existência definida por múltiplas estruturas ontológicas não escolhidas que determinam a maneira como nossas vidas ocorrem e as tornam fundamentalmente questionáveis, em vez de lhes dar sentido e importância atemporais. Além disso, a existência é dilacerada pela ocorrência simultânea da diferença divisiva entre determinações ônticas e ontológicas. Como vimos, tanto as estruturas universais quanto as relatividades não-universais constituem todos os eventos humanos e mundanos, e dão tipos vastamente diferentes de sentido. Em meio às respostas ônticas a questões últimas e certezas cotidianas, a falta de certeza permanente denotada por Cuidado sempre exige que planejemos e organizemos constantemente com preocupação. Nenhuma resposta ou estabelecimento elimina a força desestabilizadora do Cuidado. Um abismo de diferença conecta ambiguamente as especificidades e universalidades da existência. Uma identidade presente e sempre contínua não governa essa conexão. Antes, a questão do sentido do ser permeia o Dasein, enquanto as muitas significâncias, propósitos e planos de vida motivam as pessoas a fazer muito do que fazem sem questionar e como se o ser fosse garantido para sempre. E o pobre Cuidado, em sua poderosa insuficiência, não é capaz sequer de dar unidade ao próprio ser que ele define.

A unidade do Dasein é encontrada na estrutura do tempo finito. A chave para a unidade temporal, longe de ser uma base pré-temporal e estabelecida para a verdadeira identidade e ação humanas, é o fenômeno que Heidegger chama de ser-para-o-fim ou ser-para-a-morte (*BTS* 231). O cuidado define a necessidade de ser humano: a necessidade de lidar com as circunstâncias e de projetar-se à frente de si mesmo planejando, propondo, esperando e outras atitudes e ações orientadas para o futuro. O cuidado projeta as pessoas agora para o futuro em virtude da incapacidade de qualquer presente de continuar como está sem fim. Além disso, "a questão do sentido do ser" nomeia a ausência de respostas finais na ocorrência da vida. Não há indicação de por que o ser é, de por que somos moldados pelo Cuidado, ou de que o ser continuará a ser. "Ser-para-o-fim" nomeia a mortalidade temporal do ser em todos os seus aspectos, e a descrição que Heidegger faz dele leva-nos diretamente para o problema da autenticidade.

"Com a morte", escreveu Heidegger, "o Da-sein coloca-se diante de si mesmo em sua mais própria potencialidade-de-ser" (*BTS* 232)[9]. A capacidade de morrer é tanto uma característica ontológica quanto algo por que cada indivíduo deve passar; é a potencialidade "mais própria" de alguém. Heidegger continua: "Nesta possibilidade, o Da-sein está preocupado com o fato de ele ser-no-mundo absolutamente" (*BTS* 232). A morte recebe a minha atenção muito específica, porque com ela meu ser-no-mundo chega ao fim. Com efeito, a própria inevitável "possibilidade de não-mais-ser-capaz-de-ser-aí" (*BTS* 232) aproxima drasticamente indivíduos e sua inevitabilidade ontológica: ter que morrer mostra mais claramente a unidade do tempo finito na calamitosa intimidade da exigência existencial e da singularidade pessoal. A questão do ser atinge uma revelação singular, e o rasgo entre ôntico e ontológico encontra o seu destino. Nada é resolvido nesta revelação. Encontramos, antes, a dissolução exigida pela governança da temporalidade da mortalidade. Sempre chegar ao fim define nossa capacidade de ser, nossa "mais própria potencialidade para ser" (*BTS* 232).

Na imediatez dessa capacidade de não ser, o Da-sein "é *completamente* jogado de volta" sobre si mesmo (*BTS* 232). As dimensões ôntica e ontológica juntas mostram uma estranha convocação. Eu não posso evitar a minha própria mortalidade, por mais que eu seja bem-sucedido em esquecê-la. Eu posso recusar-me a possuí-la e agir inautenticamente, como se "eles" morressem quando eu morro. Mas, de acordo com o relato de Heidegger, eu, não alguém, nem eles, devo viver o meu fim. Essa observação não significa que as pessoas morram em total isolamento. A pessoa que é capaz de morrer é plenamente um ser-com-outros (*BTS* § 26), e essa capacidade ontológica de cessar é uma parte estrutural de estar-

9 *BTS* usa a palavra Da-sein em vez de Dasein. A menos que eu cite diretamente esse texto, usarei Dasein.

-no-mundo-com-outros. A questão é, antes, que ser capaz de não ser compõe uma possibilidade para os indivíduos singularmente de possuírem – de decisivamente escolherem ser – a sua existência em suas necessidades ontológicas. Um indivíduo conscientemente se abre para a imediatez ontológica do seu ser, como se estivesse destrancando o fechamento cotidiano a ele. Se as pessoas não evitam a sua capacidade de morrer e se relacionam afirmativamente com ela das maneiras como se conectam com o mundo e com elas mesmas, suas vidas podem concordar com as necessidades do seu ser. Elas podem viver autenticamente, e as suas próprias vidas mostrarão, como distinto do encobrimento, o modo como as pessoas fundamentalmente são.

Heidegger enfatiza que sempre chegar ao fim define a vida. Define a incompletude da vida a qualquer momento, sua potencialidade, seu poder ainda por ser. A *ausência* de uma vida perfeitamente completa significa possibilidade e futuridade enquanto o ser estiver acontecendo.

Autenticidade e resolução

Quando Heidegger fala de as pessoas fazerem a sua capacidade de não serem delas próprias, não tem em mente ser mórbido ou preocupado com a própria morte (*BTS* 241). Ele denota estar em sintonia com o próprio Dasein, ou seja, em sintonia com a estrutura temporal da maneira como os seres humanos têm que ser. Em vez de viverem como se estivessem cumprindo o destino manifesto de alguns objetivos pré-estabelecidos para toda a humanidade, as pessoas preveem o mundo em termos de possibilidade incompleta. Elas cuidam de pessoas e coisas com a antecipação de que as vidas continuarão a ser incompletas, marcadas pela possibilidade e sempre em necessidade de cuidado. Um oposto a essa sintonia é encontrado em atitudes que tratam pessoas e coisas como não mais do que realidades presentes, como se fossem completas de alguma maneira ou como se as vidas e a identidade espiritual estivessem totalmente formadas. Heidegger pretende um modo de viver no qual o significado ontológico do Dasein seja aparente na vida de um indivíduo, de sorte que a potencialidade incompleta e nunca plenamente compreendida de ser seja aparente nos modos como as pessoas vivem.

Uma maneira autêntica de existir exige que os indivíduos assumam a responsabilidade pelas suas atitudes e ações. Eles individualizam-se em vez de ceder a autoridade sobre suas vidas a outrem. Longe de um individualismo severo, que sanciona a preferência e a idiossincrasia por si mesmas e a fantasia da autossuficiência, Heidegger tem em mente a singularidade de uma pessoa estar alerta para a sua própria conexão com as inevitabilidades da existência em todo o mundo. A generalidade formal da estrutura ontológica se torna própria, específica e concretamente, nas maneiras como uma pessoa compreende e se conecta com outras criaturas vivas. A maneira como as pessoas se apropriam do Dasein ao interagirem no mundo determina quem cada uma delas é em sua singularidade. Nosso "quem", nossos si mesmos singulares, são constituídos como relações no mundo. Eles não se tornam uma entidade atômica em virtude de sua afirmação decisiva do seu ser. Com efeito, seu ser é ser-no-mundo, e a autenticidade é primeiro, último e sempre intrinsecamente social, cultural e histórica. Mas indivíduos autênticos, como Heidegger os interpreta, vivem no mundo cotidiano e em todos os seus emaranhados com uma distância tranquila, com um sentido claro e aberto da prioridade da possibilidade finita e da necessidade sobre a realidade estática. Eles estão alertas para a sua responsabilidade insubstituível para com a mortalidade dinâmica e propícia do ser-no-mundo. Eles dedicam-se a deixar brilhar a sua futuridade perturbadora através de suas interações.

A autenticidade está fundamentada no Dasein como distinta das práticas de uma sociedade particular. A autenticidade poderia acontecer em todas as culturas e por pessoas extremamente diferentes. O Dasein "chama" ou "convoca" os indivíduos a saírem de seu esquecimento cotidiano e à sua "mais-própria potencialidade-de-ser-um-si-mesmo", independentemente das circunstâncias (*BTS* 249). Heidegger nomeia essa convocação o chamado da consciência, talvez uma frase enganosa, mas que nomeia a inclinação insistente do

Dasein à sua própria maneira de ocorrer no meio das preocupações e distrações comuns das pessoas (*BTS* 251ss.). Quando esquecemos nossa herança ontológica em nossa existência inautêntica cotidiana, o Dasein "nos chama" de volta para o básico de nosso ser.

O chamado da consciência acontece como um humor no Dasein, um sentimento imediato e indelével de disjunção e desamparo no mundo. No meio da familiaridade e identidade cotidianas, ocorre um humor sutil, quieto e sem palavras de algo faltando, de uma profunda instabilidade, de *Angst*. Heidegger descreve esse humor como "a mais elementar revelação do Da-sein jogado" (*BTS* 255). A própria doação da derrelicção inevitável no mundo como mortalmente temporal é perturbadora na espessura dos nossos sentidos normais de sentido e significância. Nós geralmente sabemos de uma grande variedade de coisas com as quais podemos contar. O Dasein, por outro lado, manifesta uma falta de realidade concluída na ocorrência das coisas presentes. A concretude da existência é assustadoramente enganosa. Uma sensação de que poderia ter sido de outra maneira, de que tem uma capacidade estranha de ser de outra maneira ou de deixar de ser completamente, tal sensação permeia persistentemente a ocorrência mortal do ente ôntico no mundo. Essa sensação ontológica pode não ser exatamente a personificação do dom do espírito de Júpiter para o "Homo", mas constitui uma revelação afetiva da diferença temporal incessante do Dasein em relação às coisas reais presentes. *Angst* é algo como um espírito assombrado que parece sussurrar, como que para si mesmo: "é melhor tomar cuidado [...] já vai passar [...] você vem de lugar nenhum [...] para onde você está indo [...] quem é você?"

O chamado constitui um tipo de autocompreensão pelo Dasein. No humor de *Angst*, o Dasein ocorre como consciência imediata da sua própria possibilidade indefinida e do Cuidado. Ele convoca-se a cuidar de si mesmo, dando atenção ao seu próprio sentimento de temporalidade mortal. Ao prestar atenção ao humor ontológico, as pessoas percebem a sua própria diferença em relação às absorções do dia. Elas sabem que transcendem suas circunstâncias em sua capacidade de ainda ser. *Angst* comunica às pessoas sua transcendência da realidade presente, seus papéis de como-coisa, e a soma total de objetivação e cálculo. Experimentamos essa transcendência, ironicamente, não em uma identidade transcendental, mas no fato de sempre estarmos em dívida com o futuro (*BTS* 258ss.)[10].

Vimos que qualquer presente vivo do ser-no-mundo carece de conclusão: ainda não está terminado; é caracterizado por mera possibilidade, por futuridade. Consequentemente, o Dasein e os seres humanos nunca são algo mera e objetivamente presente. *Sendo* mortais, eles *não* estão plenamente aí. Eles, ao mesmo tempo, estão e ainda não estão presentes. Nesse sentido, eles estão em dívida com o futuro. O Dasein é, portanto, o fundamento da sua própria falta. Como as pessoas podem assumir a responsabilidade por serem dessa maneira? Essa é uma questão muito importante quando consideramos a autenticidade.

A autenticidade, claramente, não é uma questão de tornar-se uma identidade ideal. Significa antes decidir permanecer afirmativamente alerta para o que ninguém pode mudar: o caráter mortal do Cuidado do Dasein e a consequente impossibilidade de compreender completamente qualquer coisa. Na força de tal decisão, as pessoas querem experimentar conscientemente a *Angst* e a incompletude básicas, próprias e alheias. Elas querem que as suas próprias atitudes e sensibilidades permaneçam sintonizadas com a maneira como fundamentalmente são, e atestem o seu "pertencimento ao ser do Dasein" (*BTS* 266). Pessoas autênticas renunciam a um instrumentalismo avassalador e praticam certa reticência e respeito cuidadoso perante outros entes: elas deixam que os entes se mostrem em seus próprios eventos. Autenticidade significa que as pessoas checam seus impulsos a controlar e definem seus mundos por ações invasivas. As diferenças dos outros, portanto, amiúde interrompem inclinações irrefletidas a fazermos o que se supõe que façamos sob

10 Heidegger fala de ser culpado em relação ao futuro. Seu alemão nativo usa a mesma palavra, *Schuld*, para "dívida" e "culpa", e também pode significar "pecado". Um de seus objetivos era mostrar que o Dasein, e não a presença divina, é responsável por um sentimento humano de insuficiência básica. Essa intenção não é expressa claramente em inglês quando "culpa" e "dívida" estão alinhadas em *Ser e tempo*. Usarei "dívida" e "falta" neste contexto e evitarei o uso enganoso de "culpa".

a bandeira da moralidade normal. Nossos ideais e valores amiúde mudam à medida que nos apropriamos das muitas diferenças entre as pessoas e afirmamos sua liberdade e busca de sentido.

"Resolução" nomeia um aspecto importante das maneiras autênticas de ser-no-mundo (*BTS* 272ss.). Vemos que pessoas autênticas se determinam com o Dasein em mente. Elas cuidam da diferença ontológica que confere a todos os eventos vivos a transcendência de seus valores e identidades objetivos. A estranha e maravilhosa intangibilidade das pessoas e das coisas consiste, em parte, na sua potencialidade para ser e na sua capacidade de não ser. Pessoas autênticas estão preocupadas em tornar seus ambientes amigáveis a essa intangibilidade e à maravilha do ser quando não há absolutamente nenhuma razão clara para isso. Um corpo de intenções como essas constitui o que Heidegger chama de resolução: pessoas autênticas são resolutas – fortemente dedicadas e abertas – a uma sintonia afirmativa em suas vidas cotidianas à intangibilidade não-objetivável de todos os eventos. O Cuidado do Dasein encontra-se em vidas autênticas no mundo.

Essa resolução é "antecipatória" (*BTS* 279ss.). Quando as pessoas estão sintonizadas afirmativamente com o seu ser, elas compreendem que a sua eventuação inapreensível significa a estranha liberdade de sempre chegar ao fim da presença. Em uma resolução antecipatória, as pessoas tomam as suas decisões cotidianas em uma clara compreensão da ocorrência aberta e mortal do Dasein. Elas *possuem* o ser-para-a-morte nessas decisões e nas maneiras como realizam seus projetos e planos. Uma profunda mudança pessoal ocorre em tal resolução antecipatória. Embora as forças da vida cotidiana continuem, o eu normal e cotidiano é qualificado e enriquecido por uma dimensão de individualidade desenvolvida com atenção decisiva à sua diferença ontológica dos aspectos ônticos da existência. Essa dimensão de ser um indivíduo está pronta para a sua inevitável *Angst* e incerteza, bem como para a inevitabilidade das ocupações cotidianas. Ela desenvolve uma compreensão dos entes em sua luta ansiosa por ser, e, creio, nos termos de Heidegger, uma inclinação à compaixão que tal estado de alerta pode criar. Nas palavras de Heidegger: "A resolução para consigo primeiro leva o Da-sein à possibilidade de deixar os outros que estão com ele 'serem' a sua mais própria potencialidade-de-ser, e também revela essa potencialidade em uma preocupação que salta adiante e liberta" (*BTS* 274). Dito de maneira formal, pessoas autênticas se preocupam com o Cuidado das outras.

A "resolução antecipatória", portanto, nomeia a apropriação autêntica e ôntica por Heidegger do significado da existência (Cuidado) e do significado do Cuidado (temporalidade mortal). Nela, os aspectos ônticos e ontológicos das pessoas encontram uma área na qual são complementares: as pessoas cuidam do sentido do ser-no-mundo, e o fazem possuindo a mortalidade do seu ser temporal à medida que interagem com outras pessoas. Na resolução antecipada, as pessoas se individuam de acordo com as inevitabilidades de seu ser, e suas vidas compõem uma revelação genuína da maneira como o ser-no-mundo acontece.

Você deve ter notado que, no relato de Heidegger da autenticidade, a questão do sentido do ser supera questões de justiça social, e as interrupções dos valores cotidianos superam questões de ética normativa. Com efeito, Heidegger pergunta como podemos esperar abordar questões práticas com sabedoria se estamos alheios ao sentido de estar vivo. A questão do sentido do ser, para Heidegger, não é uma questão religiosa nem teórica. Ela nomeia a incerteza insolúvel do ser finito. Ignorar essa questão – saltando e assumindo o controle por meio de esquemas e ideologias morais e políticos plenamente confiantes – leva a uma perpetuação de vidas inautênticas nas quais nossos bens e males constituem recusas opressivas de nosso próprio ser e contínua violação da maneira como os seres humanos acontecem na intangibilidade do seu tempo.

A tragédia de usar vidas principalmente para fins instrumentais e de acordo com categorias hierárquicas, os custos espirituais da banalidade arraigada e da certeza desatenta, os enormes perigos inerentes ao uso descuidado dos recursos naturais, a fuga das inevitabilidades da vida em alguns sistemas destrutivos de crença, e os perigos que acompanham a crescente sofisticação e controle tecnológicos são exemplos de áreas onde a autenticidade, como Heidegger a pensa, poderia ter influência direta sobre as avaliações e respostas das pessoas. Também podem ser exemplos de desenvolvimentos que não teriam avançado como avançaram se a autenticidade fosse um componente cultural e social preponderante. *Ser e tempo* não fornece respostas ou valores específicos para se lidar com esses problemas cruciais. Mas sugere um começo para uma maneira de pensar e viver que pretende uma direção de existência diferente em comparação com aquelas que geraram os tipos de crises que afetam todas as nossas vidas hoje.

Leituras complementares

Fontes primárias

Cf., de Heidegger: *Ser e tempo*, parte I, cap. VI; parte II, cap. de I a IV.

Fontes secundárias

Cf. BERNASCONI (1993); DAVIS (2007); KRELL (1986, esp. "Mortality, Interpretation, and the Poetical Life"); POLT (1999, esp. "*Being and Time*, Division II and Beyond"); SCOTT (1990); ZIMMERMAN (1986).

5
Ser e tempo

Richard Polt

> Primeiro – antes que esse "primeiro" fosse gerado ou o "depois" fosse querido – o tempo não era, mas estava em repouso consigo mesmo no que *é*, e ele mesmo mantido quieto no que *é*. Mas havia uma natureza ocupada e ativa querendo se governar e ser sua, escolhendo buscar mais do que o presente, que se movia, e o tempo também movia; e sempre passando ao "seguinte" e ao "posterior" e ao que não é o mesmo, mas um após outro, transformamos nossa jornada em um longo estirão de tempo fabricado como uma imagem da eternidade. Pois havia um poder inquieto da alma que sempre quis transferir o que aí via para outra coisa, que não estava disposto a que o todo lhe estivesse presente de uma só vez (PLOTINO. *Enneads*, 3.7.11).

> O ser humano é uma criatura de distância! E somente por meio da distância primordial real que o humano, em sua transcendência, estabelece em relação a todos os entes é que a verdadeira proximidade das coisas começa a crescer nele (HEIDEGGER. *MFL* 221).

Plotino e Heidegger – um dos maiores platonistas e um filósofo que via o platonismo como um colossal beco sem saída – têm isso em comum: para eles, o tempo não é simplesmente um aspecto da mudança, ou uma estrutura subjetiva para se perceber a mudança. O tempo está enraizado em nossa própria essência, em nossa preocupação com o nosso próprio ser. Para nós, a nossa existência está em questão: somos confrontados com a tarefa de fazer alguém de nós mesmos, de decidir quem e como ser. Mas isso significa que existe uma lacuna entre o nosso ser dado e o nosso ser possível, entre facticidade e futuridade. O futuro – não simplesmente como um conjunto de eventos que ainda não foram realizados, mas como a necessidade de enfrentar a nossa própria existência – gera o tempo e, juntamente com ele, gera as nossas interpretações do mundo e de tudo o que há nele.

O contraste reside aqui: Plotino, remontando às raízes do pensamento grego, em Parmênides, e antecipando muito da tradição ocidental posterior, vê o evento primordial, o evento que distancia o presente do futuro, como uma queda. A presença plena, o ser pleno, não seria dilacerada; seria uma plenitude autônoma desprovida de distância. Contra essa tradição, Heidegger pergunta por que entendemos o ser como presença, em primeiro lugar, e propõe, em *Ser e tempo*, que essa compreensão é possibilitada pela nossa própria temporalidade. Nossa extensão para o futuro, o passado e o presente é mais primordial do que os nossos encontros com entidades presentes. Quando tomamos a presença como o sentido definitivo do ser, perdemos de vista suas raízes no tempo e inevitavelmente nos equivocamos acerca de nós mesmos; essa absorção no presente, não a perda da eternidade, é a verdadeira queda. Heidegger busca, assim, suas ideias fundamentais, não em um momento putativo de plena presença, mas no reconhecimento da nossa profunda temporalidade.

O tempo como o horizonte do ser

A publicação das cartas de Wilhelm Dilthey e Count Yorck sobre a historicidade foi a ocasião para Heidegger compor o que serviria como o primeiro rascunho de *Ser e tempo*, um texto de 1924 intitulado *O conceito de tempo* (*GA* 64)[11]. Aqui Heidegger o declara francamente: "*Cada Dasein é ele mesmo 'tempo*'" (*GA* 64: 57); "Dasein é história" (*GA* 64: 86). Tempo e história não são obstáculos à nossa realização, nem simplesmente arenas nas quais acontece de agirmos, mas são o coração do nosso próprio ser. Ser humano é ser temporal e histórico; por outro lado, tempo e história podem ser compreendidos somente em referência a nós mesmos.

11 Uma breve palestra baseada neste texto, com o mesmo nome, também está incluída neste volume das *Obras completas* e está disponível em inglês (*CT*).

Em conjunto com a hermenêutica da facticidade de Heidegger (cf. o cap. 1), esses pensamentos sobre a temporalidade apontam para uma nova ontologia do modo de ser *humano*. Mas os humanos também usam o tempo como uma orientação ontológica geral, uma maneira de compreender *todas* as entidades (o tempo serve como um critério ontológico quando distinguimos ser e devir, ou domínios atemporais e temporais; *SZ* 18). A interpretação temporal de Heidegger do ser humano exige, portanto, uma nova abordagem da questão do ser em geral, bem como uma crítica de como o tempo e o ser têm sido tradicionalmente compreendidos.

Ser e tempo desenvolve esses pensamentos com o objetivo de demonstrar que o tempo é o "horizonte" para qualquer compreensão do ser (*SZ* 1, 17, 235): a nossa temporalidade torna possível que o ser signifique algo para nós. Nós não éramos temporais, não podíamos distinguir entidades de não-entidades; os entes não poderiam fazer diferença para nós, ou parecer-nos significativos. Não poderíamos, absolutamente, "ser aí": não haveria Dasein e, portanto, ninguém a quem o ser poderia ser dado.

A Divisão Um lança o fundamento para a tese de que o tempo é o horizonte do ser por meio de uma fenomenologia do ser-no-mundo cotidiano (cf. o cap. 3). Encontramo-nos "jogados" em uma determinada situação (*SZ* § 29); também "projetamos" possibilidades em cujos termos compreendemos a nós mesmos e aos outros entes (*SZ* § 31). O Dasein é "*possibilidade jogada* por completo" (*SZ* 144): tanto a projeção quanto a derrelicção operam sempre que estamos absorvidos em um presente estado de coisas. Essa análise culmina em uma concepção do ser do Dasein como "cuidado", ao qual é dada uma definição implicitamente temporal: "ser-adiante-de-si-mesmo-já-em (no-mundo) como ser-em-meio-a (entidades encontradas dentro-do-mundo)" (*SZ* 192, trad. mod.).

A Divisão Dois aprofunda essa interpretação do Dasein e coloca em evidência a temporalidade de maneira mais explícita, considerando fenômenos que interrompem e transcendem a cotidianidade. Ao enfrentar a minha própria morte, reconheço que todas as minhas possibilidades são sombreadas pela minha possível inexistência (Divisão Dois, cap. I). Ao enfrentar a minha culpa primordial, reconheço que sou responsável por escolher a minha própria possibilidade definidora e que devo fazê-lo com base no que já sou (cap. II). Em "resolução antecipatória", respondo autenticamente à morte e à culpa; essa resposta autêntica produz *insights* acerca da temporalidade primordial do Dasein (cap. III) e nos permite reinterpretar a cotidianidade em termos dessa temporalidade (cap. IV). No clímax dramático de *Ser e tempo*, Heidegger aponta para a "historicidade" como a profunda temporalidade de ser com os outros em um grupo que compartilha uma herança e está elaborando um destino comunal (cap. V). Finalmente, ele argumenta que a concepção comum do tempo linear do relógio surge da queda cotidiana (cap. VI).

Olhemos mais de perto as três dimensões da "temporalidade primordial" do Dasein: o futuro, o passado e o presente.

A futuridade envolve essencialmente a nossa preocupação com quem somos: o Dasein é "*ser para* o que ainda não é, mas pode ser" (*GA* 64, 46). Portanto, nós sempre compreendemos a nós mesmos e ao nosso ambiente em termos de uma maneira possível de sermos (*SZ* 43, 86). Enfrentar a morte nos permite reconhecer essa futuridade como uma "vinda na qual o Dasein, na sua mais própria potencialidade-de-ser, vem a si mesmo" (*SZ* 325). O que Heidegger denota por "morte" e se a sua ênfase nela é apropriada têm há muito sido motivo de controvérsia. É útil lembrar que "morte" não significa "falecimento" ou o término da vida humana (*SZ* 247). A "morte" heideggeriana é, na verdade, *mortalidade*: uma possibilidade e não um evento real. A morte é "o possível não-mais-aí" (*GA* 64: 52), ou a possibilidade da impossibilidade de ser-aí por mais tempo (*SZ* 250). Se essa possibilidade é atualizada, nós deixamos de existir e nada pode ter sentido para nós. Mas enquanto estamos existindo, a possibilidade da morte está diante de nós, instando-nos a escolher existir autenticamente, a decidir por uma maneira possível de ser-no-mundo à custa de outras às quais devemos renunciar (*SZ* 285). O fenômeno do "ser-para-a-morte" revela, portanto, a possibilidade enquanto tal, em um sentido que não pode ser reduzido à realidade presente.

A passadidade, ou o ter-sido, também é essencial para nós: o Dasein "*é* o seu passado, quer explicitamente quer não explicitamente" (*SZ* 20). Quer tomemos nossa facticidade como certa, quer nos apropriemos dela de maneira criativa, estamos situados em um meio no qual fomos "jogados". Experimentamos essa derrelicção como humor, que desempenha um papel essencial na revelação do mundo (*SZ* § 29). A passadidade também colabora com a futuridade: "Somente porquanto o Dasein *é* como um 'eu-*sou*-como-ter sido', o Dasein pode chegar a si mesmo futuramente de tal maneira que ele *volte*. [...] O caráter de 'ter sido' surge, de certa maneira, do futuro" (*SZ* 326). Escolher uma maneira possível de ser exige que se faça algo do que já se constata a si mesmo ser: é preciso assumir o próprio passado como um fardo e uma herança inevitáveis. Dessa maneira, o passado provê possibilidades para o futuro: o Dasein "já se colocou em possibilidades definidas" (*SZ* 144) ou "se abandonou" a elas (*SZ* 270); a resolução revela essas possibilidades enquanto tais (*SZ* 298) "repetindo" ou recuperando-as (*SZ* 339, 385): apropriando-as como interpretações orientadoras da existência.

Essa recuperação autêntica e futúrica do passado é "precisamente um próprio tornar-presente" (*GA* 64: 94): ela "revela a situação corrente do 'aí'" (*SZ* 326) e alcança um "momento de visão" (*SZ* 328, 338). A presença, então, está em sua plenitude não quando o tempo é suspenso ou quando vivemos apenas no "agora" (como se tais coisas fossem possíveis), mas quando nos baseamos mais autenticamente nas dimensões futuras e passadas do nosso ser. Heidegger, assim, nega à presença a sua prioridade ontológica tradicional, e insiste em que o presente se torne disponível apenas através da interação do futuro e do passado (*SZ* 350-351). O foco tradicional na presença não é simplesmente um erro intelectual, mas é devido à "queda", ou à tendência do Dasein a ser absorvido inautenticamente no presente (*SZ* 328).

Heidegger enfatiza vários traços da temporalidade primordial (*SZ* 329-330). Primeiro, é *extática*: o futuro, o passado e o presente são maneiras pelas quais "nos destacamos" nas possibilidades, na facticidade e na situação corrente. O tempo não consiste em instantes pontuais, mas se estende em três dimensões. Em segundo lugar, o êxtase temporal primário é o *futuro*: o presente e o passado são despertados enquanto tais pela necessidade do Dasein de perseguir alguma maneira *possível* de existir (como Plotino o coloca, a alma quer "governar a si mesma"). O tempo também é *finito*, porquanto o futuro é sempre limitado pela possibilidade da morte; isso não significa negar que o universo durará mais tempo do que eu, mas a própria futuridade só me é revelada porque sou confrontado a possibilidades mutuamente exclusivas, todas expostas à possibilidade da minha própria extinção.

Esses traços de temporalidade podem não ser aparentes na cotidianidade, e quando concebemos o tempo usando o bom sentido cotidiano, nós o fazemos em termos muito diferentes: imaginamos o tempo como uma linha cujos intervalos podem ser medidos por um relógio, e atribuímos prioridade ao instante presente. Essa concepção comum de tempo é empobrecida; mesmo além dos aspectos da temporalidade que são revelados apenas na autenticidade, uma inspeção fenomenológica da temporalidade cotidiana mostra que a concepção comum omite várias características cruciais. O tempo cotidiano é *público* e *mundano*: compartilhamos nosso tempo com outras pessoas com as quais compartilhamos nosso mundo (*SZ* 411-412). Além disso, o tempo cotidiano é *datável* e *significativo*. Não é uma estrutura vazia e formal, mas está ligado a eventos e propósitos particulares; o tempo é sempre tempo *para* isto ou aquilo (*SZ* 407, 414). O fenômeno do tempo *certo* – o momento apropriado – é primário. É claro que também pode haver tempos errados e os chamados eventos "sem sentido", mas essas são as exceções que provam a regra: nós as compreendemos em termos de oportunidade. Portanto, embora possamos estabelecer corretamente uma linha do tempo para certos propósitos, essa sucessão quantitativa e neutra se baseia em um tempo significativo, e não o contrário; a significância supera a sequência.

Nossa inconsciência cotidiana da temporalidade primordial e nossa tendência a reduzir todo o tempo ao tempo do relógio devem decorrer de uma certa inautenticidade na própria temporalidade cotidiana. O futuro, o passado e o presente autênticos consistem na antecipação (enfrentar autenticamente a morte), na repetição (recuperar possibilidades passadas), e no momento de visão (cf. o cap. 4); seus homólogos inautênticos e cotidianos são a espera, o esquecimento (a própria derrelicção) e o tornar presente (*SZ* 336-339). Por estar atolado nesses modos relativamente alheios de temporalidade, a cotidianidade é insensível ao genuinamente único; nada parece acontecer pela primeira ou última vez (*GA* 64: 75-76; *SZ* 370-371). Em contraste, o tempo primordial mergulha-nos no "único desta-vez [*Diesmaligkeit*] do [nosso] ser-aí" (*GA* 64: 82). A urgência da nossa própria existência é diluída na cotidianidade, e tendemos a perceber apenas as mudanças que ocorrem nas entidades que encontramos, mudanças que se prestam à medição em termos de tempo linear do relógio. Tal medição é legítima dentro de seus limites, mas o tempo primordial é fenomenologicamente anterior: não fosse pelo tempo extático do Dasein, para começar, não poderíamos encontrar outras entidades, muito menos medir suas mudanças (*SZ* 333). A fim de nos reconectarmos a essa temporalidade primordial, não podemos simplesmente aguçar nossos conceitos; devemos aproveitar a nossa própria existência autenticamente. Não posso simplesmente perguntar: "O que é o tempo?"; eu devo me perguntar: "Será que eu *sou* o tempo?" (*GA* 64: 83).

A inacabada e nunca publicada Divisão 3 da Parte Um de *Ser e tempo* deveria ultrapassar esse relato da temporalidade do Dasein, a fim de fundamentar a tese principal da obra. Heidegger planejou mostrar como a nossa temporalidade (*Zeitlichkeit*) funciona como o horizonte do ser, de modo que o próprio ser é caracterizado pela "Temporalidade" (*Temporalität*) (*SZ* 19). Embora este projeto não tenha sido concluído, podemos encontrar seus rudimentos em vários textos. De acordo com o § 69c de *Ser e tempo*, os três "êxtases" do tempo revelam três "esquemas horizontais" em termos dos quais podemos compreender os modos do ser. Graças ao esquema horizontal do "em-vista-de-si-mesmo", nós compreendemos as possibilidades (*SZ* 365; cf. tb. *MFL* 208). Graças ao esquema horizontal do "que foi", entendemos a facticidade (*SZ* 365). Graças ao esquema horizontal que Heidegger denomina *praesens*, compreendemos a presença-à-mão e a disponibilidade-à-mão (*BPP* 305-307). A questão, então, é como esses vários modos de ser se harmonizam e podem ser reunidos sob um único conceito (*SZ* 333).

Poder-se-ia tentar resistir à subordinação de Heidegger do tempo natural e linear à temporalidade do Dasein: não havia um tempo antes do Dasein? Em 1935, ele responde: "estritamente falando, não podemos dizer que houve um tempo quando não havia seres humanos. A todo *tempo*, houve e há e haverá seres humanos, porque o tempo se temporaliza somente enquanto há seres humanos" (*IM* 88-89). Ele faz basicamente a mesma afirmação cerca de três décadas depois: "Estritamente falando, não podemos dizer o que aconteceu antes que o ser humano existisse. Nem podemos dizer que os Alpes existiam, nem podemos dizer que eles não existiam" (*ZS* 55-56). Essas passagens são muito semelhantes às afirmações em *Ser e tempo* de que a verdade e o ser são dependentes do Dasein (*SZ* 212, 226-227). O argumento de Heidegger não é a trivialidade de que não haveria ninguém para dizer ou saber qualquer coisa sobre os entes se ninguém existisse. Tampouco ele defende o idealismo absoluto: a visão de que é falso ou sem sentido afirmar que existem entidades em si mesmas, independentes de nós. Em vez disso, essa afirmação é tanto significativa quanto correta, mas seu significado e verdade sempre pressupõem o significado e a revelação fundamentais que pertencem à existência temporal do Dasein. Ou seja, declarações factualmente corretas acerca da natureza pré-humana dependem da temporalidade humana que permite que essas declarações sejam inteligíveis. Isso significa que tais declarações nunca podem explicar a própria temporalidade humana; nosso tempo nunca pode ser reduzido a fatos empíricos.

Poderíamos, portanto, falar com William Blattner sobre o "idealismo temporal de Heidegger". Realismo e idealismo podem ser categorias superficiais; no entanto, o idealismo tem a vantagem de reconhecer que o ser não pode ser reduzido aos entes, "mas já é aquilo que é 'transcendental' para toda entidade" (*SZ* 207). Da mesma forma, a temporalidade do Dasein é transcendental para todos os eventos dentro do tempo. Remontando a nossa temporalidade a um conjunto de fatos em série, o tempo objetivo seria um "mito" redutivo (cf. *SZ* 6). Não pode haver nenhum relato empírico da origem do tempo do Dasein, porque o tempo do Dasein é o quc torna todos os relatos possíveis. Como Heidegger o coloca em 1927, "*o tempo* [do Dasein] *é anterior a qualquer possível anterior* de qualquer sorte, porque é a condição básica para um anterior enquanto tal" (*BPP* 325).

A incoação do tempo e o evento do ser

Embora Heidegger nunca tenha tolerado as explicações naturalistas do tempo humano, ele ficou insatisfeito com o ponto de vista transcendental de *Ser e tempo* logo após sua publicação, e embarcou em uma transformação filosófica que pode ser resumida no slogan: "da compreensão do ser ao acontecimento do ser" (*GA* 40: 219). A nova fase do seu pensamento, que alcança o apogeu na década de 1930, compreende o próprio ser como acontecendo historicamente, e reconhece a facticidade do Dasein como uma maneira pela qual nós mesmos somos reivindicados pelo acontecimento do ser e participamos do seu destino em desenvolvimento (cf. o cap. 11). O tempo extático já não é simplesmente primordial, e o tempo natural não é simplesmente derivado; estamos em dívida com a natureza, mas somos elevados acima dela em momentos fundamentais que geram tempo extático e significativo.

Como vimos, *Ser e tempo* situa-se na tradição transcendental inaugurada por Kant: assim como Kant investiga as estruturas da subjetividade como as condições da possibilidade de experiência, Heidegger investiga a temporalidade do Dasein como a condição da possibilidade de compreender o ser e os entes. Mas a abordagem transcendental ameaça obscurecer a profunda historicidade e facticidade do Dasein; ela tende a criar a impressão de que o Dasein está acima de todos os outros entes e funciona como uma estrutura que estabelece um horizonte fixo para o que o ser pode significar. Em seu ciclo de conferências do Semestre de Inverno de 1929-1930,

Heidegger assim questiona toda a noção de horizonte temporal. "O que significa dizer que o tempo é um horizonte? [...] nós não temos o menor indício dos abismos da essência do tempo" (*FCM* 146).

Se o Dasein não é algo como um sujeito transcendental pairando acima dos outros entes, então o Dasein faz parte do que existe: trata-se de uma entidade entre entidades, ainda que seja extraordinário por ter alguma compreensão do ser. O projeto de interpretar essa condição é descrito sob a rubrica de "metontologia" em *Os fundamentos metafísicos da lógica*: "a entidade 'homem' compreende o ser [...] a possibilidade de o ser existir no entendimento pressupõe a existência fáctica do Dasein, e isso, por sua vez, pressupõe a presença fáctica à mão da natureza" (*MFL* 156-157, trad. mod.). Nós precisamos, portanto, de uma maneira de pensar sobre a derrelicção do nosso pensamento: o endividamento da nossa compreensão do ser para com o fundamento ôntico do qual emerge. Heidegger tenta agora compreender esse caráter dual do Dasein, fazendo justiça não apenas à nossa projeção de um "mundo" significativo, mas também à nossa dependência de uma "terra" na qual o nosso mundo está fundamentado, uma terra que nós nunca podemos compreender completamente (cf. "A origem da obra de arte" [1935], em *BW*).

A nova perspectiva de Heidegger torna legítimo perguntar: como o tempo do Dasein – a temporalidade extática que nos concede acesso a outras entidades – surge pela primeira vez? "O fato primordial [...] é que simplesmente há algo como a temporalidade. A entrada dos entes no mundo é história primordial pura e simples" (*MFL* 209). Será que podemos investigar esse fato primordial, e investigar como o tempo histórico começa? "Será que se pode perguntar: 'Como o tempo surge?'" Heidegger cada vez mais acredita que se possa, mas ele não pode oferecer a resposta platônica: "através da deformação e contenção da eternidade" (*UV* 9). Tampouco pode ele tentar responder à pergunta em termos físicos ou biológicos; essa abordagem empírica e naturalista simplesmente desconsideraria toda a problemática do ser, enquanto ingenuamente pressuporia alguma ontologia. A temporalidade do Dasein não deve ser reduzida a descobertas científicas sobre a natureza, uma vez que a própria ciência depende dessa temporalidade. A "história primordial" deve emergir da natureza como *terra*, que é mais profunda e mais misteriosa do que a natureza descoberta pela ciência.

A fim de refletir apropriadamente sobre a origem do tempo, Heidegger começa a pensar em termos de um misterioso evento fundador, do qual o tempo e o ser significativos irrompem. Esse evento é, exprimindo-o de maneira paradoxal, o tempo quando o tempo começa. "Desde então o tempo despertou e pôs-se de pé, desde então somos históricos" ("Hölderlin e a essência da poesia", em *EHP* 57). Essa origem do tempo é uma "incoação" (*Anfang*) e não um mero "começo" (*Beginn*). De acordo com o texto de 1941, *Über den Anfang*:

> "começo" [...] significa uma posição e uma fase distintivas no curso de um processo. Mas [...] aqui a palavra "incoação" deve nomear a essência do seer [*be-ing*] [*Seyn*] [...] Começar incoativamente [*Anfangen*] é apropriar-se de si mesmo e elevar-se no próprio evento apropriador, o evento como o qual a clareira essencialmente acontece (*GA* 70: 9-10).

Somente em uma incoação uma clareira se abre contra o encobrimento; na incoação, acontece a diferença entre ser e não--ser. Com a grafia obsoleta *Seer* [*Seyn*], Heidegger indica aqui esse evento de incoação, em vez de um sentido específico do que seja ser; todos esses sentidos são gerados na incoação. Nossa missão é participar criativamente deste evento que é a fonte da verdade, da mundidade, da história e do próprio Dasein. Nesse evento, um tipo de tempo qualitativamente novo, tempo significativo, vem a ser de uma maneira que não pode ser reduzida à sequência natural que o precede: "Por que esse momento repentino da 'história do mundo' é essencialmente e abissalmente diferente de todos os 'milhões de anos' de processos desprovidos de mundo? Porque essa brusquidão ilumina a singularidade do seer [...]. O 'momento' é a origem do próprio 'tempo'" (*GA* 66: 113-114). Uma incoação surge da terra e funda uma nova temporalidade extática que abre um mundo.

Heidegger frequentemente pensa na incoação como um evento poético (cf. o cap. 14). "A poesia é o acontecimento fundamental do seer enquanto tal. Ela funda o seer e deve fundá-lo" (*GA* 39: 257).

A poesia acontece nos tempos nos quais o próprio tempo acontece mais intensamente: os momentos que Heidegger, seguindo Hölderlin, chama de "os picos de tempo" (*GA* 39: 52, 56). Esses picos poéticos são a origem do tempo extático e primordial:

> Nesse avanço-de-domínio do que foi para o futuro, que, apontando para trás, abre o que já estava se preparando anteriormente enquanto tal, aí domina o vindo-para e o ainda-essencialmente-acontecendo (futuro e passado) de uma vez: tempo originário. [...] Esse tempo originário transporta o nosso Dasein para o futuro e o passado, ou melhor, faz com que o nosso ser enquanto tal seja um ser transportado – se for autêntico, é claro. [...] Nesse tempo, o tempo "chega a ser" [...] (*GA* 39: 109).

Esta passagem lembra a descrição de *Ser e tempo* da interação extática do futuro com o passado e o presente. Mas, embora a linguagem de *Ser e tempo* possa sugerir que a temporalidade extática é uma estrutura fixa, Heidegger agora apresenta o tempo jorrando em grandes momentos históricos que estabelecem uma maneira de existir para um povo ou uma era.

Os poetas não são os únicos fundadores; em meados da década de 1930, Heidegger tipicamente fala do triunvirato do poeta, do pensador e do estadista. "Fundar" é, entre outras coisas, um conceito político, e não é coincidência que Heidegger esteja pensando sobre a fundação do tempo durante um período de revolução e "incoação" política. O que está em jogo, como ele diz em 1934, é "uma transformação de todo o nosso ser em sua relação com o poder do tempo [...] essa transformação depende de [...] como temporalizamos o próprio tempo. [...] [Nós] *mesmos somos tempo*" (*GA* 38: 120).

As *Contribuições à filosofia* (1936-1938; doravante *Contribuições*) dão à incoação do tempo e do ser o nome *Ereignis*, que normalmente significa "evento", mas também ecoa a palavra *eigen* (próprio [*own*], próprio [*proper*]). O evento apropriador é "o evento da fundamentação do aí" (*GA* 65: 183). Neste evento, o Dasein vem a si próprio porque passa a pertencer ao acontecimento do ser (cf. o cap. 10). Neste momento, somos tomados ou apropriados por uma incoação. Podemos então propriamente "estar aí", e as coisas podem ganhar seus lugares e significado próprios. As entidades tornam-se interpretáveis, acessíveis e explicáveis; mas o evento apropriador original não pode ele mesmo ser explicado como se fosse apenas uma entidade. Ele escapa à nossa busca de fundamentos; é um abismo.

Também poderíamos pensar em *Ereignis* como o evento no qual o ser humano se torna, como Heidegger o coloca em *Os fundamentos metafísicos da lógica*, "uma criatura de distância". *Ser e tempo* já insistia em que o fato de o nosso próprio ser consistir em um problema para nós é essencial para a temporalidade e para a nossa compreensão do ser. Mas como é que o nosso ser *vem a ser* um problema para nós? Devemos primeiro ser separados do nosso próprio ser, de modo a que ele se torne algo em relação a que nós possamos adotar, ou deixar de adotar, uma posição. Somos devedores, então, a um evento estranho, o próprio evento de estranhamento: um evento inquietante no qual somos distanciados de nós mesmos, de modo que somos então confrontados com a *tarefa* de sermos nós mesmos. À medida que o domínio da individualidade se desdobra, o mesmo acontece com o "aí": o espaço no qual podemos encontrar e interpretar os entes (*GA* 65: 320).

O evento apropriador aconteceria em um "lugar do momento" onde o "espaço-tempo" surgiria. Lê-se melhor a tentativa de Heidegger de descrição do espaço-tempo (*GA* 65: § 242) não como um relato transcendental dos "conceitos formais" de tempo e espaço em geral (*GA* 65: 261), mas como uma tentativa de falar de um único momento que iniciaria (ou talvez reiniciaria) o tempo e o espaço significativos. As *Contribuições* descrevem o espaço-tempo como um "fundamento abissal" que abre um domínio de desencobrimento, e, no entanto, nega a esse domínio qualquer fundação absoluta. O espaço-tempo implica-nos no desenrolar da história ocidental, como Heidegger a entende: religa-nos à "primeira incoação" da revelação do ser entre os gregos, prepara-nos para "a outra incoação" que pode trazer um novo destino do ser, e liga-nos ao presente como o lugar onde o corrente "abandono" do ser deve ser suportado.

Como esse último pensamento sugere, para Heidegger, nesse período, o ser não é constantemente dado; "o seer é às vezes" (*das*

Seyn ist zuzeiten; *GA* 70: 15). Com que frequência essas vezes vêm? Será que tal tempo alguma vez aconteceu plenamente? As respostas são elusivas. "Quando e por quanto tempo o ser 'é' não pode ser perguntado" (*GA* 69: 145).

Receber o dom do tempo e do ser

Na última fase do seu pensamento, que começa por volta de 1940, Heidegger retira a ênfase do momento quase político da fundação incoativa e, em vez disso, concentra-se em cultivar gratidão pelo tempo, pela verdade e pelo ser como dispensações do próprio *Ereignis*. Como podemos ver nos *Seminários de Zollikon* das décadas de 1950 e 1960, onde Heidegger introduz um grupo de psiquiatras à fenomenologia, ele permanece fiel à análise da temporalidade cotidiana de *Ser e tempo*: é datável, extática, pública e significativa. Mas ele agora não busca a temporalidade autêntica nem pela resolução vinculada à morte, nem em momentos poderosos de incoação, mas em *Gelassenheit* – uma "serenidade" não-intencional que pode admitir-nos no desencobrimento, permitindo-nos receber o dom do ser (cf. o cap. 12).

A palestra posterior, "Tempo e ser" (1962), é uma introdução ao *Ereignis* como aquilo que dá tanto o ser quanto o tempo. O ser parece ser governado pelo tempo, porque o ser parece equivalente à presença, que é uma determinação temporal. O tempo, por sua vez, parece ser governado pelo ser, porque o tempo parece estar constantemente presente (*TB* 3). No entanto, nem o tempo nem o ser são uma entidade; podemos dizer apenas que eles são dados. Como eles são dados, então? O ser é dado como uma doação anônima, por assim dizer: é "enviado" por uma fonte oculta (*TB* 8). O tempo é dado como o "espaço-tempo" (*TB* 14) ou a "proximidade" (*TB* 15) que se abre no alargamento do futuro, do passado e do presente. Na doação do ser e do tempo podemos discernir "uma dedicação [*Zueignen*], uma entrega [*Übereignem*] ao que é seu [*ihr Eigenes*]" (*TB* 19). A palavra adequada, então, para a fonte que nos dá o ser e o tempo, e os une, é *Ereignis*. *Ereignis* se retira ou se esconde, de modo que inclui a sua própria "expropriação"; no entanto, ela também nos apropria, trazendo-nos a nós mesmos. Porquanto *Ereignis* constitui-nos intimamente, não o podemos objetificar em proposições (*TB* 23).

As reflexões de Heidegger nesta palestra são altamente abstratas e preliminares. Pareceria, no entanto, que ele se afastou de pensar em *Ereignis* como o tempo quando o tempo começa. Em contraste com as *Contribuições*, que frequentemente descrevem *Ereignis* como um acontecimento incoativo ou inaugural (p. ex., *GA* 65: 57, 183, 247), vários ensaios do pós-guerra insistem que não se trata de um acontecimento (*IDS* 36; *OWL* 127). Heidegger adverte-nos de que "o próprio tempo não é nada temporal" (*TB* 14) e de que não devemos interpretar mal a apropriação – novamente, "algo que não é temporal" – como um evento no tempo (*TB* 20, 47). Aparentemente, Heidegger voltou a uma posição quase-transcendental. O sentido usual da palavra *Ereignis* (evento) parece ter desaparecido: *Ereignis* já não é uma incoação histórica da qual a verdade e o ser irrompem, mas parece ser um fundamento atemporal (cf. POLT, 2005).

Podemos concluir com algumas comparações históricas. Heidegger permanece em uma tradição que liga o tempo à alma; como Agostinho, por exemplo, ele destaca a nossa extensão extática nas três dimensões do tempo, uma extensão que Agostinho identifica com os atos mentais da expectativa, da lembrança e da atenção (*Confissões* 11.27-28). A fenomenologia de Husserl da "consciência do tempo interno" também segue essa linha de pensamento; aqui Husserl aplica o seu gênio discriminativo a experiências temporais como "proteção" e "retenção" (cf. HUSSERL, 1991).

Heidegger insiste que há mais em jogo no tempo do que a observação de eventos passageiros: a nossa própria individualidade é inelutavelmente temporal, porque é no tempo que descobrimos ou criamos quem somos e onde estamos. Agostinho chega perto desse *insight* por meio de sua preocupação com a temporalidade do pecado e da redenção (cf. *PRL* 127-184), mas o seu platonismo cristão o orienta para o eterno e o leva a ver o próprio tempo como caído. Quanto a Husserl, seu exemplo paradigmático da experiência temporal ouve uma série de tons: um caso de observação desinteressada que pode não lançar luz sobre fenômenos temporais que nos envolvem pessoalmente, tais como a culpa ou o destino. Heidegger, que editou um volume das palestras de Husserl sobre o tempo, nunca critica explicitamente a abordagem do seu mentor, mas ele deve tê-la visto como derivada e limitada; a temporalidade da observação pressupõe a temporalidade mais profunda do ser-no-mundo do Dasein.

Em nome da recuperação dessa temporalidade, Heidegger desconstrói a ontologia tradicional. Essa desconstrução pode ajudar-nos a desvendar certos enigmas acerca do tempo e do ser. Por exemplo, os filósofos têm frequentemente perguntado se o próprio tempo existe: ele parece consistir no que já não é, no que ainda não é, e no que é apenas por um instante infinitesimal (ARISTÓTELES, *Física* 4.10; AGOSTINHO, *Confissões* 11.14). A abordagem de Heidegger permite-nos "demonstrar, com base no 'tempo', que esse tipo de pergunta já não pode ser feito" (*GA* 64: 61 n.). Quando perguntamos se o tempo "existe" ou "é", pressupomos alguma compreensão do ser – e, quase inevitavelmente, compreendemos a presença como o sentido primário ou central do ser (*GA* 64: 101; *SZ* 25-26). Mas se *Ser e tempo* está certo, o nosso acesso à presença é ele mesmo possibilitado pelo tempo. O tempo, então, não pode ser subordinado à presença; o próprio tempo torna a presença significativa.

A desconstrução temporal de Heidegger da ontologia tradicional não é uma demolição; ela traz à tona a validade limitada da tradição. Uma ontologia da presença tem o seu escopo legítimo como "uma ontologia do mundo no qual todo Dasein está" (*GA* 64: 103); isto é, ilumina as entidades presentes-à-mão neste mundo. O que não pode iluminar é a própria temporalidade e historicidade do Dasein.

Heidegger deixa-nos sem soluções finais, mas com novos conceitos e novas perguntas. Dentre muitos, podemos mencionar o problema de como conceber Deus uma vez que as noções tradicionais de tempo e ser tenham sido expostas às críticas heideggerianas. O platonismo é um fator poderoso na teologia tradicional, e os monoteístas podem achar quase impossível entender sua religião, exceto em relação a uma presença atemporal. O pensamento de Heidegger sugere a talvez refrescante, talvez preocupante, alternativa de pensar em um deus como um evento: "passando" pode ser precisamente como os deuses estão presentes (*GA* 39: 111). Pode ser que o nosso destino mais profundo não nos devolva à eternidade divina, mas nos desperte para a abertura de uma distância divina: uma distância que é também uma proximidade divina.

Referências

ARISTOTLE (1969). *Physics* [Trad. H.G. Apostle]. Bloomington, IN: Indiana University Press.

AUGUSTINE (1961). *Confessions* [Trad. R.S. Pine-Coffin]. Baltimore, MD: Penguin.

HUSSERL, E. (1991). *On the Phenomenology of the Consciousness of Internal Time (1893-1917)*. [Trad. J.B. Brough]. Dordrecht: Kluwer.

PLOTINUS (1966). *Enneads* [Trad. para o inglês por A.H. Armstrong]. Cambridge, MA: Harvard University Press.

POLT, R. (2005). "*Ereignis*". In: DREYFUS, H.L. & WRATHALL, M. (eds.). *A Companion to Heidegger*. Oxford: Blackwell, p. 375-391.

Leituras complementares

Fontes primárias

Cf., de Heidegger: *Os problemas fundamentais da fenomenologia*; *Ser e tempo*, Divisão Dois; "The Concept of Time" ["O conceito de tempo"]. In: *Becoming Heidegger* – On the Trail of His Early Occasional Writtings (1910-1927). E ainda: "Time and Being" ["Tempo e ser"]. In: *On Time and Being* [*Sobre tempo e ser*]. • *Zollikon Seminars* – Protocols, Conversations, Letters [*Os Seminários de Zollikon* – Protocolos, diálogos, cartas], esp. p. 33-67.

Fontes secundárias

Cf. BLATTNER (1999); DASTUR (1998); POLT (2005, esp. cap. 2, 9, 11); POLT (2006, esp. p. 72-87 sobre *Ereignis* como evento, e p. 180-192 sobre tempo-espaço); WOOD (2001, pt. III).

6
A virada

Thomas Sheehan

O termo *die Kehre* – "a virada" – tem uma história sobredeterminada e complexa na obra de Heidegger, e levou a importantes incompreensões do seu projeto. Como Heidegger diz claramente em *Contribuições à filosofia* (*GA* 65 = *CP*), a virada é simplesmente o vínculo entre *Dasein* e *Sein*. Portanto, a virada, em seu sentido básico e próprio, é o tópico central do pensamento de Heidegger. Não é, como muitos pensam, a mudança dos anos de 1930 na abordagem de Heidegger do seu tópico central. A *Kehre* em seu sentido básico e próprio nunca "aconteceu", muito menos no pensamento de Heidegger[12].

Distinguirei três significados de "a virada": (i) o sentido básico e próprio – o vínculo entre *Dasein* e *Sein*; (ii) a mudança dos anos de 1930 na maneira como Heidegger tratou esse vínculo; e (iii) o ato de resolução como uma transformação na relação de alguém com esse vínculo.

Como a virada é o tópico central de Heidegger, explicá-la implica revisar o núcleo do pensamento de Heidegger. Este capítulo tentará fazê-lo dentro de uma nova chave, que traduza os termos técnicos de Heidegger de um registro ontológico para um registro fenomenológico. Essa retradução é o prólogo necessário para entender o que a *Kehre* é e o que não é.

Algumas convenções: ao referir-me a "a virada" (não "o virar"!) neste capítulo, favorecerei a palavra alemã *Kehre*, que Heidegger

12 As citações neste capítulo referem-se a textos por página e linha, separados por um período. Todas as traduções são minhas (cf. o glossário no final deste capítulo), mas encaminharei o leitor para as páginas correspondentes nas traduções para o inglês existentes com um "=". O presente texto corrige minha abordagem anterior (SHEEHAN, 2000).

interpreta como a "reciprocidade" (*Gegenschwung*) da necessidade do *Dasein* do *Sein* e da necessidade do *Sein* do *Dasein*. O termo latino *reci-proci-tas* significa literalmente "o estado de ir e vir", que é como Heidegger entende a tensão ou "oscilação" (*Erzittern*) entre a derrelicção do *Dasein* no *Sein* e a sua sustentação dele[13]. Também usarei às vezes o termo técnico "mundo" como o nome para *Sein*[14]. No que concerne à estrutura de *Ser e tempo*, usarei a fórmula "*BT* I.1-2" para abreviar Parte Um, Divisões 1 e 2; e "*BT* I.3" para abreviar a não publicada Parte Um, Divisão 3, "Tempo e ser". Finalmente, uso "homem" e "ser humano" como neutros em termos de gênero e como as indicações mais formais do que Heidegger denota por *Dasein*[15].

Relendo Heidegger

Aron Gurwitsch observou corretamente que o único problema da filosofia – inclusive a filosofia de Heidegger – é a questão do sentido (*Sinn*) (GURWITSCH, 1947, p. 652). Mas, por outro lado, os termos-chave de Heidegger "o ser mesmo" e "o ser dos entes" vêm de uma metafísica *pré*-fenomenológica do realismo objetivo, e nessa medida são um obstáculo para se entender o seu projeto em geral e a *Kehre* em particular. Se alguém escolhe (imprudentemente, na minha opinião) continuar usando esses termos pré-fenomenológicos, deve ter claro que o próprio Heidegger entendia *Sein* fenomenologicamente – isto é, no âmbito de uma redução de *ser* para *sentido* –, tanto (a) como dando sentido ao significativo (= *das Sein des*

13 *Gegenschwung, Gegenschwingen, Erschwingen*: *GA* 65: 251.24, 261.25-26, 262.2-4, 263.19-20 = *CP* 177.30, 184.28-29 e 36-37, 185.38-39. (Esse último texto mostra que os deuses são várias formações/*Geschicke* de sentido.) Sobre a reci-proci-dade: *GA* 65: 381.26-27 = *CP* 266.25. Para *Erzittern*, *GA* 65: 262,9 = *CP* 185.3 passim. Definitivamente *não* "estremecimento".

14 Compare *GA* 9: 332.3-4, "Die Lichtung seler aber ist das Sein", com *GA* 9: 326.15-16, "Die Lichtung des Seins, und nie sie, ist 'Welt'" = *PM* 253.1 e 248.36-37, respectivamente.

15 *GA* 10: 128,13-14 = *PR* 86,20. Tanto "homem" como "ser humano" traduzem o grego *anthrōpos* entendido como *Dasein*: o ser humano em sua estrutura *a priori*. Sobre indicação formal, cf. Dahlstrom (2001, p. 242-252).

Seienden) quanto (b) como a *fonte* doadora de sentido do sentido do significativo (= *das Ereignis*).

Quando Heidegger fala de *das Seiende* ("entes"), ele está se referindo às coisas não como simplesmente existentes-aí (*existens*), mas porquanto fazem sentido no âmbito das preocupações humanas e, portanto, são significativas e significantes (*bedeutsam*, *verständlich*, *sinnhaft*). Mesmo o que está "simplesmente aí" (*das Vorhandene*) é significativo como, por exemplo, "o que acontece de não ser de nenhum interesse prático no momento". Em resumo, *das Seiende* é "o significativo", e *das Sein* lhe dá sentido. Para adaptar a frase de Woody Allen: sentido é simplesmente outra maneira de soletrar ser[16].

Em seu primeiro curso após a Primeira Guerra Mundial, Heidegger argumentou perguntando aos seus alunos o que eles encontram diretamente na experiência vivida. Será que são entes, coisas, objetos, valores? Não, ele insistiu. O que se encontra é

> *o significativo* [*das Bedeutsame*] – é isso que é primário, é isso que está imediatamente à sua frente, sem nenhum desvio mental através de uma compreensão conceitual da coisa. Quando você vive no mundo da experiência em primeira-mão, todas as coisas lhe vêm carregadas de significado, por toda parte e o tempo todo. Todas as coisas aparecem em um contexto significativo, e esse contexto *dá às coisas o seu sentido* (*GA* 55/57: 73,1-5 = *TDF* 61.24-28)[17].

Para sublinhar o ponto, Heidegger frequentemente se refere a esse "ser dos entes" fenomenológico como *das Anwesen des Anwesenden*: a presença significativa do que quer que seja significativo. Da mesma forma, ele glosa o grego *on* e *ousia* como *paron* e *parousia*; isto é, não meros "entes" e suas "entidades", mas coisas significativas e sua significância.

Revisitemos então a famosa sentença de Aristóteles acerca dos significados da palavra "ser": "O termo 'ser' tem muitos significados, mas todos eles apontam analogicamente para uma coisa, uma

16 Cf. os comentários de Allen sobre seu filme *Matchpoint* (Cannes, 12 de maio de 2005) em Ebert (2005, p. 852).

17 Quando Heidegger diz que "o mundo munda" (*die Welt weltet*), ele quer dizer que o mundo possibilita o sentido do que quer que se encontre dentro do mundo.

única natureza" (*Metafísica* IV 2, 1003a33-34). Lido em uma chave fenomenológica, isso diz:

> A palavra "significativo" tem muitos sentidos, mas todos eles apontam analogicamente para um "sentido mesmo" [*Sein selbst* como *Ereignis*] unificado que é a fonte de todo sentido.

Antes de aplicar tudo isso à *Kehre*, e a fim de enfatizar que a obra de Heidegger está ancorada em uma estrutura de *significado*, eu traduzo parte de sua terminologia do registro ontológico usual para um registro fenomenológico (cf. a tabela 1).

O seguinte pode ser suficiente por enquanto:

1) Todos os termos do gráfico têm o caráter do que Aristóteles chama de *to proteron tēi physei* e *to ti ēn einai*; isto é, aquilo que, em qualquer situação dada, é sempre-já (*a priori*) operativo. Os termos da seção II nomeiam o processo *a priori* de dar-significado. Esse processo não tem data cronológica: ele não ocorre apenas ocasionalmente, mas é sempre-já operativo. É o *factum* estrutural básico que é *a priori* no trabalho em conjunção com o ser humano[18].

2) Os termos da seção II referem-se à *fonte doadora de sentido* da significância das coisas. No entanto, essa fonte não é uma hipóstase separada do, e subjacente ao significado do significativo. Antes, o genitivo em frases tais como *Wesen/Lichtung/Wahrheit/Da des Seins* indica um pleonasmo: *Sein selbst* ***é*** o seu *Wesen/Lichtung/Wahrheit/Da*. Ou seja, *Seyn* (*das Wesen des Seins*) é a condição *a priori* pela qual as coisas obtêm seus sentidos. E tal atribuição-de-sentido nunca acontece além do ser humano.

3) Os leitores que se sentem desconfortáveis com as traduções no gráfico podem simplesmente substituir – sem nenhum dano ao argumento – os códigos heideggerianos tradicionais pelos termos que eu uso aqui, a saber, seer [*be-ing/beyng*], ser mesmo, ser, entidade [*beingness*], e entes; a influência [*swaying*]/destino

18 *GA* 65: 261.22-23 = *CP* 184.25-26: "Die Wahrheit des Seins und so dieses selbst west nur, wo und wann Da-sein"; *GA* 65: 263.28-29 = *CP* 186.3-4: "Das *Seyn* und die Wesung seiner Wahrheit ist des Menschen, sofern er inständlich wird als Da-sein"; *GA* 65: 264.1 = *CP* 186.3: "Das Sein 'ist' des Menschen".

[*destining*]/essência [*essencing*]/presença [*presencing*]/clareira [*clearing*]/verdade do ser, juntamente com apropriação [*enowning*], estremecimento [*enquivering*], clivagem e similares.

Tabela 1

I	*Sinn, Bedeutung*	sentido, significância, significado
	Sinn haben	algo faz sentido
	Verstehen	compreender o sentido de algo
	Seiendes	o significativo, o que quer que faça sentido
	Seiendheit des Seienden	o sentido de uma coisa significativa
	Ereignis	a fonte doadora de sentido ao sentido de uma coisa significativa
II	*Sein selbst* *Seyn* *Es gibt Sein* *Welt* *Wesen des Seins* *Wahrheit des Seins* *Lichtung des Seins* *Schickung des Seins*	O processo *a priori* de dar sentido no e com o ser humano
III	*das Da des Seins*	"onde" a doação de sentido é operativa *a priori*
	Dasein	o homem como aquele que sustenta/mantém aberto o processo *a priori* de dar sentido
	Entwerfen	sustentar/manter aberto projetivamente o processo *a priori* de dar sentido
	geworfen	arremessado no sustentar/manter aberto o processo *a priori* de dar sentido
	Ereignis	a apropriação do homem para sustentar o processo *a priori* de dar sentido
	Kehre	a virada: o vínculo recíproco do homem e do sentido

A questão básica que motiva todo o trabalho de Heidegger é tão simplesmente "Como o sentido ocorre?" (= a questão acerca do *Sinn/Wahrheit/Wesen des Seins*). Esta questão básica está focada na fonte doadora de sentido que permite (*lässt sein*) o sentido das coisas. Observe a distinção crucial entre a questão principal de Heidegger acerca do sentido do significativo (*die Seiendheit des Seienden*) e a sua questão básica acerca da *fonte* doadora de sentido do sentido do significativo (*Grundfrage: das Ereignis*)[19].

1) *A significação do significativo* refere-se ao fato simples, mas surpreendente, de que as coisas são significativas. Heidegger chamou isso de "a maravilha de todas as maravilhas: que as coisas *façam sentido*" (*PM* 234.18)[20]. Essa questão introdutória é a questão tradicional acerca do *on hēi on* ou *ens qua ens*, mas agora entendida em um modo fenomenológico: "Qual é a estrutura mais básica das coisas que encontramos?", à qual Heidegger responde: "As coisas enquanto tais são significativas: elas fazem sentido".

2) *A fonte doadora de sentido* do sentido do significativo – também chamada de "sentido mesmo" ou "sentido enquanto tal" – refere-se ao processo *a priori* pelo qual qualquer coisa significativa tem seu sentido. O primeiro Heidegger analisou essa fonte-de-sentido como o vínculo de "ser-em" e "mundo". Esse é o vínculo homem-sentido que ele originalmente chamou de ser-no-mundo (*In-der-Welt-sein*) e mais tarde chamou de *Lichtung-sein*

19 O sentido enquanto tal (*Anwesen als solches*) sempre implica a atribuição-de-sentido (Anwesen-*lassen*: *GA* 14: 45.29-30 = *TB* 37.5, onde há um erro de impressão), assim como na filosofia medieval, ter *esse* sempre implica dar *esse*: "Omne ens actu natum est agere aliquid actu existis" ("É da natureza de todo ser-em-ato efetivar algo [mais] existente no ato". Tomás de Aquino, *Summa contra gentes*, II, 6, n. 4). • At *GA* 9: 369 = *PM* 280, nota "d" equivale a *Sein, Wahrheit, Welt, ~~Sein~~, Ereignis* e *Sichankündigen des Seins*. • *GA* 9: 201.30-32 = *PM* 154.12-14 iguala *Sinn, Entwurfbereich, Offenheit* e *Wahrheit* como a fonte doadora de sentido do sentido do significativo. • Sobre "o último deus" como *die Wahrheit des Seyns*, cf. *GA* 65: 35.2 = *CP* 25.16.

20 No código-Heidegger: "dass Seiendes ist": *GA* 9: 307.23-24 = *PM* 234.18. Cf. tb. *GA* 52: 64.24-25.

(*GA* 69: 101.12). Esse fenômeno homem-sentido será finalmente nomeado *Ereignis*, a apropriação do homem à tarefa de sustentar a atribuição-de-sentido (*GA* 65: 261.25-26 = *CP* 184.27-29; cf. tb. o cap. 10).

Para colocá-lo de forma esquemática, a questão *básica* de Heidegger era acerca da *fonte* da sua questão introdutória.

O *Grundfrage* concerne à fonte doadora de sentido:

O/A

Anwesen-lassen	*deixar*-acontecer
Es gibt	entrega *a priori*
Schickung/Geschick	doação/entrega
Seyn	passar-se
Wahrheit	revelação
Welt	mundo

Do

o sentido do significativo

die Bedeutung des Bedeutsamen

das Anwesen des Anwesenden

das Sein des Seienden

Independentemente dos termos oferecidos aqui, a frase "fonte doadora de sentido" é meramente heurística neste ponto. Ela nomeia um "X" desconhecido que motiva e guia a questão básica, enquanto permanece como ainda indeterminada. Mas, como quer que seja, a fonte doadora de sentido opera somente no e com o ser humano. Em 1955, Heidegger insistiu que, assim como o processo de dar sentido constitui o homem, assim também o homem co-constitui o processo de dar sentido.

> Sempre falamos *muito pouco* do "sentido [*Sein*] mesmo" quando, ao dizer "sentido", deixamos de fora a sua presença *no* e *com* o ser humano e, desse modo, deixamos de reconhecer que o próprio ser humano co-constitui [*mitausmacht*] o "sentido". Também sempre falamos *muito pouco* do ser humano se, ao dizer "sentido" [...], postulamos o ser humano

por si mesmo e só então trazemos o que foi assim postulado para uma relação com o "sentido" (*GA* 9: 407,22-28 = *PM* 308,3-9)[21].

No começo, observei que "*Kehre*" é uma palavra sobredeterminada na obra de Heidegger. Agora é hora de explicar o que isso significa. Richard Rorty gostava de dizer: "Quando o seu argumento se choca contra uma parede, faça algumas distinções". E distinções precisam, de fato, ser feitas, porque, de acordo com a analogia aristotélica *pros hen*, Heidegger usou a palavra *Kehre* em muitos sentidos distintos, todos eles relacionados a um sentido básico, próprio. Assim como há a analogia do ser, ou do sentido, também há a analogia da *Kehre*.

O que eu disse sobre a *Kehre* até este ponto – que se trata do vínculo recíproco de *Dasein-Sein* – é baseado nas *Contribuições à filosofia*, de Heidegger, escritas em 1936-1938. Ou seja, eu tenho lidado exclusivamente com o sentido básico e próprio de *Kehre*: a reciprocidade ou tensão entre o homem ser *necessário para* e o seu *manter aberto* o *factum* fundamental da atribuição-de-sentido. Ao longo de sua carreira, no entanto, Heidegger usou o termo *Kehre* em pelo menos dois outros sentidos que são analogicamente relacionados, mas não idênticos, ao sentido básico. Para manter as coisas distintas, usarei "*Kehre*-1" para designar a *Kehre* básica discutida nas *Contribuições*, e designarei os outros significados de *Kehre* pelos números subsequentes.

Kehre-1: o sentido fundamental e próprio do termo

Em 1969, Heidegger declarou, de maneira simples e direta, qual era o tópico central de todo o seu pensamento.

> A ideia básica do meu pensamento é precisamente que o sentido [*Sein*] – isto é, o processo de dar sentido [*die Offenbarkeit des Seins*] – *necessita* do ser humano; e, inversamente, que o ser

21 Cf. *GA* 9: 412.1-3 = *PM* 311.21-23). Cf. tb. *GA* 8: 85.13-19 = *WCT* 79.19-22. Portanto, sempre que uso "homem" ou "ser humano", pretendo que sejam completados pela palavra *Sein* – como em "homem-sentido".

humano é humano porquanto está em [ou seja, sustenta] o processo de dar sentido (*GA* 16: 704.1-5 = *MHC* 82.30-33).

Em resumo, o tópico central de Heidegger é o vínculo homem-sentido, que confere às coisas o seu sentido. Ao longo do seu trabalho posterior, Heidegger usará dois termos-chave para nomear esse vínculo. O ser humano, ele escreve, é (i) necessário (*gebraucht*) (ii) para pertencer a (*zugehören*; i. é, sustentar) o mundo (*GA* 65: 251.24-25 = *CP* 177.30-31)[22]. Esses dois termos – *Brauch* e *Zugehören* – equivalem aos termos do primeiro Heidegger "derrelicção" (*Geworfenheit*) e "manter projetivamente aberto" (*Entwurf*) (*GA* 65: 261.1-3 = *CP* 186.7-10)[23].

O homem é, por natureza, hermenêutico, sempre carecendo de sentido e sempre tornando o sentido possível (cf. *GA* 21: 151.4-5)[24]. O sentido é o alento da vida do homem. Tire-o, oblitere a sua fonte e já não sobra ser humano. Correlativamente, a fim de operar, o sentido requer o ser humano como o seu "onde" fundamental. Sem *Sein* não há *Dasein*. Sem *Dasein* não há *Sein*. O homem deve ser *reivindicado*, ou *apropriado* ou *jogado*, sustentando o processo *a priori* de dar sentido. E, como *reivindicado/apropriado/jogado*, o homem é obrigado a *manter projetivamente aberta* a atribuição-de-sentido. A tensão de ambos *é* o *factum* fundamental, a *Kehre* em seu sentido básico e próprio. Heidegger escreve:

> A apropriação tem a sua ocorrência mais íntima e o seu alcance mais amplo na virada. A virada que é *a priori* operativa na apropriação é o fundamento oculto de todas as outras viradas, círculos e circularidades subordinados, os quais são eles mesmos

---

22 Com "sustentar", eu traduzo de Heidegger (i) *Entwurf als Offenhalten*, "projeção como manter aberto/sustentar", (ii) *ausstehen* como em *GA* 9: 332.19 = *PM* 253.14, e no sentido de *ausstehend* em *GA* 65: 35.6-7 = *CP* 25.20.

23 *Geworfenheit* e *Entwurf* tornam-se *gebraucht* e *wahren der Augenblicksstätte*, respectivamente. Em relação à derrelicção como ser-apropriado: "die Er-eignung, das Geworfenwerden": *GA* 65: 34.9 = *CP* 24.32-33; "geworfener [...] er-eignet": *GA* 65: 239.5 = *CP* 169.12. Heidegger às vezes se refere à interface da derrelicção e ao manter-aberto como "kehrig"; i. é, recíproco. P. ex., *GA* 65: 261.29 = *CP* 184.32; *GA* 65: 265.26 = *CP* 187.21.

24 "Weil Dasein in seinem Sein selbst bedeutend ist, lebt es in Bedeutungen und kann sich als diese aussprechen".

obscuros em sua proveniência, permanecem inquestionados e são facilmente considerados em si mesmos como os "últimos" (*GA* 65: 264.1-3 = *CP* 186.7-9).

Em *Ser e tempo*, a análise da reciprocidade da atribuição-de-sentido deveria ser tratada em duas etapas, respectivamente em *BT* I.1-2 e em *BT* I.3.

A figura 1 (oposta) mostra, dentro da figura oval, as duas maneiras pelas quais o ser humano está relacionado *a priori* com o mundo: (a) "ativamente", mantendo aberto, sustentando e fundamentando projetivamente o mundo doador-de-sentido; e (b) "passivamente", porquanto o homem é reivindicado pelo mundo ou arremessado nele para sustentá-lo. Tudo o que está dentro da figura oval é o *factum* estrutural fundamental. Fora da figura oval estão os locais onde, e os modos pelos quais Heidegger planejava analisar esse *factum*.

Fora da figura oval: Desde o início, Heidegger já havia programado em sua obra uma *inversão de direção* (*Umkehrung*) entre I.1-2 e I.3. *Ser e tempo* enfatizaria o *Dasein* (= *BT* I.1-2). Somente então reverteria a direção e enfatizaria o *Sein* (= *BT* I.3). A primeira etapa demonstraria como o ser humano mantém projetivamente o mundo aberto. A segunda etapa (a inversão) demonstraria como o mundo doador de sentido *precisa* do ser humano, de modo que o homem é *jogado* no processo de atribuição-de-sentido. Ambas as etapas deveriam ser elaboradas em uma estrutura transcendental-horizontal na qual o ser humano é compreendido como projetando o horizonte (abrindo a arena) da atribuição-de-sentido.

Heidegger fez uma primeira tentativa em *BT* I.3 em seu curso de 1927, "Os problemas fundamentais da fenomenologia", onde continuou a usar a abordagem transcendental-horizontal do *BT* I.1-2. No entanto, o esforço fez pouco progresso, e, nesse ponto, o plano de Heidegger de elaborar *BT* I.3 no âmbito de uma estrutura transcendental colapsou.

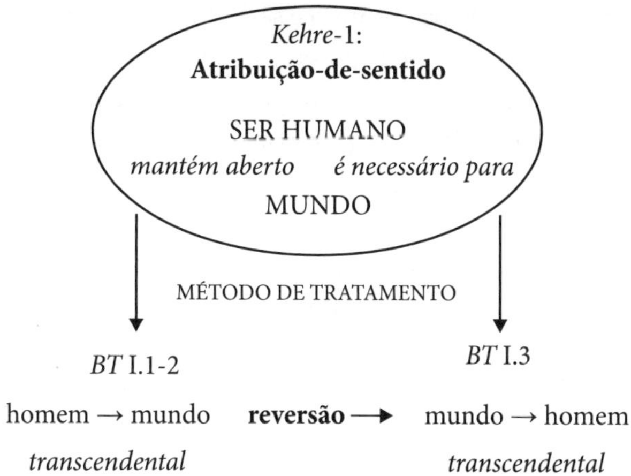

Figura 1

Kehre-2 – A abordagem *seinsgeschichtlich*

Logo após a publicação de *Ser e tempo*, Heidegger começou a mudar seu método de tratar a segunda etapa de seu programa, a inversão de direção. Em vez de uma abordagem *transcendental* consistente em ambas as etapas, Heidegger adotou o que ele chamou de uma abordagem *seinsgeschichtlich* de *BT* I.3. Essa mudança de tratamento constitui a *Kehre*-2, da qual a obra de William J. Richardson, *Heidegger – Through Phenomenology to Thought* [*Heidegger – Da fenomenologia ao pensamento*] (2003) é o tratamento autorizado. Como Heidegger escreve na "Carta sobre o Humanismo" (1947), *BT* I.3 foi previsto como o local "onde todo o projeto se inverte [*sich umkehrt*] no que diz respeito ao "o quê" e ao "como" tanto do pensamento quanto do que é digno-de-pensamento" (*GA* 9: 328.2 com n.a = *PM* 250.1 com n.a)[25].

A inversão de que Heidegger está falando é a já planejada inversão de direção *de* homem → mundo *para* mundo → homem. No en-

25 A mudança de *pensamento* refere-se ao abandono da abordagem transcendental. A mudança do *que é digno-de-pensamento* refere-se não apenas à mudança de *BT* I.1-2 para *BT* I.3, mas, mais especificamente, ao fato de o mundo "convocar" o homem a sustentar a atribuição-de-sentido. A matéria básica digna-de-pensamento para Heidegger é sempre o *factum* da atribuição-de-sentido: *GA* 79: 70.28-29 = *QCT* 40.11-12.

tanto, essa segunda etapa, "Tempo e ser", "foi contida porque o meu pensamento não conseguiu expressar adequadamente essa inversão e não teve êxito com a linguagem [transcendental] da metafísica" (*GA* 9: 327.32-28.4 = *PM* 249.37-250.4).

Em meados da década de 1930, como resultado da incapacidade do pensamento transcendental de expressar a inversão de direção programada para *BT* I.3, Heidegger mudou sua maneira de tratar a segunda etapa do processo, de uma abordagem transcendental-horizontal para uma abordagem *seinsgeschichtlich*, centrada em como o homem é necessário para que a atribuição-de-sentido seja operativa. Na figura 2, observe que *Kehre*-2 encontra-se do lado de fora da figura oval: é meramente uma maneira de tratar *Kehre*-1 e não é, de modo algum, idêntica ao sentido básico e próprio da virada[26]. Observe também a mudança de uma abordagem transcendental para uma abordagem *seinsgeschichtlich*, que constitui a *Kehre*-2.

Geralmente traduzido erroneamente como "ser-histórico", o termo *seinsgeschichtlich* não tem nada a ver com história e tudo a ver com *Es gibt Sein* (*GA* 46: 94.11-14). Podemos traduzir essa última frase como: "A atribuição-de-sentido é operativa *a priori* onde quer que haja um ser humano" – o que significa que o *Schickung/Geschick des Seins* (o "envio" ou a "atribuição" de sentido) é o mesmo que o vínculo de atribuição-de-sentido homem-sentido. A pressuposição da abordagem *seinsgeschichtlich* é que o sentido já é sempre-já-dado com o próprio ser humano, e não por meio de alguma atividade projetiva por parte desta ou daquela pessoa. Além disso, a ênfase agora é menos no homem *mantendo* o mundo projetivamente *aberto* e mais no fato de o homem *ser necessário* para manter o mundo aberto. Nesta base *seinsgeschichtlich*, o último Heidegger poderia fazer frutificar o trabalho de *BT* I.3 fora das limitações do método transcendental.

26 É importante distinguir entre (i) a reversão na direção da análise, a saber *do* homem → mundo *para* mundo → homem, que foi programada no *BT* desde o início e que inicialmente se pretendia que prosseguisse dentro de uma estrutura transcendental, e (ii) a mudança de uma estrutura transcendental para uma estrutura *seinsgeschichtlich*. Apenas a última é *Kehre*-2.

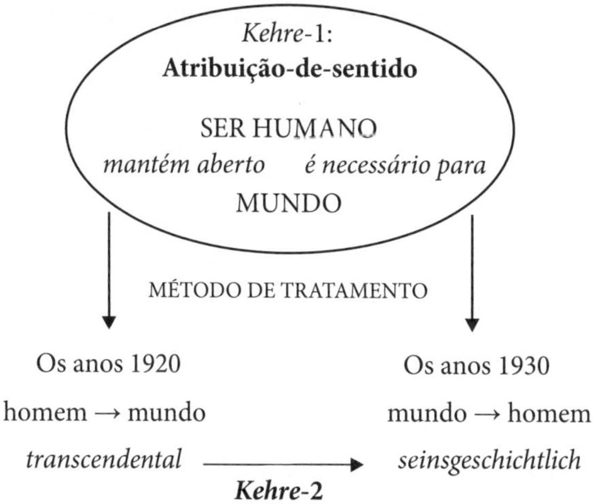

Figura 2

Existem dois textos que, juntos, esclarecem a nova abordagem *seinsgeschichtlich*: primeiro, uma nota em *Ser e tempo*, e, em segundo lugar, o ensaio de 1930, "Sobre a essência da verdade".

No que diz respeito ao primeiro texto, em uma nota marginal crucial que ele adicionou a *Ser e tempo*, § 9 ("O esboço do tratado"), Heidegger enuncia os estágios formais na progressão de *Kehre*-2. Os números aqui são meus:

1) A diferença transcendental.

2) A superação do horizonte enquanto tal.

3) O voltar à fonte.

4) O sentido a partir desta fonte[27].

Esta nota esboça as quatro etapas que compõem a *Kehre*-2.

O número 1 refere-se à estrutura transcendental de *Ser e tempo* e aos cursos e obras mais curtas de Heidegger até o outono de 1930. A diferença transcendental é um nome inicial para a "diferença onto-

27 "Die transzendenzhafte Differenz. / Die Überwindung des Horizonts als solchen. / Die Umkehr in the Herkunft. / Das Anwesen aus dieser Herkunft" (*GA* 2: 53 n.a = *BTS* 35.33-35). Para uma história variante da transição para a obra posterior, cf. *GA* 65: § 132 = *CP* § 132. Heidegger primeiro usa o termo "diferença ontológica" em seu ensaio de 1929, "Vom Wesen des Grundes". Nesta nota marginal, ele usa o termo (presumivelmente pré-1929) "diferença transcendental" em lugar de "diferença ontológica". A respeito da "transzendenzhaft" como "ontologisch", cf. Müller (1949, p. 73-74).

lógica", e é a distinção entre o mundo doador de sentido sustentado pelo ser humano *e* tudo quanto apareça nesse mundo.

O número 2 refere-se a *Kehre*-2, a mudança da abordagem transcendental para a abordagem *seinsgeschichtlich* para elaborar "Tempo e ser"[28]. Observe que essa etapa implica superar o horizonte *enquanto tal* – isto é, porquanto é tomado *como* um horizonte transcendental –, enquanto deixa esse campo intacto para uma investigação *seinsgeschichtlich* mais aprofundada. Em outras palavras, os ganhos de *BT* I.1-2 – a manutenção temporal do mundo aberto – permanecem em vigor, mas a sequência (*BT* I.3) deixa de usar uma abordagem transcendental-horizontal.

O número 3 refere-se à elaboração *seinsgeschichtlich* de *BT* I.3 (= *Kehre*-2) e, especificamente, a virada da análise para um foco na fonte permanente de atribuição-de-sentido enquanto, no processo (e como já planejado), invertendo a abordagem *de* homem → sentido *para* sentido → homem.

O número 4 refere-se ao resultado da análise: uma compreensão e aceitação do fato de que todo sentido deriva da fonte finita da atribuição-de-sentido, que em breve será chamada de *Ereignis*, a "apropriação" *a priori* do homem para sustentar a atribuição-de-sentido.

Para concluir, a partir dessa nota marginal, fica claro que o tópico central de Heidegger, *Kehre*-1, permanece inalterado, mesmo embora o método para tratá-lo mude do transcendental para o *seinsgeschichtlich* (*GA* 9: 328,7-8 com n.c = *PM* 250,7-8 com n.c).

No que diz respeito ao segundo texto, Heidegger diz que o seu ensaio de 1930, "Sobre a essência da verdade", já oferecia "uma certa percepção do pensamento da *Kehre* de 'Ser e tempo' para 'Tempo e ser'" (*GA* 9: 4-8 = *PM* 250,4-7)[29]. Heidegger está se referindo aqui a *Kehre*-2, a mudança para uma abordagem *seinsgeschichtlich*. A questão agora é onde e como *Kehre*-2 se encaixa no ensaio de 1930 e em que consiste a mudança no "digno-de-pensamento".

---

28 Cf. *GA* 65: 250.14-17 = *CP* 176.33-36: "Deshalb bedurfte es der Bemühung [...] die Wahrheit des Seyns for dessen *eigenem* Wesen zu fassen (*Ereignis*)".

29 "[...] gibt einen gewissen Einblick in das Denken der Kehre[-2] von 'Sein und Zeit' zu 'Zeit und Sein'".

"Sobre a essência da verdade" demonstra duas coisas:

1) A verdade como correspondência é possibilitada pela liberdade humana, que é uma relação *a priori* do homem com o significativo (= seções 1-5 de "Sobre a essência da verdade").

2) O ser humano está vinculado a *duas* dimensões *recém-formuladas* da *ocultação* da fonte doadora de sentido (= seções 6-7 do ensaio):

(a) a fonte intrinsecamente oculta (*Verbergung* como o "mistério");

(b) a fonte como negligenciada e esquecida (*Irre*).

Com algum esforço, pode-se reconhecer que o ponto 1 é cognato com *BT* I.1-2, a saber, o ser humano como sustentador do mundo doador de sentido, o homem como *alētheia* e *Zeitlichkeit*. Mas em 2(a) Heidegger acrescenta uma *nova* dimensão a *BT* I.3, mostrando que a fonte de todo sentido está intrinsecamente "oculta" (i. é, incognoscível no sentido estrito do termo) quanto mais não seja porque, a fim de se saber o que é a atribuição-de-sentido, teríamos que pressupor justamente essa atribuição-de-sentido. Na melhor das hipóteses, podemos apenas experimentar *que* a fonte é, sem saber *o que é responsável* por ela. Podemos sentir nosso fado (*facticidade*) como uma derrelicção em uma atribuição-de-sentido finita e mortal, e então ou abraçá-lo em um ato de resolução (autenticidade) ou fugir de nosso envolvimento essencial nele (inautenticidade) (cf. os cap. 1 e 4). Além disso, como 2(b) argumenta, essa fonte oculta de sentido é na maior parte ignorada *porque* está intrinsecamente encoberta.

De acordo com Heidegger, entre os § 5 e 6 do ensaio – isto é, entre os pontos 1 e 2 – ocorre "o salto para a *Kehre*, que é *a priori* operativo na apropriação" (*GA* 9: 193 n.a = *PM* 148 n.a)[30]. Essa frase simples é, na verdade, bastante complexa. Aquilo a que Heidegger se refere como "o salto" corresponde ao número 2 na nota marginal a *Ser e tempo*: o "salto" é a *Kehre*-2. (Ele a chama de "salto" porque considera impossível fazer uma transição suave e simples de uma abordagem transcendental para uma abordagem *seinsgeschichtlich*.)

30 "Zwischen 5. und 6. der Sprung in die (im *Ereignis* wesende) Kehre".

No entanto, o salto da *Kehre*-2 pousa na *Kehre*-1, juntamente com a modo *seinsgeschichtlich* de tratá-lo. Assim, "o salto para a *Kehre* que é *a priori* operativo na apropriação" significa superar a abordagem transcendental-horizontal de *BT* I.1-2 e começar de novo com a abordagem *seinsgeschichtlich* ("o-sentido-já-está-dado") de *BT* I.3. E com esse novo começo, e com seu novo reconhecimento da dupla ocultação da fonte, Heidegger diz que finalmente chegou ao local a partir do qual experimentou e escreveu *Ser e tempo*, a saber, (i) a ocultação intrínseca da fonte de sentido e (ii) a negligência e o esquecimento dessa ocultação (*GA* 9: 328.9-11 = *PM* 250.8-10)[31].

Heidegger resume a intenção última de "Sobre a essência da verdade" em uma tese quiasmática: *Die Wahrheit des Wesens ist das Wesen der Wahrheit* (*GA* 9: 201.3-19 = *PM* 153.27-154.2)[32]. Traduzir essa sentença como "A verdade da essência é a essência da verdade" é não dizer nada. Devidamente interpretada, a sentença diz: "O processo de atribuição-de-sentido" (*die Wahrheit des Wesens*) é "a fonte da verdade-como-correspondência" (*das Wesen der Wahrheit*).

Infelizmente, a linguagem pouco precisa de Heidegger contribuiu para a confusão entre a *Kehre*-1 de *Contribuições à filosofia* e a *Kehre*-2 de "Sobre a essência da verdade" e "Carta sobre o Humanismo". Heidegger finalmente veio a distinguir claramente entre ambas apenas em sua carta a William J. Richardson (abr./1962) quando denominou a *Kehre*-2 como uma "reviravolta" (*Wendung*) em sua abordagem ao tópico central, em contraste com a *Kehre*-1, que é operativa justamente no conteúdo (*Sachverhalt*) do tópico central (*PMH* xvii.25 [*Wendung*]; xix.6-7 [*Sachverhalt*])[33].

Uma última nota sobre a *Kehre*-2: uma sentença como "a atribuição-de-sentido *convoca* ou *chama* o homem" corre o risco de antropomorfizar o processo de atribuição-de-sentido? Sim, o faz. Dada a propensão de Heidegger a usar metáforas antropomórficas

31 "In ihr [= *Kehre*-2] gelangt das versuchte Denken erst in die Ortschaft der Dimension, aus der 'Sein und Zeit' erfahren ist, und zwar erfahren in der Grunderfahrung des Seinsvergessenheit" (*GA* 9: 328.9-11).

32 Embora Heidegger apresente a tese na ordem inversa à acima, ele insiste que o sujeito da sentença é die *Wahrheit des Wesens*.

33 Também em *GA* 11: 149.21-22 e 149.34-35, respectivamente.

para expressar seu tópico central, sempre há o perigo de hipostatizar a atribuição-de-sentido em um Superpoder dotado de agência, um Algo cósmico que "faz coisas" para os seres humanos, como "atraí-los" para a atribuição-de-sentido. Por exemplo, o segundo Heidegger usará o termo *Ereignis* para o vínculo homem-sentido. Esse termo técnico refere-se ao fato da atribuição-de-sentido, porquanto "exige" que o ser humano (*brauchen*) pertença a (*zugehören*) esse fato fundamental e o sustente. No entanto, diz-se que *Ereignis* "apropria e se apropria" (*ereignen*) do homem como a própria "propriedade" do *Sein* (*Eigentum*), enquanto, por sua vez, torna possível a autenticidade própria do homem (*Eigentlichkeit*). Será que todas essas metáforas significam que *Ereignis* é um Superalgo com poder de agir sobre os seres humanos? Se tal monstruosidade deve ser evitada a todo custo, o que então dizer da aparente quase-hipostatização do *Sein* pelo segundo Heidegger?

Richardson responde a essa pergunta com uma requintada *délicatesse*: "Somente filósofos verdadeiramente grandes deveriam ser indulgenciados pela sua obscuridade"[34].

Kehre-3 – A transformação dos seres humanos

Um último uso da palavra *Kehre* – que chamaremos de *Kehre*-3 – refere-se à transformação existenciária [*existentiell*] (cf. *wandlung*) dos seres humanos e seus mundos de sentido por meio de um *insight* de *Kehre*-1 e um correspondente ato de resolução. O próprio Heidegger aponta para esse uso em sua carta a Richardson. Argumentando que *Kehre*-3 estava operando em seu pensamento desde 1937-1938, quando ele estava no processo de realizar *Kehre*-2, Heidegger cita as suas próprias palavras em um ciclo de conferências que lecionou naquele inverno:

> Reiteradas vezes, temos que insistir: O que está em jogo na questão da verdade [...] é uma transformação no próprio ser humano. [...] O homem entra em questão aqui na perspectiva

34 Meus agradecimentos ao meu colega professor Richard Capobianco por relatar este *bon mot*.

mais profunda, mais ampla e genuinamente fundamental: o ser humano em relação ao *Seer* [*Seyn*] – ou seja, em *Kehre*-2: O *Seer* e sua verdade em relação ao ser humano. A determinação da essência da verdade é acompanhada por uma transformação necessária do homem. Ambos são o mesmo[35].

A transformação pessoal-existenciária que é *Kehre*-3 estivera de fato em questão desde *Ser e tempo*, cujo lema era, com efeito, "Torne-se o que você já é" (*GA* 2: 194.3 = *BT* 186.4)[36]. Heidegger entende essa sentença como uma exortação vinda da própria natureza de alguém a *tornar-se* nessa mesma natureza por meio de uma conversão pessoal do viver inautenticamente ao tornar-se o que e como se é essencialmente. *Ser e tempo* é, em última análise, um protréptico fenomenológico a regressar à facticidade que define o ser humano e a assumi-la[37]. É uma exortação a assumir pessoalmente a própria mortalidade hermenêutica, a própria compreensão das coisas enquanto se vive sempre a ponto de morrer[38]. Somente em tal ato de conversão radicalmente em primeira pessoa a autêntica atribuição-de-sentido está em operação.

Se, em *Ser e tempo*, *Kehre*-3 foi a transformação radical da autoalienação na libertação, em uma conferência posterior, intitulada "Die Kehre" (1949), Heidegger recua e adota uma visão global da possibilidade de tal transformação no mundo ocidentalizado de hoje[39].

Lembre-se de que *Ser e tempo* definiu o homem como um ser-no-mundo cuidadoso e temporal, jogado na sustentação da atribui-

35 O texto apareceu pela primeira vez em *PMH* xxi.7ff. Desde então, foi publicado em *GA* 45: 214.15-27 = *BQP* 181.5-15.

36 "[...] werde, was du bist!" A frase decorre das *Odes píticas*, de Píndaro, II.72: *genoi' hoios essi mathōn*.

37 Voltando e assumindo: *GA* 2: 194.3; 431,13, 21-22, 34; 506,21-22; 524,2 = *BT* 186,4; 373,16, 21-22; 374,7; 434,34-35; 448,34.

38 O ser humano compreende as coisas *porque* é mortal. Compreender significa "tomar X *como* [...]", i. é, sintetizar "sobre" (i. é, tanto apesar quanto por causa de) uma separação (*diairesis*). A separação última "sobre a qual" sintetizamos (i. é, compreendemos) é a nossa própria morte. Eu traduzo *Sein-zum-Tode* como "ser a ponto de morrer".

39 Observe que, em 1952, Heidegger chama *Kehre*-3 de uma *Wende*, "um virar hoje contra a fúria do mundo tecnológico" (*MLS* 281.17-18 = *LW* 228.14-15).

ção-de-sentido. Um mundo é uma formação específica de sentido, uma *Geschick des Seins* (doação de sentido) determinada que está sempre-já operativa no e com o ser humano. Para revisar:

1) Cada mundo, como um campo de atribuição-de-sentido, requer uma maneira correspondente de "estar-nele", mais precisamente, uma maneira de o homem ser apropriado para sustentar esse mundo. Podemos chamar a maneira específica de "estar em" e "viver" um mundo de o etos existencial desse mundo. Sustentar um mundo existencialmente e viver o seu etos existenciariamente [*existentielly*] torna-nos "cúmplices" no modo desse mundo atribuir sentido às coisas.

2) O vínculo de atribuição-de-sentido homem-sentido é intrinsecamente "oculto" – isto é, incognoscível no sentido estrito (cf. acima) –, mesmo que sejamos capazes de sentir nossa sintonia com essa determinada formação de sentido (*GA* 46: 221.14-16).

3) Embora sejamos apropriados *a priori* para sustentar os mundos nos quais vivemos, na maioria das vezes negligenciamos e esquecemos o próprio vínculo homem-sentido – a apropriação – que os constitui. Inicialmente, Heidegger chamou essa condição de "queda", e, nos anos de 1930, chamou de "errância" (*Irre*).

Em sua conferência de 1949, Heidegger enfoca três questões: (i) como o sentido é feito na atual formação de sentido; (ii) o perigo que a atual formação de sentido representa para o vínculo homem-sentido; e (iii) a possibilidade de libertação desse perigo pela "conversão" mencionada acima.

O Constructo

Heidegger vê o homem ocidentalizado de hoje como preso a um paradigma global de sentido que ele chama de *Ge-stell*, que eu traduzo como o "Constructo" (cf. tb. o cap. 13). (*Gestell* é derivado do neologismo de Meister Eckhart, *Gestellnis*, que traduz o latim *forma* e, por último, o grego *morphē*, a saber, aquilo como que algo é interpretado[40].) Esse etos global crescente, dominado como é pelo

40 *GA* 81: 286,6-10. Cf. *GA* 9: 276,6 = *PM* 211,5. "Construir" é derivado do latim *construere*, empilhar e arranjar.

tecnopensar (*Technik*), é caracterizado por uma compulsão a interpretar tudo como um mero recurso a ser explorado para consumo, seja a natureza ("matéria-prima") ou os seres humanos ("recursos humanos").

O paradoxo do Constructo é que, à medida que os seres humanos são apropriados para sustentar essa formação específica de sentido, eles inelutavelmente são cúmplices e colaboram com a exploração de *si mesmos*, bem como da natureza e uns dos outros. E, no entanto, tudo isso – o Constructo, seu etos de exploração, o tecnopensar, que é sua maneira de se revelar, e nossa cumplicidade essencial de tudo isso – é mesmo um *Geschick des Seins*, um dom de sentido que, como todos os outros *Geschick*, negligencia e esquece a apropriação, a fonte oculta doadora de sentido de todo sentido.

O perigo

No Constructo, como em qualquer outro paradigma de sentido, a apropriação do ser humano que sustenta o etos de exploração está "oculta" pelas razões expostas anteriormente. E como em qualquer outro *Geschick des Seins*, essa ocultação geralmente é negligenciada. No entanto, o que é específico da forma de apropriação do Constructo é um terceiro nível de ocultação. O controle absoluto que o Constructo tem de nós, devido à nossa cumplicidade em seu etos de tecnopensar e exploração, efetivamente *obscurece o fato de negligenciarmos nossa apropriação a ele*. O Constructo prende-nos em um círculo vicioso que nos cega a *qualquer* modo de apropriação e, portanto, oclui o que Heidegger chama de "o mistério do ser humano" (*GA* 9: 195.23 = *PM* 149.28), a saber, a facticidade humana como derrelicção ao sustentar o *factum* intrinsecamente oculto. E o ser humano, enquanto apropriado para sustentar o Constructo, conluia para bloquear qualquer consciência de sua apropriação exploratória, ou, aliás, de qualquer outra apropriação possível.

Para resumir na ordem inversa: no atual paradigma de sentido, há, então, uma tripla ocultação da *Kehre*-1. O Constructo (i) efetivamente oblitera (ii) a própria negligência e esquecimento (iii) da naturalmente oculta apropriação de si mesmo ao sustentar qualquer formação de sentido. O resultado é que hoje estamos presos em uma prisão de autoalienação.

Uma possível libertação do perigo

Heidegger argumenta que, embora o Constructo efetivamente apague todos os traços da verdadeira natureza do homem, ele, não obstante, abriga a possibilidade de uma transformação radical do Constructo em outro paradigma não-explorador (*GA* 79: 69.24-25 = *QCT* 39.3-4). Toda *Geschick des Seins* mantém a possibilidade de tal mudança, porquanto a fonte oculta e indomável de sentido (o *Es gibt Sein*) permanece um tesouro inexaurível de ainda mais atribuição-de-sentido[41]. A esperança de Heidegger é de que pelo menos algumas almas experimentarão o que ele chama de um "breve vislumbre do mistério a partir da errância" (*GA* 9: 198.21-22 = *PM* 151.36) – um lampejo de *insight* sobre a fonte de todo sentido – e, portanto, por um ato de resolução, darão um passo através e além do Constructo[42].

Paradoxalmente, ele encontra a possibilidade de libertação *dentro do próprio perigo* representado pelo Constructo. Sim, o Constructo *é* o Perigo, porquanto impõe um apagão praticamente completo da apropriação sob qualquer forma. E sim, o resultado é um sentimento penetrante de profundo tédio, de profunda alienação do domínio que o próprio sentido tem sobre o ser humano. A esperança de Heidegger, no entanto, é que essa atmosfera sufocante de alienação da própria natureza acabe por levar a uma epifania pessoal na qual finalmente se reconheça o perigo *como* perigo e, assim, desperte-se para a sua verdadeira natureza. *Ser e tempo* expressou tal epifania na linguagem de um *Augenblick* decisivo, um súbito *insight* de si mesmo como mortalmente vinculado à atribuição-de-sentido. No ensaio de 1949, a epifania é discutida analogamente em termos

41 Cf. *GA* 65: 241.17-18 = *CP* 170.34-35: *die Verweigerung = die erste höchste Schenkung des Seyns*. • *GA* 65: 246.17-19 = *CP* 174.6-8: *das Sichentziehende as höchste Schenkung*.

42 "Alguns": *GA* 65: § 5 = *CP* § 5. • Cf. tb. "Das stille Einverständnis Weniger", *MLS* 208.9-10 = *LW* 163.9.

de um *Blitz/Blick*, um relâmpago de *insight* (HERÁCLITO, fr. 64: *keraunos*) que pode levar à transformação de si mesmo e do atual mundo de sentido[43].

Vemos, então, (i) que a ocultação intrínseca da apropriação facilita a negligência da apropriação (e nessa medida é responsável por ela); (ii) que o *dom* da atual formação de sentido (que oclui a sua própria fonte) é um etos de revelação que compreende tudo como um recurso explorável; e (iii) que tudo isso se soma ao imenso Perigo de uma completa autoalienação. No entanto, (iv) uma vez que o poder alienante desse Perigo seja visto pelo que é, o atual pôr-se em perigo do vínculo homem-sentido pode ser transformado, pelo menos para alguns indivíduos, em um mundo não-alienante de sentido. Heidegger coloca essa possibilidade nas palavras de Hölderlin:

> Onde o perigo se expande, aquilo que nos liberta também cresce ("Patmos", 3-4).

No momento de *insight*, descrito como um "relâmpago" epifânico, uma pequena elite, que agora é explorada e alienada, pode suscitar de novo, dentro de *si mesma* e não meramente na filosofia formal, a questão que vai ao âmago do ser humano: como, afinal, o sentido ocorre? Nesse ponto, poder-se-ia dizer com Heráclito (fr. 119): *ēthos anthrōpōi daimōn*: viver autenticamente é viver o mistério da sustentação derrelita de sentido.

Glossário de traduções e paráfrases

Anwesen — atribuição-de-sentido; *tradicionalmente*: presença.

Anwesendes — o significativo; *tradicionalmente*: entes presentes.

Da des Seins — "onde" [ocorre o processo-de-sentido]; *tradicionalmente*: o aí/aqui do ser.

Dasein — ser humano; homem [em um sentido neutro em termos de gênero]; o "onde" [o sentido ocorre]; *tradicionalmente*: ser-aí; ser-aí/aqui.

43 Observe que, no relâmpago do *insight*, o que se mostra/acontece é o *mundo*: *GA* 79: 73.13 e 74.25 = *QCT* 43.22 e 45.13-16.

entwerfen	sustentar ou manter aberta [a atribuição-de-sentido]; *tradicionalmente*: projetar, projeto aberto.
Ereignis	apropriação; *tradicionalmente*: o evento de apropriação.
Es gibt Sein	a atribuição-de-sentido ocorre com o ser humano; *tradicionalmente*: dá Ser, há Ser.
Gegenschwung	reciprocidade; *tradicionalmente*: contrarressonância.
Geschick	uma formação de atribuição-de-sentido; *tradicionalmente*: um destino do ser.
Ge-stell	Constructo; *tradicionalmente*: enquadramento.
In-der-Welt-sein	ser *a priori* no sentido; *tradicionalmente*: ser-no-mundo.
Ist	[algo] faz sentido; *tradicionalmente*: [algo] é.
Kehre	a virada; *tradicionalmente*: a viragem.
Kehre-1	o vínculo homem-sentido.
Kehre-2	a inversão de direção [do homem para o sentido].
Kehre-3	a transformação do homem [da queda e da inautenticidade para a autenticidade].
kehrig	recíproco; *tradicionalmente*: virada (adj.).
Lichtung	o processo de atribuição-de-sentido; *tradicionalmente*: a clareira.
Offenbarkeit des Seins	o processo de atribuição-de-sentido; *tradicionalmente*: a abertura/revelação do ser.
Offenhalten	sustentar/manter aberto o processo de atribuição-de-sentido.
Seiendes	o significativo; *tradicionalmente*: entes.
Seiendheit	significação; *tradicionalmente*: entidade.
Sein	atribuição-de-sentido; *tradicionalmente*: ser.
Technik	tecnopensar; *tradicionalmente*: tecnicidade, tecnologia.
Umkehr	mudança [de direção]; cf. *Wende/Wendung*.
Verstehen	compreender; *tradicionalmente*: entender.
Wahrheit	o processo de atribuição-de-sentido; *tradicionalmente*: verdade.
Welt	contexto doador de sentido, mundo; *tradicionalmente*: mundo.

Die Welt weltet	o contexto de atribuição-de-sentido atribui sentido; *tradicionalmente*: o mundo muda.
Wende/ Wendung	mudança [de direção]; cf. *Umkehr* e *Kehre*-2.
Wesen	a ocorrência da atribuição-de-sentido; *tradicionalmente*: essência, essenciar; influência essencial.

Referências

DAHLSTROM, D.O. (2001). *Heidegger's Concept of Truth*. Cambridge: Cambridge University Press.

EBERT, R. (2005). *Roger Ebert's Movie Yearbook, 2006*. Riverside, NJ: Andrews McMeel Publishing.

GURWITSCH, A. (1947). "Review of Gaston Berger, *Le cogito dans la philosophie de Husserl*". In: *Philosophy and Phenomenological Research*, 7 (4) (jun.), p. 649-654.

MÜLLER, M. (1949). *Existenzphilosophie im geistigen Leben der Gegenwart*. Heidelberg: F.H. Kerle.

RICHARDSON, W.J. (2003). *Heidegger* – Through Phenomenology to Thought. 4. ed. Nova York: Fordham University Press.

SHEEHAN, T. (2000). "*Kehre* and *Ereignis*". In: POLT, R. & FRIED, G. (eds.). *A Companion to Heidegger's Introduction to Metaphysics*. New Haven, CT: Yale University Press, p. 3-16, 263-274.

Leituras complementares

Fontes primárias

Cf., de Heidegger: "The Turning". In: *The Question Concerning Technology and Other Essays*, p. 36-49. • "On the Essence of Truth" ["Sobre a essência da verdade"]. In: *Pathmarks* [*Marcas do caminho*], p. 136-154. • "Letter on Humanism" ["Carta sobre o Humanismo"]. In: *Pathmarks* [*Marcas do caminho*], p. 239-276.

Fontes secundárias

Cf. RICHARDSON (2003). Cf. tb. GRONDIN, J. *Le tournant dans la pensée de Martin Heidegger*. Paris: Presses Universitaires de France, 1987. • HERRMANN, F.-W. *Wege ins Ereignis* – Zu Heideggers Beiträge zur Philosophie. Frankfurt: Vittorio Klostermann, 1994.

7

Heidegger, o Nacional-socialismo e o povo alemão

Charles Bambach

Levantar a questão de Heidegger e do Nacional-socialismo, e levantá-la precisamente *como* uma questão e não como uma conclusão já ultrapassada, é entrar em um dos tópicos mais sombrios e mais ferozmente debatidos no âmbito do pensamento de Heidegger. Não se trata apenas de uma questão sobre filosofia e política, do guardião platônico e sua relação com a liderança da polis; é também – se não principalmente – uma questão ética sobre o apoio de um dos maiores filósofos da Europa a talvez o mais terrível e violento regime de sua história. Há tantas dimensões nessa questão – do envolvimento pessoal de Heidegger como reitor e líder acadêmico (*Führer*) da Universidade de Friburgo, de 1933 a 1934, da sua queda do poder e das suas alegações de ser perseguido no Reich, do seu interrogatório no pós-guerra pelo comitê de desnazificação da Universidade de Friburgo, e do seu silêncio público sobre os anos nacional-socialistas e o Holocausto, e a sua famosa defesa na entrevista para a *Spiegel* de 1966. Há também o testemunho de seus contemporâneos, incluindo seus alunos (Karl Löwith, Hermann Mörchen, Rainer Marten e Herbert Marcuse), seus colegas (Karl Jaspers), seus amigos/família (Elisabeth Blochmann, Elfride Heidegger, Heinrich Petzet), bem como a vasta literatura secundária que, após a publicação das obras de Victor Farias (1989), Hugo Ott (1993), Jacques Derrida (1989) e Philippe Lacoue-Labarthe (1990), geraram o notório *l'affaire Heidegger*, cujos ecos ainda ressoam nas discussões atuais sobre o filósofo.

Contudo, pensar genuinamente a questão de Heidegger e do Nacional-socialismo significa tratar do seu significado *filosófico*, e não da sua relação meramente fáctica com problemas tais como política partidária, ambição pessoal, afinidade ideológica ou excesso retórico (os quais constituem todos, sem dúvida, um capítulo elucidativo da história de Heidegger e da política). Os doze anos do governo nacional-socialista na Alemanha (1933-1945) coincidem com alguns dos anos mais importantes do pensamento de Heidegger: os anos da sua chamada "virada", quando ele escreve as *Contribuições à filosofia*, desenvolve sua noção da história do ser e de um outro começo, e ministra importantes palestras sobre Hölderlin, Nietzsche e os pré-socráticos.

No que segue, gostaria de abordar a questão da adesão de Heidegger ao Nacional-socialismo refletindo sobre o seu significado ontológico em termos dos compromissos ônticos que Heidegger assumiu. A fim de que o façamos, precisaremos considerar não apenas o envolvimento "oficial" de Heidegger com o Nacional-socialismo no período da sua reitoria (1933-1934), mas também as razões de seu rompimento com as instituições do Reich e como esse rompimento molda a direção do seu pensamento posterior.

O discurso da reitoria de 1933

No final de abril de 1933, apenas três meses após a ascensão de Hitler ao poder, Heidegger é eleito reitor da Universidade de Friburgo e em 1º de maio ele se filia oficialmente ao Partido Nacional Socialista dos Trabalhadores Alemães (NSDAP). Em seu discurso da reitoria de 27 de maio de 1933, "A autoafirmação da universidade alemã", ele faz um apelo ao *Volk* alemão a tornar-se quem é em e mediante a uma renovação da sua determinação "a permanecer firme perante o fado alemão em sua extrema aflição" (*SU* 30 = *R* 10). Na atmosfera inebriante da revolução nacional-socialista de 1933, Heidegger passa a acreditar que tem a oportunidade única de moldar o movimento nacional-socialista de uma maneira filosófica originária, para tornar-se o *Führer* da universidade alemã, que ele vê como a catalisadora para uma mudança revolucionária. O discurso da reitoria anuncia uma missão ousada para o *Volk* alemão, cujo senso de si mesmo só pode advir, acredita Heidegger, através da direção filosófica de um *Führer* espiritual (*geistiger*). Se nesse momento a liderança intelectual do movimento nazista ainda estava em disputa (com outros proeminentes professores nazistas como Ernst Krieck, Alfred Baeumler e Hans Heyse disputando ascendência), o discurso de Heidegger anuncia a sua própria marca filosófica do Nacional-socialismo, em vez de meramente afirmar a tomada de controle política de Hitler[44]. Os inimigos de Heidegger (tanto em 1933-1934 como após a guerra) interpretaram sua decisão de filiar-se ao NSDAP como oportunista e megalomaníaca, e certamente pode-se encontrar tais motivos em ação em seus ensaios e discursos desse período. Mas seria cínico e simplista manter que essa era a sua principal motivação. Heidegger genuinamente confiou nas possibilidades oferecidas pela revolução nacional-socialista, que ele via como apenas a precursora e a pré-condição para uma segunda revolução ontológica que traria o *Volk* (Povo) alemão à sua missão histórica própria como a força salvadora na história do Ocidente[45].

Essa visão escatológica do destino alemão surgiu do profundo desencanto do próprio Heidegger com o curso da política alemã após a derrota esmagadora da Alemanha na Primeira Guerra Mundial e a humilhação que lhe foi infligida pelo Tratado de Versalhes. Atraído por Hitler pela sua ousada afirmação da renovação do *Volk* alemão, Heidegger entendeu a sua própria tarefa como reitor como paralela à de Hitler. Em seu primeiro ciclo de conferências como reitor no Semestre de Verão (doravante *SV*) de 1933, Heidegger declarou:

> Da grandeza do momento histórico pelo qual o *Volk* alemão está passando agora, isso é o que a juventude acadêmica sabe. O *Volk* alemão como um todo vem a si mesmo; isto é, encontra sua liderança. Nesta liderança, o *Volk* (que veio a si mesmo) cria o Estado. O *Volk*, que se forma no Estado e estabelece sua permanência e continuidade através dele, cresce em uma nação. A nação toma sobre si mesma o fado do seu *Volk*. Tal *Volk* realiza sua

44 Sluga (1993) fornece o contexto para o discurso da reitoria.

45 Cf. especialmente a carta de Heidegger a Elisabeth Blochmann, *HBB* 60.

> missão espiritual entre os povos e cria a sua própria história [...]. *Toda liderança essencial vive do poder de uma vocação grande e fundamentalmente oculta.* Esta é, do início ao fim, a *missão espiritual do Volk* que reserva para si o fado de uma nação. O que importa é despertar o *conhecimento dessa missão* e enraizá-la no coração e na vontade de um *Volk* e dos indivíduos nele [...]. Esse conhecimento concernente à missão político-espiritual do *Volk* alemão é um conhecimento sobre o seu futuro (*GA* 36/37: 3-4).

Heidegger prossegue afirmando que, ao perguntar acerca de sua missão, vocação e destino, o *Volk* alemão entra no reino genuíno da filosofia, uma vez que a filosofia nada mais é do que o questionamento "essencial" (que ele entende, por sua vez, como um questionamento concernente à essência do ser). Mas tal questionamento não acontece por si só; ele requer uma decisão fundamental do *Volk*, uma resolução a tornar-se autenticamente o que é. Nesse sentido, Heidegger entende o *Volk* não como uma essência histórica fixa, mas como uma possibilidade de devir histórico que define para si uma tarefa (aqui o Nacional-socialismo pode ser literalmente pensado como um movimento). No § 74 de *Ser e tempo*, Heidegger vincula essa forma de resolutidade antecipatória à possibilidade de recuperar o passado, não como algo meramente desaparecido ou obsoleto, mas como a escolha de recuperar autenticamente "a possibilidade de existência que já existia (*dagewesen*)" (*SZ* 386). Em outras palavras, para falar a linguagem da ontologia fundamental, a historicidade do *Volk* – seu fado futúrico [*futural*] recuperado da possibilidade de seu ter-sido – reside em sua resoluta decisão a tornar-se "livre para a luta vindoura", entregando-se ao "aí" (*da*) do momento (*Augenblick*). Nessa resoluta abertura à temporalidade autêntica do seu fado, o *Volk* entende-se nos termos de um destino comunitariamente compartilhado, e não como um conjunto de egos individualizados ou um "sujeito" coletivo. Nesta nova compreensão de si, Heidegger encontra a base para o seu compromisso político com o Nacional-socialismo. No entanto, o que o *Volk* exige para apreender o significado autêntico de sua historicidade é a liderança de um poeta, filósofo e/ou estadista verdadeiramente grande (*GA* 39: 51; *EM* 47). Em sua luta (*Kampf*) para revelar o sentido e a direção ocultos do destino do *Volk*, esses líderes expõem, tanto a si mesmos como a seus compatriotas, ao perigo e à aflição da "luta questionadora incessante concernente à essência e ao ser das entidades" (*GA* 36/37: 12). O discurso da reitoria apresenta-se como um chamado ontológico à dureza (*Härte*) da vontade necessária para iniciar tal questionamento, de modo que um espaço possa ser aberto para "a mais constante e a mais difícil autorreflexão" (*SU* 29 = *R* 9, trad. mod.).

"A autoafirmação da universidade alemã" assume essa tarefa de questionar, pensando a revolução política do nacional-socialismo como o primeiro passo para transformar o legado histórico da derrota da Alemanha na Primeira Guerra Mundial em um despertar nacional para o destino autêntico do *Volk*[46]. Recorrendo ao seu envolvimento fenomenológico anterior com as epístolas de São Paulo (*GA* 60: 98-105, 114, 149-150), que se concentravam na experiência cristã primitiva de um despertar resoluto para o momento *kairos* da "vinda do Senhor" (*parousia*), Heidegger prevê o despertar do *Volk* como uma sintonia com o momento *kairos* da possibilidade revolucionária. Nesse sentido, a eufórica renovação de si provocada pela chegada de Hitler ao poder pode ser entendida como a preparação para instituir uma transição para um "outro" começo: não apenas para o *Volk* alemão, mas, por meio dele, para a história do Ocidente. O local para esse despertar (*Aufbruch*) nacional deveria ser a universidade, mas não a definição de classe média da universidade como um local para escolher uma carreira ou obter uma "educação". Pelo contrário, Heidegger sustenta que a essência genuína da universidade reside na ciência (*Wissenschaft*). A ciência em sua forma atual, no entanto, oferece uma mera aparência do que originalmente significava para os primeiros gregos; portanto, Heidegger exorta a um repensar radical da essência da ciência em termos de suas raízes originais na antiga prática grega da *philosophia*, que Platão (*Theaetetus* 155d) e Aristóteles (*Metafí-*

46 "A Primeira Guerra Mundial deve ser conquistada espiritualmente por nós, de maneira que se torne uma lei interior do nosso Dasein" (*GA* 16: 283).

sica 982b) concebem como "maravilhamento" (*thaumazein*), e não como mero conhecimento evidente ou seguro de si. *Thaumazein*, ou o que Heidegger chamou de "a curiosa perseverança inicial perante o que é", constitui a raiz, o começo e a *arche* da ciência genuína (*SU* 33 = *R* 13, trad. mod.). No entanto, dentro da universidade contemporânea, a filosofia tornou-se meramente outra disciplina técnica, uma disciplina que desconhece a sua relação original com as outras disciplinas e com a sua própria essência. O que é exigido, segundo a estimativa de Heidegger, é um repensar a "essência da verdade": não como "adequação" ou a correspondência entre um sujeito julgador e um objeto percebido, mas como um *movimento* de oposições heraclíteas, uma interação mutuamente implicante entre harmonia e conflito, concordância e discórdia, consonância e dissonância. Na leitura de Heidegger, a verdade é *polemos* ou *Aus-einander-setzung*, um colocar (*setzen*) e separar (*aus*) um ao outro (*einander*) que envolve *Kampf*, luta e conflito. Compreender a lógica deste *Kampf* entre o vir à presença e a rescisão da verdade exige "estar completamente exposto a (*Ausgesetzheit*) e à mercê do que é oculto e incerto", estar em sintonia com a experiência grega originária da verdade como *alētheia* – o jogo primordial dos fenômenos entre encobrimento (*lēthē*) e desencobrimento (*a-lēthēs*) (*SU* 33 = *R* 13; cf. tb. o cap. 8). Se o *Volk* alemão quiser adentrar o seu autêntico destino de abrigar *alētheia*, se quiser atingir uma "resolução conhecedora primordialmente sintonizada para com a essência do ser", afirma Heidegger, deve buscar o seu parentesco originário com "o *Volk* dos gregos cujo repositório e linguagem ancestrais têm a mesma origem que nós" (*GA* 36/37: 6). Como Heidegger o colocou no discurso da reitoria:

> Toda ciência permanece vinculada ao começo da filosofia e extrai dela a força de sua essência, contanto que ainda permaneça igual a esse começo [...]. O começo ainda *é*. Ele não se encontra *atrás* de nós como algo há muito passado, mas está *diante* de nós [...]. O começo invadiu o nosso futuro; ele permanece aí como a distante injunção (cf. *fügung*) a recuperarmos sua grandeza.

> Somente se resolutamente nos submetermos a essa distante injunção a reconquistarmos a grandeza do começo, somente então a ciência se tornará a necessidade mais íntima de nossa existência. Caso contrário, a ciência continuará sendo algo em que nos envolvemos puramente por acaso, ou continuará sendo uma atividade calma e prazerosa, uma atividade livre de perigos, que promove o mero avanço do aprendizado. Se, no entanto, submetermo-nos à distante injunção do começo, então a ciência deve tornar-se o acontecimento fundamental de nossa existência espiritual enquanto um *Volk* (*SU* 32-33 = *R* 12-13, trad. mod.).

Nesse pro-vocativo chamado a seus colegas alemães a atenderem a sua vocação como o único *Volk* capaz de recuperar o poder originário do primeiro começo grego, Heidegger enfatiza claramente a necessidade de submissão, sacrifício e renúncia de si, mesmo quando interpreta tudo isso como uma parte necessária de uma autoafirmação voluntária. O que a universidade exige de nós todos, proclama Heidegger, é

> a vontade originária e comum à sua essência (*Wesen*) [...] que é a vontade de ciência como a vontade da missão histórico-espiritual do *Volk* alemão como um *Volk* que conhece a si mesmo em seu estado. A ciência e o fado alemão devem *acima de tudo* chegar à sua vontade essencial de poder (*SU* 30 = *R* 10, trad. mod.).

Esse compromisso inabalável com uma forma nietzscheana de vontade-de-poder autoassertiva marca o discurso da reitoria de Heidegger da maneira mais impressionante (cf. o cap. 12). E é esse "voluntarismo massivo" (como Derrida o chama) que emergiu como uma das características definidoras do compromisso inicial de Heidegger com o Nacional-socialismo em nome do "Volk", do "espírito" (*Geist*) e da "vontade": três termos cujo significado mudará profundamente à medida que Heidegger se tornar cada vez mais desencantado com o Nacional-socialismo "oficial" (DERRIDA, 1989, p. 37; DAVIS, 2007, p. 65-99). O compromisso do discurso da reitoria com um estado educacional quase platônico, fundamentado no serviço laboral, militar e acadêmico, depende da resolução comunitária de *querer* o acontecimento futuro do *Volk* e de encontrar nessa vontade a força e a energia para formar uma comunidade de professores e trabalhadores, soldados e estudantes, todos comprometidos com a sua missão de preparar um/outro começo "permanecendo-firmes" na tempestade do niilismo europeu.

O discurso da reitoria foi justamente criticado por suas inconfundíveis afinidades com o Nacional-socialismo – sua rejeição da liberdade acadêmica liberal, sua adesão ao princípio da *Gleichschaltung* (o nivelamento da sociedade alemã), seu compromisso com o *Führerprinzip* (princípio-do-líder), sua afinidade com a retórica "o sangue e o solo" dos ideólogos nazistas mais linha-dura – mas em dezembro de 1945, em resposta a perguntas da comissão de desnazificação em Friburgo, Heidegger defendeu suas ações como reitor e manteve que elas procuravam "opor-se ao avanço de pessoas ineptas e à supremacia ameaçadora do aparato e da doutrina partidários" (*MHNS* 17 = *R* 24). Nesse sentido, afirmou Heidegger, o discurso da reitoria constituiu uma forma de "resistência espiritual (*geistiger Widerstand*)" ao Nacional-socialismo e, em suas cartas oficiais e relatório à comissão de Friburgo, ele manteve que as suas palestras sobre Nietzsche, ministradas de 1936 a 1944, eram concebidas como nada menos do que um "confronto (*Auseinandersetzung*) com o Nacional-socialismo" (*MHNS* 42-51). Desde o início, Heidegger enquadrou essa defesa de seus laços nacional-socialistas, separando os aspectos "políticos" e "filosóficos" dessa questão. Em sua famosa entrevista para a *Spiegel* de 1966, por exemplo, ele admite que os eventos políticos de 1933 não lhe eram desconhecidos, mas ele mantém que na época ele era mais um observador do que um participante: "Eu certamente segui o curso dos eventos políticos entre janeiro e março de 1933 e, ocasionalmente, falei sobre eles com colegas mais jovens. No entanto, o meu trabalho estava preocupado com uma interpretação mais extensa do pensamento pré-socrático" (*MHNS* 42 = *GA* 16: 653).

A despeito dos argumentos de Heidegger, no entanto, é difícil separar sua política nacional-socialista de sua filosofia, uma vez que elas estavam tão profundamente unidas em seu trabalho. O próprio Heidegger estava convencido de que a filosofia originária só poderia ser feita em diálogo com a política, algo que deve ser entendido aqui não como os aspectos institucionais, legais, militares ou socioeconômicos da arte de governar o Estado ou da tomada de decisões legislativas e executivas, mas como o local histórico-ontológico no âmbito do qual o Dasein luta para encontrar o seu lugar e o seu próprio sentimento de estar enraizado: em uma comunidade (*Gemeinschaft*), em um *Volk*, em uma tradição e em uma história. Portanto, Heidegger poderia escrever tão apaixonadamente sobre o seu compromisso com a terra, a pátria, a terra natal e o "pertencimento interno da [sua] própria obra à Floresta Negra e ao seu povo, originário de um enraizamento [*Bodenständigkeit*] centenário e insubstituível no solo alemânico-suábio" (*GA* 13: 10-11). Isso é o que Heidegger quer dizer no Discurso da reitoria quando escreve sobre "o poder que advém da preservação, no nível mais profundo, das forças que estão enraizadas no solo e no sangue do *Volk*" (*SU* 33-34 = *R* 14, trad. mod.). A terra, nesse sentido, não é uma região natural demarcada pelos limites de um assentamento, nem um mero recinto geográfico ou político medido pela ciência da cartografia; antes, "terra", para Heidegger, torna-se o que os gregos antigos denominavam "*chthōn*", o lugar onde os humanos habitam e formam uma pátria[47].

Durante seu tempo como reitor, Heidegger comprometeu-se de maneira institucional a promover as mudanças radicais necessárias para a "transformação total do Dasein alemão" (*GA* 16: 192). A visão proposta no discurso da reitoria foi a de um *Volk* despertado para a esquecida disposição grega da maravilha, do espanto e do *thaumazein*, de uma comunidade alemã tão sintonizada com o jogo heraclíteo de encobrimento/desencobrimento, que rejeitaria a aplicação carreirista e tecnocrática da aprendizagem que dominava a universidade contemporânea, com seu cálculo educacional de medição, gerenciamento e computação. Mas o fracasso da reitoria – esse "espinho na minha carne", como Heidegger o descreveu – esmagaria suas ambiciosas esperanças de assumir a liderança institucional desse "despertar alemão" (*HJB* 157). Em vez disso, em suas palestras

47 Para a interpretação grega antiga da terra em sua profunda relação com a habitação e os deuses, cf. de Sófocles *Antígona*, v. 368ss., e *Édipo Rei*, v. 736, 939.

em Friburgo, Heidegger aderiria cada vez mais vigorosamente à sua própria forma idiossincrática de Nacional-socialismo, um "Nacional-socialismo privado", como o ministro nacional-socialista da cultura e da educaçao, Otto Wacker, o denominou, que "contornava as perspectivas do programa [oficial] do partido" (*GA* 16: 381).

Heidegger, o Holocausto e acusações de antissemitismo

Em um conjunto das suas conferências de Friburgo do *SV* de 1935, "Introdução à metafísica", Heidegger ofereceu uma forte crítica da posição ideológica contemporânea do Nacional-socialismo, que ele via como presa em uma forma cultural de visão de mundo e filosofia do valor subjetivistas. "O que hoje em dia é vendido como a filosofia do Nacional-socialismo", declarou, "não tem nada a ver com a verdade e a grandeza interiores desse movimento" (*EM* 152). Mas o que genuinamente constitui "a verdade e grandeza interiores" do Nacional-socialismo? Em sua revisão de 1953 dessas conferências, Heidegger afirma que tem a ver com "o encontro entre a tecnologia global e a humanidade moderna"[48]. Esse nexo entre o Nacional-socialismo e a tecnologia global forneceria o quadro de questões no âmbito do qual Heidegger refletiria acerca dos seus laços políticos na era pós-guerra. Mesmo em suas conferências de 1949 em Bremen, ele chega ao ponto de circunscrever as atrocidades do Holocausto em sua análise abrangente de "*das Gestell*": a estrutura de enquadramento da tecnologia moderna que manifesta os entes exclusivamente como recursos disponíveis em uma constante reserva permanente, a serem calculados, consumidos e armazenados para fins instrumentais (cf. o cap. 13). Aí ele escreve:

> A agricultura é agora a indústria de alimentos motorizada, a mesma coisa em essência que a fabricação de cadáveres nas câmaras de gás e campos de extermínio, a mesma coisa que o bloqueio e a imposição da fome a países, a mesma coisa que a fabricação de bombas de hidrogênio (*GA* 79: 27).

48 Para uma discussão sobre o *status* controverso dessa "adição", consulte a "Introdução" de Gregory Fried e Richard Polt a *IM*.

E, no entanto, por mais presciente que fosse a crítica de Heidegger à tecnologia moderna, ela permaneceu "escandalosamente inadequada" como uma maneira de abordar a tortura e o extermínio sistemático de judeus pelo regime nazista (LACOUE-LABARTHE, 1990, p. 34).

Um dos ex-alunos de Heidegger, Herbert Marcuse, escreveu-lhe em 1947 expressando seu choque por Heidegger poder defender "a culpa histórica mundial do sistema nazista", equiparando "a tortura, a mutilação e a aniquilação de milhões de pessoas à realocação forçada" dos alemães orientais no final da guerra (*HC* 164). No entanto, Heidegger ofereceu uma "defesa" da posição da Alemanha nazista e, salvo algumas cartas/conversas privadas, permaneceu em silêncio quanto à Shoah, nunca reconhecendo sua cumplicidade na *Gestell* nacional-socialista de terror. Quanto às acusações de antissemitismo, os defensores de Heidegger podem consolar-se observando que não há nenhuma doutrina sistemática do racismo biológico em seus escritos, algo que não pode ser dito de seus colegas nacional-socialistas da filosofia, Alfred Baeumler, Ernst Krieck e Hans Heyse (cf. SLUGA, 1993). E, no entanto, tanto na sua correspondência oficial quanto na sua correspondência privada, pode-se encontrar expressões problemáticas acerca da "judaização do espírito alemão", e advertências, desde 1916, de que "a judaização de nossa cultura e universidades é, com certeza, assustadora, e acredito que a raça (*Rasse*) alemã deva reunir o máximo de força interior possível para alcançar o seu pico"[49]. Não importa como tentemos contextualizar ou qualificar esse tipo de afirmação, ou descartar o seu conluio com o regime de Hitler como um "erro" precoce de sua parte – "A maior estupidez da minha vida", é relatado que Heidegger o disse (PETZET, 1993, p. 37) – restam-nos perguntas perturbadoras sobre o lugar de Heidegger na história da Alemanha nazista e na história da filosofia. E embora permaneçam dúvidas acerca da "culpabilidade" de Heidegger nas atrocidades do terror nazista, é difícil negar que o seu encobrimento pós-guerra dos laços nacional-socialistas, e

49 Para alguns exemplos dos comentários insensíveis de Heidegger sobre os judeus, cf. *MLS* 51, 112, 116.

o seu fracasso em abordar claramente os horrores de Auschwitz, destaquem-se como respostas flagrantemente inadequadas para a questão da responsabilidade filosófica. No entanto, o que dizer dos escritos de Heidegger do período pós-reitoral (1934-1945), aqueles compostos após a sua retirada oficial da vida pública no regime nacional-socialista? Como eles aparecem sob o escrutínio de reflexões posteriores?

O nacional-socialismo "privado" de Heidegger – Hölderlin, os gregos e o outro começo

Após renunciar ao cargo de reitor, em abril de 1934, Heidegger retirou-se para a rotina filosófica de escrever e lecionar, ao abandonar sua ambição de tornar-se o líder filosófico do movimento nacional-socialista. No Semestre de Inverno (doravante *SI*) de 1934-1935, ele ministrou o seu primeiro conjunto de conferências sobre o *Hymnen "Germanien" und "Der Rhein"*, de Hölderlin, que, assim como as conferências do *SV* de 1934 sobre *Logik*, continuou o foco de Heidegger no *Volk* e na questão: "Quem somos?" (*GA* 38: 34-64; *GA* 39: 48-59). Em termos inequívocos, Heidegger declara: "a Pátria [é] o seer histórico de um *Volk*" (*GA* 39: 120). Mas agora Heidegger procura oferecer uma crítica sutil ao "patriotismo mais dúbio e ruidoso" jorrado na propaganda nazista oficial. Em vez disso, ele afirma que "esse seer histórico do *Volk*, a Pátria, está envolta em mistério para sempre, em conformidade com a sua essência" (*GA* 39: 120). O que o *Volk* "é" permanece recalcitrante à compreensão do ideólogo; apenas no de-vir [*be-coming*], somente como um movimento que aceita a sua missão futúrica [*futural*] de vir a si mesmo via uma retirada do primeiro começo grego, pode o *Volk* esperar abrigar a sua "essência". Mais do que nunca antes, Heidegger repensará essa "essência" em termos de um novo mito da temporalidade hölderliniano. "A hora da nossa história chegou", proclama Heidegger (*GA* 39: 294). No *SV* de 1942, em *O Hino "O Ister", de Hölderlin* (*HHI* = *GA* 53), Heidegger terá renunciado ao nacionalismo agressivo e autoassertivo dos seus primeiros anos nacional-socialistas para abraçar uma forma mais originária de nacionalismo *völkisch*: uma política da *archē* que ele funda em/como linguagem, história e autoctonia. Cada uma dessas três esferas se torna o local para o regresso à pátria do *Volk* alemão. Em seu confronto poético com o primeiro começo grego, o *Volk* da invocação de Hölderlin toma sobre si o chamado de/desde o seer para cumprir o seu destino ontológico como aqueles chamados a preparar a transição para um "outro" começo.

Nesse afastamento das ambições do discurso da reitoria, Heidegger já não concebe a revolução esperada como iminente; pelo contrário, depois de 1937, ele lentamente perde a fé no Nacional--socialismo "oficial" e, em vez disso, abraça uma alemânica *Volksreligion* de *Heimat*, lar e Hölderlin que adia a revolução política em favor de uma forma poética de renovação nacional. Aqui, Heidegger volta-se para a noção de Hölderlin do "festival" e do tempo festivo como aquele que funda novamente o tempo da comunidade-*Volk*. "'O festival' é ele próprio o fundamento e a essência da história", declara Heidegger; e, por sua vez, "pensar a essência da história significa pensar o Ocidente em sua essência a partir da sua relação com o primeiro começo; isto é, com o mundo grego e com a Grécia" (*GA* 52: 68). O festival anuncia "o evento apropriador" (*Ereignis*) que concilia deuses e humanos no tempo kairológico, um tempo de celebração, benefício e consagração que é mais originário do que o tempo calendárico do planejamento, das políticas e do político. É esta época festiva, que Hölderlin já havia descoberto nas tragédias de Sófocles, que Heidegger busca recuperar para uma originária política alemã da "história autêntica" (*GA* 52: 77).

Com base nisso, Heidegger repensará a sua noção anterior do tempo como a historicidade (*Geschichtlichkeit*) do Dasein em termos de uma nova leitura do destino (*Geschick*) do seer [*be-ing*] como *Ereignis* (cf. o cap. 10). Essa mudança *dentro do* pensamento de Heidegger – do fado do Dasein ao destino do *Volk* por meio de uma reflexão de hölderliniana sobre a apatridia essencial do ser humano – proverá um caminho para a questão mais ampla de uma "virada" (*Kehre*) da/dentro da história do ser. Esse novo modo onto-histórico de pensar levará Heidegger a abandonar a política nacional-socialista do *Volk* por uma interpretação poético-ontológica de uma *Volksreligion a*política que se inspira na experiência grega arcaica da *polis* como "a essência do ser e da verdade" (*GA* 54: 132). Em suas conferências sobre Parmênides do *SI* de 1942-1943 (ministradas durante a amarga derrota alemã em Stalingrado, que provou ser o ponto de virada da guerra), ele abjurará a própria linguagem e conceitualidade da política, escrevendo: "A essência da polis grega está fundamentada na essência da *alētheia* [...] A polis não é cidade nem Estado [...] É a morada da essência do homem histórico que revela e encobre os entes enquanto tais" (*GA* 54: 132-137). Como o polo em torno do qual todos os entes giram, a polis torna-se o local de assentamento, onde "a habitação (*Aufenthalt*) histórica da humanidade grega" acontece. Nesta morada, o Dasein cumpre o jogo conflitual de encobrimento e revelação que define a natureza da verdade. Nesse sentido, a *polis* serve como o local onde o Dasein habita os hábitos do seu habitat nativo e indígena, de tal maneira que vem a confrontar a sua apatridia essencial como a sua única e própria "casa".

Em suas conferências do *SV* de 1942, *O Hino "O Ister", de Hölderlin*, Heidegger retoma esse tema sofocliano-hölderliniano do "chegar à casa sem estar em casa" e o afirma como "a coisa mais elevada que o poeta deve poetizar" (*GA* 53: 147-151). Ao desconstruir o significado do "político" de volta ao seu fundamento ontológico na *polis* como o local para a possibilidade de "habitação poética" (*GA* 53: 137-139, 171-173), Heidegger passa a pensar na habitação como vinculada à questão do nosso *ēthos/Aufenthalt*. Nessas assombrações habituais de nosso habitat e assentamentos – hábitos que vêm a ser perturbadores, estranhos e *unheimlich*, precisamente porque envolvem a apatridia fundamental do ser humano –, Heidegger encontra a medida para a possibilidade da habitação poética. Essa possibilidade de encontrar um local de moradia histórico próprio para o *Volk* alemão preocupará Heidegger muito depois do colapso do Nacional-socialismo. Seu trabalho tardio abordará cuidadosamente essa questão do "habitar", morar na "morada", "tornar-se caseiro" e abraçar o "destino" de um povo: tópicos que Heidegger pensará em diálogo com a tragédia sofocliana e a filosofia pré-socrática. À medida que Heidegger se torna cada vez mais convencido de que a forma de Nacional-socialismo dos nazistas é apenas outro exemplo da mesma maquinação, subjetivismo desenfreado e desejo de domínio sobre a terra como na moderna metafísica cartesiana, ele volta-se para os gregos arcaicos em busca de um ideal diferente de volta-ao-lar alemã.

O que se torna fundamental para essa virada é a maneira como Heidegger estabelece a experiência pré-socrática da *alētheia* em um confronto engajado com o *insight* de Sófocles sobre *apatridia*/estranheza (*Unheimlichkeit*) do ser humano. Aqui, Heidegger passa a abraçar a dimensão trágica do ser humano e seu legado edipiano de *hybris*/*Vermessenheit*, que transforma o *logos* heraclíteo em uma forma calculista-instrumental de medida (*Messen*) que pode ser empregada a serviço da maquinação e do controle. Heidegger afirma que é apenas experimentando esse legado ontológico da apatridia, esse sentimento profundo e inerradicável do nosso próprio *Unheimlichkeit*, que o *Volk* alemão pode esperar encontrar novamente a sua casa no ser. Ao experimentar a questão da essência conflitual da verdade entre a ocultação e a não-ocultação como uma questão acerca da essência conflitual no âmago do próprio ser humano, entre a sua apatridia e o seu anseio primordial pela casa perdida no interior do ser, Heidegger passa a pensar a estranheza sofocliana como a natureza da própria tragédia (*GA* 54: 134). Nesse questionamento persistente das charadas e enigmas da tragédia grega, Heidegger lida com o que ele considera serem as questões mais difíceis e urgentes que o *Volk* enfrenta, questões que tradicionalmente são colocadas sob rubricas como "ética" e "justiça". Rejeitando as maneiras padrão de interpretar as noções gregas de *dikē* e *ēthos* como "justiça" e "ética", Heidegger as trata, antes, como maneiras primordiais de sintonizarmo-nos com uma medida não-humana para habitar poeticamente a terra. Ao experimentar a terra como a nossa morada (*ēthos*/*Aufenthalt*) própria e compreender o ser humano como apenas uma parte de um equilíbrio abrangente de forças dentro do quádruplo do ser (cf. o cap. 15), como parte da junção (*Fug*) das junções (*Fügun-*

gen) que se ajuntam no a*justa*mento (*dikē*) do ser, surge para ele a possibilidade de habitação poética que Hölderlin sustentava como o destino dos alemães (*EGT* 40-47 = *HW* 326-333; *PM* 270-276 = *WM* 187-194; *PLT* 211-227 = *GA* 7: 189-208).

Esse tipo de pensamento sobre *ēthos*, *dikē* e apatridia ontológica constitui para Heidegger "a única convocação que chama os mortais às suas moradas" (*GA* 7: 164). É nesse pensamento primordial da *alētheia* como vinculada à apatridia da humanidade moderna que Heidegger experimenta o "Dasein alemão em seu vínculo originário com os gregos" (*MLS* 186). E embora ainda persistam traços perturbadores de um humano, demasiadamente humano, excepcionalismo alemão nos escritos de Heidegger após 1942, também podemos encontrar indicações formais que podem ser lidas como uma crítica devastadora ao Nacional-socialismo histórico e seu reinado de terror. A obra de Heidegger nunca estará livre do ultraje moral legítimo que acompanha sua recepção e interpretação. Suas falhas pessoais foram impressionantes e sua relutância em corrigir honestamente os seus erros constituiu, na melhor das hipóteses, insularidade, e, na pior das hipóteses, arrogância orgulhosa. E, no entanto, seus escritos posteriores apresentaram um desafio a qualquer cálculo moral simples que pudesse explicar as barbáries do Nacional-socialismo, até mesmo o seu próprio caráter "privado". Ler a obra de Heidegger sobre a tragédia contra a tragédia do seu próprio envolvimento contorcido na política alemã é confrontar o enigma que é o legado de Heidegger. Pois pensar a questão do trágico significa nada menos do que confrontar o paradoxo irresolúvel da grandeza exemplar e da cegueira trágica que marca os textos de Sófocles, o amado de Heidegger. Esse pensamento do trágico como o que envolve acatar a irreconciliabilidade da contradição interior pode até mesmo ajudar-nos, mais uma vez, a abordar com mais atenção a questão de "Martin Heidegger e o Nacional-socialismo".

Referências

DAVIS, B.W. (2007). *Heidegger and the Will* – On the Way to Gelassenheit. Evanston, IL: Northwestern University Press.

DERRIDA, J. (1989). *Of Spirit* – Heidegger and the Question [Trad. G. Bennington & R. Bowlby]. Chicago, IL: University of Chicago Press.

FARIAS, V. (1989). *Heidegger and National Socialism.* Filadélfia, PA: Temple University Press.

LACOUE-LABARTHE, P. (1990). *Heidegger, Art and Politics* – The Fiction of the Political [Trad. C. Turner]. Oxford: Blackwell.

OTT, H. (1993). *Martin Heidegger* – A Political Life [Trad. A. Blunden]. Nova York: Basic Books.

PETZET, H. (1993). *Encounters and Dialogues with Martin Heidegger, 1929-1976* [Trad. P. Emad & K. Maly]. Chicago, IL: University of Chicago Press.

SLUGA, H. (1993). *Heidegger's Crisis* – Philosophy and Politics in Nazi Germany. Cambridge, MA: Harvard University Press.

Leituras complementares

Fontes primárias

Cf., de Heidegger: *Die Selbstbehauptung der deutschen Universität*; *Gesamtausgabe 16* – Reden und andere Zeugnisse eines Lebensweges; *Gesamtausgabe 36/37* – Sein und Wahrheit; *Heidegger Jahrbuch IV* – Heidegger und National Sozialismus, esp. "Dokumentationsteil"; *Martin Heidegger/Elisabeth Blochmann Briefwechsel* (todos em alemão).

NESKE & KETTERING (1990) inclui "The Rectorate 1933-1934: Facts and Thoughts", bem como vários textos primários e secundários relevantes para o pensamento político de Heidegger.

WOLIN (1993) inclui "The Self-Assertion of the German University", bem como vários textos primários e secundários relevantes para o pensamento político de Heidegger.

Fontes secundárias

Cf. BAMBACH (2003); DE BEISTEGUI (1998); BERNASCONI, R. (2008). "Heidegger's Alleged Challenge to the Nazi Concept of Race". In: FAULCONER & WRATHALL, p. 50-67. • FRIED (2000); ROCKMORE (1992); ZIMMERMAN (1990).

Cf. tb. GILLESPIE, M. (2000), "Martin Heidegger's Aristotelian National Socialism". In: *Political Theory*, 28 (2), p. 140-166. • KISIEL, T. (2006). "The Essential Flaw in Heidegger's 'Private National Socialism'". In: HEINZ, M. (ed.). *Philosophie und Zeitgeist im National Sozialismus*. Würzburg: Königshausen & Neumann, p. 291-311.

8
A verdade como *alētheia* e a clareira do seer

Daniel O. Dahlstrom

A palavra grega *alētheia* é tipicamente traduzida como "verdade". Quando essa tradução está em vigor, as interpretações de *alētheia* baseiam-se principalmente nos significados associados à "verdade". O significado tradicionalmente dominante a esse respeito é correção (a correção de um pensamento ou afirmação) e, de fato, desde Homero, um cognato de correção, *homoiōsis*, serviu como sinônimo de *alētheia*. Portanto, a correção (*orthotes*) de um pensamento ou afirmação tende a ser entendida em termos de sua concordância ou correspondência (*homoiōsis*) com um estado de coisas. No entanto, Heidegger objeta à interpretação de *alētheia* apenas como correção ou correspondência, considerando-a como uma noção derivada de verdade. Esse tipo de interpretação ignora o fato de que *alētheia* tem um significado muito mais rico do que as noções de correção pressupõem. *Alētheia*, nesse sentido mais básico, significa a "desocultação" (*Unverborgenheit*) do que é afirmado. Por exemplo, "A árvore está brotando" é verdadeiro, ou seja, correto, apenas se a árvore mostrar brotos. Uma vez que o que está oculto está oculto *de* alguém, a verdade como a desocultação das "coisas" também implica a sua presença real ou potencial *a* alguém, alguém com uma compreensão delas. A desocultação denotada por *alētheia* é, por conseguinte, irredutível tanto a sujeitos quanto a objetos. Não surpreendentemente, certos pensadores gregos ficaram tão impressionados com essa pura manifestabilidade ou presença das coisas que a identificaram como a principal maneira de dizer que algo existe.

Embora seja uma conquista notável, Heidegger insiste que a apreciação da verdade como desocultação está longe do fim da história. Pois, como sugere a sua natureza privativa, uma "des-ocultação" (*a-lētheia*) supõe uma ocultação. Essa ocultação não é traçável simplesmente à obstrução de algumas entidades por outras ou à miopia de alguns observadores. Tampouco é meramente a ausência no passado da qual emerge a presença do que está presente (como a árvore antes e depois do brotamento). Igualmente oculto é o que significa, para cada respectiva entidade, bem como para as entidades como um todo, simplesmente ser – não menos importante quando ser é equiparado à manifestabilidade ou presença das coisas. Heidegger, por conseguinte, argumenta que a essência da verdade não é a correção de asserções nem a desocultação dos entes, mas a verdade do seer [*beyng*]; isto é, a interação dessa ocultação e desocultação (ou, equivalentemente, ausenciar [*absencing*] e presenciar, o combate entre terra e mundo). A verdade neste sentido mais fundamental – a verdade do seer – é a "abertura" oculta no meio dos entes que fundamenta a sua desocultação e, assim, a correção das asserções e pensamentos sobre eles (*CP* 239-246, 249-250 = *GA* 65: 342-351, 357).

Embora Heidegger investigue a verdade como *alētheia* ao longo de toda a sua carreira, as investigações tipicamente avançam através dos três passos que acabamos de observar: a *correção* de pensamentos e asserções, a *desocultação* dos entes e a *clareira* para o autoencobrimento do seer. Ele investiga essas três concepções com o entendimento de que, historicamente, a verdade, em algum sentido, define a existência humana, e os seres humanos se definem pela maneira como concebem a verdade. Ele, por conseguinte, enfatiza a enormidade da transformação humana no começo do pensamento ocidental, iniciada pelo entendimento grego da *alētheia* como a desocultação dos entes. Ele também projeta a necessidade de um novo começo, uma transformação que corresponda à "verdade do seer", a clareira pressuposta pela verdade como *alētheia* (desocultação). Este capítulo traça os passos gerais da investigação de Heidegger com vista a expor as transformações humanas que, aos seus olhos, as interpretações da verdade como *alētheia* no primeiro começo e em um novo começo respectivamente implicam.

Correção, desocultação dos entes e a clareira do seer

No discurso ordinário, tipicamente usamos o adjetivo "verdadeiro" para designar uma propriedade de alguma coisa, ou algum pensamento ou asserção. Esses usos estão relacionados. Por exemplo, dizemos que alguém é uma amiga verdadeira porque ela corresponde à nossa ideia de como uma amiga deveria ser; dizemos que uma asserção é verdadeira ("'Ela é uma amiga' é verdade) porque corresponde ao estado de coisas do qual é assertada. A verdade, nessa visão, é a correção dessa correspondência. Heidegger afirma que, começando com Platão e Aristóteles, essa concepção geral da verdade também tem sido reinante na filosofia. Como evidência, ele cita a definição de verdade de Tomás de Aquino como "a correspondência da coisa a como ela é entendida" (*adaequatio rei et intellectus*), enquanto nota que os pensadores modernos tendem a enfocar a correspondência do que é entendido *à* coisa (*adaequatio intellectus ad rem*). Equiparando o que é entendido ao que pode ser *assertado ou julgado* acerca da coisa, os pensadores modernos orientam-se amplamente pelo preconceito lógico de que a asserção ou juízo, silencioso ou falado, é o local da verdade, e a verdade mesma é a correção da asserção[50].

No entanto, a teoria da verdade como correspondência está rodeada de alguns problemas básicos. Correspondência não é identidade ou mesmo semelhança. Asserções não são retratos que possam ser comparados por sua precisão com algo retratado. O termo "correspondência" pareceria ser, na melhor das hipóteses, altamente figurativo, baseando-se tacitamente em usos de uma família de palavras (p. ex., "concordância", "similaridade") que tenuamente lhe conferem significado. Além disso, qualquer relato verdadeiro da verdade como correspondência correta parece ou incorrer em uma

50 Cf. *SZ* 214, 226; *PM* 137-138 = *VWW* 177-178; *ETP* 1-2 = *GA* 34: 2; *BQP* 9, 14-18, 22-23 = *GA* 45: 8-9, 15-18, 23-24.

petição de princípio acerca do que "verdade" significa, ou supor como garantia alguma outra correspondência que, por sua vez, deva ser similarmente garantida, e assim por diante *ad infinitum*[51].

Não obstante, distinguimos asserções verdadeiras (corretas) de falsas, e Heidegger tem uma explicação para essa capacidade. Ele alega que uma asserção corresponde corretamente a uma coisa quando consegue representar o que se apresenta e, de fato, o representa "como é". A noção comum de verdade como correspondência correta, longe de ser a última palavra sobre o assunto, baseia-se, e até mesmo "pressupõe", um processo de apresentar ou "descobrir" as coisas como elas são. Pode-se dizer que o pensamento ou asserção relevante corresponde corretamente a algo porque faz parte de uma maneira de se comportar em relação à coisa em questão, que a permite apresentar-se tal como ela é em si mesma. Nem tudo o que pensamos ou dizemos é desse tipo; com efeito, podemos falar da origem de coisas ("isso é da China") ou de sua utilidade ("isso nos ajudará muito"). Mas também pensamos e falamos de coisas precisamente em termos de como elas se apresentam. Para que essa atenção às coisas enquanto tais aconteça, ou, em outras palavras, para que sejamos vinculados por esses padrões de correção, precisamos ser livres para o que pode se abrir em nosso meio (*SZ* 218, 224; *PM* 140-141, 143-144; *BW* 177-178). Permitir que as coisas se-apresentem-como-são é uma abertura a elas, precisamente na medida em que se diz que elas são. Mas essa abertura não vale nada se as coisas também não se abrirem para nós. Heidegger salienta que os gregos já experimentaram essa abertura como a desocultação (*Unverborgenheit*) das coisas e, de fato, fundamentaram a concepção de verdade como correção nessa noção de desocultação (mesmo quando não lhes era realmente óbvio que o estavam fazendo). Para os gregos, essa "desocultação é uma determinação das *próprias entidades* e não, de alguma forma, – como a correção – um caráter de *uma*

51 Para muitos contemporâneos, esse é um falso dilema, gerado pela falha em reconhecer a equivalência da atribuição de verdade a uma proposição ("*p*" é verdadeiro) e a própria proposição (*descitada*) (*p*), como na formulação de Tarski "'*p*' é verdadeiro se e somente se *p*". Sobre essa abordagem descitacional e deflacionista, cf. Quine (1992, p. 79-82).

asserção sobre elas" (*BQP* 106 = *GA* 45: 121, trad. mod.). Com efeito, nossa noção ordinária de verdade como correção "fica de pé e cai" com a verdade como desocultação de entidades (*BW* 177; cf. *BQP* 85-91, 112ss. = *GA* 45: 96-103, 129ss.). Como observado anteriormente, Heidegger sustenta que essa experiência da verdade como desocultação é capturada pela palavra grega geralmente traduzida como "verdade", a saber, *alētheia*. Nesta palavra, a primeira letra *a* serve como um prefixo privativo para *lētheia*, um termo que deriva de uma família de expressões, tais como *lēthē* (esquecimento) e *lanthanein* (permanecer oculto) (*SZ* 219; *EGT* 104 = *VA* 251; *CP* 237-238 = *GA* 65: 339)[52].

Em suas palestras de 1937-1938, Heidegger expande o relato da abertura pressuposta pela verdade como correção para incluir, além da abertura (desocultação) das coisas para nós e nossa abertura (liberdade) para elas, a abertura do reino "entre a coisa e o ser humano", bem como a abertura de uma pessoa (*Mensch*) a outra. Portanto, ele refere-se a uma abertura quádrupla, porém unitária, que subjaz e possibilita a ideia da verdade como correção. "A correção de uma representação de qualquer coisa só é possível se, em cada caso, puder estabelecer a si mesma nessa abertura como o que a carrega e se estende por ela. A abertura é o chão, o solo e o espaço de jogo da correção" (*BQP* 19 = *GA* 45: 20, trad. mod.)[53]. Mas essa abertura é mais do que a desocultação das coisas ou mesmo essa desocultação junto com a liberdade do ser-aqui [*being-here*] (*Dasein*). É o "evento apropriador" que torna possível essa des-ocultação e a liberdade do

52 Paul Friedländer critica a noção de que, com Platão, o significado de *alētheia* degenera – epocalmente – da desocultação à correção (1969, p. 221-229). Enquanto Heidegger reconhece a familiaridade dos gregos com ambos os sentidos, ele alega que o sentido de desocultação é amplamente presumido e, por conseguinte, tácito e inquestionado por eles (*BQP* 95, 174ss. = *GA* 45: 108, 204ss.). No entanto, ele mais tarde admite que era enganoso nomear *alētheia* no sentido da clareira "verdade" (*BW* 446-447 = *ZSD* 77).

53 Ernst Tugendhat notoriamente adverte que interpretar o desencerramento como mais básico do que a correção perde a função crítica tradicional de afastar a verdade da falsidade (1970, p. 331-362). Mas Heidegger insiste que, porquanto a verdade como correção é derivada, e porquanto a verdade primordial é uma projeção (*Entwurf*), a correção não se aplica a ela (*CP* 229 = *GA* 65: 327).

ser-aqui precisamente ao sustentar a ocultação ou autoencobrimento das coisas[54].

Explorando um tropo familiar em todos os seus escritos, Heidegger refere-se a essa abertura como uma *clareira* (*Lichtung*) e "a verdade do seer" (dado que o ser dos entes é equiparado à sua desocultação). O significado simples de *Lichtung*, em alemão, é, como "clareira", em português, um espaço aberto em uma floresta; por exemplo, um descampado. Para os propósitos de Heidegger, é particularmente relevante que a região aberta de uma clareira permita luz, mas também suponha a densidade e a escuridão da floresta circundante, e que sinalize trabalhos manuais humanos (*abgeholzte Stelle im Wald*, "terreno desmatado na floresta"). Em *Ser e tempo*, Heidegger faz alusão ao significado de "clareira" em conexão com os usos de "luz" (*Licht*) e metáforas cognatas, por exemplo, "iluminar" (*erleuchten*) e a *lumen naturale* (luz natural) de Descartes. Dado o papel fundamental que a metáfora da luz desempenha no pensamento de Platão, essas alusões sugerem modos de se recuperar as experiências originais em ação no início do pensamento ocidental. Ao mesmo tempo, no entanto, já em *Ser e tempo*, Heidegger distingue esses sentidos de "luz", da clareira que os constitui e os torna possíveis (*SZ* 133, 350-351). Nos escritos posteriores, Heidegger é ainda mais explícito sobre essa relação

54 O relato exposto é extraído de "Sobre a essência da verdade" (*PM* 136-154), redigido entre 1930 e 1943. Em *Ser e tempo*, Heidegger também identifica uma verdade mais fundamental do que a correção. Depois de caracterizar a *descoberta* de entidades e a *revelação* do ser do Dasein (o seu próprio e o dos outros) como, respectivamente, níveis ôntico e ontológico da compreensão constitutiva do seu ser-no-mundo, Heidegger conclui que o desencerramento (ou "clareira") do Dasein é "o fenômeno mais primordial da verdade" e "a condição ontológica da possibilidade de asserções serem verdadeiras ou falsas" (*SZ* 226; cf. *SZ* 132-133, 147, 170, 220, 350-351). Em *Ser e tempo*, o discurso sobre a desocultação das entidades é expresso à maneira do seu serem descobertas; em "Sobre a essência da verdade", Heidegger enfatiza como as entidades se abrem para nós. No ensaio de 1929, "Sobre a essência do fundamento", o relato é ainda mais simplificado: a verdade proposicional (correção) está fundamentada na verdade ôntica – a "manifestabilidade das entidades" –, e a verdade ôntica está fundamentada na verdade ontológica – o "caráter desvelado do ser" (inclusive a pré-compreensão do Dasein do ser de uma entidade) (*PM* 103-104). Em meados da década de 1930, Heidegger fala da clareira como um processo do *Da-sein* ser apropriado (*er-eignet*) pelo Seer; daí a tradução de *Ereignis* aqui como o "evento apropriador".

entre o sentido fundamental da "clareira" e as metáforas derivadas de "luz" em relação à questão da verdade. Como Heidegger o coloca em uma das suas últimas obras, "a luz pode fluir para a clareira, para a sua abertura, e deixar a claridade brincar com a escuridão nela. Mas a luz nunca cria primeiro a clareira. Antes, a luz a pressupõe [...]. A clareira é a região aberta para tudo o que se torna presente e ausente" (*BW* 442).

A metáfora de uma clareira seria enganosa se fosse considerada algo já estabelecido e estático, indiferente tanto à floresta invasora quanto à nossa chegada. A clareira, como Heidegger entende a abertura que fundamenta outros sentidos de verdade, não é assim mais do que o é uma clareira real. Em vez disso, a clareira é o evento, o espaço-tempo que permite que as coisas venham às claras, precisamente mantendo a própria ocultação oculta. A clareira (ou, como Heidegger por vezes também o coloca, a clareira em disputa com o encobrimento) é o fim da análise de Heidegger da verdade, como o fundamento não-fundamentado – ou, em outras palavras, o abismo (*Ab-grund*) fundamentador – dos outros níveis de verdade (*BW* 178, 186-187, 441-446; *CP* 230-231, 243-250 = *GA* 65: 329-330, 348-357; *M* 279-280 = *GA* 66: 314).

Essa elucidação acerca do significado que Heidegger atribui à clareira ajuda a explicar por que ele também fala da "verdade do seer" para caracterizar a abertura subjacente aos outros sentidos da verdade. Enquanto "ser" (*Sein*) significa o sentido no qual os entes (*Seiendes*) particulares são entendidos, "seer" ["*beyng*"] (*Seyn*) refere-se ao evento (*Ereignis*) no qual essa significação e entendimento se estabelecem historicamente – mesmo que apenas para serem esquecidos ou tratados com indiferença. A determinação histórica de uma compreensão do ser dos entes surge do evento dinâmico do seer apoderando-se do ser-aqui (*Da-sein*), desdobrando (*wesend*), mas encobrindo a si mesmo no processo. Heidegger, por conseguinte, observa que a verdade, no sentido primordial e essencial, é a verdade do seer, e a verdade do seer não é a clareira simplesmente, mas a clareira para o autoencobrimento do seer – embora Heidegger eloquentemente acrescente que permanece uma questão em aberto se seremos capazes de admiti-lo (*CP* 182ff., 192, 239-240, 243-244, 327-328 = *GA* 65: 259ss., 273, 342-343, 348-349, 465-466).

A liberdade da verdade

A clareira, o sentido mais básico de verdade, intrínseco à concepção de verdade como *alētheia*, inclui, como observado, uma abertura de nossa parte, a saber, uma abertura ao que pode se abrir em nosso meio. Porquanto a verdade como correção pressupõe o nosso ser-livre para a autoapresentação por parte dos entes, a liberdade, no sentido designado, é essencial para a verdade (*PM* 142). A liberdade, entendida como deixar as entidades serem, consuma (*vollzieht*) o que Heidegger considera a sugestão grega original da verdade como *alētheia*, o caráter desoculto das entidades (*PM* 146).

Ao interpretar a liberdade humana como essencial à verdade, Heidegger abre-se à objeção de que viola o sentido tradicional, "metafísico", da objetividade da verdade, onde a verdade é concebida como uma das condições do conhecimento ("crença verdadeira adequadamente justificada"), e não vice-versa (*PM* 143). O que Heidegger entende por liberdade nesse sentido não é, evidentemente, de modo algum equivalente ao conhecimento; no entanto, introduzir a liberdade como uma condição constitutiva da verdade expõe o seu relato a uma objeção análoga. Se a verdade depende da liberdade humana, como pode ser sustentado o seu papel vital como restrição objetiva e imparcial ao conhecimento e à ação?

Heidegger responde a essa objeção observando que a liberdade em questão é tudo menos capricho ou mesmo algo à disposição do ser humano. Em vez disso, antes de qualquer sentido "negativo" e "positivo" de liberdade (estar desimpedido e dispor de poderes), uma liberdade para a verdade consiste em um compromisso ativo com os entes, precisamente com vista a permitir-lhes apresentarem-se como são. Abrir-se dessa maneira ao caráter desoculto das coisas não é uma questão de perder-se nelas, mas de "recuar diante delas [as entidades] de modo a que possam revelar a si mesmas no que são e em como são, e a correspondência que as apresenta possa adotar a medida correta [*Richtmass*] a partir disso" (*PM* 144). A liberdade que é essencial à verdade é, em outras palavras, uma questão de deixar os entes serem e de nos abrirmos a eles em toda a sua manifestabilidade. Essa exposição à desocultação dos entes tanto define a nossa existência (*ek-sistieren*) como co-constitui a clareira dinâmica descrita acima (*PM* 143-144).

No entanto, o relato precedente, embora preciso em alguns aspectos, é enganoso, porquanto sugere (a) que a clareira seja essencialmente essa desocultação, (b) que os entes e os seres humanos já estejam, de alguma maneira, na clareira e (c) que nós, por conseguinte, saibamos (possuamos a verdade de) quem somos enquanto seres humanos. A clareira torna possível a desocultação das coisas (a verdade como *alētheia*) porque é uma clareira para o autoencobrimento do seer. Além disso, sendo ela mesma um evento oculto e fundador, essa verdade do seer não é uma característica transcendental dos sujeitos humanos, a condição anistórica da possibilidade da desocultação dos entes e da correção das asserções. Com efeito, este evento não está, de maneira alguma, ultrapassado, e não estamos por nós mesmos em posição de fazê-lo acontecer (embora haja razões para pensarmos que ele possa acontecer e que possamos nos preparar para ele). Por razões semelhantes, permanece em aberto a questão de saber se estamos realmente aqui (*da*). Certamente, não pode haver abertura para o ser dos entes sem uma projeção, da nossa parte, do seu ser. Nesse sentido, a verdade do seer supõe o nosso ser-aqui (*Da-sein*) como a própria revelabilidade do ser. Mas essa projeção é adequada apenas porquanto corresponde ao próprio seer, ou, em outras palavras, porquanto é realizada pelo seer. Como Heidegger coloca na década de 1930, esse movimento recíproco do seer [*beyng*] (*Seyn*) e do ser-aqui [*being-here*] (*Da-sein*) – o primeiro necessitando do segundo, o segundo pertencendo ao primeiro – é a "virada" (*Kehre*) no seer que o constitui como um "evento" ou, mais precisamente, a "apropriação" [*enowning*] (*Ereignis*) do ser-aqui pelo seer (cf. os cap. 6 e 10). Mas o nosso ser-aqui, desta maneira, correspondendo ao seer, requer nossa transformação de preservadores da desocultação dos entes em guardiões da abertura para o autoencobrimento do seer (*CP* 177, 184, 286-287 = *GA* 65: 251, 261, 407; *BQP* 163-164 = *GA* 45: 189-190).

A errância e o mistério da verdade

Embora derivada, a concepção de verdade como correção é o ponto de partida da investigação da verdade como *alētheia*[55]. Sua relevância reside, dentre outras coisas, na centralidade da bivalência, na possibilidade de correção ou incorreção. Quando alguém descreve um evento incomum ou surpreendente ("a geleira está derretendo") e alguém que não o tenha visto expressa ceticismo, ela pode sentir a necessidade de dizer "Não, é verdade". Essas palavras não são simplesmente uma iteração; elas assertam que o estado oposto das coisas não se realiza, e, de fato, que a sua não-realização (como o que de fato se realiza) não está baseado simplesmente no fato de ser assertado. Sem a possibilidade do oposto, o adjetivo "verdadeiro" é supérfluo. "Somente porque a verdade e a inverdade *não* são *em essência* indiferentes uma à outra, mas em vez disso pertencem uma à outra, em geral uma sentença verdadeira pode entrar em aguda oposição à correspondente sentença falsa" (*PM* 146).

A verdade do seer fundamenta essa bivalência, assim como fundamenta a verdade como *alētheia*. Já observamos como a possibilidade de asserções corretas depende tanto da nossa abertura às entidades quanto da sua abertura a nós. Mas nenhuma dessas condições precisa ser atendida ou, melhor, plenamente atendida; aliás, tampouco podem sê-lo. Ou seja, a verdade implica a inverdade através de dimensões subjetivas e objetivas. Podemos intencionalmente tentar dissimular ou podemos inocentemente ignorar algumas coisas ou aspectos enquanto apresentamos outros; essa errância de nossa parte – apanhada na inverdade tão fundamentalmente quanto

55 Ao desafiar a equação da verdade com a correção, Heidegger também espera expor sua aliança com certas concepções do ser. Subjacente à versão medieval dessa correspondência (*adaequatio*) é o caráter divinamente criado das coisas (*res*) e do entendimento (*intellectus*): uma estrutura que sobrevive nas noções pós-medievais de que tudo pode ser sujeitado ao planejamento por uma razão-mundo autolegisladora (*PM* 138-139).

na verdade (*SZ* 222-223) – anda de mãos dadas com a nossa liberdade. Mas, ainda mais fundamentalmente, as coisas também se apresentam a nós de maneiras intrigantes e enganosas que dão origem a ilusões e erros (*BW* 179). Observamos anteriormente como, de acordo com Heidegger, ser-livre-para da maneira como as entidades o são, embora constitutivo da essência da verdade, não é uma questão de capricho arbitrário de ninguém. Mas se a verdade não é simplesmente uma prerrogativa de uma posição humana em relação às coisas, tampouco o é a in-verdade (*PM* 146-147).

Além disso, assim como a verdade não é primariamente uma asserção, também a inverdade não pode ser atribuída invariavelmente apenas a um julgamento incorreto. Com efeito, porquanto entendemos a abertura das entidades a nós e, correlativamente, o nosso ser-livre-para essa abertura como essenciais à verdade, então o exato oposto da verdade nesse sentido, uma ocultação, é essencial à verdade. Embora não deva ser confundida com falsidade, essa ocultação, assim como a falsidade, é essencial para a verdade como *alētheia*, uma vez que a desocultação das coisas, como observado anteriormente, supõe a clareira, tanto como a abertura no meio dos entes quanto como o evento apropriador no qual o ser se encobre a si mesmo.

A ocultação ou ausência (*lēthē*) inerente à experiência da verdade como *alētheia* é a ocultação não simplesmente desta ou daquela entidade em particular, mas das entidades como um todo. "A ocultação das entidades como um todo, a genuína não-verdade, é mais antiga do que toda manifestabilidade desta ou daquela entidade" (*PM* 148). Mas igualmente oculto é o fato dessa ocultação mesma. Heidegger refere-se ao fato de essa ocultação mesma estar oculta como o mistério (*Geheimnis*). Esse mistério permeia o nosso ser-aqui (*Da-sein*) e o nosso ser-aqui preserva esse mistério. Esse mistério não é simplesmente o que é enigmático, inexplicável ou questionável dentro do domínio do que é manifesto e acessível. Enquanto esses enigmas forem interpretados como meramente estações no caminho para o que é ou pode torná-los acessíveis, ou seja, enquanto "a ocultação das entidades como um todo" for tolerada meramente como um limite que ocasionalmente se anuncie, "a ocultação como o acontecimento básico estará afundada no esquecimento" (*PM* 149).

Transformações da verdade

O sentido básico de liberdade que consiste em deixar as entidades serem, trazê-las à abertura e estar aberto para elas, é fundacional para todo comportamento. Mas essa liberdade passou a ser "resolutamente" orientada para a presença das coisas, tendo "se fechado" a qualquer ocultação ou ausência (*PM* 149). Essa mesma liberdade em ação na concepção grega original da verdade como a desocultação das coisas facilita o esquecimento não apenas do mistério (a subjacente "verdade do seer"), mas até mesmo da própria desocultação (como o ser dos entes). Às vezes, Heidegger identifica a Alegoria da Caverna de Platão – o jungir (*sugon*) da *alētheia* à maneira manifesta como as coisas parecem à luz; isto é, a *aparência* ou *ideia* delas – como o "local-chave" para essa transferência da desocultação para a correção (*homoiōsis*)[56]. Como resultado, essa liberdade mesma desaparece nesse esquecimento, exemplificado pela nossa propensão a nos tornarmos absorvidos no que é em qualquer momento aparente, acessível e manipulável.

A interpretação de Heidegger da verdade como *alētheia* é, em seus termos, completamente histórica (cf. o cap. 11), exigindo uma compreensão de nós mesmos como algo que começou com a inovadora experiência grega da verdade. O objetivo de interpretar a verdade como *alētheia* é fazer um outro começo, baseado na apreciação dos limites desse entendimento. Mas, por esse motivo, Heidegger reconhece que deve explicar o *status* inquestionável

56 *PM* 155-182, esp. 173, 176-177; *ETP* 17-81 = *GA* 34: 21-112; *BQP* 155-156 = *GA* 45: 180-181; *CP* 232-235 = *GA* 65: 331-335; *M* 91-92 = *GA* 66: 109-110. Revisando repetidamente suas interpretações de Platão e Aristóteles, Heidegger ocasionalmente rastreia até eles preconceitos lógicos modernos (a verdade exclusivamente como correção), par de sabotadores da "interpretação grega antiga da verdade" como desocultação (*BQP* 15, 89ss., 97-98 = *GA* 45: 15, 101ss., 111). Mas a história também remonta aos pensadores pré-socráticos (notavelmente Heráclito), que apreciavam a ocultação suposta pela verdade como *alētheia*.

que a verdade como desocultação desfrutava amplamente entre os gregos (*BQP* 114-115, 119-120 = *GA* 45: 132, 138). A explicação reside, ele o alega, no humor fundamental que principalmente motiva o pensamento grego, a saber, o espanto (*thaumazein*) com algo bastante ordinário, de fato, o aspecto mais ordinário das coisas: o fato de que elas são, e de que elas são o que são. Graças a esse maravilhamento, esse aspecto mais ordinário das coisas torna-se o mais extraordinário, o maravilhamento com o fato de os entes existirem (*on hēi on*) ou, equivalentemente, de serem manifestos e desocultos. "O humor básico do *thaumazein* necessita do reconhecimento puro da extraordinariedade do ordinário" (*BQP* 147 = *GA* 45: 171, trad. mod.). Esse maravilhamento com o "ser dos entes" (*Sein des Seienden*) primeiro os estabelece no meio dos entes enquanto tais (i. é, enquanto desocultos) e, no processo, sintoniza os seres humanos com a verdade e inaugura o pensamento ocidental. Esse pensamento é tão tomado pela desocultação das coisas, e tão comprometido em cuidar das coisas, porquanto elas estão desocultas, que nada encontra nessa desocultação (*alētheia*) que se possa questionar[57]. A transformação humana iniciada por Platão e Aristóteles consiste em corresponder à prevalecente desocultação das coisas (sua *physis*), cultivando-as e sustentando ativamente, em um modo de conhecer que os gregos chamavam de *technē* (cf. o cap. 13)[58].

Esse jeito "técnico" com as coisas, tornado necessário pelo maravilhamento, provê um solo fértil para distorcer a *alētheia* como desocultação em mera correção. Quanto mais o reconhecimento das entidades em sua desocultação evolui para *technē*, mais inevitável se torna que as aparências das entidades (as "ideias") prove-

57 *BQP* 144-151, 158 = *GA* 45: 167-174, 184. • PLATÃO, *Theaetetus*, 155d2ss. • ARISTÓTELES, *Metafísica*, 982b11ss. • Heidegger contrasta *thaumazein* (*Er-staunen*) com outros fenômenos (*Sichwundern, Verwunderung, Bewunderung, Staunen, Bestaunen*) que, em vez de interpretar o ordinário como extraordinário, concentram-se em algo extraordinário em relação ao ordinário. Cf. *BQP* 136-137, 142ss., 149-150 = *GA* 45: 157-158, 163ss., 173-174.

58 *BQP* 153ss. = *GA* 45: 178ss. Como o conhecimento e o comportamento básico nos quais a preservação do que é surpreendente – a entidade dos entes – é preservada, a *technē* é algo totalmente diferente da *physis* que lhe pertence mais essencialmente.

jam sozinhas a medida delas e exija uma correspondência constante com essas "aparências". A essência original da *alētheia* está inelutavelmente perdida, e, com ela, o humor fundamental que a torna necessária. Os entes se tornam objetos, a verdade se torna a correção em representá-los, e o espanto perante a pura existência (desocultação) das coisas dá lugar à indiferença ao ser como simplesmente o mais lugar-comum dos lugares-comuns. Ao longo do caminho, um desejo de tornar-se cada vez mais familiarizado com cada vez mais coisas, e tornar-se hábil em lidar com elas e computá-las, gradualmente se estabelece (*BQP* 155-156, 158 = *GA* 45: 180-181, 184; *M* 91-92, 154 -155 = *GA* 66: 109-110, 177).

Heidegger alega que a concepção de verdade como correção não é hoje uma questão mais do que o foi, para a maioria dos gregos, a concepção de *alētheia* como desocultação. O caráter aparentemente autoevidente de se conceber a verdade exclusivamente em termos de correção reforça e é reforçado por uma indiferença à questão do que significa simplesmente ser, indiferença essa que Heidegger notoriamente apelida "o esquecimento do ser". Ele sustenta que, com esse esquecimento, "a verdade do seer é negada às entidades. As entidades *são* e, no entanto, permanecem abandonadas pelo seer e deixadas a si mesmas, a fim de, portanto, tornarem-se apenas o objeto de maquinação" (*BQP* 159 = *GA* 45: 185, trad. mod.). Heidegger sugere que o niilismo de negar a entidades e seres humanos "a verdade do seer" possa ser "o fundamento encoberto de um humor fundamental ainda encoberto, que nos compeliria [*nötigte*] a uma necessidade diferente, [aquela] de um questionamento primordial e de um começo *diferentes*" (*BQP* 160 = *GA* 45: 186, trad. mod.). (Com efeito, ele implica que essa necessidade vem moldando toda a sua deliberação sobre a questão da verdade; *BQP* 161 = *GA* 45: 187.) Esse humor fundamental envolveria, dentre outras coisas, uma espécie de moderação (*Verhaltenheit*) na qual o questionamento volta-se para o que merece ser questionado acima de tudo, a ocultação do seer, e o faz "pelo bem do seer dos entes como um todo" (*CP* 12 = *GA* 65: 16, trad. mod.). A caracterização de Heidegger dessa contenção é complexa e multifacetada[59]. No entanto, para concluirmos, talvez possamos aludir à sua significância lembrando da observação, citada anteriormente, de que o seer [*beyng*] (*Seyn*) e o ser-aqui [*being-here*] (*Da-sein*) - o primeiro necessitando do último, o último pertencendo ao primeiro - estão em constante interação (*kehriges Verhältnis*), um processo de presenciar-e-ausenciar que Heidegger caracteriza como o "evento apropriador" (*Ereignis*). A contenção nos sintoniza com essa apropriação e, no processo, exige que comecemos a pensar de novo, pensando "a partir dessa apropriação", por assim dizer, firme e decisivamente, e, no entanto, humildemente, sobre a verdade do seer dos entes: como o evento apropriador que fundamenta a sua desocultação a nós e a nossa abertura a eles. Embora já não sejamos preservadores da impressionante desocultação dos entes (como os gregos putativamente o foram), a contenção nos transforma em guardiões vigilantes da clareira para o autoencobrimento do seer (*CP* 177, 184, 286-287 = *GA* 65: 251, 261, 407; *BQP* 163 = *GA* 45: 189-190).

Referências

FRIEDLÄNDER, P. (1969). *Plato*. 2. ed. rev. Princeton, NJ: Princeton University Press.

QUINE, W.V.O. (1992). *Pursuit of Truth*. Ed. rev. Cambridge, MA: Harvard University Press.

TUGENDHAT, E. (1970). *Der Wahrheitsbegriff bei Husserl und Heidegger.* Berlim: De Gruyter.

59 Heidegger caracteriza *Verhaltenheit* de numerosas maneiras, p. ex., *impedir-se* de qualquer pretensão de fundamentar a verdade do seer nos entes ou no ser, *resistir* criativamente nessa verdade fundadora como ela mesma um abismo (*Ab-grund*) e *agarrar-se* (*controlar*) *a si mesmo* à medida que se avança no evento do combate entre terra e mundo, a interação de presenças e ausências, e *Seyn* e *Dasein* (*BQP* 4 = *GA* 45: 2; *CP* 10-17, 23-25, 261-262, 277 = *GA* 65: 14-23, 33-36, 375, 395-396).

Leituras complementares

Fontes primárias

Cf., de Heidegger: *Basic Writings*, esp. "The Origin of the Work of Art" ["A origem da obra de arte"], p. 139-212. • *Ser e tempo*, § 44. • *Contributions to Philosophy* (From Enowning) [*Contribuições à filosofia* (Do acontecimento apropriador)], pt. V. • *Mindfulness* [*Meditação*], pt. V • *Pathmarks* [*Marcas do caminho*], esp. "On the Essence of Truth" ["Sobre a essência da verdade"], p. 136-154, e "Plato's Doctrine of Truth" ["A doutrina de Platão sobre a verdade"], p. 155-182.

Fontes secundárias

Cf. DAHLSTROM (2001); SALLIS (1995b); WRATHALL (2007). "Unconcealment" In: DREYFUS & WRATHALL, p. 337-357.

Cf. tb. HERSEY, J. (2007). *The Question of Ground and the Truth of Being* – Heidegger's WS 1931-1932 Lecture Course. Catholic University of America [Dissertação]. • MALY, K. (1990). "From Truth to *Alētheia* to Opening and Rapture". In: *Heidegger Studies*, 6, p. 27-42.

9
A obra de arte

Jonathan Dronsfield

Superando a estética

Os escritos de Heidegger sobre arte realizam o que ele vê como a tarefa de prover "um novo conteúdo para a palavra 'arte' e para o que ela pretende nomear" (*IM* 140). De meados da década de 1930 até o final da década de 1950, a obra de Heidegger é moldada por um envolvimento persistente com a arte. Antes disso, ele não escreve nada substantivo sobre arte, e mal menciona a arte em qualquer publicação ou palestra. Mas a década de 1930 vê grandes obras com seções dedicadas a arte, estética e linguagem poética, às quais as aulas de 1936 (sobre Nietzsche), e de 1934, 1941 e 1942 (sobre Hölderlin), também são dedicadas, como o são numerosos ensaios das décadas de 1940 e 1950. "A origem da obra de arte", iniciado em 1935, mas não publicado na íntegra até 1960 – em outras palavras, abrange todo o período em questão – é o tratamento mais sustentado da arte por Heidegger, e é esse texto que este capítulo enfoca. "A origem da obra de arte" compreende três conferências, um epílogo e um adendo. É importante notar que o ensaio apareceu em duas formas distintas e em dois tempos separados: como conferências antes da guerra[60] e impresso após a guerra[61]. Entre a primeira versão oral, de 1935, e a primeira versão

60 A primeira versão da palestra foi apresentada em novembro de 1935, na Sociedade para o Estudo da Arte de Friburgo/Breisgau. Duas outras apresentações se seguiram, culminando em uma série de palestras em três partes na Freie Deutsche Hochstift, em Frankfurt/Main, no final de 1936.

61 O ensaio foi publicado pela primeira vez em 1950, em *Holzwege*. Apareceu em forma revista, para incluir o adendo, como *Der Ursprung des Kunstwerkes*, para a Reclam,

publicada completa, de 1960, o texto sofre revisão e esclarecimento constantes, e tem seções significativas adicionadas[62]. O epílogo foi, "em parte, escrito depois" das conferências. O adendo foi feito em 1956, e "explica algumas das principais palavras". A versão impressa completa mantém "o uso cambiante da linguagem" durante esse período[63]. Precisamente a última linha apela para o "dilema" de um autor "que precisa falar na língua mais oportuna para cada uma das várias estações em seu caminho" (*BW* 212). Permanece em aberto se este ensaio deve ser visto como apenas uma estação ou como toda a extensão do caminho.

Por que a palavra "arte" deve receber um novo conteúdo? Porque a arte foi reduzida a "um fenômeno cultural rotineiro" (*BW* 203), "um setor de atividade cultural" (*QCT* 34); porque a estética filosófica reduziu a arte à exibição do belo, onde o belo, como objeto de gosto, é o meramente agradável, onde a arte é apenas uma dentre muitas coisas a serem experimentadas. A apreciação e a experiência da arte nunca serão capazes de discernir se o objeto apreciado ou experimentado é essencialmente arte ou o produto de uma ilusão

---

em 1960, cujo texto reaparece como *Holzwege*, vol. 5 do *Gesamtausgabe*. A versão da Reclam também forma a base das traduções para o inglês em *Poetry, Language, Thought*, e (com pequenas alterações) a edição revista dos *Basic Writings*. A última versão do ensaio, novamente revista (p. ex., para incluir notas das próprias cópias de Heidegger da impressão da Reclam e da terceira edição [1957] de *Holzwege* [BERNASCONI, 1993, p. 43, n. 3]), é a edição de 1960, da Reclam, de *Holzwege*, que aparece independentemente do *Gesamtausgabe*.

62 A exata primeira elaboração do ensaio apareceu impressa apenas em 1989 e nunca foi apresentada publicamente. De acordo com o editor e executor Hermann Heidegger, o manuscrito foi "guardado em uma maleta, juntamente com as palestras sobre o mesmo tópico". Cf. "Prefatory remarks" (*OWAF* 329).

63 Cf. a nota explicativa de Heidegger (*PLT* xxiii-xxv). A linguagem posterior de Heidegger é indubitavelmente devida ao seu encontro com a poesia de Hölderlin, cujas linhas concluem a palestra; mas é um exemplo de "substituir *Denken und Dichtung* por ciência", como é argumentado por Lacoue-Labarthe, e qual relação isso pode ter com o que Heidegger chama (em 1945) de superação (*Verwindung*) do niilismo através da celebração do que é alemão ("im dichtenden Denken und Singen des Deutschen") (*RFT* 29; LACOUE-LABARTHE, 1990, p. 55)? Cf. Bernasconi (1993) e Taminiaux (1993) para relatos detalhados das diferenças e significados políticos de tom, ênfase, exemplo e linguagem nas várias versões do ensaio. Petzet argumenta que as palestras "não tinham permissão para serem publicadas" na época de sua composição porque "se desviavam demais da [...] ideologia oficial da arte" (PETZET, 1993, p. 134).

ou de uma maquinação (*CP* 356)[64]. Mas será que o que Heidegger chama de arte em "A origem da obra de arte" precisa ou justifica o nome "arte"? Em *Contribuições à filosofia*, obra escrita nos primeiros anos de "A origem da obra de arte", 1936-1938, mas não publicada até 1989, em uma seção dedicada à "'Metafísica' e à origem da obra de arte", Heidegger apresenta a seguinte alegação: "um momento da história que *carece de arte* pode ser mais histórico e mais criativo do que os tempos de um amplo negócio da arte" (*CP* 355). Com essa noção de falta de arte (*Kunstlösigkeit*), Heidegger repudia não a arte genuína, mas a concepção popular derivada da arte que a vincula à "cultura" e à "estética", concepção que remonta ao final da arte grega. Somente após o final do grande período da arte grega – "aquele tempo breve, mas magnífico" (*QCT* 34), momento coextensivo ao fim da filosofia grega – é que a estética começa, segundo Heidegger (*N1* 80).

O que Heidegger busca é uma compreensão da arte como algo semelhante à arte grega (se ainda pudermos chamá-la de arte): a abertura do ser dos entes (*IM* 140), "uma única revelação múltipla", "uma revelação que faz surgir a verdade no [...] aparecimento", o que os gregos chamavam de *technē* (*QCT* 34; cf. o cap. 13). E para que essa orientação fundamental seja reconquistada para a arte, a estética deve ser *superada*. E realizar isso implica assumir o caminho no qual a metafísica concebe os entes como objetivamente representáveis, uma vez que isso é exatamente o que encontra expressão na estética como "o fundamento para o que é até agora o mais próprio [*ownmost*] no que se refere à arte ocidental e suas obras" (*CP* 354). Parte do que estrutura "A origem da obra de arte" é o juízo de Hegel – para Heidegger, a *Estética* de Hegel é "a reflexão mais abrangente sobre a essência da arte que o Ocidente possui", precisamente porque decorre da metafísica (*BW* 204) – de que em sua vocação mais alta, a saber,

64 A fotografia e, especialmente, o cinema, parecem ser as artes pelas quais Heidegger reserva mais desprezo a esse respeito; ambos "têm sua norma no mais próprio da 'arte' metafisicamente completa como a organização da toda-produtora e toda-constituidora factibilidade [*makability*] de comportamentos, moda, gestos e 'experiência-viva' de 'experiências-vividas' 'reais'" (*M* 24), a que Heidegger acrescenta "sentimentalidade" em suas palestras sobre *Der Ister*, de Hölderlin. Cf. tb.: "Os seres humanos modernos já não têm, em lugar nenhum, uma 'experiência vivida' originária de obras de arte [...] mas somente da máquina e sua essência destrutiva" (*HHI* 114).

a maneira pela qual a verdade obtém existência por si mesma, a arte "é e permanece para nós uma coisa do passado" (HEGEL, 1975, p. 11). Em "A origem da obra de arte", pelo menos, Heidegger alegará o contrário, argumentando que a arte ainda é imprescindível como uma maneira essencial e necessária pela qual a verdade acontece, e que é decisiva para a existência histórica do ser humano.

Ao buscar recuperar esse novo conteúdo para o que é chamado de "arte", Heidegger afirma estar expondo não uma definição do que é "mais próprio" à obra de arte, pois isso também seria metafísico, e muito metafisicamente filosófico, mas as condições para uma *decisão* sobre o que há de mais próprio à arte (*M* 28), para pôr a verdade do ser em uma decisão (*CP* 355). Portanto, embora "A origem da obra de arte" não forneça nenhuma resposta para a pergunta sobre o que é arte, e, em vez disso, ofereça o que Heidegger chama de "diretrizes" (*Weisungen*; *BW* 211) para um questionamento contínuo acerca disso, ao mesmo tempo Heidegger define a tarefa de superar a estética de tal maneira a exigir de nós uma decisão sobre como nos posicionamos a respeito da arte. Além disso, para Heidegger, a arte é uma maneira de questionar, e a recusa a oferecer respostas para a questão do que a arte é indica não apenas como Heidegger entende a filosofia, como o desdobramento da questão do ser, mas a importância que ele atribui ao questionamento da arte nesse desdobramento. A insistência no questionamento, na obra de arte como questionamento, no fato de uma resposta só ter força se enraizada e não separada do questionamento, e na tarefa do pensador sobre arte de questionar em termos da obra (*BW* 194-195), as quais são todas compatíveis com pensar o ser como uma *questão*, surgem explicitamente perto do final da conferência, e, especialmente, no que é adicionado a ela. É nesse sentido que, para Heidegger, precisamos ver a arte como uma charada, um enigma (*Rätsel*; *BW* 204), e isso explica de alguma forma por que, no início, Heidegger define como e por que o movimento de questionar sobre a arte deve ser circular, pois somente através de um movimento circular de questionamento a questão da origem da obra de arte será mantida em aberto (*BW* 144; *OWAF* 331-332; compare "O que é decisivo é não sair do círculo, mas entrar nele da maneira certa", *BT* 195). A origem não deve ser entendida como o início de um processo causal que leva a alguma *coisa*, na forma de um objeto, por exemplo, ou de uma resposta. Portanto, a arte *é*, para Heidegger, não porque existem obras de arte; pelo contrário, existem obras de arte porque a arte é, porque a arte acontece. Heidegger entende a arte como sendo uma origem, e de que e como ela é a origem é a questão.

A arte como verdade

O questionamento de Heidegger da obra de arte começa com o seu caráter côisico [*thingly*]. Ele identifica três definições de coisidade [*thingness*] – "como portadora de traços, como a unidade de uma multiplicidade de sensações, como matéria formada" (*BW* 156) – e acha todas as três insuficientes, porque definem a coisa em termos de experiência subjetiva, de experiência imediata, vivida. E talvez, diz Heidegger, "a experiência vivida seja o elemento no qual a arte morre" (*BW* 204). Mas é a última das três definições que interessa a Heidegger: a coisa como matéria formada, cuja definição deriva seu domínio do relato do caráter côisico dos produtos da criação humana: equipamento, coisas propositais e úteis, coisas ao mesmo tempo familiares e, no entanto, intermediárias entre uma mera coisa e uma obra. Heidegger refuta a definição de uma obra de arte nesses termos, porque não faz justiça ao caráter laboral da obra de arte. É nesse ponto que ele introduz um exemplo, uma "representação pictórica" de "um tipo comum de equipamento – um par de sapatos de camponês" pintado por Van Gogh (*BW* 158). E na descrição desses sapatos feita por Heidegger, a pintura "fala". Ela fala de tal maneira a deslocar-nos para outro lugar que não aquele onde normalmente estamos. A esse lugar, Heidegger o chama de verdade (*BW* 161)[65].

65 Mas, como Meyer Schapiro aponta em sua crítica de 1968, Heidegger, em lugar algum, diz-nos exatamente a qual das muitas pinturas de sapatos de Van Gogh ele está se referindo, "como se as diferentes versões fossem intercambiáveis, todas revelando a mesma verdade". Schapiro sustenta que a pintura é dos próprios sapatos do artista, e não os de um camponês, e que Heidegger é culpado exatamente daquilo que ele procurava evitar: a projeção de uma interpretação subjetivista na pintura (SCHAPIRO, 1994). E Jacques Derrida, por sua vez, mostra como nem Heidegger nem Schapiro po-

Nessa obra de arte, a verdade dos sapatos pôs-se a trabalhar. Não é que a verdade tenha sido posta a trabalhar; é que a verdade se põe a trabalhar na pintura, onde a verdade é tanto o sujeito quanto o objeto (*BW* 202). "A arte é o pôr-se-a-trabalhar da verdade" (*BW* 165, trad. mod.), um duplo genitivo no qual a verdade dos sapatos e o mundo no qual são usados aparecem pela primeira vez.

Ao mesmo tempo, a obra de arte abre-se à sua maneira; é autossubsistente. Com efeito, o processo criativo é destrutivo: "quase como uma passagem", que permite à obra surgir, mas na qual o artista é destruído (*BW* 166) ou sacrificado (*M* 28). Portanto, não apenas a obra de arte, para Heidegger, não é um objeto de gosto, como tampouco é o produto de um sujeito genial. Além disso, o artista não está no controle da obra. Mas, por autossubsistente, Heidegger não pretende implicar que as obras de arte sejam autônomas, ou "obras em si mesmas" (*M* 28). Quando vemos uma escultura em um museu ou uma pintura em uma galeria, estamos olhando para a arte que, de uma maneira importante, passou para o domínio da tradição e da conservação através da objetificação. O que Heidegger chama de a "indústria da arte" lida apenas com obras de arte como objetos; com efeito, ela os objetifica, às custas do seu "ser-obra". Heidegger pergunta: "A que lugar uma obra pertence?" A questão mesma é reveladora de como Heidegger entende a arte. Heidegger responde: "A obra pertence, enquanto obra, exclusivamente ao domínio aberto por ela mesma. Pois o ser-obra da obra ocorre essencial e exclusivamente nessa abertura" (*BW* 167). A implicação de que isso

dem encontrar garantia dentro da pintura para afirmar que os sapatos "pertencem" a todos; na verdade, nem sequer que eles sejam um par. Em vez disso, Derrida argumenta que tanto Heidegger quanto Schapiro devem pressupor que os sapatos sejam um par como condição de torná-los disponíveis para um sujeito, em dois sentidos: um sujeito que possa ficar neles, a quem eles identificariam como o sujeito da pintura, e um sujeito capaz de colocar diante de si a pintura como objeto. Nisto, tanto Heidegger quanto Schapiro transformam a inutilidade essencial da pintura em algo com valor de uso, servindo-os em seu desejo de se apropriarem da imagem para os seus próprios fins, na verdade, uso normal e fins normativos, à custa de ser uma obra de arte. Contra o que Derrida sugere que a pintura dos sapatos foi feita a fim de que os sapatos, como pintados, permaneçam ali, na pintura: algo que eles só podem fazer se a própria pintura manifestar um restante, um excesso (DERRIDA, 1987). Compare as perguntas de Heidegger em seu único outro texto que faz referência à pintura dos sapatos de Van Gogh: "O que está sendo aqui? A tela? As pinceladas? As manchas de cor?" (*IM* 38).

aconteça apenas uma vez, na localização "original" da obra, é corroborada pela escolha de Heidegger de um exemplo para ilustrar o ponto: o templo grego. Para investigar a verdade da obra e familiarizar-se com o que a questão da verdade envolve, é necessário "tornar visível *uma vez mais* [*erneut sichtbar zu machen*] o acontecimento da verdade na obra" (*BW* 167, grifo nosso). Em outras palavras, tornar visível agora, agora que o templo passou, é uma operação da linguagem e da filosofia, e não algo que possa ser simplesmente visto na obra.

A obra de arte torna visível o que de outra forma é invisível – o mundo: no caso do templo, a radiância da luz do dia, o espaço invisível do ar, o aparecimento das coisas e o solo sobre o qual e no qual os humanos baseiam sua habitação. A obra do templo é abrir um mundo de entes de modo a mostrar as coisas em seu surgimento. Não é que o mundo chegue primeiro, ao qual o templo é então adicionado; é que um mundo de entes surge primeiro como o que é, *e* que a maneira como os humanos veem esse mundo lhes é dada pela primeira vez no estabelecimento do templo: "O templo, no seu estar aí, primeiro dá às coisas sua aparência e aos homens suas perspectivas sobre si mesmos" (*BW* 168). Essa é a base sobre a qual Heidegger pode dizer que as obras de arte são essencialmente históricas: elas encontraram exatamente os meios pelos quais os humanos podem perceber e, portanto, decidir acerca do mundo. As obras de arte estão onde o "mundo muda", no sentido de que elas permitem que o mundo seja visto outra vez, mas pela primeira vez. Mas essa visão permanece aberta apenas porquanto a obra continua sendo uma obra, ou seja, apenas porquanto a obra de arte mantém aberta para decisão o que ela mostra surgir. Uma decisão "baseia-se em algo não dominado, algo encoberto, confuso; de outro modo nunca seria uma decisão" (*BW* 180). O mundo dos entes abertos para decisão pela obra está mais plenamente no ser do que o está o mundo perceptível decidido que nós normalmente habitamos. A obra mantém aberto o mundo ao liberar o que Heidegger chama de espaço livre da sua região aberta (*BW* 170). Esta é a primeira de duas características do ser-obra da obra.

O segundo é a materialidade da obra. Aqui Heidegger introduz uma distinção importante que toca em uma questão que estrutura muito da teoria da arte da segunda metade do século XX. O material de que coisas, ferramentas e equipamentos são feitos é usado na fabricação deles; ele desaparece na forma, é subjugado à utilidade. Tais coisas são tanto mais úteis quanto mais a sua materialidade seja subsumida pela utilidade. Mas os materiais dos quais uma obra de arte é feita não são usados dessa maneira. Pelo contrário, eles surgem pela primeira vez, tornados visíveis na região aberta do mundo que a obra estabelece. A arte, portanto, pode ser oposta à objetificação técnico-científica com base na maneira pela qual sua materialidade excede e escapa ao cálculo e ao domínio (*BW* 172). A essa materialidade, Heidegger chama de "terra". Portanto, a obra do templo não consiste apenas em mostrar as coisas em seu surgimento, mas em iluminar aquilo em que e sobre o que elas surgem, pôr o mundo assim aberto de volta na terra. A terra é produzida, é desencoberta, mas isso não significa que seja penetrável. Podemos analisá-la, tentar compreendê-la, mas ela se retirará de nós para sempre. Não veremos a terra pelo que ela é propriamente, a menos que a aceitemos como aquilo que é essencialmente autoisolante e irrevelável. É através das maneiras pelas quais os materiais de uma obra de arte são arranjados que a natureza autoisolante da terra é desdobrada. É o excesso de sua materialidade que nos nega a possibilidade de alguma vez dominar plenamente a obra em nossas interpretações dela.

O jogo de encobrimento-desencobrimento

Qual é a relação do mundo com a terra, os dois componentes essenciais que compreendem o ser-obra da obra de arte? É um acontecimento, um movimento, onde cada um atinge sua essência através de sua resistência ao outro – mundo e terra são oponentes que pertencem um ao outro intimamente –, portanto, trata-se de uma relação de combate (*Streit*; *BW* 174). O mundo desencobre o autoisolamento da terra; a terra tende a atrair o mundo para o seu encobrimento. O mundo torna visível o que de outro modo é invisível; a terra é uma materialidade que nunca pode ser explicada ou relatada em termos do que pode ser mostrado. O movimento entre os dois é de encobrimento-desencobrimento e exibição-retirada, e o que acontece no movimento é um afastamento e uma separação, de modo que o que Heidegger chama de clareira (*Lichtung*; *BW* 178) é ganho. Mas essa região aberta deve ser estabelecida, possuída e atingir constância, e só pode fazê-lo, diz Heidegger, através da presença de um ente. Aqui encontramos uma abertura para uma das razões pelas quais Heidegger tem muito pouco a dizer acerca das obras de arte abstratas (e isso também vale para a questão do privilégio do linguístico sobre o visual na obra de Heidegger, a ser abordada abaixo): se a região aberta está sempre carente de um ente ou entes para seu estabelecimento e manutenção, então isso pareceria privilegiar a figuração, na qual a figura encenaria a peça do encobrimento-desencobrimento em sua *des*-figuração. Com efeito, o fato de a arte "sem objeto" e "não-representacional" (*gegendstandlose*) poder ser exibida em museus atesta a adequação histórica da arte moderna, e tem mais a ver com a metafísica do que estaria implícito no que Heidegger alega ser sua autoconcepção – "produções que já não são capazes de ser obras [...] algo para o qual falta a palavra adequada" (*PR* 34) – porque tais exposições provam que obras desprovidas de objeto não são menos objetificáveis, pela indústria cultural, pela estética, do que as representacionais[66].

A clareira é onde encontramos aqueles entes que não somos, e temos acesso ao ser que somos. Qualquer ente que encontrarmos em uma obra de arte sempre ao mesmo tempo esconde-se em um encobrimento. Qualquer ente que esteja encoberto está ao mesmo

66 No final dos anos de 1950, Heidegger foi particularmente tomado pelas pinturas de Paul Klee. Tal foi o impacto de ver a obra de Klee (e de ler seus textos) que, em 1959, de acordo com Petzet e Pöggeler, os quais conversavam com Heidegger àquela época, Heidegger considerou, na verdade tentou, de acordo com Pöggeler, escrever uma segunda parte de "A origem da obra de arte" (PÖGGELER, 1994, p. 121; PETZET, 1993, p. 146). Para excertos das notas de Heidegger sobre Klee (que geralmente não estão disponíveis para o público), cf. Seubold (1993). Para um relato do envolvimento de Heidegger com a obra de outros pintores modernos durante esse período, em particular Becker-Modersohn, Van Gogh, Cézanne, Picasso e Braque, cf. Petzet (1993, cap. 6, p. 133-158).

tempo posto na abertura em seu encobrimento. Portanto, a verdade, o desencobrimento, é também encobrimento (na verdade, um duplo encobrimento, uma vez que os entes podem tanto recusarem-se quanto apresentarem-se como algo diferente do que são). A verdade, portanto, não pode ser uma questão de correspondência ou correção, de representação ou conteúdo representacional (cf. o cap. 8). A verdade acontece quando os contra-ataques do mundo e da terra são desencobertos, sempre de uma maneira particular; isto é, com a presenciação [*presencing*] de um ente, através de um desencobrimento que é, ao mesmo tempo, um encobrimento. (Uma outra maneira pela qual a verdade acontece é com o questionamento do pensador; daí a insistência de Heidegger de que a questionabilidade dos entes não é algo negativo, mas aquilo que é mais digno de questão [*questionworthy*] acerca deles, e a questão é uma maneira de manter aberto o jogo de encobrimento--desencobrimento do que é questionado[67].)

Ao mesmo tempo em que um ente é gerado na abertura e um mundo é assim revelado, uma fenda (*Riss*) é formada entre a terra e o mundo, que recua na terra na forma da materialidade da obra: "a gravidade da pedra, a dureza muda da madeira, o brilho escuro das cores" (*BW* 188). A materialidade se força na região aberta *como* autoisolada, e resiste intensamente à abertura do mundo. É através da resistência da terra que o conflito com o mundo é fixado na forma de uma *figura* (*Gestalt*; *BW* 189). A figura é a maneira particular pela qual o material da obra de arte é arranjado – através da colocação (*Stellen*) e do enquadramento (*Ge-stell*, do qual o sentido de montagem [*Montage*] é excluído; *BW* 209) – de modo a estruturar e moldar o combate e a fenda entre mundo e terra, e os entes e a materialidade, onde a materialidade não é usada, mas, pelo contrário, é "libertada" para ser "nada além de si mesma". A produção de um equipamento está completa quando a matéria está formada de acordo com o uso e subsumida por esse uso. Não é assim uma obra de arte, para a qual o processo de criação libera a matéria para parti-

67 Heidegger oferece outro exemplo de como a verdade acontece dessa maneira: o ato que funda um estado político (*BW* 187).

cipar do acontecimento da verdade. A verdade precisa de matéria, o que Heidegger chama de terra. A verdade acontece ao ser *composta* ("indem sie gedichtet wird"; *BW* 197). Tal é a maneira essencial pela qual a verdade está relacionada à criação. Seu estado ou qualidade de ser criada [*createdness*] faz parte da obra e destaca-se dela a cada vez de uma maneira particular. É criação no sentido de que, o que é produzido a cada vez como o arranjo, enquadrando e fixando no lugar do conflito entre a terra e o mundo, "nunca foi antes e nunca virá a ser novamente" (*BW* 187), e "nunca poderá ser provado ou derivado do que foi antes" (*BW* 200).

O estado ou a qualidade de ser criada de uma obra é o seu "que é", e que ela seja é exatamente o que é incomum acerca dela. O seu "que é" é projetado à frente dela à maneira de um impulso. A inabitualidade do seu ser uma obra, sua extraordinariedade, é empurrada para a abertura do cotidiano e do ordinário, abrindo outro espaço no qual nós espectadores somos deslocados, uma abertura na qual nossas maneiras ordinárias e habituais de estar no mundo são restringidas, permitindo que a obra crie e revele a alteridade do mundo. Dessa maneira, Heidegger tenta explicar a autossubsistência da obra, em oposição à maneira pela qual a estética situa a obra de arte em uma relação sujeito-objeto, por um lado fazendo dela um objeto de experiência vivida ou o estimulador de tal experiência[68], e, por outro lado, fazendo da experiência algo privado e a posse de um sujeito. Em vez disso, Heidegger vê a arte como o fundamento do ser para e com um outro (*BW* 193). Aqueles que deixam a obra ser dessa maneira e são capazes de permanecer na sua verdade e na abertura dos entes assim revelados, inclusive os entes que eles mesmos são, Heidegger chama de "preservadores" (*Bewahrenden*). A responsividade dos preservadores é equiparada à resolutidade (*Ent-schlossenheit*) tal como é estabelecido em *Ser e tempo*. Os preservadores fazem parte do estado ou qualidade de

68 A esse respeito, o conceito de arte de Nietzsche como "o maior estimulante da vida" (NIETZSCHE, 1968, p. 426) é o ponto culminante da metafísica como maquinação, porque, assim como um estimulante, ela deve, necessariamente, ser nutrida (*HHI* 88; M 27). Heidegger considera a observação como sendo a "*maior declaração sobre a arte*" de Nietzsche (*N1* 76).

ser criada de uma obra tanto quanto o seu criador. A arte é uma preservação criativa da verdade. Aqui chegamos àquilo de que a obra de arte é a origem: "Se a arte é a origem da obra, isso significa que a arte permite que aqueles que essencialmente pertencem um ao outro na obra, o criador e o preservador, se originem, cada um em sua própria essência" (*BW* 196). A arte *permite* que isso aconteça: como uma origem (*Ursprung*), a arte é um salto (*Sprung*; *BW* 202; cf. tb. *CP* 354), um salto primordial que traz as coisas à existência a partir de sua fonte na fenda.

Um povo histórico por vir?

Uma obra precisa de preservadores, mas pode não os encontrar imediatamente. De fato, Heidegger sugere que uma obra está tanto mais ligada a preservadores "quando está ainda apenas esperando por eles" (*BW* 192). A arte lança a verdade na direção dos "preservadores vindouros" (*BW* 200). Os preservadores vindouros são um grupo histórico de seres humanos. Esse tema, do que poderíamos chamar de "povo por vir", é abordado nas *Contribuições à filosofia*, e leva-nos a um aspecto controverso da concepção de Heidegger da obra de arte: sua relação com a história, mais especificamente com um povo histórico – e, de fato, com as pessoas de uma nação. Na sua "Conferência de Atenas" de 1967, Heidegger comenta acerca da arte moderna que ela "já não se origina das fronteiras formativas de um mundo do povo e da nação" (*HK* 15; cf. o cap. 7), como se isso fosse uma falha.

O fato de o acontecimento da verdade na obra ser uma questão de composição forma a base de outro aspecto controverso do relato de Heidegger. Ele argumenta que toda arte é essencialmente poética (*BW* 197-198). E embora afirme que a poesia, em sentido estrito, é apenas um modo de composição poética em um sentido mais amplo, ele continua a declarar "a obra linguística, a poesia em um sentido mais estrito", como privilegiada, porque "a linguagem preserva a essência original da poesia" (*BW* 198-199). O argumento de Heidegger aqui é que a linguagem traz os entes à abertura *pela primeira vez*, ao nomeá-los, e que todas as outras criações, construções e criações plásticas acontecem apenas na abertura dessa nomeação. Assim, nomear significa trazer os entes tanto à palavra como ao aparecimento (cf. o cap. 14). E esse nomear tem que ser visto de ambos os lados, por assim dizer: o da criação e o da preservação. Por outro lado, a linguagem não é restrita por Heidegger ao dizível, pois ela inclui o indizível: a linguagem poética como um anúncio projetivo dos entes em seu desencobrimento prepara o dizível, e, ao mesmo tempo, "traz o indizível enquanto tal para o mundo" (*BW* 199)[69].

E este é o momento no qual ambos os aspectos controversos do relato se conjugam. Tendo em mente o que foi dito anteriormente, que a arte é uma fundação, no sentido de que ela confere aos humanos não apenas o que veem, mas a maneira como veem, Heidegger quer dizer que a poesia é uma fundação em um sentido triplo: concedendo, fundamentando e começando, para cada um dos quais corresponde uma preservação. O dizer da poesia suporta "os conceitos de uma essência de um povo histórico; isto é, do seu pertencimento à história do mundo" (*BW* 199), e estes são *pré*-formados: mas não pelo que já temos, mas pelo que é concedido ao romper o que já está à mão. O indizível é o *já* lançado, mas na forma daquilo que está oculto aos humanos, encerrado na terra, e que deve ser atraído e colocado no chão. O indizível é a "determinação retida do próprio Dasein histórico" (*BW* 200), uma determinação que prepara para um outro começo. Esse outro começo, para Heidegger, é a fundação da arte quando instiga o combate da verdade. Mas acontece quando é exigido pelos entes como um todo: "a arte atinge a sua essência histórica como fundação" quando os entes exigem um fundamento na abertura (*BW* 201) – como acontece, e pela primeira vez para os humanos, na Grécia. Portanto, o que foi o impulso da obra de arte é agora o impulso do recomeço da história dos humanos, do deslocamento dos humanos para o seu ser um povo, o povo que eles já são ou pelo menos sempre foram

69 Para o relato de Heidegger sobre a abertura, agora denominada "a região" (*die Gegnet*; *AS*: 6) na arte gráfica moderna – que, ao lidar com o espaço, ao "controlá-lo", é confirmada em seu caráter moderno – cf. o seu ensaio de 1969, esculpido em uma pedra de litógrafo pelo escultor Chillida (PETZET, 1993, p. 158), "Art and Space".

dotados para ser, mas que nós ainda nunca tínhamos visto, pelo menos na forma de uma obra de arte.

Referências

BERNASCONI, R. (1993). *Heidegger in Question* – The Art of Existing. Atlantic Highlands, NJ: Humanities Press.

DERRIDA, J. (1987). "Restitutions of the Truth in Pointing". In: *The Truth In Painting* [Trad. I. McLeod]. Chicago, IL: University of Chicago Press, p. 255-382.

HEGEL, G.W.F. [1835-1838] (1975). *Hegel's Aesthetics* – Lectures on Fine Art. Vol. 1 [Trad. T.M. Knox]. Oxford: Clarendon Press.

LACOUE-LABARTHE, P. (1990). *Heidegger, Art and Politics* [Trad. C. Turner]. Oxford: Blackwell.

NIETZSCHE, F. [1882-1888] (1968). *The Will to Power* [Trad. W. Kaufman & R.J. Hollingdale]. Nova York: Vintage Books.

PETZET, H.W. (1993). *Encounters & Dialogues with Martin Heidegger 1929-1976* [Trad. P. Emad & K. Maly]. Chicago, IL: University of Chicago Press.

PÖGGELER, O. (1994). "Heidegger on Art". In: HARRIES, K. & JAMME, C. (eds.). *Martin Heidegger* – Politics, Art, and Technology. Nova York: Holmes & Meier, p. 106-124.

SCHAPIRO, M. [1968] (1994). "The Still Life as a Personal Object – A Note on Heidegger and van Gogh". In: *Theory and Philosophy of Art* – Style, Artist, and Society. Nova York: George Braziller, p. 106-124.

SEUBOLD, G. (1993). "Heideggers nachgelassene Klee-Notizen". In: *Heidegger Studies*, 9, p. 5-12.

TAMINIAUX, J. (1993). "The Origin of 'The Origin of the Work of Art'". In: *Poetics, Speculation, and Judgement* – The Shadow of the Work of Art from Kant to Phenomenology [Trad. M. Gendre]. Albany, NY: Suny Press, p. 153-169.

Leituras complementares

Fontes primárias

Cf., de Heidegger: "Art and Space"; "The Origin of the Work of Art" [Trad. A. Hofstadter]. In: *Basic Writings*; *Poetry, Language, Thought*; "Of the Origin of the Work of Art (first elaboration)".

Fontes secundárias

Cf. "The Greatness of the Work of Art". In: BERNASCONI (1993, p. 99-116). • LACOUE-LABARTHE (1990).

Cf. tb. PÖGGELER, O. "Heidegger on Art". In: HARRIES, K. & JAMME, C. (eds.). *Martin Heidegger* – Politics, Art, and Technology. Nova York: Holmes & Meier, 1994, p. 106-124. • TAMINIAUX, J. "The Origin of 'The Origin of the Work of Art'". In: *Poetics, Speculation, and Judgement* – The Shadow of the Work of Art from Kant to Phenomenology [Trad. M. Gendre]. Albany, NY: Suny Press, 1993, p. 153-169.

10
Ereignis
O evento de apropriação

Daniela Vallega-Neu

Ereignis torna-se um – se não, de fato, *o* – conceito fundamental da filosofia de Heidegger da década de 1930. Heidegger elabora o pensamento do *Ereignis* entre 1936 e 1938, na que é frequentemente chamada de a sua segunda grande obra (depois de *Ser e tempo*), a saber, *Beiträge zur Philosophie* (*Vom Ereignis*)[70]. A partir de então, *Ereignis* passa a nomear a maneira como o ser ocorre em sua verdade. A despeito da centralidade do conceito de *Ereignis* para Heidegger, os escritos nos quais ele realmente desenvolve esse conceito não se destinavam ao "ouvido público"; eram textos escritos sem considerações didáticas em uma tentativa de uma linguagem originária (poiética), uma linguagem que se pode chamar de "experimental" ou "esotérica" (no sentido literal) e que é certamente estranha no que diz respeito aos discursos comuns em filosofia. Seguindo os desejos de Heidegger, esses textos começaram a aparecer como volumes da *Gesamtausgabe* (*Edição Completa*) de Heidegger somente em 1989, ano em que *Beiträge zur Philosophie* (*Vom Ereignis*) foi publicado[71].

70 Cf. a indicação de Heidegger disso em *TB* 43 = *ZSD* 46. O título completo da tradução para o inglês atualmente disponível de *Beiträge zur Philosophie (Vom Ereignis)* (*GA* 65) é *Contributions to Philosophy* (From Enowning) (*CP*). Uma nova tradução, de Richard Rojcewicz e Daniela Vallega-Neu, será publicada pela Indiana University Press. [N.T.: A tradução para o português, de Marco Antonio Casanova, foi publicada em 2014, pela Editora Via Verita, com o título *Contribuições à filosofia* – Do acontecimento apropriador.]

71 *Beiträge zur Philosophie* é seguida por *Besinnung* (escrita em 1938-1939, publicada como *GA* 66 em 1997), *Die Geschichte des Seyns* (escrita 1938-1940, publicada como *GA* 69 em 1998), *Über den Anfang* (escrita em 1941, publicada como *GA* 70 em

Uma vez que *Beiträge zur Philosophie* (*Contribuições à filosofia*; doravente *Contribuições*) é a obra na qual Heidegger expõe pela primeira vez o seu pensamento sobre o *Ereignis*, precisaremos considerar especialmente essa obra e como o *Ereignis* é pensado nela. De fato, a articulação fundamental do *Ereignis* nesta obra dá acesso a todo o *corpus* da obra de Heidegger, até os seus últimos escritos. Mas, uma vez que, em seu último período, o pensamento de Heidegger passa por outra mudança (embora menos radical do que aquela designada como sua "virada"), também faz sentido conferir à articulação do *Ereignis* nesse último período alguma consideração especial.

Ereignis em alemão geralmente significa "evento", mas, como em muitos outros casos, Heidegger gosta de brincar com um campo semântico mais amplo que se abre quando ouvimos a palavra mais literalmente, dividindo-a em seus dois componentes semânticos *er-* e *-eignis*. O prefixo *er-* carrega o sentido de um movimento inicial ou de uma realização, enquanto *-eignis* refere-se à palavra *eigen*, que em alemão geralmente significa "próprio", mas que também está em jogo em uma palavra que nos é familiar a partir de *Ser e tempo*, de Heidegger, nomeadamente, *eigentlich*, em inglês, "*proper*" [próprio] ou "*authentic*" [autêntico]. Isso levou os estudiosos a traduzirem *Ereignis* não apenas como "*event*" [evento], mas também com o neologismo "*enowning*" [tornar próprio], ou como "*appropriation*" [apropriação], ou como "*the event of appropriation*" [o evento de apropriação].

Antes de apresentar o pensamento de Heidegger sobre *Ereignis* em *Contribuições*, pode ser útil notar que a palavra *Ereignis* aparece como um conceito principal (embora não exatamente no sentido que terá para Heidegger depois de 1936) em um ciclo de conferên-

2005) e obras que ainda serão publicadas: *Das Ereignis* (escrita em 1941-1942, será publicada como *GA* 71), *Die Stege des Anfangs* (escrita em 1944, será publicada como *GA* 72) e *Zum Ereignis-Denken* (será publicada como *GA* 73). Apenas alguns textos (palestras) publicados durante a vida de Heidegger lidam explicitamente com o *Ereignis*. Em *On Time and Being* (*TB* 36), Heidegger denomina "Carta sobre o Humanismo", quatro palestras ministradas em 1949 ("A coisa", "O enquadramento", "O perigo" e "A virada"; em *GA* 79), "A questão da técnica" e "Identidade e diferença" (*IDS*). Devemos acrescentar a esses textos a palestra e o seminário sobre "Tempo e ser" (em *TB*), bem como "Quatro seminários" (*FS*).

cias que Heidegger ministrou no final da Primeira Guerra Mundial; isto é, mesmo antes de escrever *Ser e tempo* (publicado em 1927). Neste ciclo de conferências de 1919, Heidegger já começa a elaborar uma diferença entre uma abordagem teórico científica das coisas e uma abordagem pré-teórica – mais genuína – das coisas. Ele ressalta que, em uma abordagem científico-teórica das coisas, o envolvimento peculiar de quem questiona e lida com as coisas se perde. Postulamos um sujeito e um objeto e descrevemos sua relação em termos de um *Vorgang*, uma ocorrência objetiva. Porém, não é assim que as coisas ocorrem se prestarmos bastante atenção à maneira como experimentamos nosso ambiente (*Umwelterlebnis*)[72]. Neste caso, descobrimos que não há sujeito nem objeto, e, no entanto, ao mesmo tempo, encontramo-nos envolvidos com o que quer que encontremos. O nosso envolvimento peculiar ao experimentarmos nosso ambiente é o que Heidegger chama, nessa primeira conferência, de *Ereignis*, em contraste com as ocorrências objetivamente descritas (*Vorgang*). Assim como em sua obra posterior, *Contribuições*, neste ciclo de conferências de quinze anos antes Heidegger hifeniza a palavra e chama a atenção para o radical que nela significa "próprio". Ele escreve:

> *Er-leben* ["experiência vivida"] não passa por mim, como uma coisa que eu postularia como objeto; em vez disso, eu *er-eigne* [torno própria ("*en-own*") ou "aproprio"] ela a mim mesmo e ela *er-eignet sich* [isso seria comumente traduzido como "acontece"; se tentássemos expressar o sentido literal, poderíamos traduzi-lo como "apropria a si mesma", ou "torna-própria a si mesma"] de acordo com a sua essência. E se, olhando para ela, entendo a experiência vivida dessa maneira, então eu não a entendo como processo [*Vor-gang*], como coisa, objeto, mas como algo totalmente novo, como *Ereignis* (*TDF* 63 = *GA* 56/57: 75, trad. mod.).

Este ciclo de conferências de 1919 prenuncia temas que Heidegger elaborará em *Ser e tempo* (1927), embora neste ele não use

72 Aqui, Heidegger usa a palavra *erleben* em um sentido positivo. Muito mais tarde, em *Contribuições*, Heidegger usa *"Erlebnis"* para designar um modo de experimentar vivido, alheio a um sentido do ser mais originário.

nem a palavra *Vorgang* nem a palavra *Ereignis* em sua análise do nosso (pré-teórico) ser-no-mundo[73]. Ele também evita as palavras *Leben* (vida) e *Erleben* (experiência vivida) por causa da sua crítica a uma "filosofia da vida" subjetivamente baseada. Quando retoma o conceito de *Ereignis*, ao começar a planejar *Contribuições*, em 1932[74], ele já não se refere meramente à maneira como experimentamos nosso mundo ambiente. A essa altura, o pensamento e a articulação conceitual de Heidegger da questão do ser terá passado por várias mudanças. Essas mudanças acontecem durante o curso de sua tentativa de pensar o evento do ser enquanto tal para além do subjetivismo e do objetivismo científico-teórico, ao mesmo tempo em que articula, de modos cada vez mais originais, a maneira peculiar pela qual nós humanos nos encontramos originariamente em nosso ser e dentro do ser enquanto tal.

Ereignis e a virada em *Ereignis*

A fim de entendermos o conceito fundamental de *Ereignis*, precisamos entender especialmente um aspecto da virada[75] no pensamento de Heidegger do início dos anos de 1930, a saber, o abandono da abordagem transcendental-horizontal da questão do ser na tentativa de falar mais incoativamente, mais originalmente, *a partir de dentro* de uma autêntica experiência do ser.

No projeto de *Ser e tempo*, o ser enquanto tal é questionado por meio da transcendência do ser do questionador, a saber, o Dasein. O Dasein – nosso ser ou existência, nós da maneira como somos no mundo – sempre já transcende (ultrapassa) o nosso próprio ente particular, de modo que, em nosso ser-no-mundo, o ser de outros

73 Friedrich Wilhelm von Herrmann (1994, p. 5-26) descreve o caminho de Heidegger desde o início do ciclo de conferências de 1919 até a elaboração do pensamento de *Ereignis* em *Wege ins Ereignis*.

74 Embora Heidegger comece a escrever *Contribuições* em 1936, de acordo com Von Herrmann (1994, p. 1), o plano para a obra já estava presente na primavera de 1932.

75 Cf. o cap. 6. Cf. tb. Vallega-Neu (2003, pt. 1). Uma discussão mais aprofundada sobre o caminho de Heidegger até *Ereignis* pode ser encontrada em Pöggeler (1998, p. 4-36).

entes e, portanto, o ser enquanto tal, também é revelado. Após a publicação das duas primeiras divisões da primeira parte de *Ser e tempo*, Heidegger percebeu que essa abordagem ainda convida os leitores a pensarem de uma maneira representacional: nós somos tentados a pensar que há uma entidade (Dasein) que transcende no horizonte aberto do ser (e do mundo), um horizonte que também tendemos a representar a nós mesmos de uma maneira quase-objetificante. A tarefa, então, para Heidegger, torna-se não pensar e falar *para* o horizonte aberto do ser, mas *a partir dele*. No § 132 de *Contribuições*, ele escreve: "O que conta não é ir além (transcendência), mas saltar sobre essa diferença [entre entes e ser] e com ela sobre a *transcendência* e questionar de uma maneira incoativa a partir do seer e da verdade" (*GA* 65: 250-251)[76].

Isso somente é possível se o pensamento tentar se manter sintonizado com um modo autêntico de ser no qual o pensador se encontra deslocado (Heidegger fala de um "salto") tanto do modo de ser cotidiano quanto do modo de ser teórico e jogado na (abissal) abertura do ser enquanto tal. Essa abertura é o que Heidegger chama de a *verdade* do seer. (Em *Ser e tempo*, esta é pensada como o horizonte temporal para o qual o Dasein sempre já transcende.) A verdade do seer precisa ser sustentada a fim de ocorrer como verdade, e é por isso que o pensamento precisa *ser* (-sein) aí (da-) nessa abertura. É então que o pensamento pode encontrar-se *ereignet*, "apropriado", pelo seer e o seer em sua verdade pode ser experimentado e pensado como *Ereignis*, como evento apropriador. Em outras palavras, a noção de *Ereignis* surge a partir de uma experiência do ser na qual o Dasein se encontra jogado na abertura do ser e apropriado em seu ser.

76 Todas as traduções de passagens de *Contribuições* são minhas. Para o contexto das passagens, cf. *CP*, que provê a paginação alemã de *GA* 65. Observe que "seer" [*beyng*] traduz a maneira arcaica de Heidegger de escrever *Sein* (ser) como *Seyn*. Com o "y", Heidegger pretende indicar que o ser deveria ser entendido em termos de uma ocorrência e não como um ente ou entidade de algum tipo que possamos representar. [N.T.: A tradução de *beyng* como seer foi introduzida por Marco Casanova, segundo ele, porque a grafia da palavra ser no português arcaico era feita com duas letras "e". Cf. CASANOVA, M. A linguagem do acontecimento apropriativo. In: *Nat. hum.*, v. 4, n. 2, p. 315-339, dez.-2002, São Paulo. Disponível em http://pepsic.bvsalud.org/scielo.php?script=sci_arttext&pid=S1517-24302002000200003&lng=pt&nrm=isso – acesso em 31/01/2020.]

Para explicar isso melhor (ainda que de maneira preliminar): a partir da experiência de ser jogado na abertura abissal do ser, experimentamos um evento revelador no qual nós também primeiro encontramos o nosso próprio ser; experimentamos o nosso ser como *er-eignet* ([*en-owned*]) ou "apropriado" nesse evento. Essa apropriação não ocorre simplesmente passivamente, mas exige uma resposta daquele que irá primeiro, através dessa resposta, encontrar-se chegando a "si mesmo" nesse evento.

Essa é a razão pela qual Heidegger diz que a revelação (verdade) do seer precisa do *Da-sein* como o local de sua ocorrência e o *Da-sein* é apropriado por essa revelação. Heidegger fala nesse contexto da *Kehre im Ereignis*, a *virada no evento apropriador*[77]. A verdade (revelação) do seer ocorre apenas através do *Da-sein* (e, portanto, do ser humano – e *não* dos *entes* humanos), e o *Da-sein* – por sua vez – ocorre apenas através da verdade do seer[78]. A responsividade daquele que se encontra jogado e apropriado na revelação do seer é o que constitui o *-sein* do *Da-*, o *-ser* do *aí*[79] (a revelação da verdade) e, portanto, Da-*sein*, *ser*-aí; isto é, ser na revelação da verdade.

Ereignis, Ent-eignis e a historicidade do ser

Parte da dificuldade desse pensamento do *Ereignis* é que não podemos deliberadamente nos sujeitar à experiência do ser como evento apropriador, e, sem pelo menos algum sentido dessa experiência, o que Heidegger tenta pensar e dizer pode simplesmente soar vazio e absurdo. No entanto, Heidegger acredita que haja uma sintonia fundamental latente em nossa época que possibilita que pelo menos alguns poucos de nós se encontrem expostos àquela abertura abissal do seer a partir da qual podemos experimentar o seer ocorrendo como *Ereignis*. Em *Ser e tempo* foi demonstrado que

77 É isso que Heidegger aborda na "Carta sobre o Humanismo" como o significado mais original de *Kehre* (*BW* 231-232 = *GA* 9: 328).

78 Cf. *GA* 65: 311. Observe que *Da-sein* (escrito com um hífen) torna-se em *Contribuições* o local da revelação tanto da verdade do seer quanto do nosso próprio ser, o que significa que a noção de *Da-sein* é ainda mais deslocada de suas conotações subjetivas.

79 "Da" em alemão significa tanto "aqui" quanto "aí".

a sintonização fundamental da ansiedade nos deslocou de nossas relações familiares com as coisas, de tal modo que o nosso ser emergiu autenticamente em sua finitude, ou seja, em seu ser para a morte. Em *Contribuições*, a disposição básica que nos transpõe para o evento revelador da verdade do seer é tanto múltipla quanto também histórica (no sentido de *geschichtlich*); é a disposição de uma época e não a de um ser humano individual.

Heidegger nomeia as disposições básicas que em sua unidade nos deslocam para a abertura abissal do seer: o "choque" (*Erschrecken*), a "moderação" (*Verhaltenheit*) e a "timidez" (*Scheu*). O choque implica a experiência do abandono dos entes pelo ser na dominação da maquinação (*Machenschaft*) e da aventura (*Erlebnis*; frequentemente traduzida como "experiência vivida"), de modo que os entes são reduzidos a meras variáveis para cálculo e a meios para aventuras. Como consequência, mesmo a necessidade de questionar o ser não surge. A fim de encontrar a questão do ser novamente, o abandono pelo ser e o esquecimento do ser primeiro precisam ser experimentados como uma situação difícil. O que o pensamento então percebe, sintonizado pelo choque, é que, em nossa época, o ser não ocorre como um evento apropriador, mas como uma recusa (*Verweigerung* ou *Versagung*)[80]. Portanto, o seer, a princípio, é experimentado como uma retirada, ou seja, não como apropriação, mas como ex-propriação, como *Ent-eignis*. Heidegger escreve: "Nesta época, 'os entes' são [...] expropriados pelo seer [*des Seyns enteignet*]" (*GA* 65: 120). Portanto, a verdade do seer, revelada no choque, revela-se a si mesma como carente de fundamento, de modo que a verdade tem o caráter de uma abertura abissal. Heidegger acredita que essa verdade abissal precisa ser sustentada para que o seer encontre um local (*Da-sein*) e para que a possibilidade do evento apropriador (*Ereignis*) seja preservada. A sustentação da abertura abissal do seer como retirada é possibilitada pelas disposições da moderação e da timidez que dispõem o Dasein juntamente com o choque.

80 Cf., em *Contribuições*, a parte ou "fuga" intitulada *Anklang* (traduzida como "Ressonância", ou "Eco"), § 50, e as seções seguintes (*GA* 65: 107ss.).

Ent-eignis, expropriação no sentido indicado acima, tem, portanto, uma conotação "negativa": indica que em nossa época *Er-eignis* (ainda) não ocorre e a verdade do seer permanece oculta. Isso implica o que Heidegger chama, em *Ser e tempo*, de a decadência [*fallenness*] do Dasein. Também se refere ao que, em seu ensaio "A essência da verdade", ele chama de inverdade no sentido de errância (*Irre*; *BW* 132-133). Mas Heidegger fala de *Ent-eignis* também em um sentido "positivo", a saber, em termos do encobrimento originário que pertence à verdade do seer mesmo quando domina como *Er-eignis*[81]. Embora Heidegger não use o termo *Ent-eignis* nesse sentido em *Contribuições*, ele o faz em seu ensaio posterior de 1962, "Tempo e ser", onde ele fala de "*die Enteignis*": "A Expropriação [*Ent-eignis*] pertence à Apropriação enquanto tal. Por essa expropriação, a apropriação não se abandona – antes, preserva o que lhe é próprio [*sein Eigentum*]" (*TB* 22-23 = *ZSD* 23). Mesmo que, como Heidegger ainda parece esperar ao escrever *Contribuições*, outro começo de história fosse concedido à humanidade, de modo que os entes já não estivessem abandonados pelo seer e a verdade do seer dominasse como *Ereignis*, o seer simplesmente não "se daria completamente" e estaria "plenamente presente", mas permaneceria um encobrimento essencial, uma reserva que pertence ao domínio da verdade do seer. Essa reserva essencial traz em si possibilidades essenciais do seer, possibilidades de "começos" epocais, e, portanto, precisa ser preservada em seu encobrimento.

Contribuições é, no entendimento de Heidegger, uma obra de transição que primeiro tenta preparar o local, nomeadamente o Dasein, que permitiria que a verdade do seer dominasse como *Ereignis*. Esse momento (*Augenblick*) seria o momento da fundamentação de um outro começo de história. Nesse momento, os entes não seriam expropriados pelo seer, mas, em vez disso, abrigariam a verdade do seer. Em termos dessa ocorrência histórica, *Ereignis* permanece um evento do qual se pode ter apenas um pressentimento. (*Ahnung*, pressentimento, é outra disposição básica do pensamento de

81 Heidegger também desenvolve esse senso de verdade em "A essência da verdade" (*BW* 130-131).

Ereignis; cf. *GA* 65: § 5, 6, 128.) Esse pressentimento surge ao ser deslocado em choque para a revelação do seer como retirada, bem como ao meditar sobre o que Heidegger chama de o primeiro começo do pensamento ocidental. No primeiro começo, a verdade do seer é experimentada – revelada no maravilhamento – como chegar à presença (*Anwesenheit*), de tal modo que a dimensão encoberta do ser se retira "atrás" do que vem à presença nessa vinda à presença. Eventualmente, a própria vinda à presença já não é experimentada e o ser é pensado apenas em referência às coisas apresentadas. O ser então torna-se o conceito mais geral e vazio, em vez de ser experimentado como um evento temporal por meio do qual os entes vêm à presença: o ser se retira e é esquecido, e os entes permanecem abandonados pelo ser.

O pressentimento da verdade do seer como evento (um pressentimento que surge quando o pensamento, sintonizado pelo choque, experimenta o abandono do ser) não situa simplesmente *Ereignis* em um futuro distante; Heidegger entende que a disposição básica do pressentimento surja de *Ereignis*: "O homem tem um pressentimento do seer [...] porque o seer se apropria dele para si próprio [*das Seyn er-eignet ihn sich*]" (*GA* 65: 245). Heidegger sugere que haja alguns poetas e pensadores prematuros que já se acham apropriados, embora *Ereignis* ainda não domine de modo a determinar a maneira como o seer se revela de uma maneira epocal. Heidegger chama esses poucos de *die Zukünftigen*, os vindouros.

Podemos, então, distinguir três maneiras de falar de *Ereignis*:

1) *Ereignis* nomeia uma ocorrência histórica que é o *Augenblick*, o momento que marcaria o outro começo da história. Nesse momento, os entes já não estão abandonados pelo seer e a verdade do seer domina como evento apropriador. Ao *Ereignis*, nesse sentido, também pertence *die Enteignis* como a retirada e o encobrimento originários a partir dos quais ocorre toda apropriação. *Ereignis*, nesse sentido, ainda não domina, e primeiro precisa ser preparado através da fundamentação do *Da-sein*.

2) *Ereignis*, no primeiro sentido, é uma "possibilidade" que já clama a alguns poetas e pensadores. A própria tentativa de Hei-

degger de articular *Ereignis* – ao ouvir especialmente as palavras do poeta Hölderlin – é uma tentativa de falar de tal pressentimento preliminar e transitório dele. Aqueles que se encontram respondendo a esse chamado mais originário do seer já não vivem no esquecimento do seer, que prevalece na maquinação e na aventura (que está enraizada na retirada da verdade do seer), mas experimentam a retirada do seer enquanto tal.

3) *Ereignis* domina como *Ent-eignis*; isto é, como a retirada do seer e o abandono dos entes pelo ser na presente era de maquinação e aventura. *Ent-eignis* (expropriação) é uma forma de *Ereignis*, ainda que se trate de uma forma "negativa". Enquanto *Ereignis* é análogo à autenticidade (*Eigentlichkeit*) do enfrentar resolutamente a própria mortalidade, *Ent-eignis* é análogo à inautenticidade (*Uneigentlichkeit*) de fugir da possibilidade da própria morte (cf. o cap. 4). É crucial ver que a expropriação é uma forma de apropriação a fim de entender como, para Heidegger, a era da maquinação – mais tarde ele fala de tecnologia em termos do *Ge-stell* ou "quadro" (cf. o cap. 13) – porta em si a possibilidade de uma virada para o evento de apropriação em um sentido mais originário.

A expansão plena de *Ereignis*: Da-sein, deuses e humanos, mundo e terra, entes

Até este ponto, este capítulo concentrou-se em introduzir a noção de *Ereignis*, prestando especial atenção à relação entre a verdade do seer, o ser-aí (*Da-sein*) e os humanos. No entanto, *Ereignis* tem outras dimensões essenciais, nomeadamente as dos deuses, do mundo, da terra e dos entes. O ser-aí não é simplesmente o ponto de virada entre a verdade do seer e os humanos de modo que possamos imaginar para nós mesmos algum "seer" que se relacione com os humanos através do ser-aí. Se quiséssemos procurar algum elemento "contra-posto" aos humanos no evento apropriador, teríamos que o encontrar nos deuses. No § 191 de *Contribuições*, Heidegger escreve: "O ser-aí é o *intermédio* entre os humanos (como os que fundamentam a história) e os deuses (na sua história)" (*GA* 65: 311). O nosso ser é apropriado em relação aos deuses, de modo que somos designados (*Zueignung*) aos deuses e os deuses são consignados (*Über-eignung*) a nós.

No § 267 de *Contribuições*, Heidegger fala dos deuses como aqueles que precisam do seer (o que significa que Heidegger não pensa nos deuses como entes supremos)[82]. Essa necessidade ressoa na necessidade que os humanos experimentam quando, sintonizados pelo choque e pela moderação, percebem o abandono dos entes pelo seer e o esquecimento do seer em nossa época. Para Heidegger, esse abandono e esquecimento, a retirada do ser, acompanha o que o poeta Hölderlin chama de fuga dos deuses. Por conseguinte, para que *Ereignis* ocorra historicamente de modo a que um novo começo de história seja fundado, os deuses são necessários; mais especificamente, o que Heidegger chama de "a passagem do último deus" [*Vorbeigang des letzten Gottes*] é necessária. Assim como *Ereignis* se mantém em reserva mesmo quando ocorre historicamente, os deuses (e o último deus) também se mantêm em uma dimensão oculta. Heidegger pensa que, para que o evento apropriador ocorra, precisamos atender a essa dimensão oculta; e se nos encontrarmos apropriados no evento, se em choque, moderação e timidez suportarmos a abertura abissal do seer, então nos encontraremos "designados" (*zugeeignet*) para essa dimensão oculta. Portanto, deuses e humanos emergem em *Ereignis*, tanto em sua separação (*Geschiedenheit*) bem como em seu encontro designado/apropriado.

É *dentro* desse encontro, ou seja, no intermédio do ser-aí aberto no encontro decisivo entre deuses e humanos, que o combate entre mundo e terra, e a relação com os entes estão situados no pensamento de *Contribuições*[83]. Uma vez que o ser-aí é apropriado, a verdade do seer encontra um local (nomeadamente, o ser-aí, *Da-sein*). Com esse

82 "*A apropriação* [*die Er-eignung*], que na situação em que os deuses precisam do seer, o seer necessita ser-aí a fim de fundamentar a sua própria verdade, de modo a permitir ao intermédio dominar – a apropriação [*Er-eignung*] do *Dasein* através dos deuses e a designação [*Zueignung*] dos deuses a si mesmos" (*GA* 65: 470). Sobre a questão de deus/deuses no pensamento de Heidegger, cf. os cap. 16 e 17.

83 Cf. o § 190 de *Contribuições* (*GA* 65: 310), onde Heidegger até mesmo diagrama essa relação.

local é revelado o "combate entre mundo e terra" que Heidegger desenvolveu mais detalhadamente no ensaio "A origem da obra se arte" (*BW* 143-212; cf. o cap. 9). O combate entre mundo e terra está relacionado ao que Heidegger chama de "abrigo" (*Bergung*) da verdade do seer nos entes (especialmente palavras, mas também obras e ações). A verdade do seer ocorre como *Ereignis* somente quando é abrigada nos entes, o que implica para Heidegger, acima de tudo, um abrigar-se nas palavras[84]. (Caso contrário, os entes permanecem *ent-eignet*, "expropriados" pelo seer, como discutido acima.) É por isso que a passagem do último deus (que marcaria a fundamentação do outro começo da história) ocorre ao mesmo tempo em que o abrigo da verdade nos entes. Nessa fundamentação da verdade do seer no ser-aí, o seer e os entes são transformados em sua simultaneidade (*GA* 65: 14).

Mas essa simultaneidade não abole toda diferença (deve-se ter em mente que diferença não significa separação) entre o seer e os entes. De acordo com o que Heidegger pensa durante o tempo em que está escrevendo *Contribuições*, o combate entre terra e mundo funciona como uma espécie de meio entre a verdade do seer e os entes. Ele diz que a verdade do seer não pode ser "diretamente" abrigada nos entes, mas primeiro precisa ser transformada no combate entre mundo e terra (*GA* 65: 391).

Ereignis no pensamento do segundo Heidegger

O que se segue são algumas breves indicações de como e onde a noção de *Ereignis* aparece e também sofre algumas mudanças no pensamento do segundo Heidegger.

Ereignis *como o jogo-de-espelhos do quádruplo (enteignende Vereignung)*

O relato das relações entre "deuses e humanos" e "mundo e terra" em *Contribuições* prenuncia o seu pensamento posterior

84 Cf. "A origem da obra de arte", onde Heidegger fala de poesia em um sentido mais amplo, como englobando toda a criação e preservação de uma obra (*BW* 199). Para a relação entre linguagem e *Ereignis*, cf. Vallega-Neu (2002) e Dastur (1993).

sobre o "quádruplo" (*Geviert*) de divinos e humanos, céu e terra (cf. o cap. 15). Os ensaios "A coisa", de 1950 (*PLT* 161-184 = *VA* 157-180), e "Construir, habitar, pensar", de 1951 (*BW* 347-363 = *VA* 139-156), nos quais Heidegger expõe o quádruplo, são – vistos desde o horizonte de *Contribuições* – ensaios nos quais Heidegger pensa à frente em modos de abrigo nos quais o seer e os entes são transformados na sua simultaneidade. Nestes ensaios, dois dos quatro termos do quádruplo mudam levemente em relação a *Contribuições*: em *Contribuições*, Heidegger fala do "combate entre mundo e terra"; nos escritos posteriores, é dito que a relação entre céu e terra, juntamente com a relação entre mortais e divinos, constituem o "mundar" (*Welten*) do mundo. O que muda é também uma certa relação "fundacional" que Heidegger mantém em *Contribuições* quando diz que o combate entre mundo e terra ocorre *dentro* do encontro decisivo de deuses e humanos. Ao falar do quádruplo no ensaio "A coisa", Heidegger diz que *Ereignis* ocorre através do jogo-de-espelhos apropriado do quádruplo, de modo que "cada um dos quatro espelha, à sua própria maneira, a presença dos outros. Cada um deles, com isso, reflete a si mesmo à sua própria maneira, em si mesmo, na unidade dos quatro" (*PLT* 177 = *VA* 172, trad. mod.). Nesse contexto, Heidegger usa o termo *Vereignung*: "O espelhamento se apropria [*ereignet*] – limpando cada um dos quatro – da sua própria essência na simples apropriaçao [*Vereignung*] um ao outro" (*PLT* 177 = *VA* 172, trad. mod.). O prefixo "ver" tem (neste contexto) o sentido de uma conquista; podemos, portanto, literalmente traduzir *Vereignung* como "alcançar apropriação". O ensaio "A coisa" também contém um uso diferente do termo "*enteignen*" (expropriar) do feito em *Contribuições*. Ao falar do quádruplo, Heidegger joga com um significado diferente (mais positivo) do prefixo *ent-*; agora ele enfatiza o sentido de "deixar ir" ou "deixar livre" que o termo contém (enquanto em *Contribuições* ele enfatizou o sentido de privação). Ele escreve: "Cada um é expropriado, dentro de sua mútua apropriação [*Vereignung*], em seu próprio ser [*zu seinem Eigenen enteignet*]". Heidegger resume: "Essa apropriação expropriadora [*dieses enteignende Ereignen*] é o jogo-de-espelhos do quádruplo" (*PLT* 177 = *VA* 172)[85].

Ge-stell *como uma forma preliminar de* Ereignis

Em um seminário sobre a palestra de Heidegger "Tempo e ser" (1962), Heidegger menciona, como observei, vários textos que constituem diferentes "caminhos para *Ereignis*" (*TB* 36 = *ZSD* 38-39), dentre os quais se inclui o ensaio acima mencionado "A coisa". Por conseguinte, podemos dizer que as meditações de Heidegger no jogo-de-espelhos do quádruplo são um caminho para o evento da apropriação. Outro são suas meditações sobre *Gestell*, traduzido como "quadro" ou "enquadramento" (cf. *QCT* e o cap. 13). *Ge-stell* nomeia, para Heidegger, a relação entre os humanos e o seer em nossa época, uma época marcada por uma relação "tecnológica" com as coisas. Através da noção de *Ge-stell*, Heidegger reflete mais acerca do que, em *Contribuições*, ele fala em termos de maquinação, cálculo e aventura. Uma experiência da verdade do seer como evento apropriador requer primeiro que experimentemos e reconheçamos o abandono dos entes pelo seer e a ocorrência de apropriação em termos de uma expropriação (retirada). Isso requer uma meditação sobre a essência da tecnologia e a maneira como ela determina a nossa relação com as coisas. É voltando-nos para a maquinação (e não nos afastando dela) que podemos experimentar e pensar a verdade do seer como *Ereignis*. Após *Contribuições*, Heidegger continua a aderir a essa necessidade e ainda leva um pouco mais longe esse pensamento, de modo que entende cada vez mais a maneira como o seer ocorre na época da tecnologia como uma forma preliminar de *Ereignis* (e não apenas como o fim do caminho no qual *Ereignis* ocorre como expropriação no primeiro começo; i. é, nas épocas da metafísica). Em *Identidade e diferença* (1957, ou seja, vinte anos depois que escreveu *Contribuições*) Heidegger escreve que precisamos prestar atenção à afirmação que fala na essência da tecnologia:

85 Para a relação entre *Ereignis* como o jogo-de-espelhos do quádruplo e o pensamento de Heidegger sobre *Gelassenheit*, cf. Davis (2007, p. 231-238).

> Todo o nosso ser [*Dasein*], em toda parte, encontra-se desafiado – às vezes ludicamente, às vezes urgentemente, às vezes apressado, às vezes pressionado – a dedicar-se a planejar e calcular tudo. [...] O nome para a reunião destes desafios, que colocam o homem e o ser um perante o outro [*einander zu-stellt*] de tal maneira que desafiam um ao outro é "o quadro" [*das Ge-stell*] (*IDS* 34-35 = *ID* 22-23, trad. mod.).

O pertencimento recíproco do homem e do seer através desse desafio mútuo revela "que e como o homem é apropriado [*vereignet*] ao ser, e o ser é apropriado [*zugeeignet*] ao ser humano" (*IDS* 36 = *ID* 24). Portanto, percebendo como somos desafiados ao planejamento e o cálculo de tudo revela uma certa (i. é, expropriadora) maneira de como a nossa relação com o seer ocorre através do evento de apropriação. É por isso que Heidegger fala de *Ge-stell* como uma "forma preliminar" de *Ereignis* também no seminário sobre "Tempo e ser" (1962) (*ZSD* 57 = *TB* 53).

Ereignis *como* Er-äugnis

Logo após a passagem citada acima de *Identidade e diferença*, Heidegger aponta uma etimologia de *Ereignis* que a remonta a *Er-äugnis* (*Auge* significa "olho"), que se refere a "*er-äugen*, que significa avistar algo, chamar algo através do olhar, apropriar [*an-eignen*]"[86]. Embora Heidegger não faça explicitamente a conexão em *Identidade e diferença*, pode-se facilmente relacionar *Er-äugnis* a *Augenblick*, que é o "momento" (literalmente traduzido: "vista d'olhos") no qual a verdade do seer domina como evento apropriador[87].

Ereignis *e* Geschick *(o envio da história)*

O momento da fundamentação da verdade do seer no *Da-sein* marca, de acordo com *Contribuições*, o momento do início do outro

86 *ID* 24; esta passagem está faltando na tradução para o inglês. Heidegger fala brevemente de *Er-äugnis* também em um ensaio de 1959 intitulado *"Der Weg zur Sprache"* ("O caminho para a linguagem") em *Unterwegs zur Sprache* (*BW* 417 = *GA* 12: 246).

87 Cf. McNeill (1999, esp. p. 217).

começo da história. Em *Contribuições*, permanece um pouco ambíguo se *Ereignis* apenas nomeia como o seer ocorre inicialmente, no momento da decisão do outro começo, ou se Heidegger pensa na possibilidade de toda uma época na qual a apropriação ocorra mais plenamente do que na metafísica e os humanos encontrem uma relação originária renovada com o divino, a terra, o céu e os entes revelados em um mundo histórico[88].

Somente mais tarde, em "Tempo e ser" (1962), Heidegger faz uma diferenciação mais clara entre *Ereignis* e a história do ser em suas formas epocais[89]. Aqui, Heidegger pensa em *Ereignis* em termos do envio de épocas. Ele chama a história do ser que é enviado de *Geschick*. *Geschick* pode ser traduzido como "destino" e está relacionado à palavra *schicken*, "enviar". Ele escreve:

> No envio do destino do ser, na extensão do tempo, aí torna-se manifesta uma dedicação [*Zueignen*], uma entrega [*Übereignen*] ao que é seu próprio [*Eigenes*], nomeadamente do ser como presença e do tempo como o reino da abertura. O que determina ambos, o tempo e o ser, em si próprios; i. é, em seu pertencimento um ao outro, chamaremos: *Ereignis*, o evento de apropriação (*TB* 19 = *ZSD* 20, trad. mod.).

O evento de apropriação não é nada "atrás" do ser e do tempo, mas nomeia sua apropriação, o evento de sua chegada a si próprios e a sua relação mútua.

Heidegger ressalta que o apropriar (*Ereignen*) encobre-se a si mesmo ao "dar" tempo e "dar" ser, isso quer dizer que o dar retira-se "atrás" ou "por baixo" do que é dado. Na frase em alemão, *Es gibt Zeit* (que normalmente seria traduzida como "há tempo", mas que literalmente significa "dá tempo"), o *es* tem uma função semelhante ao *it* na frase "*it rains*" [literalmente "isso" chove]. Não há nada que chova. De modo semelhante, não há nada que dê tempo ou dê ser. A apropriação ocorre como o dar, mas de tal maneira

88 Cf., neste contexto, o § 45 de *Contribuições*, onde Heidegger sugere que o fundamento da verdade do seer possa finalmente determinar um povo.

89 As meditações de Heidegger, especialmente em *Über den Anfang* (*GA* 70), um dos textos que seguem *Contribuições*, pavimentam o caminho para essa diferenciação.

que, assim como "isso" dá, "isso" se encobre. Assim como o envio do tempo e do ser, o evento da apropriação não é, ele próprio, uma forma de ser, mas determina a história (ou as histórias) do ser: "Isso, no entanto, o que é o envio como apropriação, é ele próprio anistórico (*ungeschichtlich*), ou, mais precisamente, sem destino" (*TB* 41 = *ZSD* 44, trad. mod.). Por conseguinte, para um pensamento que se transforma no evento da apropriação como um envio que se retira ou se encobre (aqui é onde Heidegger fala de *die Enteignis* ou de expropriação no sentido mais original), "a história do ser como o que deve ser pensado está no fim" (*TB* 41 = *ZSD* 44, trad. mod.). Heidegger discute esses pensamentos novamente em um dos seminários realizados em Le Thor, em 1969. Mais uma vez, a diferenciação entre *Ereignis* (os tradutores aqui o traduzem como "apropriação" [*enowning*]) e a história do ser é delineada: "Não há uma época destinal [*destinal*] de apropriação". O envio é desde a apropriação [*Das Schicken ist aus dem Ereignen*]" (*FS* 61). Heidegger também especifica que "na apropriação, a história do ser não alcançou tanto o seu fim, assim sendo, ela agora aparece *enquanto* história do ser".

Podemos resumir, então, que em seu pensamento posterior, Heidegger entendeu *Ereignis* como o evento de apropriação a partir do qual as épocas do ser ocorrem[90]. Essas épocas do ser são maneiras fundamentais pelas quais o ser ocorre e os humanos se relacionam com essa ocorrência (p. ex., ao serem desafiados a calcular e planejar tudo, como em nossa atual época tecnológica). O próprio evento de apropriação permanece encoberto na maneira como o ser se revela em cada período. Quando o pensamento adentra o evento de apropriação, essas épocas aparecem como tais e podem ser pensadas como tais; ao mesmo tempo, o pensamento encontra-se apropriado por esse evento "intempestivo" chamado *Ereignis*.

90 Essas épocas são geralmente equiparadas às épocas do pensamento ocidental, a saber, os gregos, a Idade Média, o pensamento moderno e a atual época da tecnologia. Mas todas essas épocas pertencem à metafísica, e a metafísica pode ser vista como uma grande época em relação à qual Heidegger pensa na possibilidade de um outro começo da história. (Sobre a concepção de Heidegger da história do ser, cf. o cap. 11.)

Referências

DASTUR, F. (1993). "Language and *Ereignis*". In: SALLIS, J. (ed.). *Reading Heidegger* – Commemorations. Bloomington, IN: Indiana University Press, p. 355-369.

DAVIS, B.W. (2007). *Heidegger and the Will* – On the Way to Gelassenheit. Evanston, IL: Northwestern University Press.

HERRMANN, F.W. (1994). *Wege ins Ereignis*. Frankfurt: Vittorio Klostermann.

McNEILL, W. (1999). *The Glance of the Eye* – Heidegger, Aristotle, and the Ends of Theory. Albany, NY: Suny Press.

PÖGGELER, O. (1998). *The Paths of Heidegger's Life and Thought* [Trad. J. Bailiff]. Amherst, NY: Humanity Books.

VALLEGA-NEU, D. (2003). *Heidegger's "Contributions to Philosophy"* – An Introduction. Bloomington, IN: Indiana University Press.

______ (2002). "Poetic Saying". In: SCOTT, C.E.; SCHOENBOHM, S.; VALLEGA-NEU, D. & VALLEGA, A. (eds.). *Companion to Heidegger's "Contributions to Philosophy"*. Bloomington, IN: Indiana University Press, p. 66-80.

Leituras complementares

Fontes primárias

Cf., de Heidegger: *Identidade e diferença*; *On Time and Being* [*Sobre tempo e ser*]; "Letter on Humanism" ["Carta sobre o Humanismo"]. In: *Basic Writings*, p. 217-265. • *Contribuições à filosofia* – Do acontecimento apropriador; "The Thing" ["A coisa"]. In: *Poetry, Language, Thought*, p. 161-184.

Fontes secundárias

Cf. POLT, R. "*Ereignis*". In: DREYFUS & WRATHALL (2007), p. 375-391. • SCOTT et al. (2002); VALLEGA-NEU (2003).

Cf. tb. PÖGGELER, O. (1975). "Being as Appropriation". In: *Philosophy Today*, 19 (2), p. 152-178.

11
A história do ser

Peter Warnek

Da história ao *Ereignis*

> O desdobramento da plenitude do ser em suas transformações parece, a princípio, uma história do ser. Mas o ser não tem história da mesma maneira que uma cidade ou um povo tem uma história. O que é histórico acerca da história do ser deve ser determinado de maneira clara e exclusiva por meio da maneira como o ser acontece, o que significa [...] a partir da maneira como há/dá-se o ser [*Es Sein gibt*] (*TB* 8 = *ZSD* 7-8, trad. mod.).

A breve conferência "Tempo e ser", na qual essa densa passagem é encontrada, contém a tentativa final de Heidegger de abordar de maneira sustentada e explícita um tópico central do seu pensamento[91]. No entanto, nesta passagem, encontramo-lo questionando precisamente o caráter *histórico* da história do ser. Diante disso, essa é realmente uma pergunta estranha: o que devemos fazer de uma história que *não* é histórica da maneira como todas as outras histórias são consideradas históricas? Na sua maneira única de ser histórica, a história do ser permanece diferente de qualquer outra história e, de certo modo, rompe com toda a classe de histórias.

---

91 Um resumo do desenvolvimento de "a história do ser" no pensamento de Heidegger teria que considerar, no mínimo, a discussão da "historicidade" tal como ela surge no final de *Ser e tempo* (no qual é dito que a revelação do ser é histórica), bem como o prolongado envolvimento com a história da metafísica ao longo das décadas de 1920 e 1930, especialmente tal como é tratada em *Introdução à metafísica* e em *Contribuições à filosofia*, porquanto leva à sua primeira elaboração completa do pensamento da história do ser no segundo volume de *Nietzsche* (*N4* 200-250 = *NII* 335-398; e tb. *NII* 399-490), de Heidegger. Para uma tradução destes textos, cf. *EP*.

Heidegger é claro. Se quisermos alcançar o que ele chama aqui de *determinação* do caráter singularmente histórico da história do ser, devemos prestar atenção na maneira como o ser acontece em sua singularidade absoluta; e isso significa, diz ele, como uma doação ou envio, ou mesmo como um "destino"[92]. Como essas declarações devem ser entendidas? Estritamente falando, não podemos dizer que o ser *é*, uma vez que tal formulação apenas reverte à linguagem do próprio ser. Dizer que o ser *é* apenas pressupõe antecipadamente o que não deve ser pressuposto, e, portanto, apenas passa pelo que ainda precisa ser pensado. Heidegger pede, em vez disso, que pensemos na maneira como "dá-se" o ser. Aqui ele explora o sentido de uma expressão idiomática alemã que, sem exceção, é traduzida para o inglês como "*there is*" [há, existe], mas também pode ser ouvida, se alguém atenta para o seu sentido literal, falar de uma doação [*a giving*][93].

Reconhecidamente, esse sentido literal da expressão idiomática geralmente não recebe consideração. Mas, se seguirmos Heidegger e considerarmos o ser dessa maneira, torna-se possível distinguir três momentos importantes: (i) o ser como um dom, nomeadamente, como uma doação; (ii) aquilo que doa o que é doado; e (iii) a própria doação. E se, então, prosseguirmos perguntando *o que* dá o ser, a princípio ficamos sem saber como abordar tal questão sem já transformar o que doa o ser em algo presente, em outras palavras, em algo que, mais uma vez, pressupõe o ser. Nesse impasse, no entanto, tomamos consciência da necessidade de um "passo atrás" de uma tradição metafísica que há muito tem se preocupado com o ser apenas como algo dado, e somos voltados para a questão do evento da própria doação.

92 É importante observar a afinidade verbal entre "enviar" (*Schicken*) e "destino" (*Geschick* ou *Geschicklichkeit*), que é perdida na tradução para o inglês.

93 O verbo na expressão idiomática alemã, "*es gibt...*", é *geben*, que significa "dar". A expressão idiomática aparece em alemão em situações onde em português se diz "há..." P. ex., quando se diz "há água no poço" ou "há criminosos no governo". No protocolo do seminário após a conferência "Tempo e ser", Heidegger esclarece como a doação mencionada em "*es gibt*" abre uma série de relações e, em particular, diz-nos que isso sugere uma disponibilidade aos humanos para uma possível apropriação. O "it" em questão aqui e o sentido da "doação", é claro, ainda precisam de elaboração, não menos do que o sentido da apropriação. Cf. *TB* 38-40 = *ZSD* 41-43.

Perto do final desta conferência, Heidegger oferece uma palavra para tal doação: *Ereignis*. Essa palavra pode ser traduzida por ora como "evento de apropriação" [*event of appropriation*] ou como "apropriação" [*enowning*], desde que tais traduções sejam tomadas com indeterminação suficiente para permitir que o assunto se mostre de uma maneira que lhe seja apropriada (*TB* 20 = *ZSD* 21; cf. tb. o cap. 10). A princípio não há necessidade de postular antecipadamente qualquer definição. O importante é encontrar uma maneira de experimentar a apropriação apropriadamente. Ao mesmo tempo, não é insignificante que, na tentativa de experimentar a apropriação apropriadamente já nos encontremos apanhados na linguagem da apropriação. No entanto, se quisermos experimentar o caráter singularmente histórico do ser, Heidegger tem bem claro que o caminho leva ao *Ereignis*. "[A] tarefa singular desta conferência consiste em ganhar um vislumbre do próprio ser como *Ereignis*" (*TB* 21 = *ZSD* 22, trad. mod.). *Ereignis* não é oferecido como outro nome para o ser, outra tentativa de dizer o que o ser é. Antes, no encontro com o ser como *Ereignis*, o que emerge é o "pertencimento mútuo do ser e do tempo" (*TB* 19 = *ZSD* 20).

Preparar a transformação histórica – Recepção e destruição

Que a tarefa de alcançar uma determinação do caráter histórico do ser demandaria uma transformação ou um estranhamento do nosso senso ordinário de história e tempo não deveria surpreender, especialmente se considerarmos que, no prefácio à mesma conferência, Heidegger enfatiza que deveríamos esperar grandes dificuldades em compreendê-lo. Desde o início, somos advertidos de que um encontro refletido com a conferência exige, de certa forma, suspendermos nossas expectativas predominantes em relação a como podemos receber o que ele tem a dizer. Essa dificuldade que concerne à *recepção* de Heidegger não tem a ver principalmente com as complexidades conceituais do seu pensamento, nem tampouco concerne simplesmente ao seu notório hábito de explorar e distorcer palavras comuns, mas está antes, em primeiro lugar, ligada à tarefa introduzida acima: nomeadamente, a dificuldade de determinar a história do ser unicamente a partir da maneira como o ser acontece como uma doação ou destino. No entanto, a advertência de Heidegger também implica que tais expectativas têm uma certa inevitabilidade, por mais inapropriadas que possam ser para o assunto em questão. A implicação é que somos apanhados nessas expectativas, e elas não podem simplesmente ser dispensadas ou rejeitadas por decreto. Só esse fato nos deveria fazer parar e pensar.

Se abordar a história do ser é uma possibilidade em desacordo com as expectativas habituais, então tal tarefa não pode ser isolada da maneira pela qual ela *já* se encontra situada em um tempo e lugar. Nossa capacidade de sermos receptivos ao pensamento de Heidegger, em outras palavras, já está emoldurada ou condicionada por uma linhagem metafísica que herdamos, mas não escolhemos. Isso significa que, antes que a história e o ser possam ser tomados como questões de uma maneira explícita, a própria colocação dessas questões se encontra reivindicada pela história, ou apanhada na história. O que tal situação, enquanto histórica, tem a ver com a história do ser, uma vez que se livraria da história comum?

O caráter situado da conferência, uma vez que reconhece operar dentro de certos preconceitos hermenêuticos inelutáveis, é apresentado inicialmente como um obstáculo ou um empecilho ao nosso entendimento, porquanto somos solicitados a prepararmo-nos para ir além dos limites que, de outro modo, ela nos imporia. Ao tentar derrubar ou desmantelar nossos preconceitos históricos, a conferência procura assim atuar o que Heidegger designa como uma destruição ou, talvez melhor, uma *des-estruturação* da tradição metafísica, mas, ao fazê-lo, procura direcionar-nos para algo totalmente imprevisto e inédito. A transformação no senso de estranhamento da história do ser demanda, portanto, uma destruição que revele como a história normalmente considerada encobre e obscurece o ser como uma doação, um envio ou um destino. "Somente o desmantelamento das coberturas – é isso o que significa a desestruturação – oferece ao pensamento um vislumbre provisório do que então se revela como o destino do ser" (*TB* 9 = *ZSD* 9, trad. mod.).

Devemos notar, no entanto, que esse estranho senso de destino ou história não surge de um lugar que seja simplesmente externo à nossa situação, assim como os horizontes compartilhados de entendimento podem ser vistos simplesmente como limites ou meras deficiências. Se os limites operacionais do nosso entendimento podem ser ultrapassados ou rompidos, isso ocorre, em primeiro lugar, aceitando-os, uma vez que eles inevitavelmente se impõem à situação hermenêutica e concedem um ponto de partida para a conferência. Como limites, eles podem ser apreendidos como positivos e capacitadores, porque já estão relacionados à possível aparência de algo mais, outra coisa.

Pode-se dizer, então, que a tarefa de alcançar uma determinação do *Ereignis*, à medida que revela a história do ser, é desmantelar ou quebrar os limites da filosofia como metafísica, a fim de tornar disponível o que está abrigado dentro de tais limites. A história do ser, portanto, encontra-se encoberta dentro de uma história que já nos reivindica. Enquanto, por um lado, a aparência da história do ser rompe com o que primeiro começou como a história da metafísica, por outro lado, esse primeiro começo também já pertence a *um outro* começo, porquanto permanece encoberto no primeiro começo[94]. A metafísica é, portanto, uma história apanhada no "oblívio" ou esquecimento do ser.

Pensar na história do ser expõe esse oblívio ou encobrimento como um certo fracasso, mas não a fim de remover o encobrimento. No protocolo do seminário que se seguiu à conferência "Tempo e ser", fica claro que o esquecimento do ser até então não deve ser superado ou negado. O esquecimento não deve ser superado por uma recuperação de algo esquecido; "o não-pensamento anterior não é uma negligência, mas deve ser pensado como algo que decorre do autoencobrimento do ser" (*TB* 29-30 = *ZSD* 31-32, trad. mod.). O que está em jogo aqui é, portanto, o desencobrimento de um encobrimento inelutável. E a história do ser surge somente quando nos tornamos atentos ao oblívio enquanto tal, quando começamos

94 *Contribuições à filosofia* oferece um tratamento estendido dessa relação entre o primeiro e o outro começo.

a pensar no oblívio e a tratá-lo criteriosamente. Ao mesmo tempo, fica claro que pensar dessa maneira não tenta oferecer meramente outro relato da história. Ao tentar a desestruturação que abriria a concessão do próprio ser, ou do ser como *Ereignis*, expondo o oblívio, esse pensamento também se prepara para uma transformação histórica real. Essa transformação implica nada menos do que o *fim* da filosofia em um esgotamento do projeto metafísico que procurou dizer o que é o ser. A tarefa do pensamento surge, portanto, no fim da filosofia. Mas nossa relação com essa possível transformação permanece meramente preparatória; não deve ser considerada como uma nova fundação (*TB* 60 = *ZSD* 66). Estritamente falando, não é possível que alguém se comprometa a "produzir" a transformação, porque qualquer tentativa de atuar tal *poiēsis* já deve se basear em uma interpretação do ser que, mais uma vez, reverte ao legado da metafísica. A produção torna-se possível na antecipação do que deve ser produzido e, portanto, tal antecipação é sempre, antes de tudo, fundamentada no ser do que deve ser produzido (*TB* 45-46 = *ZSD* 49).

No entanto, no mesmo prefácio à conferência, somos informados de que, embora a tarefa do pensamento permaneça provisória e preliminar, ela também não pode ser contornada ou evitada. O encontro com o estranho afirma-se inevitavelmente, com uma espécie de necessidade. Heidegger pede, nesse contexto, que tentemos seguir o que ele diz não como uma série de proposições que contêm ou apresentam um conteúdo. Em vez disso, ele pede que sigamos a conferência como uma série do que ele chama de *indicações*: devemos buscar o que se mostra por meio de um tipo de assinalamento[95]. O que está em questão aqui não pode ser apresentado diretamente, mas exige uma possível resposta ou participação da nossa parte. O texto não permanece simplesmente como um recipiente de significado, mas solicita nossa resposta e deve ser decidido em nossa re-

95 Por esse motivo, o protocolo do seminário que se seguiu à conferência fala desta como um "experimento" que envolve certos riscos. "O risco da conferência está no fato de que ela fala em declarações proposicionais sobre algo essencialmente incomensurável com esse tipo de dizer" (*TB* 25 = *ZSD* 27).

ceptividade (*TB* 26 = *ZSD* 27-28). Não se pode, portanto, presumir que Heidegger tenha uma filosofia (*TB* 48 = *ZSD* 51). Como leitores atentos, não podemos evitar uma responsabilidade como participantes ou interlocutores no assunto que Heidegger procura abordar.

Uma outra história – Do ser dos entes ao ser enquanto tal

Qual, então, é a estranha necessidade aberta no aventurar-se a pensar a história do ser? Se o ser dos entes tem sempre sido entendido como a essência dos entes que está sempre presente, e se essa presença tem sido pensada preceder e transcender o surgimento e o desaparecimento dos entes, que assunto alguém tem ao falar de sua *história*? O que poderia ser mais fora de propósito do que falar da história do que está sempre presente como é? Como, então, é o ser enquanto tal de fato doado?

A única resposta que a filosofia – e isto, segundo Heidegger, sempre significou metafísica (*TB* 55-56 = *ZSD* 61) – foi capaz de oferecer a essa última pergunta é que o ser é doado na medida em que os entes *são*. Isto quer dizer, juntamente com Heidegger, que o ser tem sido pensado desde o começo grego como o ser dos entes, ou como o fundamento dos entes. Embora, por um lado, os entes em sua transitoriedade devam ser fundamentados em algum sentido do ser, por outro lado, pensa-se que o próprio ser se refira apenas à presença contínua do que é.

Essa *diferença* entre ser e entes, como implicação mútua ou intimidade entre transitoriedade e presença, é sempre pressuposta quando o ser é tomado como presença. Ao mesmo tempo, essa presença mesma – o que ela é e como pode ser dita –, desde o começo grego, nunca deixou de ser uma questão. A filosofia nunca esteve em posição de acabar com essa questão da "diferença ontológica". O simples fato de o ser continuar a se afirmar como uma questão, de ser sempre encontrado dessa maneira – mesmo que no modo da negação, quando, por exemplo, no positivismo, ou quando se alega que seja o "mais vazio de todos os conceitos vazios" (*TB* 6 = *ZSD* 6) – já significa que é também *não* simplesmente doado. Permanece uma questão intratável que a filosofia não pode abandonar ou evitar, mas, enquanto tal, também continua, no entanto, a recusar-se a nós. O ser continua a evitar-nos, a *retirar-se* no modo da autoafirmação. Essa experiência da *retirada* do ser, na medida em que continua reivindicando o pensamento humano de maneira inelutável, oferece um ponto de partida decisivo para se obter uma determinação do que é dito com o *Ereignis*: a apropriação do ser sempre pertence a uma expropriação inevitável, um apagamento na concessão do ser.

Além disso, que a metafísica tome o ser como a *presença* dos entes sobre e contra os entes à medida que surgem e se dissolvem no tempo significa também que uma determinação do tempo, sem que o saiba, sustenta a diferença ontológica. Toda metafísica da presença já opera dentro de um determinado entendimento do tempo, que privilegia a presença, e toma o passado como o não mais presente e o futuro como o ainda não presente. Mas pensar a presença do ser em sua retirada, tratar da expropriação que pertence ao envio, exige uma reconfiguração do próprio tempo, na qual a presença surge como apenas *um* modo de tempo dentre outros. Heidegger chama essa reconfiguração do tempo de "tempo verdadeiro", na qual há uma "extensão do tempo" além da presença e da abertura do *presenciar* dos entes (*TB* 10-17 = *ZSD* 10-18; cf. tb. o cap. 5).

Ainda assim, devemos ser extremamente cautelosos ao afirmar que uma história pode ser encontrada na experiência de tal retirada ou recusa. Como já assinalei, Heidegger adverte-nos na passagem com a qual comecei a não confundirmos a história do ser com nossos modos ordinários de pensar a história. É evidente que Heidegger não está nem um pouco interessado na história de um conceito ou ideia. Não há dúvida de que, visto como uma prática, o pensamento na história do ser é realizado por meio de uma leitura de textos, mas a história do ser, como Heidegger tenta pensá-la, não deve ser confundida com algum tipo de *doxografia* que registraria as várias coisas que os filósofos alegaram ou perguntaram sobre o ser. De maneira alguma deveria ser confundida com uma mera história da filosofia que seria desenvolvida e determinada através da linhagem da questão do ser, tal como começa com os gregos e foi herdada deles. Heidegger pede-nos que evitemos representar a história do ser como uma linhagem de interpretação ou como uma sequência de eventos (*WCT* 164 = *WhD* 103).

Se a história do ser não é uma história de nenhuma maneira reconhecível, pode ser útil considerar brevemente como a história é normalmente concebida. O pensamento histórico analisa os fundamentos históricos dos entes e, então, expõe sua contingência. Falar de história, levantar a questão da história de algo, é presumir um tempo quando esse algo ainda não existia, assim como já é presumir, pelo menos implicitamente, a possibilidade de já não ser. Escrever uma história das práticas sexuais ou investigar a história de um estado soberano, para oferecer dois exemplos, já é delimitar de alguma forma a legitimidade inquestionável que esses entes históricos, de outro modo, desfrutam. Ao recontar e antecipar a origem e o fim das coisas, o pensamento histórico pressupõe, portanto, que os eventos tenham contexto, e que, a fim de serem entendidos, devem ser tomados como situações enquadradas por condições que superam os próprios eventos. Embora a concepção de causalidade operante na história indubitavelmente difira da física, os entes sob investigação histórica são, não obstante, apreendidos somente na medida em que incidem no âmbito da influência e da determinação de tais condições heterogêneas. À sua maneira, o princípio de razão domina no pensamento histórico não menos do que na lógica e em outras formas de investigação.

Quando a história irrompe com revoluções inesperadas, quando se interrompe com o surgimento de algo inédito, antes impensável e imprevisto, isso não inviabiliza, de modo algum, as convicções da investigação histórica e do pensamento historiológico. Esses eventos apenas compelem esse pensamento a reinterpretar e a reconfigurar as narrativas e os princípios básicos que haviam dominado anteriormente. A historiologia, de fato, não pode suportar a incoerência de uma pura interrupção, e deve recusar categoricamente a aparência de algo como uma causalidade incondicionada. No entanto, quem pode negar que o movimento da história tem, não obstante, sempre sido definido precisamente por tais momentos estranhos de impossibilidade, por pontos de virada que marcam, como Hannah Arendt poderia dizer, o nascimento do novo? Dessa perspectiva, continua sendo verdade que estamos sempre viajando de cabeça para algo inimaginável, para o que nunca vimos chegando como uma possibilidade, e que esse horizonte de impossibilidade define o futuro. Sabemos que somos agora o passado para *esse* futuro, e o passado de tal futuro será deixado impensado por nós, *terá sido* impensado. No entanto, as alegações preditivas do entendimento histórico continuam a persistir porque permitem e até mesmo exigem intermináveis reinterpretações dentro de tais convulsões transformadoras. Testemunhamos repetidamente como até mesmo as formas mais fanáticas de escatologia permitem infindáveis adiamentos e revisões. As alegações preditivas da historiologia nunca serão abandonadas porque nossa familiaridade com o mundo em que vivemos hoje pressupõe e depende de tal entendimento do que é possível, uma confiança em nossas convicções cotidianas. Sem dúvida, essa familiaridade com o mundo, a confiança que temos no chão em que pisamos, é ela mesma uma função de ser historicamente situada, mas a história também nos conscientiza da contingência de toda situação.

O pensamento histórico, portanto, tem uma consequência inegavelmente subversiva: expõe como todas as instituições humanas são capazes de abalizar uma reivindicação de autoridade absoluta apenas através de uma terrível pretensão que procura negar seu caráter histórico. A contingência inevitável de todas as coisas históricas, a percepção de que tudo na história aparece apenas como parte de uma cadeia interminável de condições condicionadas passageiras, é frequentemente combatida pelo apelo a uma ordem natural ou divina. Poderíamos estar dispostos a admitir que os valores humanos têm sua gênese no tempo, insistindo também que o verdadeiro fundamento de tais valores transcende esses começos meramente históricos. O direito de uma causa política, por exemplo, não precisa esperar pela confirmação popular, não mais do que a veracidade de uma demonstração geométrica depende de um ato de intuição do geômetra, não mais do que a regularidade da força gravitacional da Terra sobre os objetos em sua superfície dependem dos *insights* de um Newton ou de um Galileu.

Vemos, portanto, que a história, ou mais precisamente a "historiologia" (*Historie*) como um domínio de investigação, opera dentro de um sentido pré-determinado do ser, uma determinação do *que* é que ela investiga. O ser como o fundamento dos entes já está sempre operante em toda determinação histórica, mesmo que o estudo da história não investigue ou questione de fato o ser das coisas nesse sentido. Enquanto a historiologia implicitamente presume um sentido transcendental ou metafísico fixo do ser dos eventos históricos, toda determinação da história de acordo com um destino ou destinação deve permanecer provisória e sujeita à revisão baseada nas transformações da própria história. A fundamentação da história em um sentido implícito do ser, portanto, apenas mascara um abismo que é o movimento da própria história. Heidegger está fazendo uma distinção crucial aqui entre duas palavras alemãs, as quais são ambas geralmente traduzidas para o inglês como "história"[96]: *Historie* (historiologia como uma objetificação dos eventos ônticos da história) e *Geschichte* (história como "envio" ou *Geshick* que primeiro determina o significado ontológico desses eventos). Enquanto *Historie* permanece implicitamente determinada pelo ser, *Geschichte* deve ser pensada como a própria revelação do ser. A primeira ainda depende implicitamente de um fundamento trans-histórico, enquanto a segunda se abre em suas transformações históricas.

Envios epocais como destino

Como, então, pode o próprio ser, ou o ser enquanto tal, ser histórico? Pensar na história e no acontecimento do ser como uma doação, ou como *Ereignis*, é uma questão de pensar uma originação ou um evento de tal maneira que a iteração do próprio ser – como o ser dos entes ou o fundamento dos entes – não seja já presumida[97]. No entanto, a passagem citada no começo deste capítulo diz-nos

96 Observe que a palavra em inglês "história" se refere ambiguamente aos eventos da história e ao estudo desses eventos.

97 Essa é precisamente a dificuldade que Heidegger enfrenta em sua tentativa de pensar "o ser mesmo" ou "enquanto tal". "Pensar que o ser mesmo apropriadamente exige que renunciemos ao ser como o fundamento dos entes em favor da doação que

que estamos preocupados com um desdobramento e que esse desdobramento *parece*, a princípio, uma história, porque envolve uma abundância de transformações. Heidegger está se referindo aqui à história do pensamento ocidental como uma *linhagem* de tentativas de nomear o ser como presença. Indiscutivelmente, toda a carreira filosófica de Heidegger é dedicada à elaboração e ao questionamento cuidadoso dessa linhagem. Nos textos publicados juntamente com "Tempo e ser" e na própria conferência, encontramos várias passagens que descrevem essas determinações metafísicas que prevaleceram. Os nomes oferecidos incluem, entre outros, os *hen* grego de Parmênides, o *logos* platônico/aristotélico, a *energeia* de Aristóteles e a *actualitas* medieval, a mônada de Leibniz, o transcendental de Kant que torna possível a objetividade, a mediação dialética do espírito absoluto de Hegel, o processo histórico de produção de Marx e a vontade de poder de Nietzsche[98]. Dado que tais listas se referem de forma comprimida a todo o escopo do pensamento ocidental, não é possível exagerar a simplificação que é atuada através do mero ensaio desses nomes.

Mas a história do ser não se mostra imediatamente em tal história da nomeação do ser. É por isso que Heidegger diz que as transformações apenas parecem inicialmente uma história do ser. A história do ser não se mostra, de maneira alguma, no desdobramento dessas transformações, a menos que se considere a retirada do ser ao tornar-se manifesto nas transformações, ou seja, a menos que se veja o que permanece oculto na doação ou envio do ser. Somente em uma desestruturação as transformações, enquanto tais, evidenciam um oblívio do ser que não é dito nos próprios nomes, e, portanto, apontam para o caráter *Ereignis* do ser como um envio que se retira. O envio e a retirada não ocorrem como dois momentos distintos[99]. O que aparece na história da metafísica, então,

prevalece encoberta no desencobrimento, que é a favor do dá-se" (*TB* 6 = *ZSD* 5-6, trad. mod.).

98 Esta lista poderia ser expandida. Até mesmo as próprias listas de Heidegger não são exaustivas. Cf. *TB* 56 = *ZSD* 62; *TB* 7 = *ZSD* 7; e *TB* 9 = *ZSD* 9.

99 Em *O princípio da razão*, Heidegger escreve: "No destino do ser, a história do ser não é pensada do ponto de vista de um acontecimento que pode ser discernido

é uma ausência. É nesse sentido preciso que Heidegger fala das "épocas" da história do ser: cada uma das épocas é estabelecida por meio de um nome totalizante para o fundamento do que é. No entanto, o que é decisivo é que todo nome desse tipo também oblitera ou obscurece um resto ou um abismo, e, precisamente como o nome totalizante e fundamental que presume ser, *deve* deixar esse resto ou abismo impensado. Essa necessidade é precisamente o que se entende pelo destino do ser[100]. A palavra "época", neste contexto, não se refere, então, apenas a uma era na qual um certo nome para o ser domina; antes, se alguém ouve o sentido grego original de *epoche*, as épocas do ser também se referem a uma recusa que domina toda a história da metafísica[101].

As transformações epocais da história do ser mostram que, em cada tentativa de nomear o ser, de dizer o que é como o fundamento dos entes, o próprio ser sofre um apagamento ou cai no oblívio. Em outras palavras, o ser *enquanto tal* permanece impensado *dentro* das épocas, porquanto o que define uma época é sua maneira singular de presumir o ser como presença, como algo já doado, como o ser dos entes. Os diferentes nomes para o ser – precisamente em sua diferença – todos têm em comum, então, esse traço distintivo, a saber, que eles atuam um encobrimento do recuo no tornar-se manifesto do ser como fundamento. Como uma história, então, pode-se dizer que o ser mostra-se como fundamento apenas ocultando-se como um envio sem fundamento desde lugar nenhum.

---

através de um movimento e de um processo. Antes, a essência da história do ser é determinada a partir do destino do ser, a partir do ser enquanto destino, a partir daquilo que se envia a nós, porquanto se retira de nós. Tanto o autoenvio quanto o autorretirada são um e o mesmo, não duplos [...]. Falar sobre o envio do ser não é uma resposta, mas sim uma questão, dentre outras, a questão da essência da história, porquanto pensamos a história como ser e pensamos a essência a partir do ser. Inicialmente, o caráter histórico do ser é mais desconcertante [...]" (*PR* 62 = *SG* 109, trad. mod.).

100 "A história do pensamento ocidental, por sua vez, deve então dar indicações que, se as seguíssemos, concederiam-nos um ínfimo vislumbre, mesmo que ainda obscuro, do que aqui é chamado de a história do ser. A história do ser é o destino do ser, que se envia a nós porquanto retira sua essência" (*PR* 61 = *SG* 108, trad. mod.).

101 "A história do ser significa o destino do ser; em tais envios, tanto o envio quanto aquilo que envia se retêm no anúncio de si mesmos. Reter-se em grego é *epoche*. Daí o discurso das épocas da destinação do ser [...]" (*TB* 9 = *ZSD* 9, trad. mod.).

Heidegger, portanto, diz que as épocas *se sobrepõem* – ou seja, que elas têm uma afinidade e estão conectadas – mas também, novamente considerando a expressão literal, que elas *encobrem* ou obscurecem umas às outras em uma diferença que as determina a todas precisamente como uma retirada do envio. Existe uma intraduzibilidade que prevalece *entre* os fundamentos epocais, um momento que escapa a cada um deles em sua reivindicação totalizante e, no entanto, revela que pertencem uns aos outros em uma estranheza tão excessiva. Portanto, o destino em questão aqui não é antes de tudo uma linhagem, no sentido de que pode ser determinado de acordo com uma lógica. Não é uma sequência de eventos determinável na oposição entre necessidade e acaso. As épocas não "pertencem umas às outras", exceto no recuo na retirada destinada, na qual o que se torna evidente é o pertencimento mútuo do estranho como estranho.

No entanto, vemos que, quando Heidegger fala do destino do ser, também é o caso que ele encontra, na retirada que prevalece ao longo dos envios epocais, uma espécie de trajetória em direção a um oblívio maior: "o que é apropriado mostra-se no pertencimento mútuo das épocas. As épocas se sobrepõem umas às outras em sua sequência, de modo que o envio original do ser como presença é cada vez mais coberto de maneiras diferentes" (*TB* 9 = *ZSD* 9, trad. mod.). E precisamente porque a nossa era é determinada pelo oblívio último do ser, como a era da tecnologia, na qual todos os entes estão à disposição do sujeito intencional e determinados de acordo com o mero "enquadramento" ou postulação por essa vontade subjetiva (cf. os cap. 12 e 13), nossa era está posicionada de maneira única para experimentar o envio como retirada, como um fundamento infundado. É por isso que Heidegger diz que o encontro com o ser como *Ereignis* é agora *necessário*, não de acordo com uma lógica da história, mas de acordo com a retirada destinada do ser na qual toda necessidade possível e lógica da história colapsam. A história da metafísica, em outras palavras, desde o seu começo com os gregos, levou a um ponto culminante ou a um esgotamento das possibilidades de nomear o ser. O *fim* da metafísica e da filosofia – desde o seu começo com os gregos, e como primeiro culmina na lógica sistemática de Hegel, mas também como atinge uma exaustão mais completa na inversão do platonismo realizada por Nietzsche – aparece precisamente na última época da metafísica. A retirada infundada do ser anuncia-se da maneira mais explícita no projeto mais totalizador.

A nossa interpretação da história, não menos do que aquela do ser, ainda está conectada a esse legado grego[102]. O envolvimento com a metafísica possibilitado pela desestruturação da história do ser é necessário e, ao mesmo tempo, apenas a transição para outro pensamento. A conferência termina, portanto, com a notável afirmação de que a superação da própria metafísica deve ser abandonada e deixada a si mesma (*TB* 24 = *ZSD* 25). Da perspectiva do recuo, a única coisa necessária é que toda necessidade histórica e lógica tenham sido esgotadas. Tudo o que se pode dizer é que a história da metafísica *revela* um destino no qual o oblívio do ser se encontra cada vez mais *encoberto*. A história do ser é, portanto, o destino do Ocidente somente se se pensar no destino como a necessidade da retirada e a retirada como expropriação.

No entanto, Heidegger também sugere às vezes que pensar na história do ser se torna uma necessidade, porque sem esse pensamento não temos chance de obter uma perspectiva da nossa situação hoje.

> O que conta aqui é dizer algo sobre a tentativa de pensar o ser independentemente do seu modo de ser fundamentado nos entes. A tentativa de pensar o ser sem os entes torna-se necessária, porque parece-me que, caso contrário, não prevalece nenhuma possibilidade de realmente colocar em evidência o que hoje *está*

102 "O que foi pensado e poetizado nos primórdios da antiguidade grega está ainda hoje presente, tão presente que a sua essência, ainda fechada a si mesma, confronta-nos em todos os lugares e se aproxima de nós, sobretudo onde supomos que tal coisa seja menos que tudo, nomeadamente no domínio da tecnologia moderna, que é completamente estranha à Antiguidade, mas, não obstante, ainda tem na Antiguidade sua origem essencial. A fim de experimentar essa presença da história, precisamos nos libertar da representação histórica da história ainda prevalecente. A representação histórica toma a história como um objeto, dentro do qual um acontecimento transparece enquanto ao mesmo tempo desaparece em sua transitoriedade" (*QCT* 158 = *VA* 43-44, trad. mod.).

> abarcando a terra, sem falar de uma determinação satisfatória da relação humana com o que há muito tempo tem sido chamado de "ser" (*TB* 2 = *ZSD* 2, trad. mod.).

Mas essa afirmação, a saber, de que pensar na história do ser pode ter uma influência privilegiada sobre o nosso momento histórico, deve, a princípio, ser afastada das dificuldades únicas relacionadas a pensar no acontecimento do ser enquanto tal.

Portanto, além da distinção entre historiologia e história, devemos concluir que também há dois sentidos distintos de história que se afirmam no pensamento de Heidegger; e, mesmo que não sejam totalmente separáveis, é imperativo manter uma consciência da diferença entre eles. Por um lado, muitas vezes parece que Heidegger não está apenas fazendo uma afirmação descritiva acerca da nossa situação histórica, tal como é delimitada pelo oblívio de estar em uma era de tecnologia, mas também fazendo afirmações prescritivas e até preditivas sobre nossa resposta a essa situação. Por outro lado, no entanto, a retirada do ser não pode ser posta em prática dessa maneira, e não deve ser confundida com algum tipo de lógica preditiva. Como Heidegger seria o primeiro a nos lembrar, a história do ser só pode ser pensada por meio de lembranças contemplativas (*besinnliches Andenken*), e é inevitavelmente distorcida quando sujeitada a qualquer tipo de planejamento pragmático ou controle calculista. Deixar de manter essa distinção só pode ter consequências desastrosas para a compreensão do pensamento de Heidegger da história do ser. Caso contrário, é provável que tomemos a história do ser como uma tentativa de mitologia do pensamento ocidental, e, assim, importemos preconceitos culturais e historiológicos particulares para o que Heidegger quer pensar como o evento abissal do próprio ser. Em outras palavras, persiste o perigo de raciocinarmos simplesmente *desde* o nosso entendimento da nossa situação *até* a história do ser, em vez de nos entendermos – o que significa também os horizontes do nosso entendimento e os limites dos nossos poderes de razão – como situados em uma clareira da destinação histórica do ser. Reconhecidamente, o próprio Heidegger pode não ter sempre conseguido deixar clara essa distinção entre o acontecimento do ser e um mito ou grande narrativa do Ocidente[103].

Leituras complementares

Fontes primárias

Cf., de Heidegger: *Being and Time* [*Ser e tempo*] [Trad. Stambaugh], pts. V e VI; *The End of Philosophy* [*O fim da Filosofia*]; *Introdução à metafísica*; *Nietzsche*. Vol. IV – *Niilismo*; *The Principle of Reason* [*O princípio da razão*]; *O que quer dizer pensar?*

Fontes secundárias

Cf. DE BEISTEGUI (2003); BERNASCONI (1985); RUIN (1994); SCHÜRMANN (1987).

103 Cf. o esclarecimento de Heidegger do extrato acima no Protocolo (*TB* 32-33 = *ZSD* 35), no qual fica claro que a história do ser deve ser removida de toda "preocupação antropológica".

12

Vontade e *Gelassenheit*

Bret W. Davis

A transição da vontade para a *Gelassenheit* é o que me parece ser a dificuldade genuína (*GA* 77: 109; cf. *DT* 61 = G 33).

Introdução: *Gelassenheit* como autêntico não-querer

Gelassenheit, geralmente traduzida como "serenidade" [*releasement*], é uma palavra-chave do pensamento do segundo Heidegger. Com efeito, nomeia nada menos do que a sintonização (*Grundstimmung*) fundamental com a qual ele diz que os seres humanos devem relacionar-se autenticamente com os outros entes e com o próprio ser. Contrasta com a sintonização fundamental – ou melhor, com a des-sintonização – da vontade[104]. Nos tempos modernos, o ser humano é essencialmente voluntarioso [*will-ful*]; a vontade, segundo Heidegger, é a determinação histórica da essência da humanidade moderna. De fato, ele alega que, nas épocas da Modernidade, o ser dos entes enquanto tal é revelado – ainda que sob a forma de extremo autoencobrimento e mesmo abandono – como "vontade de poder" e, em última análise, como a "vontade de querer" tecnológica.

Meditando cuidadosamente sobre essa determinação histórica do ser e do ser humano como vontade, Heidegger espera, e tenta se preparar para, uma virada na história do ser e uma virada correspondente na essência da humanidade. É crucial ter em mente que

104 O objetivo deste capítulo é introduzir e explicar de maneira concisa esse tópico da vontade e da *Gelassenheit* no pensamento de Heidegger. Para um estudo detalhado e crítico, cf. Davis (2007).

essa virada da vontade para a *Gelassenheit não* envolveria uma mera reversão dentro do que Heidegger chama de "o domínio da vontade", uma reviravolta, por exemplo, de uma afirmação voluntariosa [*will-ful*] a uma submissão passiva. Em vez disso, o pensamento de Heidegger demanda um desvencilhamento de todo esse domínio da vontade e um salto em uma região de um não-volitivo [*non-willing*] deixar-ser que é diferente tanto da atividade voluntariosa quanto da passividade apática [*will-less*]. Além disso, essa guinada do domínio da vontade para uma região de não-querer [*non-willing*] não é apenas outra transformação histórica, pois envolve um radical "recuo", um retorno (*Rückkehr*) para entrar em (*Einkehr*) uma relação mais originária com o ser e com os entes. Heidegger pensa que, paradoxalmente, é no abismo niilista do nosso abandono voluntarioso que podemos passar por essa conversão e, pela primeira vez, despertar verdadeiramente para o nosso modo de ser mais próprio.

Pode-se ver, então, quão central é, para o segundo Heidegger, essa guinada da vontade para a *Gelassenheit*. Mas como foi que ele se deparou com esse problema da vontade e com a possibilidade do não-querer no seu percurso de pensamento? O que ele denota por "vontade"? Como aconteceria a transição para fora do seu domínio? E o que, finalmente, entende-se por não-querer e *Gelassenheit*? Essas são as questões que tentarei abordar neste capítulo. Deixe-me começar aqui com alguns comentários introdutórios sobre o termo *Gelassenheit*.

Gelassenheit é geralmente traduzida para o português como "serenidade" [*releasement*]. No entanto, deve-se ter em mente que se trata de uma palavra alemã bastante comum, que transmite um sentido de "calma compostura". Em linguagem coloquial, "*sei gelassen*" significa algo como "mantenha a calma" ou até mesmo "fique frio"; um *gelassener Typ* é, poderíamos dizer, um "cara descontraído". Mais originalmente, e mais pertinente no presente contexto, *Gelassenheit* refere-se ao estado de espírito atingido por meio de uma profunda experiência existencial ou religiosa de deixar passar [*letting go*], ser deixado [*being let*] e deixar estar [*letting be*]. Como a forma nominal do particípio perfeito de *lassen* (deixar), *Gelassenheit* tem uma longa história no pensamento alemão (RITTER, 2006, vol. 3, p. 220-224). Foi cunhada no século XIII por Meister Eckhart (1963, p. 91) e, posteriormente, usada por vários místicos, teólogos e filósofos. Heidegger também adota a palavra *Gelassenheit* da tradição mística alemã, e, no entanto, explicitamente distancia seu uso do conceito de uma certa compreensão teológica.

No contexto do cristianismo, geralmente se pensa que *Gelassenheit* implique uma libertação [*releasement*] - uma renúncia ou abandono (*Ablassen*) - da vontade-própria, que permita uma entrega à [*releasement over*] - um adiamento ou um deixar as coisas aos cuidados da (*Überlassen*) -Vontade de Deus. Heidegger certamente baseia-se nessa tradição. E, no entanto, embora ele reconheça que "muitas coisas boas possam ser aprendidas" de Eckhart, Heidegger claramente procura distinguir sua noção de libertação de uma que levaria meramente a uma obediência deferente a uma vontade divina (*GA* 77: 109; *DT* 62 = *G* 33-34)[105]. Essa conversão permaneceria exatamente dentro do domínio da vontade, em vez de evidenciar um desvencilhamento desse domínio enquanto tal.

A fim de entender por que Heidegger não está satisfeito nem com o voluntarismo humanista (transcendental) nem com o teísta (transcendente), precisamos entender a crítica radical da vontade que se encontra no coração dos seus pensamentos posteriores. De acordo com a sua história do ser (cf. o cap. 11), o ser dos entes nas épocas da Modernidade é a vontade. De acordo com essa delimitação histórica do ser, não apenas os seres humanos modernos são essencialmente voluntariosos, mas o próprio Absoluto é entendido como Vontade[106]. Antecipando uma guinada para uma "outra incoação" na história do ser, Heidegger fala de *Gelassenheit* como uma

105 De fato, a *Gelassenheit* de Eckhart e sua relação com a Vontade de Deus (ou o "Deus da Vontade") são muito mais complexas do que a crítica superficial de Heidegger implica. Cf. Schürmann (1978), Caputo (1990) e Davis (2007, cap. 5). Para a relação complexa e evolutiva de Heidegger com o cristianismo e suas ideias de divindade, cf. os cap. 16 e 17.

106 Antes de Schopenhauer e Nietzsche, é Schelling quem primeiro anuncia explicitamente que "o querer é o ser primordial". Cf. Schelling (1987, p. 231); *ST* 170 = *SA* 207; *GA* 49: 84.

libertação do pensamento como uma espécie de vontade, na verdade, de todos os modos de ser como vontade, e uma *libertação em* uma maneira involuntária [*non-willing*] de ser-no-mundo. Mas, a fim de entendermos a natureza da *Gelassenheit* de Heidegger e a razão pela qual é central para o seu pensamento posterior, precisamos primeiro entender como, no caminho de seu próprio percurso de pensamento, ele próprio inicialmente se voltou para a vontade e depois se afastou dela.

A aproximação e o afastamento de Heidegger da vontade

A preocupação permanente de Heidegger é com a questão do ser. Mais especificamente, é com a questão da *relação* entre o ser e o ser humano, ou seja, a relação entre o ser (*Sein*) e o ser-aí (*Dasein*) da existência humana (cf. a "Introdução" e o cap. 6). A frequentemente comentada "guinada" em seu percurso de pensamento na década de 1930 pode ser entendida como uma mudança de orientação dentro dessa relação, a saber, de um foco nas projeções temporais do Dasein do sentido do seu ser para uma ênfase no evento da verdade do ser (ou "seer") como determinado através de seus "envios" históricos[107]. Embora menos notada, mas não menos notável, o percurso do pensamento de Heidegger também passou por uma "segunda guinada" por volta de 1940, uma guinada *de* uma tendência a pensar a relação entre o ser e o ser humano em termos de vontade, e uma guinada *para* uma tentativa sustentada de pensar essa relação em termos de um deixar-ser (*Seinlassen*) e de uma serenidade (*Gelassenheit*) não-volitivos.

Em *Ser e tempo* (1927), Heidegger enfatizou o papel do Dasein humano em projetar resolutamente o significado do seu ser. Embora os humanos estejam sempre "jogados" em determinadas situações, eles não recebem simplesmente de modo passivo um mundo significativo, ou, quando o fazem, eles estão inautenticamente deixando

107 Para o relato meticuloso de Thomas Sheehan da "virada", que enfatiza que o termo *Kehre*, no pensamento de Heidegger, refere-se mais propriamente à reciprocidade entre ser e ser humano (*Sein* e *Dasein*), cf. o cap. 6. Sobre os múltiplos sentidos da virada ou guinada no contexto do pensamento de Heidegger, cf. tb. Davis (2007, p. 61-65).

que outros (*das Man*) decidam por eles (*SZ* 193, 239). Confrontados com a sua própria mortalidade, em "resolutidade", um ser humano deve "escolher" para si o seu projeto de vida, o seu "em-vista-de" (*Umwillen*) (cf., p. ex., *SZ* 12, 84, 298), uma escolha que então dá estrutura e significado teleológico ao "equipamento" que ele encontra "disponível-à-mão" em seu "ambiente" (cf. *SZ* § 14-18). Embora o papel da vontade em *Ser e tempo* esteja amplamente implícito – e seja, de fato, extremamente ambivalente, porquanto a antecipação da própria morte e o "chamado da consciência" são ocasiões para a interrupção da vontade, tanto quanto o são para a sua resoluta reafirmação – nos textos de 1928 e 1929, Heidegger afirma explicitamente que essa decisão formadora-do-mundo é realizada por uma espécie de vontade finita, porém transcendental. "O mundo [...] é definido primariamente pelo em-vista-de. [...] Mas um em-vista-de, uma intencionalidade [*Umwillen*], só é possível onde houver uma vontade [*Willen*]" (*MFL* 185 = *GA* 26: 238). Essa "vontade" não é um ato *no* mundo, mas uma determinação prévia da própria significância *do* mundo, ou seja, essa vontade transcendental ou "ontológica" se abre e estabelece o contexto de entidades significativamente relacionadas nas quais qualquer ato "ôntico" específico pode acontecer (*PM* 126 = *GA* 9: 163).

Em 1930, em uma apropriação interpretativa da filosofia prática da autonomia de Kant (i. é, do "dar a lei a si mesmo"), Heidegger enraíza a questão do ser na questão da liberdade, e define a liberdade como um desejo finito, entretanto "puro"; isto é, como uma vontade concreta que "realmente quer querer e nada mais além disso" (*EHF* 193 = *GA* 31: 285). Ironicamente, esse querer que quer somente o seu próprio querer, de certa forma prefigura "a vontade de querer" que Heidegger mais tarde vê como o abandono niilista do ser em sua determinação moderna como vontade, que ele então diz que "era incipiente no conceito de razão prática de Kant como vontade pura" (*EP* 101 = *VA* 85). Com efeito, essa determinação voluntarista do contexto significativo do mundo contrasta, não apenas de um modo geral, com a preocupação posterior de Heidegger em ouvir e esperar o ser, mas também, de maneira aguda e específica, com a sua compreensão posterior da liberdade em termos de um "deixar os entes ser" (*PM* 144 = *GA* 9: 188) que "*originalmente* não [está] conectado à vontade" (*BW* 330 = *VA* 28).

A forma mais perturbadora da filosofia da vontade do período intermediário de Heidegger aparece durante a sua breve, mas profundamente problemática, aliança com o Nacional-socialismo (cf. o cap. 7). Naquela época, ele desenvolveu uma forma política de voluntarismo, na qual não é a vontade individual, mas a vontade do *Volk* que deve ser resolutamente promulgada. Perto da conclusão do seu discurso da reitoria de 1933, Heidegger proclamou:

> Se tal coisa [o colapso da "pseudocivilização moribunda" do Ocidente] ocorrerá ou não, depende exclusivamente de saber se nós, enquanto *Volk* histórico-espiritual, queremos a nós mesmos. [...] Mas é nossa vontade que nosso *Volk* cumpra sua missão histórica. [...] Nós nos queremos a nós mesmos (*SU* 38 = *R* 19; cf. tb. *GA* 38: 57).

Certamente os momentos mais sombrios do abraço de Heidegger da vontade são encontrados em seus discursos políticos durante esse período, quando ele afirma que "estamos apenas seguindo a imensa vontade do nosso *Führer*" (*HC* 60 = *GA* 16: 236), uma vez que: "Só existe a vontade do pleno Dasein do Estado. [...] O *Führer* despertou essa vontade em todo o *Volk* e a soldou em uma única resolução [*Entschluss*]" (*HC* 49 = *GA* 16: 189). Nos anos subsequentes, Heidegger não apenas ridiculariza Hitler em particular como "o ladrão e criminoso do século" (VIETTA, 1989, p. 47), mas também critica explicitamente a ideia de que o egoísmo voluntarioso do sujeito individual pode e deve ser superado por meio da "inserção do Eu no Nós". Heidegger passa a reconhecer que assim "a subjetividade [voluntariosa] só ganha em poder" (*QCT* 152 = *GA* 5: 111).

Alguns anos após seu envolvimento com o nazismo, Heidegger começou a se afastar radicalmente da vontade. Em sua leitura atenta de Schelling, em 1936 (*ST* = *SA*), ele refletiu sobre as malignas profundezas da vontade-própria egoísta, e, em *Contribuições à filosofia* (1936-1938), o que ele chama de "a vontade mais própria" não é a do ego individual, nem a do *Volk* que quer a si mesmo, mas sim a daqueles que pensam no Dasein e exercitam a moderação (*Verhaltenheit*) a fim de se abrirem ao evento apropriador do seer (*CP* 11 = *GA* 65: 15). A guinada de Heidegger da vontade acontece de maneira mais clara e decisiva, no entanto, ao longo de sua interpretação e confrontação com a filosofia de Nietzsche da "vontade de poder" que durou uma década (1936-1946)[108].

Embora, a princípio, vincule a noção de vontade, que encontrou celebrada por Nietzsche, à sua própria noção de "resolutidade" (*N1* 48 = *NI* 59), a interpretação de Heidegger da filosofia de Nietzsche da vontade de poder tornou-se cada vez mais crítica, até que finalmente escreve: "Para Nietzsche, a vontade de poder é o *factum* último a que chegamos. O que parece certo para Nietzsche é questionável para nós" (*E4* 73 = *EII* 114). O que Heidegger considera questionável não é o fato de que o ser é determinado como vontade de poder *na época histórica da Modernidade*, mas sim que essa é a única possível ou a mais apropriada determinação do ser. Ele pergunta: "Mas a própria vontade de poder – de onde se origina [...]?" A resposta de Heidegger é que, na época da Modernidade, "o ser irradia a sua própria essência como vontade de poder" (*E4* 181 = *EII* 239). Quando o ser se revela como vontade, no entanto, ele o faz apenas encobrindo a sua essência mais própria de deixar-ser. O ser mostra-se como vontade apenas em uma "época" extrema (do grego *epechein*, que significa guardar ou reter) da retirada do ser para o autoencobrimento e, portanto, o abandono dos entes ao niilismo (cf. *N4* 201ss., 239 = *NII* 338ss., 383).

O segundo Heidegger, portanto, não nega a determinação histórica do ser e do ser humano como vontade. Mas ele vê esse voluntarismo moderno como epocalmente problemático, com efeito, como o ponto crucial do que está errado com toda a tradição ocidental e sua descida ao niilismo. "Se o ser é 'vontade' [...]. A essência da metafísica moderna pode ser apresentada por meio do completo desdobra-

108 Também dignas de nota são as extensas anotações de Heidegger sobre Ernst Jünger dos anos de 1930 e seguintes, nas quais ele reflete criticamente sobre o que é visto como o legado contemporâneo da metafísica de Nietzsche da vontade de poder na redução tecnológica dos humanos a "trabalhadores" (cf. *GA* 90).

mento dessa afirmação hipotética" (*GA* 67: 159). Com a declaração de Nietzsche, "A vida é vontade de poder" (cf. NIETZSCHE, 1967, § 1.067, 685, 693; 2006: 271, 330), diz-se que a metafísica ocidental se conclui (*N3* 18-19 = *NI* 492). Esta conclusão é o fim de um declínio do começo ou da incoação (*Anfang*) grega, uma incoação que é ela mesma ambivalente, porquanto tanto permitiu uma profunda apreensão do ser e, ainda assim, também coloca a tradição ocidental em um caminho metafísico de descida que culmina no voluntarismo niilista e na maquinação tecnológica. O pensamento posterior de Heidegger é dedicado a preparar para uma "outra incoação" da história do ser, e isso implica não apenas realizar uma conversão pessoal, mas participar de uma guinada "onto-histórica" da metafísica da vontade para um pensamento do não-querer ou da *Gelassenheit*.

A crítica madura de Heidegger sobre a vontade

Para o segundo Heidegger, a vontade é profundamente problemática. Com efeito, ele chega a sugerir em determinado ponto que, "em geral, a vontade mesma é o que é mau" (*GA* 77: 208). Mas o que exatamente Heidegger quer dizer com "vontade"? Nos seus escritos sobre Nietzsche, Heidegger passa a definir a vontade da seguinte maneira: o querer como um "comandar" é "a sintonia fundamental do ser superior de alguém" com os outros (*N3* 152 = *NI* 641). "Querer é querer-ser-senhor" (*QCT* 77 = *GA* 5: 234). Ao querer, alguém alcança além de si mesmo, de modo a aumentar o território sob o seu comando; querer é, em suma, "ser-senhor-para-além-de-si-mesmo [*Über-sich-hinaus-Herrsein*]" (*N1* 63 = *NI* 76). O querer, portanto, envolve um movimento dinâmico de sair para além de si mesmo e conquistar. Sugiro que isso possa ser entendido como um movimento circular de *incorporação-extática*, no sentido de que, ao querer, alguém se excede apenas para trazer esse excesso de volta para si mesmo. Fica-se fora de si mesmo, mas o objetivo desse *ekstasis* do querer é sempre incorporar o outro de volta no próprio domínio. O movimento de autossuperação da vontade é sempre em nome de uma expansão do sujeito, um aumento em seu território, seu poder.

A vontade de poder não é, portanto, um esforço cego ou uma mera vontade de viver; é antes uma vontade de aumentar e preservar o poder do sujeito (*QCT* 80 = *GA* 5: 237). Com efeito, poderíamos dizer que o próprio sujeito da vontade se constitui por meio desse processo dinâmico de preservação e aprimoramento de poder. "Com a palavra 'vontade', não quero, de fato, denotar uma faculdade da alma, mas sim aquilo no qual a essência da alma, da mente, da razão, do amor e da vida se baseia segundo uma doutrina de pensadores ocidentais, unânime, mas dificilmente refletida" (*GA* 77: 78). A (dis)sintonia fundamental da vontade subjaz a todas essas determinações e modos de subjetividade.

A vontade, portanto, não é apenas uma faculdade ao lado de outras, como pensar, pois o próprio pensamento, "concebido tradicionalmente como representação, é um querer" (*GA* 77: 106; *DT* 58 = *G* 29). Da conjunção de Leibniz de *perceptio* e *appetitus*, passando pela ligação do idealismo alemão da vontade com a razão (*GA* 77: 53; *VA* 110 = *NII* 222-223; *N3* 222 = *NII* 299), o pensamento e o conhecimento têm sido determinados como vontade, e isso significa, antes de tudo, como representação subjetiva. A representação é uma questão de vontade, na medida em que "inspeciona tudo o que a encontra a partir de si e em referência a si mesma" (*N3* 219 = *NII* 295). No pensamento representacional, primeiro alguém se esforça para ir além das coisas para delimitar um horizonte – um esquema transcendental – por meio do qual, e somente por meio do qual, as coisas devem se mostrar como objetos para sujeitos (*GA* 77: 98).

No entanto, segundo Heidegger, nem a vontade de representação metafísica e nem sequer a vontade de poder, ainda desvelam completamente a essência da vontade. A vontade é completamente desencadeada como a "vontade de querer" tecnológica. "A forma básica de aparência na qual a vontade de querer se arranja e se calcula no elemento anistórico do mundo da metafísica completa pode ser estritamente chamada de "tecnologia" (*EP* 93 = *VA* 76). A tecnologia, diz Heidegger, é uma maneira de revelar as coisas ou, antes, uma maneira de não as deixar serem reveladas como "coisas" com a sua própria integridade, ou mesmo não mais como "objetos"

(*Gegenstände*) que se opõem à representação de sujeitos. Na cosmovisão tecnológica, todos os entes são reduzidos a mera "reserva permanente" (*Bestand*); i. é, a recursos materiais e energéticos para a preservação e aprimoramento do sistema cibernético do *Ge-stell* (cf. o cap. 13), o enquadramento do mundo sem outro propósito senão uma vontade infinita de mais do mesmo, mais poder, mais vontade.

Por meio da tecnologia, a natureza é reduzida a um recurso a partir do qual a energia é desbloqueada, transformada, armazenada, distribuída e trocada, sempre a serviço dos interesses da vontade humana. Por fim, até mesmo os seres humanos são ameaçados de redução a "recursos humanos". De fato, diz Heidegger, "humanos autoafirmativos" foram o tempo todo, "independentemente de o saberem ou quererem enquanto indivíduos, [...] os funcionários da tecnologia" (*PLT* 113 = *GA* 5: 271, trad. mod.). A vontade, pela qual os humanos se afirmam sobre tudo o que existe, primeiro objetivando representativamente o mundo e, finalmente, reduzindo as coisas à reserva-permanente para seus projetos de domínio, não se origina nos próprios humanos. A certa altura, Heidegger chega ao ponto de dizer: "Surge a opinião de que a vontade humana é a origem da vontade de querer, enquanto na verdade os humanos são queridos pela vontade de querer sem experimentar a essência dessa vontade" (*EP* 101 = *VA* 85, trad. mod.).

E, no entanto, Heidegger diz em outro lugar:

> precisamente porque os humanos são desafiados mais originalmente do que as energias da natureza, ou seja, no processo de ordenação, *eles nunca são transformados em mera reserva-permanente*. Porquanto os humanos impulsionam a tecnologia, eles *participam* da ordenação como uma maneira de revelar (*QCT* 323 = *VA* 22, ênfase adicionada).

Os humanos nunca podem ser totalmente reduzidos a engrenagens na roda da vontade tecnológica de querer. Heidegger sugere que o cerne da nossa essência precede e excede radicalmente a vontade (*PLT* 113-114 = *GA* 5: 293-294). Esse cerne é a *Gelassenheit*, uma involuntária e fundamental sintonia e correspondência com o ser (*GA* 77: 145-146; *DT* 82-83 = *G* 61). A existência desse cerne também significa que somos corresponsáveis pelo destino do mundo, porquanto somos chamados a correspondermos ao ser, a nos envolvermos na determinação de seus envios históricos e a participar de uma virada histórica para uma maneira de ser diferente da vontade (*QCT* 39 = *GA* 79: 70).

Desvencilhar-se do domínio da vontade

O que significaria afastar-se da vontade, e como isso aconteceria? Pareceria que não pode haver nenhuma resposta voluntariosa para o problema da vontade, assim como não pode haver uma resposta tecnológica para o problema da tecnologia. Heidegger diz-nos que a "vontade de superar" é emblemática do problema do niilismo, e, portanto, não pode ser sua solução (cf. *N4* 243 = *NII* 389). Mas de que outra forma podemos empreender ou passar por uma transição da vontade? Precisamos nos desacostumar da *vontade* contraditória de alcançar a *Gelassenheit*, e, no entanto, esse desacostumar-se parece exigir *Gelassenheit*. Evidentemente precisamos, de alguma maneira, antecipar ou "pensar em direção" àquilo para o que estamos em transição, a fim de empreender/sofrer a própria transição (cf. *GA* 77: 68, 108).

Mas como sequer antecipamos refletidamente o não-querer, como seria a "atividade" humana se fosse radicalmente diferente de querer? Heidegger diz a certa altura que "talvez nós só cheguemos a saber o que é o não-querer quando o tivermos alcançado" (*GA* 77: 76). Mas como podemos começar a abordar essa realização? Nós pelo menos sabemos de que o não-querer é diferente: da vontade. Mais completamente pensado, o genuíno não-querer seria diferente de todo o "domínio da vontade". Afinal, como Heidegger ressalta, mesmo a expressão "não-querer" (*Nicht-Wollen*) poderia ser usada para nomear uma variedade de comportamentos, e a maioria deles permanece perfeitamente dentro do domínio da vontade. A maioria das formas de negação e recusa do querer são meras variações da "vontade" (*GA* 77: 76-78). Porquanto a resignação e a passividade significam mera falta ou deferência do querer, elas também só conseguiriam manifestar modos privativos dentro do que Heidegger chama de "o domínio da vontade". E porquanto a mera oposição continua sendo escrava daquilo a que se opõe, e na medida em que as "revoluções" meramente derrubam algo dentro de um domínio sem alterar o domínio enquanto tal (cf. *GA* 77: 51; *GA* 54: 77), o não-querer não pode ser atingido por uma mera rebelião voluntariosa contra o querer.

No entanto, a fim de "desvencilhar-se" do domínio da vontade, Heidegger reconhece que há um papel indispensável a ser desempenhado por *atravessar* um paradoxal "não-querer volitivo" (*GA* 77: 51-52, 58-67). Nessa medida, a própria noção de "não-querer" de Heidegger é explícita e inevitavelmente ambígua. Ele escreve:

> Não-querer ainda significa, por um lado, um querer, na medida em que um Não prevalece nele, mesmo que seja no sentido de um Não que se dirige ao próprio querer e renuncia a ele. Não-querer, nesse sentido, significa: renunciar voluntariosamente ao querer. E então, por outro lado, a expressão não-querer também significa: aquilo que não pertence à vontade de maneira alguma (*GA* 77: 106; cf. *DT* 59 = *G* 30).

Heidegger prossegue sugerindo que um "querer não-volitivo" transicional deveria ser entendido como uma renúncia ao querer que prepara para deixar-se envolver-se na essência do pensamento, que não é um querer. De maneira análoga, ele fala de um movimento de um sentido inicial para um sentido autêntico de *Gelassenheit*:

> *Gelassenheit*, como libertar-se da representação transcendental, é, de fato, um abster-se de querer um horizonte. Essa abstenção também já não procede de uma vontade, a menos que um traço de querer seja necessário para ocasionar o deixar-se-entrar em um pertencimento à região-aberta – um traço que, no entanto, desaparece no deixar-se-entrar e é completamente extinta em uma autêntica libertação (*GA* 77: 142-143; cf. *DT* 79-80 = *G* 57).

Heidegger diz-nos, portanto, que "ser-liberto" (*Los-Gelassen-sein*) da vontade é apenas o primeiro momento de *Gelassenheit*, e não o seu sentido mais próprio (*GA* 77: 121). Embora o não-querer como uma negação radical do (domínio da) vontade permitisse esse sentido inicial de *Gelassenheit* como ser-liberto, o sentido autêntico de *Gelassenheit*, no qual seríamos libertos, corresponderia ao segundo e mais radical sentido do não-querer como "o que permanece absolutamente fora de qualquer tipo de vontade" (*DT* 59 = *G* 30).

A correspondência de *Seinlassen* e *Gelassenheit*

Como então Heidegger caracteriza o autêntico não-querer ou *Gelassenheit*? Em certo sentido, todos os seus textos posteriores – todas as suas meditações sobre construir, habitar, pensar, poetizar e assim por diante – podem ser lidas como tentativas de pensar não-volitiva(mente).

Em *Country Path Conversations* [Conversas no caminho do campo] (1944-1945; *CPC* = *GA* 77), um texto-chave para o tópico deste capítulo que venho citando com frequência, Heidegger identifica *Gelassenheit* com um tipo autêntico de "espera" (*GA* 77: 115-117, 120-125, 216-221, 225-234). Em vez de postular voluntariosamente um esquema transcendental que determine antropocentricamente como os entes podem se mostrar, devemos nos empenhar em uma espera atenta na "região-aberta" que circunda os nossos horizontes limitados de percepção e inteligibilidade e, em primeiro lugar, permite que sejam. A abertura resoluta dessa "espera" é contrastada com uma "expectativa" que representa – ou projeta voluntariosamente – de antemão o que então espera passivamente. Por um lado, em contraste com uma resignação passiva que abandonaria a busca pelo conhecimento, o pensamento autêntico como *Gelassenheit* e a espera envolvem uma "suspeita" (*Vermuten*) corajosa e consciente que permite uma "aproximação ao distante" (*GA* 77: 116, 148). Por outro lado, em contraste com o interrogatório agressivo que caracteriza a tecnologia e as ciências naturais, tal pensamento como a espera atenta que suspeita não predeterminaria nem exigiria a revelação completa – o desencobrimento ilimitado – daquilo em que espera. Em vez disso, *Gelassenheit* como espera atenta é uma lembrança refletida, um comportamento contido, uma paciência permanente, que permanece firmemente dentro do ser (seer) como a região-aberta ou "expansão constante" que requer nossa participação refletida para os eventos apropriadores de suas clareiras de verdade (*GA* 77: 147-148; cf. tb. os cap. 8 e 10).

Na "topologia do seer" (*FS* 41 = *GA* 15: 335) do pensamento do segundo Heidegger, é a região-aberta do ser (seer) que "enregiona" [*enregions*] os humanos e "coisa" [*bethings*] as coisas (*GA* 77: 139-140), trazendo-nos de volta aonde pertencemos essencialmente. Liberto (*losgelassen*) da representação voluntariosa e liberado para (*überlassen*) um descanso na região-aberta, a autêntica *Gelassenheit* recebe da região-aberta seu movimento em direção a ela (*GA* 77: 117, 122). Mas essa relação não deve ser entendida simplesmente em termos da "atividade" do ser como a região-aberta e a "passividade" do ser humano, porquanto esses termos estão enraizados no domínio da vontade. Heidegger afirma claramente que "*Gelassenheit* está [...] fora da distinção entre atividade e passividade [...] porque não pertence ao domínio da vontade" (*GA* 77: 109; cf. *DT* 61 = *G* 33). Ele nega que seja uma questão de "deixar impotentemente as coisas deslizarem e irem à deriva". *Gelassenheit* é antes um tipo de "atividade superior", nomeadamente aquela de "abertura resoluta" (*Ent-schlossenheit*) entendida como uma "autoabertura para o aberto" (*GA* 77: 143-145; cf. *DT* 81 = *G* 59) e como um pacientemente duradouro "ficar dentro" dele. Diz-se que essa "habitação permanente [*Inständigkeit*] na libertação para a região-aberta" nada mais é do que "a essência genuína da espontaneidade do pensamento" (*GA* 77: 145; cf. *DT* 82 = *G* 60).

Portanto, quando Heidegger diz que em nossos tempos de miséria "não devemos fazer nada além de esperar", ele também diz que "não se trata simplesmente de uma questão de esperar até que algo ocorra aos humanos". A espera como *Gelassenheit* é a essência do pensamento genuíno, e tal pensamento "não é inatividade, mas é ele mesmo a ação que está em diálogo com a missão mundial" (*OG* 110 = *GA* 16: 676). O jogo do envio do ser exorta os humanos a "jogarem juntos" (*PR* 113 = *SG* 188). Quando a "linguagem fala" (*die Sprache spricht*), ela não pede aos humanos que simplesmente se calem e escutem, mas os chama a "cor-responderem" (*ent-sprechen*), de modo que, através desse "dizer corresponsivo", o pensamento seja capaz de "trazer para a linguagem de vez em quando [um] advento do ser" (*PM* 275 = *GA* 9: 363).

Além disso, Heidegger diz-nos que as "atividades" do ser como a região-aberta "dificilmente podem ser mencionadas como vontade" (*GA* 77: 143). Ser como a região-aberta "enregiona" os humanos de uma maneira que os requer (*braucht*), a fim de abrir um mundo que permita aos entes verdadeiramente serem (cf. *GA* 77: 147). Heidegger tenta afastar-se da gramática dualista sujeito-objeto, que determinaria a relação entre ser e humanos em termos de atividade e passividade. Ele pensa que o ser (seer) é um evento apropriador à meia-voz de dar e requerer (*Es gibt como Es brauchet*); o ser requer o Dasein humano como o local do dom da sua chegada e retirada (*WCT* 189 = *WhD* 116).

Perto do final da sua carreira, Heidegger declarou: "o sentido mais profundo do ser é *deixar* [*Lassen*]" (*FS* 59 = *GA* 15: 363). Em *Gelassenheit*, o ser humano corresponde e participa propriamente desse *Seinlassen* do próprio ser.

***Gelassenheit* para com as coisas [...] e os outros humanos**

Gelassenheit nomeia não apenas a nossa relação autêntica com o ser, mas também o nosso comportamento próprio para com os entes, as entidades. Quando Heidegger fala de "serenidade para as coisas" (*Gelassenheit zu den Dingen*), por um lado, ele está preocupado em preservar a essência humana e sua relação com o ser de uma tendência a "cair" na ruinância de "correr por entre os entes" (*Umtrieben an das Seiende*) que caracteriza a vida cotidiana do anônimo eles (*das Man*) (*PM* 92 = *GA* 9: 116). Há claramente ecos do "desapego", de Eckhart, quando Heidegger escreve:

> Podemos usar dispositivos técnicos, e, no entanto, com uso próprio, também mantermo-nos livres deles, a fim de que possamos abandoná-los a qualquer momento [...] como algo que não afeta o nosso núcleo interior e real. [...] eu chamaria esse comportamento de tecnologia, que expressa "sim" e, ao mesmo

tempo, "não", com uma palavra antiga, serenidade para com as coisas (*TD* 54 = G 23).

No entanto, Heidegger também está preocupado em cuidar das coisas, poupando-as e "usando-as" adequadamente. Deixar as coisas serem não é simplesmente uma questão de deixá-las passivamente em paz ou abandoná-las. Devemos observar que, em alemão, *lassen* é usado como um auxiliar modal, não apenas no sentido de passivamente *deixar* que algo aconteça ou *permitir* que alguém faça algo, mas também no sentido de *ter* algo feito (p. ex., ter o carro consertado). Além disso, *sicheinlassen auf etwas*, literalmente "deixar-se envolver em algo" significa "envolver-se em, ou comprometer-se com algo". Portanto, embora *Seinlassen* (deixar-estar) possa ser usada no discurso comum para denotar "deixar em paz ou parar de fazer", o *Sein-lassen* de Heidegger implica antes um *Sicheinlassen auf*, no sentido de um envolvimento não-volitivo que atentamente permite que os entes sejam eles mesmos. Ele escreve a esse respeito:

> Normalmente falamos em deixar estar [...] no sentido negativo de deixar algo em paz, de renunciar a isso, de indiferença e até negligência. [...] No entanto, a frase exigida agora – deixar os entes serem – não se refere a negligência e indiferença, mas, antes, ao contrário disso. Deixar estar é envolver-se com os entes [*Sein-lassen ist das Sicheinlassen auf das Seiende*] (*PM* 144 = *GA* 9: 188).

Heidegger prossegue dizendo que esse deixar-estar comprometido não é, certamente, uma manipulação voluntariosa ou calculista dos entes. A dificuldade, mais uma vez, é como desvencilhar-se do próprio domínio da vontade (tanto da passividade quanto da atividade) em uma região de não-querer, onde estamos abertos ao mistério do ser (sua retirada no encobrimento) e envolvidos em participar de seus eventos de desencobrimento. Tais eventos abririam um mundo no qual as coisas podem mostrar-se de maneiras significativas sem serem totalmente reduzidas a objetos de representação subjetiva ou reserva-permanente para manipulação tecnológica. Como entes de serenidade, somos chamados dessa maneira a ajudar a deixar os outros entes serem.

Deixe-me terminar levantando uma questão para aqueles que desejem pensar não apenas com Heidegger, mas também depois dele. Presumivelmente, *Gelassenheit* também nomeia o nosso comportamento próprio uns para com os outros. Isso, sem dúvida, envolveria deixar atentamente os outros serem, em vez de negligenciar passivamente suas preocupações existenciais ou "pular dentro" delas e assumi-las ativamente (*SZ* 122). Infelizmente, o segundo Heidegger tinha muito pouco a dizer sobre ética, além de dizer que o próprio pensamento do ser talvez pudesse ser pensado como "ética originária" (*PM* 271 = *GA* 9: 356). Após seu envolvimento errante na política nazista de autoafirmação comunal, ele também tinha muito pouco a dizer sobre política. Trazer *Gelassenheit* para a dimensão interpessoal da ética e da política exige, portanto, que pensemos mais adiante após Heidegger, além não apenas da sua *Volk*-política voluntarista do início dos anos de 1930, mas também além de suas suspeitas persistentes da democracia. É claro que as sociedades democráticas de hoje não estão isentas de seus problemas fundamentais, e esses problemas certamente não são independentes da crítica de Heidegger às maquinações tecnológicas da vontade de querer. Mas como seria uma "democracia por vir" (Derrida), se fosse infundida com uma sintonia interpessoal de *Gelassenheit*? Presumivelmente, tal política de não-querer tomaria a forma de uma democracia baseada em conversas mutuamente atentas, em vez de litígios intersubjetivos, um compartilhamento dialógico de vozes em vez de compromissos procedimentais entre subjetividades voluntariosamente antagônicas. Mas será que tal sintonia política poderia ser estabelecida? Como poderia, afinal, ser regulamentada e muito menos aplicada? Talvez devamos antes encontrar continuamente maneiras de infundir resolutamente, ainda que suavemente, o procedimentalismo da rede de segurança da democracia liberal com uma sintonia fundamental de *Gelassenheit* por meio de pensamento e prática contemplativos, educação responsiva e crítica social responsável, e do cultivo de fóruns para conversa de mente-aberta entre indivíduos e grupos. Uma *Gelassenheit* totalmente comprometida estaria, dessas maneiras, sempre a caminho de deixar cuidadosamente outros humanos, dentre outros entes, serem.

Referências

CAPUTO, J.D. (1990). *The Mystical Element in Heidegger's Thought*. Nova York: Fordham University Press.

DAVIS, B.W. (2007). *Heidegger and the Will* – On the Way to Gelassenheit. Evanston, IL: Northwestern University Press.

ECKEHART, M. (1963). *Deutsche Predigten und Traktate* [Ed. e trad. J. Quint]. Munique: Carl Hanser.

NIETZSCHE, F. (2006). *The Nietzsche Reader* [Ed. K.A. Pearson & D. Large]. Malden, MA: Blackwell.

______ (1967). *The Will to Power* [Trad. W. Kaufmann & R.J. Hollingdale]. Nova York: Vintage Books.

RITTER, J. (ed.) (2006). *Historisches Wörterbuch der Philosophie*. Basileia/Stuttgart: Schwabe.

SCHELLING, F.W.J. (1987). "Philosophical Investigations into the Essence of Human Freedom and Related Matters" [Trad. P. Hayden-Roy]. In: BEHLER, E. (ed.). *Philosophy of German Idealism*. Nova York: Continuum, p. 217-284.

SCHÜRMANN, R. (1978). *Meister Eckhart* – Mystic and Philosopher. Bloomington, IN: Indiana University Press.

VIETTA, S. (1989). *Heideggers Kritik am Nationalsozialismus und an der Technik*. Tübingen: Niemeyer.

Leituras complementares

Fontes primárias

Cf., de Heidegger: *Country Path Conversations* [*Conversas no caminho do campo*; *Serenidade*; *A questão da técnica*.

Cf., de Schelling: *Treatise on the Essence of Human Freedom*; *Nietzsche*. Vol. I e II. San Francisco: Harper & Row, 1991. • *Nietzsche*. Vol. III e IV. San Francisco: Harper & Row, 1991.

Fontes secundárias

Cf. CAPUTO (1990); DAVIS (2007); MITCHELL, A. "Praxis and *Gelassenheit*: The 'Practice' of the Limit". In: RAFFOUL & PETTIGREW (2002), p. 317-338. • SCHÜRMANN (1987, p. 245-250).

Cf. tb. OHASHI, R. (1975). *Ekstase und Gelassenheit* – Zu Schelling und Heidegger. Munique: Wilhelm Fink.

13
Ge-stell
O enquadramento como a essência da tecnologia

Hans Ruin

Juntamente com suas saudações à décima reunião anual do Círculo Heidegger, nos Estados Unidos, em 1976, Heidegger enviou um breve texto, precisamente um dos últimos que escreveu. Nele levantou novamente uma questão que até então se tornara talvez a preocupação mais persistente das últimas décadas da sua vida, a saber, a questão da *tecnologia*. Por tecnologia ele denotava a necessidade de compreender e refletir criticamente sobre o sentido e o significado da crescente tecnologização do mundo na Modernidade. Ele aí escreve que um mundo carimbado pela tecnologia também é um mundo caracterizado por um esquecimento do ser, e exorta os participantes a ponderarem sua significância e efeitos (in: SALLIS, 1978, p. 1). O conceito mais importante nesse contexto, e aquele por meio do qual ele procurou capturar o caráter essencial dessa transformação momentosa, era aquele de *Gestell*, normalmente traduzido como "enquadramento". Seu significado lexical comum em alemão é "quadro" ou "estante". Mas, como termo filosófico, é um neologismo, e Heidegger frequentemente o hifeniza como *Ge-stell* para indicar que extrai seu significado de uma série de conceitos relacionados construídos em torno do verbo raiz *stellen* (colocar ou pôr), tais como *herstellen* (produzir) e *vorstellen* (representar). Também está relacionado à palavra *Gestalt*, que significa figura ou configuração. Em sua conferência de 1953, "A questão da técnica", um dos ensaios mais lidos e discutidos do seu período pós-guerra, ele escreve: "Nós agora nomeamos a desafiadora alegação que reúne o homem com vista a ordenar a autorrevelação como reserva-permanente: *Ge-stell* [*enquadramento*]" (*BW* 324 = *VA* 23).

A fim de compreender essa afirmação enigmática, e a fim de apreender o significado e a significância da noção de *Ge-stell* no pensamento de Heidegger como um todo, precisamos considerá-la não apenas no contexto de seu pensamento sobre a tecnologia, mas também no contexto da sua compreensão do significado do ser e suas transformações históricas. O objetivo aqui é recordar desse contexto através de um resumo de alguns dos textos e passagens mais importantes que levaram ao forjamento desse novo conceito. No curso dessa análise, ficará claro que o tema designado por *Ge-stell* não é algo inteiramente novo, que surge apenas nos escritos do pós-guerra. Pelo contrário, é importante ver como e até que ponto ele está de fato enraizado nas suas primeiríssimas tentativas fenomenológicas de elucidar o significado do ser e da existência humana, em particular como isso é articulado pela primeira vez nas suas elucidações críticas da filosofia de Aristóteles.

Tecnologia e arte – Crítica e recuperação da *technē* grega

Um texto-chave nesse contexto, e ao qual Heidegger sempre retornaria, é o livro sexto da *Ética a Nicômaco*, de Aristóteles. Esse é um bom ponto de partida, pois também é a tentativa mais detalhada de um escritor grego de definir o sentido de *technē* em contraste com outras capacidades humanas. Aristóteles define aqui *technē*, cuja tradução para o latim é *ars*, como uma das cinco principais capacidades ou virtudes intelectuais. É uma capacidade intelectual que tem a ver com fazer ou criar (*poiēsis*) algo novo de acordo com uma capacidade racional reflexiva. Enquanto tal, também tem a ver com verdade e falsidade. Com efeito, bem no início do livro sexto da *Ética a Nicômaco*, Aristóteles escreve que existem "cinco maneiras pelas quais a alma alcança a verdade, nomeadamente através da arte (*technē*), do conhecimento científico, da prudência, da sabedoria e da inteligência" (1.139b). Dentre as muitas obras e passagens dos escritos filosóficos gregos que Heidegger explora em sua avaliação crítica da metafísica ocidental, essa linha tem uma importância singular. Ela contém o cerne não apenas do que ele mais tarde afirmará ser a "concepção grega da tecnologia", mas também do genuíno significado ontológico do fenômeno da tecnologia enquanto tal, bem como do fenômeno da verdade. Voltaremos a isso novamente no final da nossa discussão, pois aparece em uma passagem-chave do ensaio sobre tecnologia.

O confronto interpretativo mais intenso de Heidegger com os escritos de Aristóteles acontece durante os anos de formação do início da década de 1920. A partir desse período, temos o famoso texto enviado a Paul Natorp em 1922, o chamado "Relatório Natorp" ou, como se lê no título completo, "Interpretações fenomenológicas a respeito de Aristóteles: Indicação da situação hermenêutica" (*IHS*). Este texto contém não apenas o esboço da sua própria orientação filosófica básica, tal como sistematizada em *Ser e tempo*, alguns anos depois, mas também as primeiras formulações decisivas para entender seu pensamento sobre a tecnologia, e a antecipação do conceito de *Ge-stell*. Pois aqui Heidegger pergunta como o ser da vida, da existência humana, é apreendido no pensamento grego. Ele enfatiza a importância de se atentar para a maneira como o vocabulário da metafísica grega primitiva é forjado, e para os modelos e motivos orientadores de sua ontologia.

Como devemos entender criticamente o que Aristóteles quer dizer com substância, *ousia*? Heidegger argumenta que ao designar a natureza mais fundamental do ser por esse termo, Aristóteles foi guiado por uma compreensão do ser como algo fabricado, em *poiēsis*, e, portanto, como algo colocado à mão, como algo que foi produzido (*Hergestelltsein*). A palavra alemã é importante aqui, pois marca o primeiro de uma longa sequência de conceitos forjados em torno do verbo raiz *stellen*. Na metafísica grega, o ser é pensado, em sua essência geral, como algo produzido e apreendido na linguagem através do seu *eidos*, sua forma visível. E essa maneira de fazer o ser aparecer, manifestar-se e, portanto, ser verdadeiro, continua Heidegger, é o caminho da *technē*. Portanto, a compreensão tecnológica do ser é, de fato, o que poderíamos chamar de modelo grego básico de compreensão do ser, aquele segundo o qual a metafísica grega construiu sua estrutura conceitual fundamental. Somente conscientizando-nos criticamente do que poderíamos assim chamar de um certo viés técnico na própria construção da linguagem metafísica, podemos também dedicar-nos a uma exploração direcionada a outros sentidos do ser complementares e supostamente também mais fundamentais. A metafísica entende e, portanto, constrói conceitualmente o ser de acordo com um modelo de produção. Essa conclusão não é simplesmente uma hipótese descritiva que concerne ao primeiro surgimento de uma conceitualidade metafísica; também possui um potencial crítico. Pois, ao questionar a validade da configuração conceitual original, também é aberto um espaço para a reflexão crítica sobre a compreensão e o significado herdados do ser.

Quando Heidegger publica *Ser e tempo* cinco anos mais tarde, o núcleo do seu argumento é a crítica de uma metafísica substancialista que entende o ser em termos de presença-à-mão (*Vorhandenheit*). A conexão com a análise anterior das raízes "técnicas" da metafísica não é, contudo, óbvia à primeira vista. Pois, em *Ser e tempo*, o tema explícito da tecnologia e da *technē* dificilmente aparece. Em *Ser e tempo*, a crítica da ontologia da substância toma como ponto de partida não o sentido "técnico" grego do ser, mas a construção cartesiana moderna do sentido do ser como pura extensão no espaço (cf. *BT* § 19-21). Esse entendimento do ser pressupõe uma perspectiva distanciada que contempla a natureza simplesmente como uma extensão material calculável, como é demonstrado no famoso exemplo da meditação de Descartes sobre um pedaço de cera como uma coisa extensa removida de seu contexto de uso.

A fim de desconstruir esse entendimento da coisidade como objetividade presente-à-mão, Heidegger dá um passo que é algo surpreendente, tendo em vista sua análise anterior da metafísica grega. Pois, ao procurar uma avenida conceitual diferente para pensar o ser da realidade, ele se volta antes para a palavra grega para coisas, *pragmata*, que etimologicamente significa "aquilo com que estamos preocupados" na prática. Essas entidades não são extensões espaciais sem sentido, mas sempre coisas contextualmente significativas incorporadas a um mundo circundante inteiro de preocupações. Seu modo de ser é, como ele diz, "disponibilidade-à-mão" (*Zuhandenheit*). Sua significância pressupõe precisamente que elas não são objetificadas, mas convividas em um contexto referencial pré-reflexivo. Dessa perspectiva, também é possível que ele desenvolva sua análise do "mundo" como algo mais do que simplesmente uma constelação de corpos materiais. O fenômeno primário do mundo é um contexto-de-sentido, no qual já estamos sempre jogados. O mundo objetificado das entidades calculáveis tal como representado nas ciências naturais é, de fato, um fenômeno secundário que nasce do mundo vivido mais original como sua modificação teoricamente mediada. O que torna essa análise bastante confusa da perspectiva da crítica anterior da metafísica da substância é que aqui não é o entendimento instrumental e técnico grego do ser que explica um esquecimento original, mas, pelo contrário, é o artefato, a ferramenta ou o equipamento, na forma do *pragmata* grego, que é apresentado como uma alavanca crítica contra o entendimento cartesiano distanciado e objetificante da natureza na Modernidade. É isso que permite a Heidegger falar da disponibilidade-à-mão como uma manifestação mais original do ser do que a presença-à-mão.

De uma perspectiva, a ontologia desenvolvida em *Ser e tempo* poderia, portanto, ser descrita como uma ontologia do artefato e da ferramenta, uma vez que o ser da disponibilidade-à-mão é considerado mais fundamental do que a secundária e teoricamente mediada presença-à-mão. Heidegger até mesmo argumenta em *Ser e tempo* que a manifestação original da natureza também é uma disponibilidade-à-mão, uma vez que a natureza aparece primeiro como algo-significativo em relação à preocupação geral do Dasein humano. E, em *Ser e tempo*, essa recuperação destrutiva de uma fonte de manifestação mais original no modelo de equipamento ou artefato não é criticada, mas apresentada como um achado positivo. Embora a razão por trás dessa análise tenha sido claramente refletir criticamente sobre a forma de objetivação da natureza que emerge com a ciência moderna e sua metafísica, suas implicações tornam-se problemáticas, principalmente para o próprio Heidegger. Pois, se a natureza fosse entendida segundo o modelo do equipamento ou da disponibilidade-à-mão, então a análise fenomenológica pareceria reinstalar precisamente essa determinação subjetivista e antropocêntrica do mundo que ela também procurou transcender. Se lermos *Ser e tempo* desse ângulo, podemos entender por que Heidegger posteriormente se distancia de suas análises.

Um texto importante a esse respeito é o ensaio "Sobre a origem da obra de arte" (*BW* 143-212) de 1935-1936, que marca um passo adicional na genealogia da técnica no pensamento de Heidegger. Em conjunto com sua tentativa de desenvolver uma análise fenomenológica da obra de arte (cf. o cap. 9), ele também expande sua crítica anterior à ontologia da substância. Ele afirma que o ser da obra de arte não pode ser apreendido no modelo de entidades objetivas como presente-à-mão. Mas, e este é o passo digno de nota, tampouco pode ser entendido de acordo com o modelo da ferramenta como algo disponível-à-mão. Além disso, a natureza também não pode, afinal, ser entendida de acordo com nenhum desses modelos. Pois o ser natural é caracterizado antes por uma autoemergência (*eigenwuchsig*) elusiva. Quando nós nos voltamos para a obra de arte, descobrimos que ela é diferente de *todos os três* desses tipos de ser. A obra de arte é uma maneira muito especial de reunir e deixar o ser da natureza aparecer, que não o consome como matéria-prima para os propósitos dos seus próprios projetos, mas permite que ele venha à presença por causa de si mesmo. É nesse sentido que a obra de arte é um "acontecimento da verdade". Em claro contraste com a análise de *Ser e tempo*, o modo de equipamentalidade é o que se encontra aqui no caminho da compreensão do fenômeno genuíno da natureza; a última pode ser discernida somente através do evento da obra de arte. A obra de arte, como obra de verdade, é o que revela o significado mais profundo da natureza que está encoberto enquanto a natureza for interpretada apenas através da tradicional – tecnicamente inspirada – matriz de matéria e forma. Dessa maneira, o ensaio sobre a obra de arte marca um novo passo no pensamento de Heidegger, um passo que eleva a um nível totalmente novo o papel e o significado da arte e do poético. No entanto, também leva a uma imagem mais complexa a respeito do significado genuíno do grego *technē*. Pois, como o próprio Heidegger também observa, a palavra grega para arte (alemão *Kunst*) também é *technē*, e o artista é um *technites*. Então, desde o ponto de vista do ensaio sobre a obra de arte, há, de fato, um legado positivo da compreensão grega de *technē*, não como uma produção dos instrumentos disponíveis-à-mão das nossas preocupações imediatas da vida, mas como uma poética produção de algo na sua presença.

Embora seja conferido à *technē*, no sentido da arte, um papel cada vez mais importante na avaliação crítica contínua de Heidegger da tradição metafísica ocidental e sua compreensão substancialista do ser, a *technē*, no sentido moderno da tecnologia, torna-se um tema de crescente preocupação crítica desde cerca da mesma época. Se tomarmos a liberdade de generalizar, o desenvolvimento de Heidegger desde por volta da época do ensaio sobre a obra de arte (1935-1936) poderia de fato ser descrito precisamente em termos desses dois significados divergentes de *technē*. Por um lado, a *technē*, no sentido do artefato fabricado, funciona, desde a incoação da metafísica como a matriz para pensar o ser como uma entidade desconectada, um pensamento metafísico que vem à tona definitivamente na Modernidade, onde a verdade ou evento do ser é encoberto e domesticado em um entendimento representacional e objetificador. Por outro lado, a *technē* como arte surge como uma via única para pensar o evento da verdade de uma maneira que não objetifica o ser, mas o permite prevalecer na sua própria essência, ou seja, em sua natureza dual como, ao mesmo tempo, presença e ausência. Como veremos mais adiante, o ensaio sobre tecnologia contrasta esses temas da maneira mais explícita.

Do trabalhador e da imagem do mundo ao *Ge-stell*

O lado mais "negativo" da técnica, e o surgimento de Heidegger como um pensador crítico da tecnologia moderna, não é algo que pertença apenas ao seu período pós-guerra, como costumava-se acreditar. O confronto decisivo com a tecnologia é anterior, e mais ou menos simultâneo com a composição do ensaio sobre a obra de arte. Pois essa também foi a época em que ele leu e iniciou seu diálogo crítico com o pensamento do escritor contemporâneo Ernst Jünger. Em 1932, Jünger publicou um ensaio distópico muito lido e discutido, intitulado *Der Arbeiter* (*O trabalhador*). Neste texto, Jünger se atreve a pensar a Modernidade após a análise de Nietzsche do niilismo como a perda de uma fonte transcendente de sentido. Jünger, que foi um herói condecorado da Primeira Guerra Mundial, com profunda experiência pessoal da nova guerra tecnológica, vê aqui o surgimento de um novo tipo ou configuração (*Gestalt*) do ser humano, "o trabalhador". O ser humano como o trabalhador entrou em uma relação simbiótica com a máquina e com a tecnologia na forma do trabalhador ou do soldado, e é, portanto, uma manifestação completa de uma vontade de poder. O livro de Jünger é uma tentativa de articular uma análise distanciada e objetiva de uma transformação da relação do ser humano com a natureza, mediada pela tecnologia. Ele descreve o que ele vê como a essência da Modernidade, onde uma vontade de poder tecnologicamente mediada assumiu a tarefa de moldar o mundo de acordo com a sua própria visão e para os seus próprios fins.

O material da precoce e intensa preocupação de Heidegger com os escritos de Jünger foi disponibilizado apenas recentemente, razão pela qual a significância total da sua análise para o próprio pensamento de Heidegger sobre a tecnologia e o *Gestell* não foi totalmente reconhecida. No volume pertinente da sua *Edição Completa* (*Gesamtausgabe*), Heidegger escreve que, com o personagem ou a figura – a *Gestalt* – do trabalhador, a subjetividade do homem atinge sua conclusão como uma dominação ou um domínio da terra (*GA* 90: 40). E na própria noção de *Gestalt*, que para Jünger serviu como uma espécie de ótica ou eidética por meio da qual ele procurou capturar a essência do presente histórico, Heidegger traça uma herança da *ideia* platônica como aquela que visualiza o ser em uma figura ou essência fixa. É nessas reflexões ao mesmo tempo simpáticas e críticas sobre o pensamento de Jünger sobre o trabalhador e sua *Gestalt* que o pensamento do *Ge-stell* é concebido pela primeira vez, mesmo que a palavra mesma só apareça mais tarde. Em uma *Festschrift* para Jünger, publicada em 1955, Heidegger contribuiu com um artigo intitulado "Acima 'da linha'", que mais tarde foi republicado sob o título "Sobre a questão do ser". Neste texto, ele retoma sua análise anterior de *O trabalhador* e o entendimento de Jünger da *Gestalt*, afirmando explicitamente que a essência da *Gestalt* deveria ser entendida como emanando do que ele mesmo, entretanto, pensara como *Ge-stell* (*PM* 303 = *GA* 9: 401).

O mais importante texto publicado do período pré-guerra para o desenvolvimento do pensamento de Heidegger sobre o *Ge-stell* é, no entanto, "A época das imagens de mundo", um ensaio apresentado em 1938 no contexto de uma conferência sobre a imagem contemporânea do mundo, *Weltbild*, e mais tarde publicado na coleção *Holzwege* (*OBP* 57-85 = *GA* 5: 75-113; também em *QCT* 75-113). Esta conferência começa declarando uma posição em torno da qual ele circulará pelo resto de sua vida: ou seja, que o que hoje precisa de meditação refletida (*Besinnung*) é a ciência e a tecnologia de máquinas. Ele então desenvolve seu argumento básico de que a tecnologia de máquinas não é uma consequência da ciência; ao contrário, tanto a ciência quanto a tecnologia de máquinas estão enraizadas em um sentido mais fundamental da tecnologia, que ele iguala à metafísica moderna. Nessa constelação metafísica, o ser é entendido como algo representado (*vorgestellt*) e visualizado de modo a ser disponibilizado para manipulação e dominação por uma vontade subjetiva (cf. o cap. 12). Até mesmo a arte e as humanidades tendem a ser arrastadas para a órbita da constelação metafísica da tecnologia. A arte torna-se uma fonte de prazer estético e as humanidades são organizadas de acordo com o mesmo padrão de produção de resultados que as ciências naturais. Heidegger escreve que o pesquisador se torna um técnico que trabalha por meio de experimentos para produzir resultados que podem ser medidos em termos de seus efeitos para o estabelecimento acadêmico.

Todo esse desenvolvimento e transformação na maneira como o ser vem à presença remontam ao princípio da filosofia moderna, a concepção cartesiana da certeza, na qual o ser humano emerge como um sujeito que projeta o mundo diante dele como um objeto, representado e explicado. Portanto, a própria questão colocada pela conferência, concernente ao surgimento da "imagem de mundo moderna", torna-se em si mesma um sintoma de como o mundo aparece na Modernidade, nomeadamente como precisamente um retrato ou imagem, uma projeção de visão representacional. Nessa nova constelação, os humanos perdem contato com aquilo que não pode ser calculado; isto retira-se nas sombras, e o mundo aparece como uma cena de perda de sentido e transcendência.

Uma consciência crítica dessa condição pode facilmente levar a um escapismo romântico, uma vontade de voltar ao passado ou à tradição. Mas o remédio de Heidegger para essa situação não é fugir dela, mas confrontá-la enquanto tal, desenvolver uma experiência de modernidade tecnológica como "destino"; i. é, como um "envio" (*Schicksal*, *Schickung*) do ser dentro do qual nos encontramos. Esse destino como envio não deve ser reverenciado, mas confrontado filosoficamente através de um novo modo de questionamento, e também de escuta, através de um "questionamento poético" e de uma "meditação refletida" (*Besinnung*). A tarefa de tal reflexão é também recordar aos seres humanos da sua própria finitude e da finitude da maneira como o mundo se apresenta nessa visão totalizante. Se lermos a crítica de Heidegger ao cartesianismo, à Modernidade e à tecnologia simplesmente como uma tentativa de distanciar-se de toda essa constelação, seu pensamento facilmente assume a aparência de uma tentativa nostálgica de escapar do presente, uma crítica um tanto arcana e patética que pode ser facilmente contestada recordando-se dos muitos benefícios notáveis para a humanidade que procederam dessa modernidade, tanto em termos de liberdades políticas quanto de melhores condições de vida material. Mas aquilo para o que ele está apontando é antes uma perspectiva não-avaliativa ou extramoral, na qual podemos começar a sentir como tanto os enormes benefícios quanto as imensas calamidades da Modernidade surgem como dois lados do mesmo movimento subjacente, ou seja, como a tragédia da Modernidade.

No final da versão publicada de "A época das imagens de mundo", Heidegger adicionou uma série de notas, uma das quais explica "representação" (*Vorstellung*) como "um colocar [*stellen*] algo a partir de si mesmo, e, assim, assegurá-lo [*sicherstellen*]" (*OBP* 82 = *GA* 5: 108, trad. mod.). O ser já não é o que está presente, mas, em vez disso, obtém o significado daquilo que é colocado perante um sujeito como um objeto ou *Gegenstand*. Com essa análise, a fundação para o seu pensamento posterior sobre a tecnologia em termos do *Ge-stell* está essencialmente no lugar, mesmo que o conceito ou filosofema atual ainda não esteja forjado enquanto tal. Isso acontece apenas em um texto que ele compõe dez anos mais tarde, em 1949, que tem o título "*Das Ge-stell*", texto para o qual voltamo-nos agora.

Ge-stell como um movimento além do domínio e da vontade

Após a guerra, durante os anos em que Heidegger não teve permissão para lecionar na universidade, ele foi convidado a dar conferências em vários lugares. Em um clube cultural de Bremen, ele deu quatro dessas conferências em 1949, sob o título geral "*Insight* do que é", a segunda das quais foi chamada "Das Ge-stell" (em *GA* 79). Esta é a primeira versão do texto que mais tarde se tornaria "A questão da técnica". Aqui ele se baseia na análise de "A época das imagens de mundo", desenvolvendo a semântica de *stellen* em uma representação da natureza e dos humanos como colocados antes de uma demanda exploradora. Aqui podemos ver como ele finalmente reúne os vários modos de *Stellen* (colocar, estabelecer), dos quais falou em textos anteriores – *Vorstellen* (representar), *Herstellen* (produzir), *Bestellen* (ordenar), *Ausstellen* (expor) e *Verstellen* (deslocar, distorcer) – agora forjando-os no novo conceito de *Ge-stell*. O prefixo tem uma ressonância peculiar aqui. O alemão "Ge-" pode implicar uma "reunião", como em um *Gebirge*, uma cadeia de montanhas. Em *Ge-stell*, os vários modos de *stellen* são reunidos para representar a maneira como o mundo se manifesta em uma época de querer tecnológico. *Ge-stell* designa a essência da tecnologia (*Technik*), uma essência que vem à tona com o surgimento das ciências naturais modernas no final do século XVI. Mas é importante para sua análise que, diferentemente da visão padrão, a tecnologia seja vista não como o resultado da ciência experimental, mas o contrário: a ciência natural baseada experimentalmente só se torna possível com o surgimento dessa essência da tecnologia como *Ge-stell*.

No *Ge-stell*, a natureza surge primariamente como uma fonte de materiais e energia a ser integrada a um sistema maior de utilidade. Em uma passagem famosa, Heidegger descreve uma moderna usina hidrelétrica no Rio Reno como tendo o efeito de transformar o rio na usina. Nesta situação, o papel dos humanos também obtém um novo sentido; são eles que têm que decretar essa ordem ou comando, esse *Bestellen*, mas, ao mesmo tempo, são aqueles que estão expostos a ela, como, eles mesmos, algo a que se comanda e ordena. Não é por acaso que é nesse texto que Heidegger faz a única observação filosófica explícita que ele já fez acerca dos campos de extermínio nazistas, cujo despejo industrializado de vidas e corpos humanos é comparada à maneira pela qual a natureza também é explorada na sociedade tecnológica moderna (*GA* 79: 27). Na versão posterior, publicada, do ensaio sobre a tecnologia, ele eliminou essa observação, não sabemos por que motivo, mas sua presença inicial nesse contexto indica que foi através dessa compreensão da *tecnologia* e do *Ge-stell* que Heidegger, em seu próprio pensamento, tentou reconciliar-se filosoficamente com essas atrocidades indescritíveis executadas por uma sociedade industrial moderna bem organizada.

Com o forjamento do conceito de *Ge-stell* como uma maneira de resumir e sensibilizar a respeito de toda uma constelação de fenômenos acerca de como os entes apresentam-se aos humanos, Heidegger alcançou um meio pelo qual pode alegar ter pensado a essência da Modernidade. Trata-se de um conceito e de um pensamento que podem permitir-nos ver como a natureza surge como um recurso a explorar, mas também como os seres humanos são concebidos como entidades que podem, elas próprias, serem reduzidas a recursos. Nesse paradigma instrumentalista, tudo é potencialmente um recurso a ser usado em benefício de uma vontade calculista. Enquanto tal, o conceito de *Ge-stell* é não apenas uma maneira de descrever uma tendência em como as coisas se apresentam, mas – e talvez mais importante – uma maneira de descrever como os seres humanos, por sua vez, são chamados a apresentar as coisas a si mesmos dessa maneira. Pois o *Ge-stell* não é algo externo aos seres humanos e seu livre-arbítrio, mas uma maneira pela qual essa vontade se orienta. É, como diz a definição de "A questão da técnica", citada no início deste capítulo, uma "reivindicação desafiadora", uma reivindicação que desafia o ser humano a ordenar o que se apresenta como reserva permanente (*Bestand*).

A insistência em entender e experimentar o *Ge-stell* como uma reivindicação ou demanda é crucial. Pois é nessa e por essa maneira de frasear a análise que Heidegger também se distancia, por exemplo, das análises de Jünger, que ainda estão orientadas principalmente para apreender, numa visão totalizante, a essência da Modernidade: em outras palavras, para submetê-la ao domínio de um olhar teórico. Aquilo para que Heidegger tem trabalhado, pelo menos desde meados da década de 1930, e em particular em *Contribuições à filosofia* (*CP* = *GA* 65), mas de certa forma desde o início do seu percurso, é um modo de pensar que possa de alguma forma incorporar o *como* do pensamento no seu quê: trazer o pensamento a uma consciência refletida do que realiza em sua própria maneira de conceituar o ser. Pensar o *Ge-stell*, da maneira indicada por Heidegger é, portanto, também trazer à consciência o tecnológico no próprio pensamento, a vontade interior de dominar, de modo a finalmente libertar-nos dessa vontade e, dessa maneira, também talvez ser mais livre. Essa estratégia está muito presente nas linhas de abertura de "A questão da técnica", que começa dizendo que a tarefa do pensamento em relação à tecnologia é "construir um caminho para a tecnologia", um caminho através da linguagem que levará a uma nova relação com o que é pensado, uma relação que Heidegger caracteriza explicitamente como "livre". Pensar na tecnologia através da óptica do *Ge-stell* é, portanto, tornar-nos mais livres *para* e, portanto, no final, também *da* tecnologia.

O caminho para essa realização prossegue por meio de uma abordagem da questão da essência da tecnologia de uma nova maneira. Rejeitando a abordagem comum dessa questão, Heidegger sustenta que a essência de algo não é simplesmente a resposta para *o que* é. No caso da tecnologia, a resposta padrão seria que a tecnologia é um meio para atingir um fim, um instrumento de ação. Mas, contra essa resposta padrão, Heidegger sugere que, em vez disso, examinemos *como* a tecnologia produz a verdade. Nós então perguntamos não simplesmente acerca da verdade sobre a tecnologia, mas acerca da verdade da, e pela tecnologia. E é nesta fase da análise que ele relembra novamente a passagem da *Ética a Nicômaco* mencionada no início, usando-a para transmitir o ponto de que a *technē* tem a ver com realizar o verdadeiro, no sentido de revelar algo, deixando-o entrar em sua aparência. E a maneira como a tecnologia revela a natureza é como "exploração" ou "comando" (*Herausfordern*). Ela revela a natureza como aquilo que pode e deve ser comandado. Mas não só isso; ela também revela o ser humano a si mesmo como aquele que é "comandado a comandar a natureza", *herausgefordert die Natur herauszufördern* (*BW* 324 = *VA* 21). Trata-se de uma formulação concentrada do pensamento discutido anteriormente, de que o *Ge-stell*, como a essência da tecnologia, manifesta-se como uma demanda inerente ao próprio ser humano, como um aspecto e uma consequência de sua liberdade. Não se trata de um destino no sentido de ser algo ordenado por algum poder superior, pela natureza ou pelo próprio ser, mas uma maneira pela qual os humanos encontram a natureza, e a si mesmos.

Enquanto tal destino, não se trata de algo definitivo, e sim de algo em relação a que podemos estabelecer uma relação mais livre, ouvindo sua reivindicação (*Anspruch*), permitindo que ressoe precisamente enquanto tal, como uma reivindicação, de fato, como uma "reivindicação libertadora" (*PC* 331 = *VA* 29). Precisamente por esse motivo, o *Ge-stell* marca no final uma situação muito ambígua. De uma perspectiva superficial, o conceito e o diagnóstico podem parecer apenas um ressentimento distópico em relação à Modernidade. Mas o ponto de Heidegger é que ele também contém novas possibilidades. No perigo óbvio inerente à Modernidade contemporânea tecnologicamente definida, também existe uma salvação potencial. Nos seus escritos posteriores, Heidegger citaria frequentemente os versos de "Patmos", de Hölderlin, "Mas, onde está o perigo, também cresce o poder salvador". No ensaio sobre a tecnologia, isso ocupa um lugar muito especial, pois também resume a maneira como ele quer que *Ge-stell* seja entendido, nomeadamente como uma situação "ambígua" de perigo (manifesto) e salvação (potencial) ao mesmo tempo. Esta última possibilidade repousa, no entanto, na condição de que o ser humano possa alcançar uma relação ponderada e reflexiva com aquilo que é, da maneira como é revelado no *Ge-stell*. E, no final do ensaio, ele retoma explicitamente essa ambiguidade precisamente em termos da herança dupla, mencionada acima, da *technē* grega. Outrora, diz ele, *technē* também significava a "produção do verdadeiro no belo" (*BW* 339 = *VA* 38). Ao que é esperançoso na tecnologia pertence essa possibilidade de trazê-la de volta a um sentido de revelação poética, primeiro levada adiante nas artes, que também eram conhecidas pelos gregos como *technē*.

Referências

JÜNGER, E. [1932] (1981). *Der Arbeiter.* Stuttgart: Ernst Klett.

SALLIS, J. (ed.) (1978). *Radical Phenomenology* – Essays in Honor of Martin Heidegger. Atlantic Highlands, NJ: Humanities Press.

Leituras complementares

Fontes primárias

Cf., de Heidegger: *Country Path Conversations* [*Conversas no caminho do campo*]; *Gesamtausgabe*. Vol. 79 – *Bremer und Freiburger Vorträge*; "The Origin of the Work of Art" ["A origem da obra de arte"]. In: *Basic Writings*, p. 143-212. • *A questão da técnica.*

Fontes secundárias

Cf. DAVIS (2007); FANDOZI (1982); ROJCEWICZ (2006); ZIMMERMAN (1990).

Cf. tb. CORONA, N.A. & IRRGANG, B. *Technik als Geschick?* Geschichtsphilosophie der Technik bei Martin Heidegger – Eine Handlungstheoretische Entgegung. Dettelbach: Röll, 1999. • IDHE, D. *Technics and Praxis*. Dordrecht: Reidel, 1978. • RUIN, H. "Contributions to Philosophy". In: DREYFUS, B. & WRATHALL, M. (eds.). *A Companion to Heidegger*. Oxford: Blackwell, 2007, p. 358-374. • WALLENSTEIN, S.-O. *Essays, Lectures*. Stockholm: Axl Books, 2006.

14
Linguagem e poesia

John T. Lysaker

Uma orientação

O cerne dos pensamentos de Heidegger sobre a linguagem está reunido no livro *A caminho da linguagem*, volume doze das suas *Obras completas* (*GA* 12). As traduções para o inglês estão distribuídas em três volumes. Peter D. Hertz traduziu a maior parte de *On the Way to Language* [*A caminho da linguagem*] (*OWL*), exceto o ensaio "Language" ["Linguagem"], que apareceu em *Poetry, Language, Thought* [*Poesia, linguagem, pensamento*], traduzido por Albert Hofstadter (*PLT*). ("The Way to Language" ["O caminho para a linguagem"] foi retraduzido por David Krell para a edição revista de *Basic Writings* [*Obras fundamentais*] [*BW*].) A linguagem também surge como um tema-chave em outros trabalhos publicados, como o § 34 de *Being and Time* [*Ser e tempo*] (*BT*), "The Origin of the Work of Art" ["A origem da obra de arte"] e "Letter on Humanism" ["Carta sobre o Humanismo"] (ambos em *BW*), bem como em muitos ciclos de conferências e manuscritos não publicados.

Como considero Heidegger um fenomenólogo incansável, que visa revelar vários fenômenos na medida em que se mostram (em oposição a como conformam-se aos paradigmas de conhecimento existentes), não recontarei essas várias explorações por meio de uma análise textual cronológica. Tal leitura, embora informativa, deixa de lado o projeto filosófico de Heidegger em favor de um projeto histórico, que se concentra em uma "visão" evolutiva. Isso não apenas desvia a atenção do fenômeno da "linguagem", mas também falha em atender à própria insistência de Heidegger: "O relato de uma nova visão sobre a linguagem pouco importa. Tudo depende de se aprender a habitar o falar da linguagem" (*PLT* 210 = *GA* 12: 30). Envolver Heidegger na linguagem, portanto, não pode ser uma questão de rastrear visões, mas de pensar como, em nossa própria abordagem a ele, podemos "habitar no falar da linguagem", ou pelo menos tomar medidas para realizar essa tarefa. Dito de outra maneira, ao envolver-se nos seus textos, não se deve presumir que já se esteja suficientemente atento ao falar da linguagem.

Em lugar de presunções, Heidegger "gostaria de levar-nos à possibilidade de termos uma experiência com a linguagem. Experimentar algo, seja uma coisa, um humano ou um deus, significa que algo nos acontece, nos atinge, nos advém, nos subjuga e nos transforma" (*OWL* 57 = *GA* 12: 149). Acho instrutiva essa passagem de "A essência da linguagem"[109]. Sugere que estamos defasados no que respeita à linguagem, e na medida em que precisamos estabelecer condições para a possibilidade de uma experiência do que parece intimamente à nossa disposição. É como se, mesmo as palavras e frases sendo escritas e lidas, não estivéssemos atendendo plenamente ao que está acontecendo, ao modo como somos abordados pela linguagem e respondemos a ela. E isso me parece adequado. Em todos os momentos, a não ser nos menos prováveis, dirijo-me à linguagem a caminho de outra coisa: enviando um e-mail, refinando modelos de autoexperiência na esquizofrenia, informando minha esposa, Hilary, que eu a amo, ou tentando provocar os alunos. Não é que a minha posição reflexiva para com a linguagem seja afligida por infelicidades, embora possa sê-lo. Em vez disso, a acusação é que nós presumimos a linguagem e, portanto, deixamos de experimentar a sua plena dimensionalidade.

Obviamente, se presumirmos a linguagem, estar fora de sintonia não é uma questão de não ter acesso a algum objeto cuja natureza se encontre no outro lado da cognição. Pelo contrário, a linguagem

109 Hertz traduz *Wesen* como "natureza", ao passo que sou a favor de "essência", no sentido de como um ente acontece ou do caráter de seu acontecimento. Eu prefiro a "essência" porque *Wesen* é historicamente associado à "essência" e Heidegger está claramente envolvido em um diálogo crítico e transformador com essa história.

está muito conosco. Com efeito, ao que parece, "Estamos sempre falando de uma maneira ou de outra" (*PLT* 187 = *GA* 12: 9). Observo isso porque explorar o fenômeno da linguagem não exige que transcendamos nossa situacionalidade humana. Pelo contrário, a tarefa envolve retornar a nós mesmos de uma maneira mais original. Nas palavras de Heidegger: "Mas não queremos chegar a outro lugar. Nós apenas gostaríamos, pelo menos uma vez, de simplesmente chegar aonde nós próprios já residimos" (*PLT* 188 = *GA* 12: 10).

Mas onde nós já residimos quanto à linguagem? Esse é o fenômeno que Heidegger procura articular. Lembre-se da observação: "Estamos sempre falando de uma maneira ou de outra". O ponto não é que as pessoas conversem umas com as outras a cada segundo de cada dia. Em vez disso, o falar que Heidegger tem em mente não precisa ser verbal. Pode envolver um pensar reflexivo, leitura, escrita, e assim por diante. A preocupação de Heidegger é essa: como é que, quando paramos para pensar, falar ou escrever, a linguagem surge, e sem que tenhamos que a convocar? Mas sejamos mais concretos. Agora, explique em voz alta por que você está lendo este capítulo. Você escolheu sua frase palavra por palavra, ou será que os seus pensamentos, garganta, pulmões e boca já se encontram vinculados a palavras e frases? E, ao ler isso, será que você tem que decidir se a tinta da página é uma linguagem, ou será que, mesmo quando uma frase confunde, ela confunde enquanto uma "frase"? Espero que você agora compreenda a preocupação de Heidegger. Qual é a nossa relação com a linguagem tal que já nos encontramos vinculados a ela quando explicitamente produzimos um pensamento, uma palavra ou uma frase?

Embora a princípio não seja óbvio, a questão de como a linguagem nos reivindica é também uma questão da essência da linguagem. Como observei anteriormente, "essência" concerne ao caráter com o qual um fenômeno ocorre. A observação de Heidegger é que a linguagem passa informando pré-reflexivamente o pensamento e a fala. Ele, portanto, não transforma a linguagem em um objeto a fim de verificar suas características essenciais. Em vez disso, ele busca sua essência em sua ocorrência, e localiza essa ocorrência em como a linguagem reivindica o pensamento e a fala humanos.

Permita-me um terceiro pensamento a respeito da passagem de "A essência da linguagem". Ao buscar a possibilidade de uma experiência com a linguagem, Heidegger procede com cautela. Por um lado, isso simplesmente obedece à natureza da experiência. Querer ter uma não garante que se a terá. Eu posso querer ouvir estruturas de fuga em Bach, mas até que tenha ouvidos (e possivelmente dedos) para elas, não as ouvirei. Além disso, fugas precisam estar disponíveis, mesmo que eu esteja preparado para ouvi-las. No que diz respeito a uma experiência com a linguagem, a tarefa filosófica consiste, portanto, em estabelecer condições para a possibilidade de ter uma experiência com a linguagem, não simplesmente querer que isso aconteça. Por outro lado, nesse ponto, posturas reflexivas infelizes podem ser um problema. Elas podem estabelecer condições que tornam improvável uma experiência com a linguagem, talvez até mesmo impossível. Ao preparar-nos para uma "experiência" com a linguagem, Heidegger recorre, portanto, ao termo *Erfahrung*, uma palavra que ele desenvolve em termos de um tipo de "sofrimento" (*Erleiden*), no qual "cumprimos/submetemo-nos a" a linguagem (*ihm sich fügen*). Em outras palavras, em vez de traduzir as coisas em categorias familiares, a "experiência", neste sentido, ultrapassa-nos.

Mas como proceder? As abordagens de Heidegger são múltiplas. Por um lado, ele tenta deslocar precisamente aquelas intuições sobre a natureza da linguagem que minam a nossa capacidade de ter uma experiência com a linguagem. Em segundo lugar, através de locuções incomuns, tais como "a linguagem fala" (*die Sprache spricht*), ele trabalha para nos sintonizar com a maneira como a linguagem se dirige a nós (*PLT* 188 = *GA* 12: 10). E ele frequentemente recorre a determinados poemas e partes de poemas na suposição de que a linguagem do poema se dirige a nós de uma maneira particularmente rica, e até mesmo exemplar, pelo menos no que diz respeito à maneira como a linguagem fala. No que se segue, consideraremos inicialmente alguns deslocamentos, depois uma das locuções mais incomuns de Heidegger, e, finalmente, exploraremos o lugar da poesia em nosso esforço para aprendermos a habitar o falar da linguagem.

Antes de considerarmos os deslocamentos, outra preliminar é oportuna. Segundo Heidegger, aprender a habitar o falar da linguagem não é uma busca amadora para os curiosos a respeito do esoterismo. Antes, concerne à nossa própria natureza e à natureza do próprio ser. A "Carta sobre o Humanismo" começa assim:

> O pensar realiza a relação do ser com a essência dos seres humanos. Ele não produz ou causa a relação. O pensar traz essa relação para o ser somente como aquilo que é entregue ao pensamento a partir do ser. Tal oferta consiste no fato de que, no pensar, o ser chega à linguagem. A linguagem é a casa do ser. Na habitação da linguagem, os seres humanos habitam. Pensadores e poetizadores são os guardiões desta habitação. Sua guarda realiza a manifestação do ser, na medida em que eles, em seu falar, trazem essa manifestação para a linguagem e a preservam nela (*PM* 239 = *GA* 9: 313).

Esta passagem aumenta as apostas marcadas pelo pedido para que aprendamos a habitar o falar da linguagem. Se a linguagem é a casa do ser, então, nos termos de Heidegger, aprender a habitar o falar da linguagem equivale a: (i) preparar ou cultivar um tipo de pensamento e/ou poetização, que (ii) traga o ser à linguagem e o preserve (i. é, o abrigue) aí, (iii) realizando assim a manifestação do próprio ser, que, por sua vez, (iv) envolve a essência dos seres humanos. Obviamente, nada disso é minimamente provável se formos incapazes de encontrar condições para a possibilidade de uma experiência com a linguagem. Mas, se essa possibilidade nos encontrar, se ela nos roubar, então poderemos chegar a um acordo com a nossa relação com o próprio ser, a qual, sem dúvida, inclui, em certo sentido, a nossa relação com nós mesmos, uns com os outros, e com o que quer que *exista* para ser experimentado.

Passos em falso

Uma chave para as muitas respostas de Heidegger para o fenômeno da linguagem está nos esforços para deslocar as visões que minam as experiências genuínas da linguagem. Por exemplo, ele insiste em que não deveríamos compilar informações sobre a linguagem, digamos, através de comparações entre várias gramáticas (*OWL* 58 = *GA* 12: 150). Por que não? O objetivo de Heidegger é pensar sobre como pertencemos à linguagem, e isso antes de nossa decisão de falar, ler ou até mesmo considerar algo de maneira reflexiva. E nenhum montante de informações sobre várias linguagens exporá o caráter desse relacionamento. De fato, tais investigações, ao usarem a linguagem para explorar a linguagem, inconscientemente habitam essa relação em vez de explorá-la. Tampouco qualquer apresentação de características que todas as linguagens compartilhem, o que Heidegger chama de "metalinguagem" (no sentido de uma linguagem universal), dará a nós o que buscamos. Ao enfocar as maneiras pelas quais as linguagens funcionam e os elementos que elas contêm, ela também apenas decretará (em vez de explorar) a maneira como a linguagem nos reivindica, deixando assim impensada a essência da linguagem. Ou seja, ao se estabelecer a linguagem como um objeto a ser abordado empiricamente, olha-se além da abordagem da linguagem que financia a própria investigação. Aqui, então, está o ponto mais geral. O que Heidegger busca não é algum fato sobre a linguagem, mas a nossa relação com a linguagem de tal modo que possamos propor "fatos".

Um outro deslocamento expande-se em um ponto já aventurado. Heidegger é insistente em que a essência da linguagem não deve ser pensada em termos de comunicação humana. Mais especificamente, a alegação é que a linguagem não ocorre originalmente como um meio pelo qual os seres humanos expressam algo através de representações, um fenômeno evidente no que se segue. "Estou furioso com você por deixar meu reprodutor de MP3 na casa da nossa mãe". Esta observação expressa a raiva do falante com um irmão e com referência a algo (um reprodutor de MP3) e alguma ação (deixar o reprodutor de MP3), que ocorre em algum lugar (a casa da mãe deles). A observação é, portanto, uma ação intersubjetiva, que expressa um estado subjetivo de coisas (raiva), que, por sua vez, está explicitamente relacionado a assuntos mundanos (um objeto, uma ação, um lugar).

Ora, o argumento de Heidegger, que ele oferece em “Linguagem” (*PLT* 190 = *GA* 12: 12), não é que não devamos pensar na linguagem dessa maneira. Em vez disso, sua afirmação é que essa consideração perde a nossa relação básica com a linguagem. Cada uma das suas noções-chave (expressar pensamentos e sentimentos, representar coisas e eventos, e dirigir-se a outras pessoas) evidencia uma relação com a linguagem na qual um sentimento, uma ação e até mesmo outra pessoa aparecem como já ligados à linguagem, a saber, como “raiva”, um “reprodutor de MP3” e como um “você” a quem alguém pode se dirigir. Mas não é precisamente essa relação o que queremos entender? Como é que tais fenômenos nos são dados já vinculados à linguagem, e sem que tenhamos escolhido explicitamente palavras, gramática, tipos de atos de fala ou frases para fins de comunicação? Em outras palavras, a comunicação evidencia, em vez de explicar, a nossa relação básica com a linguagem. E isso me leva ao ponto mais geral desse deslocamento. A nossa relação básica com a linguagem não é o resultado de alguma decisão humana de representar, expressar e/ou abordar. Em vez disso, a maioria das decisões humanas presume essa relação, e, portanto, Heidegger preferiria dizer que se trata menos do fato de falarmos uma linguagem do que de “a Linguagem falar”.

Uma linguagem de essência

Heidegger denomina a frase “a linguagem fala” uma *Leitsatz*, uma “oração principal”. Seu trabalho inicial é negativo. Leva-nos a considerarmos que os seres humanos não são os falantes iniciais, mas a linguagem. Mas o que isso poderia significar? Voltemos à nossa própria fala. Como discutimos, quando nos dirigimos a outrem ou pensamos, já nos encontramos reivindicados pela linguagem, ou seja, encontramo-nos pensando com e pronunciando palavras, frases e sentenças. Como Heidegger escreve em “O caminho para a linguagem”, “Toda palavra falada já é uma resposta – uma réplica, uma fala que vai ao encontro, e escuta” (*BW* 218 = *GA* 12: 249). Parafraseando a afirmação de Nietzsche sobre o pensar (*Além do bem e do mal*, § 17): não é que eu eleja palavras e frases, mas, antes, elas vêm a mim. Neste sentido, o uso da linguagem humana é uma resposta à abordagem da linguagem, o que implica o aparecimento de palavras e frases no pensamento e na fala. Não que alguma vez observemos ou mesmo reconheçamos explicitamente essa abordagem. Em vez disso, o evento dessa abordagem e nossa resposta já ocorreram quando os atos reflexivos acontecem[110].

A esta altura devemos ter alguma ideia de por que Heidegger diz que a linguagem fala. Mas a sua afirmação precisa ser ouvida de uma maneira particular. Se o falar da linguagem nunca está presente a nós como um evento, e muito menos como um objeto a ser observado, então a linguagem acontece de uma maneira que não pode ser um tema apropriado para representação conceitual. Em vez disso, já fomos abordados pela linguagem e respondemos a ela no momento em que somos capazes de formular algo como um conceito de linguagem. A linguagem na qual pensamos na essência da linguagem será, portanto, incomum. Sim, ela pode empregar conceitos, como "a linguagem fala" o faz, mas a frase mesma não deve ser usada para nomear alguma "essência da linguagem". Em vez disso, precisamos lê-la na linha de um exercício reflexivo, até mesmo um tipo de yoga, no sentido de uma disciplina a ser praticada. Nessa linha, "a linguagem fala" funciona voltando nossa atenção para o que o nosso falar cotidiano presume, mas ignora, nomeadamente, o fato de que, em nosso falar, a linguagem já nos abordou e nós respondemos.

Eis como Heidegger coloca o pensamento em "O caminho para a linguagem":

> A fala, tomada por si só, é escuta. É escutando a linguagem que falamos. Portanto, falar não é *simultaneamente* escutar, mas o é de antemão. Essa escuta da linguagem precede todas as outras instâncias de escuta, embora de uma maneira totalmente inconspícua. Nós não apenas *falamos* a linguagem, nós falamos *a*

110 Heidegger usa vários termos diferentes para marcar a abordagem inicial da linguagem; p. ex., *Heissen*, que Hoftstadter traduz como "chamamento" [*bidding*] (*PLT* 206 = *GA* 12: 26), e *Sagen*, que tanto Hertz quanto Krell traduzem como "Dizer" [*Saying*] (*OWL* 93 = *GA* 12: 188; e *BW* 410 = *GA* 12: 242).

partir dela. Somos capazes de fazê-lo somente porque, em cada caso, nós já escutamos a linguagem (*PN* 411 = *GA* 12: 243).

A linguagem fala na medida em que ela se dirige a nós com palavras e frases que reivindicam, de maneira pré-reflexiva, nosso pensar e falar. E, portanto, nosso falar e pensar são, no início, uma resposta de escuta à reivindicação dessas palavras e frases, uma reivindicação que indica ou expõe a essência da linguagem.

Ao tentarmos entender a oração principal, encontramo-nos pensando sobre a própria linguagem que orienta nossos esforços. Em outras palavras, no caminho para a essência da linguagem estivemos lidando com uma linguagem de essência, para empregar as expressões elaboradas de Heidegger de "A essência da linguagem". E, como vimos, uma linguagem de essência só pode cumprir sua tarefa se renunciar a nomear uma essência, mesmo falando sobre ela, mas funcionar, em vez disso, para indicar ou apontar o que já tem sempre acontecido no seu próprio dizer. E, ao prover-nos uma indicação tão tensamente enrolada e reflexiva, ela abre-nos para a maneira como habitamos a linguagem. Ou seja, uma linguagem de essência apropriada realiza o que Heidegger busca. "Mas não queremos chegar a outro lugar. Apenas gostaríamos, pelo menos uma vez, de apenas chegar aonde nós mesmos já residimos" (*PLT* 188 = *GA* 12: 10).

Ora, você pode perguntar-se por que encontrar o nosso caminho para uma linguagem de essência requer um grau tão tortuoso de reflexividade. Na leitura de Heidegger, o enigma está na essência da linguagem. No seu falar, a linguagem não se dirige simplesmente a nós e depois nos supre com uma palavra, uma frase ou uma oração que nos permite expressar aos outros no que diz respeito a coisas, ações e eventos. Pelo contrário, esses eventos são uma peça. Nas palavras de Heidegger, "O desdobramento essencial da linguagem é dizer como apontar" (*BW* 410 = *GA* 12: 242). Em suma, a linguagem dirige-se a nós na medida em que nos provê de palavras e frases em, e para, nosso trato com os outros, com o mundo e com nós mesmos. O "apontar" da linguagem afasta-nos, portanto, da própria abordagem inicial da linguagem, ou seja, de uma faceta fundamental de sua essência, e aproxima-nos do que essa essência permite, a saber, uma vida articulada. Precisamos, portanto, de uma linguagem de essência, a fim de voltarmos a nós mesmos no mesmo local em que a linguagem situa o nosso si mesmo fáctico e particular, mas também nos afasta de uma faceta essencial de nossos si mesmos, a saber, o nosso pertencimento à linguagem.

A casa do ser

Até agora, temos explorado como os seres humanos pertencem à linguagem. Ao indicar aspectos do nosso mundo (si mesmo, outro, coisa, lugar etc.), a linguagem reivindica-nos antes de qualquer querer ou fazer de nossa parte. Mas isso significa que, ao aprender a habitar no falar da linguagem, também estamos aprendendo a habitar no local/evento onde os entes são revelados ou desencobertos, onde eles aparecem como algo a ser desejado, conhecido, resistido, trabalhado, e assim por diante, um local/evento que Heidegger recorrentemente indica com a palavra *Sein*, "ser". Mas sejamos mais precisos.

Em "Linguagem", Heidegger afirma que (a) os entes sempre aparecem para nós dentro de um mundo, dentro de um contexto de significados que inunda as coisas, e (b) um mundo, embora mais do que a soma de suas partes, não obstante existe apenas em e através da inter-relação de coisas. Nas palavras de Heidegger, "O brilho do mundo concede às coisas sua essência. As coisas suportam o mundo. O mundo concede coisas" (*PLT* 202 = *GA* 12: 21). Mas isso não é tudo, pois a fim de que a relação entre mundo e coisa aconteça, cada um deve diferir do outro, e de uma maneira que, não obstante, permita a relação. Heidegger chama este terceiro de a "diferença" [*dif-ference*]. Ora, a *diferença* não é, ela mesma, outra coisa, nem poderia sê-lo sem ainda outra palavra a contextualizando, dentro da qual ela aconteceria, a qual por sua vez exigiria ainda outra *diferença*, e assim por diante. Em vez disso, a *diferença* nomeia a abertura de um mundo no qual os entes acontecem (ou são reunidos) uns em relação aos outros (digamos, uma série de relações ecossociais em uma floresta tropical ou a agitação de corpos ao longo de uma rua movimentada de cidade), arranjando assim o mundo ou dando-lhe lustre. (Lembre-se ou imagine a sensação de caminhar sob uma copa densa de abetos de Douglas ou de subir a Quinta Avenida de Manhattan ao meio-dia.)

Ao lembrar-nos do local/evento onde coisa e mundo são revelados ou aparecem, tanto no seu pertencimento mútuo como na sua *diferença*, a linguagem, presumindo-se que aprendemos a habitar o falar, expõe a cena básica do ser-no-mundo humano. Aí nos encontramos sempre ex-sistindo, ou seja, orientados praticamente para entes vinculados a contextos ricos, e de uma maneira pela qual aparecem como tais, ou seja, acontecem como o *aparecimento* de um tipo particular de ente em um tipo particular de caminho em um mundo iluminado por um lustre particular. E, por serem aparecimentos, esses entes carregam consigo não somente o mundo, mas a diferença que permite que as coisas pertençam a um mundo enquanto acontecem à sua própria maneira (i. é, de acordo com uma essência própria).

Estamos prontos a aceitar a afirmação de Heidegger de que a linguagem é a "casa do ser" por meio de outra passagem da "Carta sobre o Humanismo": "Mas o ser humano não é apenas uma criatura viva que possui linguagem juntamente com outras capacidades. Antes, a linguagem é a casa do ser na qual o ser humano existe [*ex-sists*] habitando, porquanto ele pertence à verdade do ser, guardando-a" (*PM* 254 = *GA* 9: 333). Em termos que presumimos a partir de "Linguagem", a verdade do ser é marcada pela diferença, pois permite (a) aos entes aparecerem dentro de um mundo e (b) os mundos brilharem com o lustre de entes inter-relacionados. Este local/evento multidimensional é a verdade na qual os seres humanos habitam, e essa é a verdade que a linguagem abriga no falar que nos reivindica de maneira pré-reflexiva e à qual as nossas próprias palavras e frases são respostas.

É crucial que não leiamos a afirmação de Heidegger nos confins do construtivismo social, que, nesse contexto, proporia que a identidade dos entes é resultado de como eles são representados na linguagem. Em "Linguagem", Heidegger afirma que "o nomear [da linguagem] não distribui títulos, não aplica termos, mas invoca a palavra" (*PLT* 196 = *GA* 12: 18). Considero que isso signifique que, ao reivindicar o ser humano, o falar da linguagem não construa algo como uma categoria quase-kantiana. Em vez disso, ao chamar um ente "à palavra", a linguagem o chama à cena do aparecimento mundano que a linguagem abre, arranja e assim indica. Quanto aos seus traços (digamos que sejam lisos, pretos e mais ou menos redondos em cima e em baixo), ou suas capacidades (podem deslizar sobre o gelo), ou seus muitos usos possíveis (p. ex., em um jogo de hóquei), nenhum desses é "construído" pela linguagem. Em vez disso, a linguagem especifica e preserva as muitas maneiras pelas quais as coisas aparecem, assim permitindo que elas se tornem explícitas ou para-nós de uma maneira conspícua. É por isso que Heidegger escreve em uma página relevante de "A origem da obra de arte", "somente a linguagem traz os entes enquanto entes à abertura pela primeira vez" (*BW* 198 = *GA* 5: 61). Mas a linguagem não fabrica entes de alguma maneira, como se palavras ou mesmo linguagens inteiras fossem formas ideais sobrepostas à materialidade bruta da natureza.

Voltemos ao pensamento de que a linguagem é a casa do ser. Ao permitir que os entes se tornem conspícuos em sua aparência, a linguagem não apaga a distinção aparência-realidade. Em vez disso, a linguagem a emprega. Ao dar-nos o nome "disco de hóquei", a linguagem reúne nossas experiências com o disco de hóquei (muitas das quais, por exemplo, quando bate na minha coxa, são mais do que meras funções do sistema de significantes associado ao hóquei). E como esses encontros são reunidos dessa maneira, cada um é apresentado como uma aparência do que é irredutível a qualquer um deles, vamos chamá-lo de "disco de hóquei", que pode nos abordar de várias maneiras, inclusive maneiras que têm pouco a ver com hóquei. A linguagem é, portanto, a casa do ser, porque, ao nos reivindicar, ela abriga e torna manifesto o fato de que os entes aparecem para nós, envolvem-nos. Ou, para colocar a questão mais precisamente, a linguagem é a casa do ser porque, se prestamos atenção ao seu falar originário, ela preserva para nós a verdade do ser, ou seja, o desencobrimento dos entes, como a cena fundamental da nossa existência (cf. o cap. 8 para uma abordagem mais detida da "verdade do ser").

O poeta como o fundamentador do ser

Em "Linguagem", Heidegger afirma: "O que é puramente falado é o poema" (*PLT* 192 = *GA* 12: 14). "A origem da obra de arte" afirma que a linguagem do poema preserva a essência original da linguagem, que também é um tipo de poesia, embora em um sentido mais amplo, qual seja aquele da *poesis*, pensada em termos de um fazer (ou deixar-ser) desencoberto (*PC* 199 = *GA* 5: 62). No texto intitulado "[...] Poeticamente o humano habita [...]", encontramos: "Mas o responder no qual o ser humano escuta autenticamente o apelo da linguagem é o ditado que fala no elemento do poetizar" (*PLT* 214 = *VA* 184). Finalmente, em "Hölderlin e a essência da poesia", Heidegger se refere à poesia como um *Ursprache*, uma "linguagem originária" (*EHP* 60 = *GA* 4: 43). Ele o faz porque acredita que a poesia, em particular a de Hölderlin, provê a nós uma linguagem adequadamente sintonizada com o falar originário da linguagem; i. é, a verdade do ser e nossa relação com suas revelações (e encobrimentos). De fato, ele afirma:

> Poesia nada mais é do que o elementar vir-à-palavra; i. é, o descobrir-se da existência como ser-no-mundo. Com o que é assim articulado, o mundo primeiro torna-se conspícuo para aqueles que antes eram cegos (*BPP* 171-172 = *GA* 24: 244).

> Poesia é fundação, a fundamentação eficaz do que perdura. O poeta é o fundamentador do ser. O que chamamos de real no cotidiano é, afinal, irreal (*GA* 39: 33).

Muito poderia ser dito sobre (a) a maneira como a linguagem do poema chega a dirigir-se a nós dessa maneira, (b) como alguém deveria ler poemas para momentos fundadores e (c) o que a poética de Heidegger tem a ver com análise formal, teoria da metáfora, e assim por diante. Aqui, no entanto, me limitarei a uma discussão sobre fundação poética após primeiro prover uma breve lista dos principais envolvimentos de Heidegger com a poesia.

O envolvimento de Heidegger com a poesia abrange a sua carreira. Em muitos casos, seu trabalho envolve explicitamente um determinado poeta. Em outros casos, um poeta, geralmente Friedrich Hölderlin (1770-1843), é envolvido a fim de refletir sobre um determinado assunto, como é o caso de "Construir, habitar, pensar", "[...] Poeticamente o homem habita [...]" (ambos em *PLT*), "Linguagem" e "A essência da linguagem". Dentre os envolvimentos explícitos, os textos cardinais são três cursos de conferências sobre Hölderlin (vol. 39, 52 e 53 de seu *Gesamtausgabe*, com apenas o vol. 43, *Hölderlin's Hymn "The Ister"* [*O hino "O Ister", de Hölderlin*], disponível em inglês na tradução de Will McNeil e Julia Davis [*HHI*]), uma coleção de ensaios sobre Hölderlin (vol. 4 das *Obras Completas*, traduzidos por Keith Hoeller como *Elucidations of Hölderlin's Poetry* [*Elucidações da poesia de Hölderlin*], um ensaio sobre Rainer Maria Rilke (1875-1926) (publicado em *Holzwege* e traduzido em *PLT* como "What Are Poets For?" ["Para que servem os poetas?"], e em *OBT* como "Why Poets?" ["Por que poetas?"]), outro sobre Georg Trakl (1887-1914) (publicado e traduzido como "Language in the Poem" ["A linguagem no poema"] em *OWL*) e vários escritos, a maioria breves, sobre o poeta Johann Peter Hebel (1760-1826) (reunido no vol. 13 do *Gesamtausgabe*, alguns dos quais foram traduzidos para periódicos). Heidegger também trocou cartas com o crítico literário Emil Staiger (1908-1987) sobre "On a Lamp" ["Sobre uma lâmpada"], de Eduard Mörike (1804-1875) (também coligido no vol. 13 e traduzido como um artigo de revista). O vol. 13, *From the Experience of Thinking* [*Da experiência do pensar*], também reúne obras curtas de poetas como René Char (1907-1988) e Arthur Rimbaud (1854-1891), que Andrew Mitchell traduziu.

Como observado, Heidegger encontra uma importância notável na linguagem do poema. Ele sustenta que alguns poemas desdobram uma linguagem originária, que fundamenta o ser ao imaginar o evento de desencobrimento. Eles o fazem com uma linguagem de essência, que dramatiza o evento de essência ou a maneira pela qual os entes ocorrem. Novamente, não se trata de um evento de construção. "Isso nunca significa que a linguagem, em qualquer sentido antigo que se queira, supra-nos, imediata e definitivamente, da essência transparente da matéria, como um objeto pronto para ser usado" (*PLT* 214 = *VA* 184). Antes, por meio de figuras que estabelecem o lustre do mundo, uma linguagem originária funda e fundamenta ao expor-nos à dimensão *diferencial* de mundo e coisa.

Por exemplo, enquanto o lustre do mundo medieval banhava tudo à luz de uma criação divina, de modo que todo ente brilhava como um *ens creatum*, uma "coisa criada", Hölderlin, como lido por Heidegger, funda um mundo quádruplo, uma dimensão marcada pela terra e pelo céu, bem como por mortais e divinos (estes últimos presentes enquanto ausentes). Tal mundo está vinculado às coisas, é claro, e, portanto, Heidegger refere-se a figuras como jarros e pontes, sublinhando como o quádruplo (*das Geviert*) é tecido através do local em que habitam, individual e coletivamente (cf. o cap. 15). Em outras palavras, como uma linguagem de essência, o quádruplo banha toda ocorrência. Portanto, nunca se encontram apenas jarros e pontes isolados, mas sempre os encontram na terra, sob o céu, em relação ao próprio ser mortal e em um meio atualmente dessacralizado (o que não quer dizer profanado).

Ora, a fundação poética é um evento histórico e, portanto, sujeito a decisões históricas que não decorrem de escolhas humanas individuais ou agregadas. Com efeito, poderia muito bem provar que o nosso mundo pertence a uma *poesis* totalmente não-poética no sentido da linguagem do poema. Aqui tenho em mente a tecnologia global, o que Heidegger chama de *Ge-stell*, o "enquadramento" (cf. o cap. 13). Eu a chamo de "não-poética" porque, como Heidegger argumenta em "A questão da técnica", *Ge-stell*, que apresenta todo ser como energia a ser organizada de acordo com aparatos produtivos, tais como o mercado global, apaga a sua própria *poiēsis*. Em vez de se apresentar como uma maneira de revelar, expondo assim a dimensão *diferencial* de mundo e coisa, e o evento de desencobrimento no qual o todo se desdobra, a tecnologia global apresenta-se como o simplesmente real, suprimindo, portanto, a verdade do ser, mesmo ao apresentar os entes de maneiras múltiplas.

Concluo com os pensamentos de Heidegger sobre tecnologia por duas razões. Primeiro, eles nos lembram a luta histórica à qual sua obra pertence. Muitos dos seus envolvimentos com a poesia contrastam o seu próprio pensamento poético com o pensamento calculista da tecnologia global, distinguindo-os precisamente no ponto em que cada um atende à verdade do ser. Em segundo lugar, o fracasso da tecnologia global em se conhecer de maneira genuína ressalta precisamente o que permite à linguagem do poema (ou de certos poemas) oferecer uma linguagem de essência; tal linguagem recua em si mesma e pensa a sua própria essência. Na linguagem da conferência de Heidegger sobre o poema de Hölderlin, "O Ister", o fundar poético deve "poetizar a essência do poeta" para nos permitir habitar o falar da linguagem, exposto ao jogo diferencial de mundo e coisa na verdade do ser, um jogo múltiplo que é tanto uma questão da nossa essência quanto qualquer outra coisa (*HHI* 165 = *GA* 53: 203).

Leituras complementares

Fontes primárias

Cf., de Heidegger: *O hino "O Ister", de Hölderlin*; *A caminho da linguagem*; "Linguagem". In: *Poesia, linguagem, pensamento*; "The Way to Language" ["O caminho para a linguagem"] e "The Origin of the Work of Art" ["A origem da obra de arte"]. In: *Basic Writings*; "Why Poets?" ["Por que poetas?"]. In: *Off the Beaten Track* [*Caminhos de floresta*].

Fontes secundárias

Cf. BERNASCONI (1985). • DASTUR, F. "Language and Ereignis". In: SALLIS (1993), p. 355-369. • FÓTI (1992). • LYSAKER (2002). • SALLIS, J. "Poetics". In: SALLIS (1990), p. 168-189. • SPANOS (1979).

Cf. tb. *Research in Phenomenology*, 19 (1989). • MAN, P. "Heidegger's Exegeses of Hölderlin". In: *Blindness and Insight*. Minneapolis, MN: University of Minnesota Press, 1983, p. 246-266.

15
O quádruplo

Andrew J. Mitchell

O quádruplo (*das Geviert*) é um pensamento das coisas. O quádruplo nomeia o "encontro" de terra, céu, mortais e divinos que constitui a coisa para Heidegger. No final da década de 1940, atuando sob uma proibição do exercício da atividade docente imposta pelas autoridades francesas após a Segunda Guerra Mundial, Heidegger arrisca "a mais ousada afirmação do seu pensamento" ao anunciar o quádruplo[111]. Nomeado pela primeira vez no ciclo de conferências de 1949, "*Insight* do que é", realizado em um clube particular, o Clube zu Bremen, o quádruplo reúne a sensibilidade poética das interpretações de Hölderlin feitas por Heidegger com as preocupações esotéricas quase-estruturais dos seus cadernos dos anos de 1930, em uma nova figura de pensamento: a coisa[112]. As coisas simples ao nosso redor – na verdade, as coisas mesmas – tornam-se o foco de sua atenção e o levam a um senso de mundo fenomenologicamente mais robusto do que até então encontrado em sua obra. Este mundo é um mundo de coisas, cada uma um aglomerado de relações fluidas que são reciprocamente determinantes do mundo. O quádruplo é a chave para o entendimento da absoluta relacionalidade da existência mundana, porquanto as coisas são agora entendidas como os pontos de encontro do quádruplo. Somente com o quádruplo Hei-

111 Egon Vietta, como citado em Petzet (1993, p. 56).

112 No que se segue, citarei a versão original de conferência de "A coisa", tal como publicada em *GA* 79. O ensaio foi posteriormente publicado em um formato ligeiramente revisado no volume de 1954, *Vorträge und Augsätze* (*VA* 157-179), de Heidegger. Porquanto a minha tradução para o inglês de *GA* 79 ainda está em preparação, também será feita referência às passagens correspondentes da tradução para o inglês da versão publicada do ensaio em *Poetry, Language, Thought* [*Poesia, linguagem, pensamento*] (*PLT*).

degger atinge a simplicidade de visão adequada a um pensamento da coisa e do mundo[113].

As coisas apareceram no pensamento de Heidegger antes do quádruplo. Com efeito, seria chocante se não o fizessem. Mas a noção da coisa que se encontra em *Ser e tempo* é mínima[114]. Sabemos que há uma abordagem científica da coisa que se apresenta como objetiva e considera a coisa como algo presente-à-mão (*vorhanden*). Um dos momentos importantes de *Ser e tempo* é a percepção de que essa suposta objetividade dos entes é ela mesma fundada em um relacionamento vivido mais primordial com essas coisas (cf. o cap. 3). É dito que são "disponíveis-à-mão" (*zuhanden*). O martelo em uso (onde está disponível-à-mão) desaparece, mas na interrupção do trabalho é considerado desde uma perspectiva separada (como presente-à-mão). As coisas aparecem em *Ser e tempo* em termos ou de presença ou de utilidade. Mas à época do quádruplo, Heidegger não vê nenhuma distinção real entre essas alternativas, porquanto a atribuição de um valor de uso (de qualquer valor) requer um objeto totalmente presente disponível para a avaliação[115]. Em resumo, não há coisas em *Ser e tempo*, e isso é um problema. Apesar de toda sua transformação de nossas concepções de subjetividade, *Ser e tempo* permanece conjugado a uma concep-

---

113 No mesmo ciclo de conferências, as reflexões de Heidegger sobre a tecnologia atingem seu apogeu (ele aí cunhou, pela primeira vez, o termo "Ge-stell", "enquadramento"). Embora esteja além do escopo deste capítulo, o quádruplo deve ser entendido em conjunto com as visões de Heidegger sobre a tecnologia (cf. o cap. 13). A coisa é sempre singularizada como única por sua existência relacional dentro de um contexto, e essa singularidade é precisamente o que é desafiado pela circulação da reserva permanente sob a égide do enquadramento.

114 Cf. tb. o ciclo de conferências de 1935-1936, *Die Frage nach dem Ding – Zu Kants Lehre von den transzendentalen Grundsätzen* (*GA* 41; traduzido para o inglês como *WT*), que conclui com uma concepção de "o intermédio" (*das Zwischen*), bem em consonância com o pensamento do mundo do quádruplo.

115 O fracasso em reconhecer a identidade metafísica da presença e da utilidade é o que desmente tantas narrativas "pragmatistas" contemporâneas de Heidegger, narrativas que tendem a aderir a *Ser e tempo* (e frequentemente mesmo apenas à Primeira Divisão). Dentre as numerosas acusações de Heidegger contra o pragmatismo estão as alegações de que depende de uma compreensão tradicional do humano como *homo animalis* (*PM* 268 = *GA* 9: 352) e de que obstrui qualquer pensamento real sobre a tecnologia (*MHNS* 61 = *GA* 16: 677).

ção inadequada de "objetividade" ou coisidade. Para mudar nossa compreensão do sujeito, não basta repensar a existência humana como Dasein. Os seres humanos não existem sozinhos, como ninguém sabia melhor do que Heidegger, mas existem em um mundo. Transformar o humano, pensar o ser-no-mundo, é transformar o mundo, e enquanto esse trabalho adicional de transformação da concepção da coisa permanecer pendente, o projeto de *Ser e tempo* deve permanecer incompleto. Mudar o sujeito enquanto se retém o objeto é nada mudar. O projeto de *Ser e tempo* exige mais. O pensamento do quádruplo fornece esse repensar da coisa e do mundo, e, a esse respeito, sem dúvida poderia ser lido como a consumação dos esforços de *Ser e tempo* para pensar o mundo.

O quádruplo não é uma fase passageira do pensamento de Heidegger: referências a ele são encontradas nas conferências e ensaios das décadas de 1940, 1950, 1960 e 1970[116]. Embora o quádruplo seja frequentemente descartado como uma exuberância obscura, mística ou demasiado poética do pensamento de Heidegger, por seus caminhos o filósofo alcança o seu pensamento mais fenomenológico. Os comentadores se perdem ao tentarem entender o quádruplo como um símbolo de outra coisa, ou uma metáfora para uma estrutura ontológica oculta, ou como uma reinscrição de pontos de vista anteriores: seja os do próprio Heidegger, seja os dos antigos gregos, dos taoistas, de nativos americanos, ou até mesmo de Hölderlin[117]. Faríamos melhor se tomássemos Heidegger ao pé da letra e, ouvindo seu pensamento, o deixássemos ser tão estranho, não convencional e instigante quanto é capaz de sê-lo em sua evocação da coisa e do mundo.

116 Para citar apenas algumas obras, depois das conferências de Bremen, de 1949, o quadruplo é explicitamente mencionado em "Linguagem" (1950, em *BW*), "Construir, habitar, pensar" (1951, em *BW*), "A questão do ser" (1955, em *PM*), "A terra e o céu de Hölderlin" (1959, em *EHP*), "Sprache und Heimat" (1960), o "Resumo de um seminário sobre a conferência 'Tempo e ser'" (1962, em *TB*) e o Seminário Zähringen (1973).

117 Como o próprio Heidegger aponta em "A terra e o céu de Hölderlin", a saber: "Este número nunca é expressamente pensado ou dito por Hölderlin. No entanto, ao longo de todos os seus ditos, os quatro são primeiro vislumbrados a partir da intimidade de sua convivência [*Zueinander*]" (*EHP* 195 = *GA* 4: 170).

O quádruplo e a coisa relacional

É dito que o quádruplo está "reunido" (*Versammelt*) nas coisas, e o uso do termo por Heidegger merece comentários[118]. Como uma reunião, a coisa é dessubstancializada; já não é interpretada como uma entidade presente e fechada em si mesma, mas como a interseção de terra, céu, mortais e divinos. Considerar a coisa uma reunião exclui, portanto, qualquer concepção da coisa como uma presença constante. O quádruplo se reúne em torno da coisa em uma convergência tênue. Nada há de eterno ou monumental acerca de tais coisas; elas demoram-se efemeramente (o termo de Heidegger é *weilen*). A coisa permanece. A mesma reunião que une os quatro na coisa é igualmente uma desagregação dessa coisa. O que é reunido não é uma homogeneidade, mas uma separação espaçada dos membros reunidos. O quádruplo desagrega a coisa, liberando-a dos limites de uma autoidentidade encapsulada. O nome de Heidegger para isso, de modo nada surpreendente, é "coisar" ("A coisa coisa"; *PLT* 176 = *GA* 79: 17). A coisa em seu coisar é estendida além de si mesma. A coisa não é apenas reunida, mas desmontada de uma só vez, e através dessa desmontagem ela entra no mundo. O quádruplo delimita e, assim, situa a coisa em um contexto do mundo. Cada elemento do quádruplo nomeia um limite ou interface da coisa por onde ela passa para o mundo.

A coisa extrapolada estende-se além de si mesma pelas avenidas de relação apresentadas pelos quatro membros do quádruplo. Cada uma delas concede à coisa um lugar dentro de um aglomerado particular de relações. A coisa particular é um nó para tais relações. As quatro avenidas de relação tomadas em conjunto contextualizam a coisa. A coisa, enquanto limitada e finita, está inerentemente vinculada a um mundo além: "O limite não é onde algo cessa, mas, como os gregos reconheceram, o limite é aquilo a partir de onde algo *começa o seu essenciar*" (*PLT* 152 = *GA* 7: 156,

---

118 Cf. "Construir, habitar, pensar" (*PLT* 151 = *GA* 7: 155) e "A coisa" (*PLT* 172 = *GA* 79: 13). O termo também desempenha um papel importante no "Logos" contemporâneo (*EGT* 70 = *GA* 7: 225).

trad. mod.). Começa além de si mesmo, enquanto conduzido pelos caminhos do quádruplo. A natureza da finitude é estar relacionada a um mundo que se estende além do próprio indivíduo; é ser, bem entendido, "infinita":

> In-finito significa que os fins e os lados, as regiões da relação, não se sustentam por si mesmos separada e unilateralmente; antes, aliviados da unilateralidade e da finitude, pertencem *in*-finitamente uns aos outros na relação que os "mantêm" completamente juntos desde o seu meio [*Mitte*] [...] A in-finitude que deve ser pensada aqui é abissalmente diferente daquela que é meramente sem fim (*EHP* 188 = *GA* 4: 163, trad. mod.).

O quádruplo nomeia a extensão reverberante e a margem radiante da coisa, a maneira como ela emana além de si mesma para um infinito pertencente ao mundo.

1 Mortais

> Os mortais são os humanos. Eles são chamados de mortais porque são capazes de morrer (*PLT* 176 = *GA* 79: 17, trad. mod.).

A morte é constitutiva para os mortais. A análise da morte em *Ser e tempo* demonstrou que, embora a morte seja sempre o que nos é mais próprio, a morte, no entanto, não é algo que algum de nós possa possuir (cf. o cap. 4). O que nos é mais próprio não é uma posse, e já não somos seus possuidores. Os mortais são definidos por esse desapossamento, o que significa simplesmente que o mortal é definido por algo fora dele (pelo que não é sua propriedade, por um "impróprio"). Mas na medida em que eu morro a minha morte no ser-para-a-morte – e isso é tanto da minha morte que eu nunca posso morrer – então esse "fora" nada é além de mim que me faltasse, nada que eventualmente pudesse ser adicionado a mim a fim de me completar, mas uma maneira de nomear a inclinação do meu ser ao mundo. Consequentemente, "mortais" nomeia aqueles entes definidos pela exposição e pela abertura ao mundo. Mas estar aberto não é ter um portal dentro de um campo de outro modo fechado (a existência não tem necessidade de tais "janelas" de abertura); é estar exposto por completo. Nada há do mortal que não esteja aberto dessa maneira, pois não há como interpretar a mortalidade mantendo-se uma concepção constante de presença pura. A "ausência" de morte que, no entanto, determina a existência mortal, mina qualquer oposição estrita entre presenças e ausência. Esta morte não é, de maneira alguma, uma ausência, mas um nome para o que a existência nunca pode possuir, que assim mantém a existência aberta, e, ao fazê-lo, define a existência mortal como uma relação essencial com um mundo além dela.

A mortalidade nada mais é do que o compartilhamento inelutável de tais relações, um ser-em-comunidade, algo tornado explícito em "Construir, habitar, pensar": "Os mortais habitam, visto que, pela sua própria essência, qual seja o fato de serem capazes da morte enquanto morte, acompanham [outros] no uso dessa capacidade para que possa haver uma boa morte" (*PLT* 148 = *GA* 7: 152, trad. mod.). Porquanto a morte demonstra o papel da retirada (ou desapossamento) como constitutivo da relacionalidade finita, Heidegger pode identificar a morte com um modo de ser que elude a contrariedade opositiva de presença/ausência, endêmica do pensamento metafísico. O termo de Heidegger para esse modo de existir relacionalmente por meio da retirada e do não-aparecimento é "essenciar" [*essencing*]: "A morte como o santuário do nada abriga em si o essenciar do ser" (*PLT* 176 = *GA* 79: 18, trad. mod.). O essenciar é a entrada para a comunidade mortal. Os mortais já não são o Dasein construtor-de-mundo, mas são tão completamente membros de uma comunidade, que renunciam a tal privilégio participando do jogo de coisa e mundo do quádruplo.

2 Terra

> A terra é a portadora da construção, a frutífera nutridora, que cuida das águas e das pedras, do que cresce e dos animais (*PLT* 176 = *GA* 79: 17, trad. mod.).

A análise de Heidegger da terra, do início a meados da década de 1930, informa a concepção da terra na época do quádruplo. Com o quádruplo, a ênfase recai sobre a terra como "portadora"[119]. Em "A origem da obra de arte", esse "portar" (*tragen*) está associado ao fundamento, mas o fundamento que a terra provê não é uma *terra firme* estável e presente, mas sempre um fundamento infundado[120]. A terra suporta e porta precisamente retirando-se; esse é o grande *insight* do ensaio sobre a obra de arte. A terra não é um fundamento substancial, mas uma retirada do fundamento, um permanecer afastado do fundamento, um "abismo" (*Ab-grund*) conforme a primeira versão preliminar da conferência, onde a terra é chamada de "um fundamento que, enquanto essencialmente e sempre fugidio, é um abismo" (*UKE* 11). O suporte que a terra provê é a liberdade de uma base substantiva. A fundamentação da terra é libertadora.

Mas o que tal fundamento infundado pode suportar? Certamente nada substancial. O infundado só pode suportar o mais superficial: pura fenomenalidade. Por conseguinte, a terra é chamada aqui de um "frutífero", "nutridor" ou "florescente" produzir[121]. A terra porta ao frutificar no aparecer fenomenal. Se o que aparece estivesse ligado a uma substância abaixo dela, nunca estaria livre para alcançar-nos e apelar-nos. A terra retira o fundamento a fim de liberar o jogo superficial do aparecimento, cujo nome é brilhar. A análise anterior de Heidegger desse brilhar apontou para a maneira pela qual a terra recuou de toda tentativa de quantificá-lo e capturá-lo (cf. *OBT* 24-5 = *GA* 5: 33). A terra nomeia aparecimentos incontidos, qualitativos. Esta é a base material da nossa existência na terra: aparecimento sensível.

Como a falta de fundamento que libera o aparecimento, a terra também nomeia o registro do mundo natural e da vida florescen-

119 Cf. as descrições de Heidegger da terra como *"die bauend Tragende"* (a portadora da construção; *PLT* 176 = *GA* 79: 17), *"die dienend Tragende"* (a portadora do serviço; *PLT* 147 = *GA* 7: 151).

120 Aí Heidegger fala de *"der tragende Grund"* (o fundamento portador; *OBT* 47 = *GA* 5: 63; sobre a "terra" no ensaio sobre a obra de arte, cf. o cap. 9). *Contribuições à filosofia* articula um "manter-se-à-distância [*Weg-bleiben*] do fundamento" (*CP* 265 = *GA* 65: 379, trad. mod.).

121 Cf. as descrições de Heidegger da terra como *"die nährende Fruchtende"* (a frutífera nutridora; *PLT* 176 = *GA* 79: 17, trad. mod.), *"die blühende Fruchtende"* (a frutífera florescente; *PLT* 147 = *GA* 7: 151, trad. mod.).

te. As pedras e os animais, não mais considerados desprovidos de mundo ou pobres de mundo, passam todos a participar da abertura terrena do mundo.

3 Céu

> O céu é a jornada do sol, o curso da lua, o brilho das estrelas, as estações do ano, a luz e o crepúsculo do dia, a escuridão e a luz da noite, o favor e a inospitalidade do clima, o desenho das nuvens e as profundezas azuis do éter (*PLT* 176 = *GA* 79: 17, trad. mod.).

O céu é o espaço da emergência da terra, o espaço onde as coisas aparecem e através das quais elas brilham. A retirada da terra solta as coisas para irradiarem pelo ar do céu. Mas, ao aparecerem assim, a coisa não entra em um vácuo vazio. O céu não é um vazio abstrato[122]. Em vez disso, é um campo de movimento e alteração, de tempos cambiantes e de luz cambiante. O céu é um meio, um "éter", variegado e diversificado, cheio de relações através de campos de luz e tempo alternantes. Para que o que aparece fenomenalmente alcance-nos e apele-nos, é necessário o céu como meio de todo aparecimento[123].

O que aparece sob o céu é afetado por aparecer assim. O meio não deixa a coisa intocada. Porquanto a coisa é exposta sob o céu, ela entra em uma troca transpiratória com o que está além dela (tal é a natureza do limite e da finitude – ela abre relações, desejadas ou não). O que aparece sob o céu está envolvido no mundo e marcado por esse envolvimento. Exposta ao céu, a coisa é desgastada por ele.

---

122 Tecnicamente falando, isso desmentiria o argumento manifesto de Luce Irigaray (1999), que acusa Heidegger de precisamente esquecer essas condições materiais de exposição. O mundo do quádruplo parece o contraponto perfeito às abstrações que ela considera operantes na obra de Heidegger.

123 As prefigurações anteriores do quádruplo encontradas na obra de Heidegger ao longo dos anos de 1930 omitem esse aspecto crucial do céu e apresentam, em vez disso, uma conjunção de Dasein, deuses, terra e mundo, p. ex. Tais construções perdem tanto o aspecto do desgaste provocado pela exposição causada pelo céu quanto o fato de o mundo do quádruplo ser uma absoluta relacionalidade nascida do jogo expropriatório do quádruplo, como será demonstrado.

Embora o céu nomeie uma região de familiaridade, também aponta para o desconhecido. O dia segue a noite e as estações mudam de maneira ordenada. Mas essa ordem é sempre também um contexto experiencial para o inesperado. O céu nos permite erguer a vista e olhar além das nossas circunstâncias imediatas, abertos à possibilidade de mudança. Mas a graça do céu não está sob o nosso comando, e tudo o que podemos fazer é esperar por céus afortunados e pela passagem de um clima inóspito. E, no entanto, qualquer mudança que possa advir nunca poderia chegar se não houvesse um meio através do qual pudesse destinar-se a nós.

O azul do céu nomeia esse caráter mediador e crepuscular do céu. O azul não é a luz brilhante do dia nem o preto da noite[124]. Não há dia ou noite absolutos (como já observado por Heráclito), apenas esse período de transição. O céu nomeia um espaço convidativo que não é de presença nem de ausência. As nuvens são essenciais aqui. Elas previnem o céu de um puro aparecimento, preservando sua distância. Porquanto as nuvens permitem que algo não apareça, elas são como poetas que permanecem fiéis ao não dito: "As nuvens poetizam" (*EHP* 34 = *GA* 4: 15, trad. mod.)[125].

4 Divinos

> Os divinos [*divinities*] são os mensageiros aliciantes da divindade [*godhood*] (*PLT* 176 = *GA* 79: 17, trad. mod.).

Os divinos (*die Göttlichen*) nomeiam o fato de a divindade (*die Gottheit*) nos ter sido enviada. Os divinos não são Deus ou os deuses (*der Gott* ou *die Götter*), mas semelhantes-a-um-deus: aqueles que participam do divino e que participam ainda mais como mensageiros. Deuses particulares não desempenham nenhum papel aqui, e Heidegger deixa explícito que os mortais "não os tornam [os divinos] seus deuses e não buscam servi-los como ídolos" (*PLT* 148 =

124 O tratamento mais completo do azul feito por Heidegger pode ser encontrado em "A linguagem no poema: Um discurso sobre o poema de Georg Trakl", proferido em 1953 (incluído em *OWL*).

125 A "Carta sobre o Humanismo" conclui com o pensamento de que "a linguagem é a linguagem do ser, como as nuvens são as nuvens do céu" (*PM* 276 = *GA* 9: 364).

GA 7: 152, trad. mod.). Em vez de tais personificações, estão em jogo os acenos que advêm de uma mensagem da divindade[126].

O aceno (*der Wink*) aparece ao longo da obra de Heidegger como um caminho para que o que esteja ausente, não obstante, se anuncie: "O aceno é a mensagem de um velamento luminoso [*des lichtenden Verhüllens*]" (*OWL* 44 = *GA* 12: 133, trad. mod.). Tal existência é uma demonstração de encobrimento, uma interrupção da oposição rígida entre presença e ausência, e acenos exibem a mesma ambiguidade. Acenos passam despercebidos pela maioria, mas para aqueles que têm alguma sensibilidade para eles, implicam conluio e comunicação clandestina. A divindade é enviada através de mensageiros que acenam dessa maneira.

Mas a divindade é uma mensagem estranha, para dizer o mínimo, e requer que consideremos o pensamento de Heidegger sobre o sagrado (*das Heilige*), que ele chama de "esfera essencial da divindade" (*PM* 258 = *GA* 9: 338, trad. mod.), e entende como o contexto no qual o que é "são" ["*hale*"] ou o "inteiro" ["*whole*"] (*das Heile*) pode aparecer. O que é são dessa maneira é um modo de presenciar que resiste à disponibilidade total da reserva permanente e inclui o encobrimento em sua essência. Para nós, hoje, tal modo de ser só pode ser aquele do traço: "não somente o sagrado permanece oculto como o traço da divindade, mas mesmo o que é são, o traço do sagrado, parece estar extinto" (*OBP* 221 = *GA* 5: 295, trad. mod.). Mas apenas parece estar extinto; "ainda não" está assim. Permanece um vislumbre de encobrimento e é isso que os divinos nos sinalizam e a razão pela qual eles podem apenas insinuá-lo.

Ser um mensageiro é ser definido por algo estrangeiro, uma mensagem que alguém abriga sem ser sua fonte. Mas a mensagem dos divinos não é um conteúdo transmissível. Em vez disso, eles

---

126 Portanto, não podemos seguir a afirmação de Julian Young de que as divindades seriam "claramente" identificadas com o reino da cultura em oposição à "natureza" (2006, p. 375), especialmente dada a total repugnância de Heidegger por qualquer coisa "cultural" (os gregos não tinham cultura, podemos nos lembrar). Tampouco as divindades devem ser entendidas como reinscrições do "herói" de *Ser e tempo*, como ele também sugere (p. 375). Ambas as tentativas perdem o papel das divindades em uma "hermenêutica" do são [*hale*] (*das Heile*), como será demonstrado.

mesmos o são. Seu pertencimento ao quádruplo, seu agrupamento na coisa, abre a dimensão de um além no qual qualquer decisão a respeito do sobrenatural ou do divino pode primeiro ocorrer[127]. Os divinos anunciam a comunicatividade da existência, que não está inteiramente disponível, mas que ainda há um espaço para decisão. Essa abertura é o pressuposto para qualquer questão concernente a Deus ou aos deuses: "Do seu [dos divinos] reinado santo, o deus aparece em sua presença ou se retira em seu velamento" (*PLT* 148 = *GA* 7: 151, trad. mod.).

Coisa e mundo

Não há quádruplo sem as coisas que o reúnem em um lugar. Cada um dos elementos do quádruplo articula um limite da coisa que o abre às relações. Os limites do quádruplo servem para tecer a coisa em um lugar; eles abrem o registro de relações pelo qual a coisa é contextualizada no mundo. Se a existência é extática quando está fora de si mesma, então as coisas também existem extaticamente, à medida que cada membro do quádruplo descreve uma maneira de a coisa estar fora de si mesma. Ao fazê-lo, cada um expõe a coisa através de um evento de retirada que derrama a coisa sobre o espaço fora dela. Cada membro forma uma ponte pela qual a coisa se relaciona com o mundo.

Esse limite relacional é o que o quádruplo compartilha e o que o reúne. Heidegger refere-se a ele como um "jogo-de-espelhos" (*Spiegel-Spiel*; *PLT* 178 = *GA* 79: 19), que é a essência de cada um dos quatro e também o que lhes permite reunirem-se como o quádruplo: "O espelhamento apropriador liberta cada um dos quatro em si mesmos, mas vincula estes libertos à simplicidade de seu essencial ser um para o outro [*Zueinander*]" (*PLT* 177 = *GA* 79: 18). Espe-

127 Em relação ao deus que acompanha uma metafísica da presença e da ausência, o deus da filosofia, Heidegger escreve: "O homem não pode orar nem sacrificar a esse deus [...]. O pensamento sem-Deus que deve abandonar o deus da filosofia [...] está, portanto, talvez mais próximo do deus divino [*dem göttlichen Gott*]" (*IDS* 72 = *GA* 11: 77, trad. mod.). Sobre a questão de deus(es) no pensamento de Heidegger, cf. os cap. 16 e 17.

lhando, cada um dos quatro projeta-se para os outros (*Zueinander*) e é igualmente projetado deles de volta: "Cada um dos quatro espelha novamente, à sua maneira, a essência dos demais" (*PLT* 177 = *GA* 79: 18, trad. mod.). O jogo de espelhos dos quatro nomeia a maneira como o finito sempre acontece com o além (assim como um fora é necessário para espelhar e para que o espelho seja o que é). O espelhar pensa a expropriação no cerne da apropriação e do pertencimento ("dentro de sua apropriação mútua, cada um é expropriado no que lhe é próprio"; *PLT* 177 = *GA* 79: 18, trad. mod.). Ele articula a reunião dos quatro na coisa e abre o espaçamento do mundo.

Este mundo é um mundo de coisas que, de acordo com a conferência "Linguagem", são gestos de mundo: "As coisas gesticulam [*gebärden*] o mundo. O mundo concede [*gönnt*] as coisas" (*PLT* 199 = *GA* 12: 21, trad. mod.). Podemos entender o gesto aqui em termos do que Heidegger diz acerca disso em "Um diálogo sobre a linguagem", de 1953-1954, onde um gesto é "transportado por um apelo de longe chamando a ainda mais longe, porque realizado em silêncio" (*OWL* 16 = *GA* 12: 99, trad. mod.). As coisas movem-se além de si mesmas em um desenrolar de mundo. Mas o mundo concede às coisas uma recepção de seus excessos. Tudo isso quer dizer que não há "mundo" em abstrato, mas sempre apenas um mundo povoado e articulado de situações particulares em momentos particulares, e tampouco há coisas encapsuladas, mas sempre esses gestos efusivos de relacionalidade, tantas pontes lançadas entre mundo e coisa. Nesse pensamento da coisa e do mundo, o que aparece fenomenalmente (a terra) o faz em um meio (o céu) que fomenta a comunidade (os mortais) e a comunicação com um além (os divinos).

Para encerrar, como um pensamento da contextualidade, vale a pena notar os vários contextos nos quais o próprio quádruplo é mencionado pela primeira vez nos ensaios e conferências de Heidegger. No ciclo de conferências "*Insight* do que é", ministrado em Bremen, um centro naval e uma cidade portuária, Heidegger enfatiza o desafio colocado para o quádruplo pela pulsão ordenadora e libertadora da tecnologia; em "Construir, habitar, pensar", conferência realizada na cidade de Darmstadt, bombardeada durante a guerra, Heidegger suscita o quádruplo em um pensamento do lugar e do habitar; no sanatório de Bühlerhöhe, Heidegger profere a conferência "Linguagem", e trata o quádruplo em conjunto com a linguagem poética e a dor; finalmente, na carta a Ernst Jünger, "Sobre a questão do ser", o quádruplo nomeia o essenciar não-presente do próprio ser (um ser que é atravessado) como resposta ao niilismo. O quádruplo aborda todas essas preocupações principais da obra do segundo Heidegger e apresenta-se como um ponto de virada crucial ao longo do seu percurso de pensamento.

Referências

IRIGARAY, L. (1999). *The Forgetting of Air in Martin Heidegger* [Trad. M.B. Mader]. Austin, TX: University of Texas Press.

PETZET, H.W. (1993). *Encounters & Dialogues with Martin Heidegger* [Trad. P. Emad & K. Maly]. Chicago, IL: University of Chicago Press.

YOUNG, J. (2006). "The Fourfold". In: *The Cambridge Companion to Heidegger* [Ed. C. Guignon]. 2. ed. Cambridge: Cambridge University Press, p. 373-392.

Leituras complementares

Fontes primárias

Cf., de Heidegger: "What Is a Thing?" ["Que é uma coisa?"]. • "On the Question of Being" ["Sobre a questão do ser"]. In: *Pathmarks* [*Marcas do caminho*], p. 291-322. • "Hölderlin's Earth and Heaven" ["A terra e o céu de Hölderlin]. In: *Elucidations of Hölderlin's Poetry* [*Elucidações da poesia de Holderlin*], p. 175-207. • "The Thing" ["A coisa"]; "Language" ["Linguagem"]; "Building, Dwelling, Thinking" ["Contruir, habitar, pensar"]. In: *Poetry, Language, Thought* [*Poesia, linguagem, pensamento*], p. 163-184, 187-208, 143-159, respectivamente. • *Insight Into That Which Is* – The Bremen Lectures / *The Principles of Thinking* – Freiburg Lectures [*Insight do que é* – Conferências de Bremen / *Os princípios do pensar* – Conferências de Friburgo], traduzidas por A. J. Mitchell. Bloomington, IN: Indiana University Press, no prelo.

Fontes secundárias

Cf. PÖGGELER (1987, p. 200-216); RICHARDSON (2003, p. 566-594); MATTÉI, J.F. "The Heideggerian Chiasmus". In: JANICAUD & MATTÉI (1995, p. 39-150); YOUNG, J. "The Fourfold". In: GUIGNON (2006, p. 373-392).

Cf. tb. HERRMANN, F.-W. von. "Die vier Weltgegenden als das Geviert". In: *Die zarte, aber helle Differenz* – Heidegger und Stefan George. Frankfurt: Vittorio Klostermann, 1999, p. 259-282.

16
A ontoteologia e a questão do(s) deus(es)

Ben Vedder

As origens religiosas de Heidegger e sua ruptura com a teologia católica

Se se quiser entender as críticas de Heidegger à "ontoteologia" e seu pensamento sobre Deus e os deuses, é importante começar voltando ao jovem Heidegger e ao ambiente cristão de onde ele veio. Um relacionamento contínuo com a teologia, a fé, a Igreja e o cristianismo corre como um fio através da vida de Heidegger (cf. o cap. 17). Heidegger nasceu, por assim dizer, na Igreja. Seu pai era um sacristão, e morava em uma casa situada ao lado da igreja. Quando ele era criança e colegial, a igreja sempre foi o cenário dos seus jogos. Quando jovem estudante, as atividades intelectuais de Heidegger foram inspiradas pelo seu interesse por teologia. O relacionamento que Heidegger manteve com a fé, a teologia e a Igreja durante todo o seu trabalho pode seguramente ser rastreado até essa influência precoce. Mais tarde, Heidegger fez um esboço desse mundo da sua juventude no ensaio "*Vom Geheimnis des Glockenturms*" (*GA* 13: 113-116). Ele afirma que ao longo de sua vida o repique do relógio da torre da Igreja de São Martinho, em Messkirch, ressoou, um toque que testemunha o ritmo divino no qual os dias sagrados se entrelaçam com o curso das horas do dia e do ano. É o ritmo eterno que ordena a vida cotidiana.

Apesar de ter desistido de seus estudos de teologia em 1911, Heidegger continuou a frequentar o ciclo de conferências de um dos seus professores (Carl Braig) sobre teologia dogmática (*TB* 74 = *ZSD* 81). Como aluno do ensino médio, Heidegger já havia lido o livro de Braig, *Vom Sein – Abriss der Ontologie*. Nesse livro, Braig cita uma passagem de São Boaventura, que afirma que, assim como o olho não vê a própria luz quando está direcionado para uma multiplicidade de cores, o olho da mente não vê o próprio ser quando direcionado para entidades isoladamente ou como um todo. E, no entanto, é somente por meio do ser que podemos encontrar as entidades em primeiro lugar. O olho da mente recebe, por assim dizer, uma impressão sem objeto, bastante semelhante à maneira como aquele que só vê luz nada vê *per se*. O que mais tarde surge no trabalho de Heidegger como a "diferença ontológica" tem suas raízes nessa conexão entre filosofia transcendental e ontologia.

No entanto, os pensamentos de Heidegger sobre a religião enquanto tal afastaram-se cada vez mais da teologia católica sistemática. Em uma carta a Engelbert Krebs (ex-professor e confidente), do início de 1919, ele aborda o seu próprio desenvolvimento ao longo dos dois anos anteriores, começando com o estudo do segundo discurso de Schleiermacher "Sobre a essência da religião" (cf. *PRL* 241-244). É precisamente aqui que podemos discernir um vínculo significativo entre seus pensamentos sobre historicidade e religião. Com efeito, em suas anotações sobre o ensaio de Schleiermacher, Heidegger escreve: "A *história*, em seu sentido mais autêntico, é o mais elevado objeto da religião, a religião começa e termina nela" (*PRL* 244). Em sua carta a Krebs, Heidegger confessa que ideias epistemológicas a respeito do conhecimento histórico tornaram "o sistema do catolicismo" insustentável para ele (OTT, 1988, p. 106). Essa carta testemunha um momento decisivo, religioso e filosófico, para Heidegger, que tinha então 29 anos. No entanto, o mais importante é que marca o fim da sua carreira como um filósofo católico aspirante, percurso que ele havia determinado para si desde a sua dissertação de 1913. Nesse momento, Heidegger encontrou-se lutando para desenvolver a sua própria perspectiva e libertar-se de suas antigas influências (p. 107).

Não foi, no entanto, em seus esforços para abandonar o dogma católico, que Heidegger se voltou para Schleiermacher, mas em seu esforço para engendrar uma compreensão filosófica da religião. A natureza da experiência religiosa substitui a questão de Deus como o centro do pensamento de Schleiermacher. O que ele oferece a Heidegger, portanto, é um meio de superar os dogmas teológicos e a estrutura metafísica em cujo âmbito ele operava quando jovem estudante (*PRL* 242).

A fim de resistir à teologia teórica e a uma abordagem teórica em geral, Heidegger baseia seu pensamento em uma posição mais pessoal. E, nessa posição, ele encontra os meios para superar o arcabouço metafísico atemporal que governava a terminologia religiosa tal como lhe fora transmitida. Tal tratamento teórico foi o resultado da influência da filosofia platônico-aristotélica, que havia sido assimilada ao cristianismo por Agostinho, Tomás de Aquino e seus sucessores. Heidegger quer pensar a partir da sua própria facticidade (cf. o cap. 1). Descrevendo essa facticidade de maneira quase confessional para Karl Löwith, em 1921, Heidegger afirmou que pertencia à sua facticidade o fato de ele ser um "teó*logo*" cristão, e de sê-lo no contexto da "universidade" (PAPENFUSS & PÖGGELER, 1990, p. 29). Heidegger, portanto, procura adotar uma relação existencial para consigo mesmo e uma abordagem fenomenológica da religião desde o ponto de vista dessa facticidade.

Primeiras tentativas de uma fenomenologia da vida religiosa

Em 1922, Heidegger escreve que "a própria ideia de filosofia da religião [é] puro disparate, principalmente se não levar em conta a facticidade do ser humano" (*IHS* 480). Tal disparate evolui a partir de uma abordagem meramente teórica que deixa de se sintonizar com a facticidade da vida. Heidegger sustenta isso precisamente porque, para ele, a filosofia deve se direcionar para a facticidade do ser humano. O primeiro Heidegger buscou na fenomenologia uma espécie de filosofar que pudesse permanecer fiel à vida em sua concretude fáctica e, portanto, ao "cristianismo primordial", que "está na experiência de vida fáctica" ou, com efeito, que "é essa própria experiência" (*PRL* 57).

A filosofia da religião do primeiro Heidegger então tomou forma nos seus ciclos de conferências "Introdução à fenomenologia da religião" e "Agostinho e o neoplatonismo", que foram realizados em 1920-1921, e em suas notas de 1918-1919 para uma conferência, que nunca foi proferida, sobre "Os fundamentos filosóficos do misticismo medieval". Sua abordagem nesses cursos e notas foi determinada por suas adaptações do método fenomenológico de Husserl, que ele orientou para a compreensão da facticidade da vida histórica, não apenas em seus sentidos de "conteúdo" e "relacional", mas especialmente no sentido em que é "atuada".

Quando o semestre de inverno se aproximava em 1920, Heidegger anunciou o seu ciclo seguinte de conferências sobre a fenomenologia da religião (SHEEHAN, 1986, p. 45). Nesse ciclo de conferências, Heidegger apresentou uma explicação do evento fundamental da experiência cristã de vida tal como aparece nas cartas de Paulo. Em particular, Heidegger prestou especial atenção em um momento decisivo no qual a experiência cristã de vida se torna manifesta na e pela questão do advento do Cristo. Esse advento é descrito por Paulo como uma ocorrência súbita, como um ladrão durante a noite. A subitaneidade e a imprevisibilidade deste momento pelo qual se deve esperar solenemente foi um ponto de fascínio para Heidegger. A fim de entender como a "religiosidade cristã vive a temporalidade" (*PRL* 55, 73), ele concentrou-se na noção de *kairos*, de Paulo, que significa a entrega de alguém a um *momento de decisão*, um momento que não pode ser alcançado através de um cálculo. O *kairos* não representa um domínio do tempo, mas a incerteza inerente ao futuro. Essa característica definidora do *kairos* envolve a historicidade da atuação da vida, que rejeita qualquer tentativa de objetificação. No momento do *kairos*, a própria vida de alguém está em risco, e não uma compreensão teórica dela. Tentativas de domínio teórico ou controle prático desse momento simplesmente expressam a atitude errada para encontrá-lo (*PRL* 4).

A questão permanece, no entanto, de como Heidegger, *como filósofo*, entendeu esse *kairos* em seu relato fenomenológico da facticidade da vida. Sua resposta é que, procurando dar apenas uma "indicação formal" (cf. o cap. 1) da experiência de vida cristã fundamental, o filósofo como fenomenólogo não escolhe uma posição em relação ao conteúdo específico dessa experiência, mas limita-se a investigar as condições de sustentação de sua possibilidade.

Estabelecendo uma distinção nítida entre filosofia e teologia

Isso levou Heidegger a afirmar mais tarde, em "Fenomenologia e teologia" (1927), que os conceitos teológicos devem ser examinados pelo filósofo apenas no que diz respeito aos seus pressupostos ontológicos, e não a seu conteúdo específico (*PM* 52). Para Heidegger, isso tem a ver com a sua subjacente ontologia da temporalidade. No entanto, a possibilidade desse entendimento específico do ser está conectada a uma certa fé: a expectativa da vinda ou da chegada está ligada à possibilidade concreta do advento do Cristo. Assim, Heidegger descobre estruturas essenciais do Dasein a partir de certos fenômenos e contextos religiosos. O mundo do crente oferece uma expressão de estruturas existenciais fundamentais. Em si mesmas, tais estruturas nada têm a ver com religião. Este ponto legitima todo o projeto de Heidegger. Ele não responde, no entanto, à questão de saber se as implicações ontológicas desses fenômenos religiosos são significativas para a validade da fé. É verdade que a filosofia da culpa e da temporalidade orientada para o futuro de Heidegger é essencialmente desenvolvida a partir de sua interpretação do cristianismo, mas é sua intenção explícita analisar os pressupostos filosóficos da vida cristã. Seu projeto não é sobre teologia, nem fé cristã, nem religião em geral; suas referências aos religiosos são sempre orientadas para, e em prol da análise ontológica.

Para Heidegger, os conceitos filosóficos podem funcionar como um corretivo para a compreensão de conceitos teológicos. E a fé, por sua vez, pode dar direção a conceitos filosóficos vazios. Isso indica a especificidade da teologia em relação à ontologia: "ou seja, o conceito ontológico de culpa enquanto tal nunca é um tema de teologia" (*PM* 52). O conceito ontológico de culpa determina o espaço no qual o pecado pode se mover a fim de ser ontologicamente compreensível. De sua parte, a compreensão ontológica é neutra e ateísta.

Heidegger, portanto, distancia-se das abordagens filosóficas religiosas nas quais um *a priori* religioso é suposto. Ele também se distancia de uma reconciliação da fé com a razão que reduziria a fé à razão, como é o caso das filosofias de Kant e Hegel. Ele tampouco assume a harmonia entre a fé e a razão que a filosofia tomista visa.

Heidegger entende a fé como o inimigo natural, por assim dizer, da filosofia: "Esse relacionamento peculiar não exclui, mas inclui o fato de que a fé, como uma possibilidade específica de existência, é no seu âmago mais profundo o inimigo mortal da forma de existência que é uma parte essencial da filosofia e que está facticamente em constante mudança" (*PM* 53). O que vemos aqui é a oposição fundamental de duas possibilidades de existência, que não podem ser realizadas por uma pessoa ao mesmo tempo. A fé como possibilidade de existência implica a morte da filosofia como uma outra possibilidade de existência. Heidegger permaneceu resistente à fusão da filosofia teórica com a teologia. Como ele afirma em 1935, "Uma 'filosofia cristã' é um quadrado redondo e um mal-entendido" (*IM* 8).

Isso não significa que filósofos e teólogos devam comportar-se como inimigos; nenhuma das duas posições exclui uma atitude fáctica e existenciária [*existentiell*] de levar o outro a sério e de respeito mútuo. No entanto, a oposição existente entre fé, por um lado, e autocompreensão filosófica, por outro, precisa de fato ser claramente elaborada de modo a que se veja os diferentes pontos de partida mais nitidamente. Portanto, embora uma "filosofia cristã" possa muito bem ser um quadrado redondo e um mal-entendido, a teologia pode ter um papel importante a desempenhar ao questionar e explicar cuidadosamente o mundo da experiência e da fé cristãs. Não obstante, no final Heidegger vê na dependência da teologia em relação à filosofia uma certa falta de grandeza na própria teologia (*IM* 8).

A crítica da metafísica como ontoteologia

Voltando-nos para o seu pensamento posterior, descobrimos que Heidegger desenvolve uma concepção crítica da "teologia" como essencialmente uma forma de metafísica. Heidegger vê a continuidade da filosofia ocidental como metafísica em termos do que ele chama de sua estrutura "ontoteológica". Essa estrutura já pode ser encontrada em Platão e Aristóteles. Com efeito, Aristóteles não apenas vê na filosofia um lugar para a teologia como também um lugar para a ontologia; ele também chama todo o projeto da filosofia primeira de teologia. O que isto significa? Para Heidegger, significa que a questão do divino (*theos*) como uma questão filosófica, para começar, não é uma questão religiosa; e, no entanto, essa teologia filosófica foi usada como paradigma para a construção dos dogmas teológicos da Idade Média. Essa conexão ambígua da questão de Deus com a questão do ser foi facilitada por Aristóteles, que, no livro sexto da *Metafísica*, divide a filosofia primeira em duas orientações fundamentais de questionamento – em relação ao ser dos entes (ontologia) e em relação ao ser mais elevado (teologia) – sem transformar a sua própria unidade em um problema (*FCM* 42-43). Heidegger pergunta sobre a unidade original de ambas as disciplinas (*FCM* 34), e vê cada vez mais essa unidade como paradigmática para toda a tradição da filosofia ocidental.

A conexão entre ontologia e teologia, que determina a filosofia como ontoteologia, torna-se explícita mais uma vez no idealismo alemão. Heidegger encontra uma expressão clara disso em Hegel: "Pois também a filosofia não tem outro objeto além de Deus – e, portanto, é essencialmente teologia racional – e serviço a Deus em seu contínuo serviço à verdade" (HEGEL, 1975, p. 101; *HPS* 98). Em Hegel, segundo Heidegger, a ontologia se torna a interpretação especulativamente fundamentada do ser, de tal maneira que a entidade real (*Seiendes*) é o *theos* absoluto. É do ser (*Sein*) do absoluto que todas as entidades são determinadas. Heidegger enfatiza a conexão e a unidade da ontologia e da teologia, especialmente em seu curso de 1936 sobre Schelling:

> Teo-logia significa aqui questionar os entes como um todo. Esta questão dos entes como um todo, a questão teológica, não pode

ser feita sem a questão acerca dos entes enquanto tais, acerca da essência do ser em geral. Essa é a questão acerca da *on hēi on*, "ontologia". O questionamento da filosofia é sempre e em si mesmo tanto onto-lógico como teo-lógico em um sentido muito amplo. A filosofia é ontoteologia (*ST* 51).

Portanto, para o segundo Heidegger, dizer que a filosofia não deve ser ontoteológica equivale a dizer que a filosofia não deve ser filosofia. Com efeito, no final (1966), Heidegger anuncia "o fim da filosofia [como metafísica ou ontoteologia] e a tarefa do pensamento" (*BW* 431-449).

Na "Introdução a *O que é metafísica?*" (1949), a metafísica é caracterizada como "dupla e, ainda assim, unitária" com base em sua estrutura ontoteológica.

> Porquanto representa os entes como entes, a metafísica é, de maneira dupla e, ainda assim, unitária, a verdade dos entes em sua universalidade e no ser mais elevado. De acordo com a sua essência, a metafísica é, ao mesmo tempo, ontologia, no sentido mais estrito, e teologia (*PM* 287).

Compreender o ser como um todo pressupõe um conceito normativo de ser, no qual está implícita uma compreensão de uma entidade que seja a mais elevada (*PM* 287-288).

Na altura em que Heidegger escreve "A constituição ontoteológica da metafísica" (1959), a percepção dessa estrutura está completamente estabelecida. Neste ensaio, ele definitivamente decide que a relação ambivalente e a interconexão ambígua da ontologia com a teologia são características da filosofia primeira. Heidegger remete-se à sua conferência inaugural na Universidade de Friburgo, "O que é metafísica?" (1929), que definiu a metafísica como a questão acerca dos entes enquanto tais e como um todo (cf. *PM* 93). A totalidade deste todo é a unidade de todos os entes que unifica como o fundamento generativo. "Para quem sabe ler, isso significa: a metafísica é onto-teo-logia" (*IDS* 54).

A pergunta "Como a deidade entra na filosofia?" não deve ser respondida com a ideia de um deus que vem de fora. O deus já está sempre na metafísica. Pertence à questão do ser, que é característica da filosofia enquanto tal. Embora geralmente a questão acerca dos deuses e da deidade seja intencional ou não intencionalmente entendida dentro de um paradigma ontoteológico, ao pensar a questão de como a deidade entra na filosofia, Heidegger torna possível isolar a questão filosófica de Deus do discurso e do pensamento religiosos. Portanto, a crítica de Heidegger à ontoteologia, ao mesmo tempo, permite um despertar da questão de Deus. Com efeito, ele chega ao ponto de dizer que o "pensamento sem-deus que deve abandonar o deus da filosofia" – isto é, o deus da ontoteologia – "está, portanto, talvez mais próximo do deus divino" (*IDS* 72 = *GA* 11: 77).

Por outro lado, a questão de saber se pode haver uma ontologia sem uma teologia já não é uma questão dentro do domínio da filosofia como metafísica. Em vez disso, com essa questão entramos no que ele chama de domínio do "pensamento". O motivo original da filosofia, estritamente falando, desapareceu da filosofia como ontoteologia; mas é preservado no pensamento do ser. Esse domínio do pensamento é, em certo sentido, um contraparadigma à filosofia no qual a questão do ser não é respondida com uma entidade que representa o modo mais elevado de ser, o todo do ser e a causa do ser. No ciclo de conferências de 1955-1956, "O princípio da razão", Heidegger se refere às palavras místicas de Angelus Silesius: "A rosa não tem por quê: ela floresce porque floresce, não presta atenção em si mesma, não pergunta se é vista" (*PR* 35). Esse "sem por quê" ou "sem fundamento" (*ohne Grund*) indica para Heidegger um pensamento a-teológico do ser como um contraparadigma à metafísica e a sua busca por fundamentos ontoteológicos.

O último deus

A noção de "o último deus" (*der letzte Gott*) corre como um fio através de *Contribuições à filosofia* (*CP* = *GA* 65), e pode ser o tema mais fascinante neste texto crucial de 1936-1938. A pergunta "O que ou quem é o último deus?" engendra muitas respostas negativas, pois não se trata do "último" no sentido de "mais recente", como se fala da última moda ou do último item de uma série contável. Tampouco pode o último deus, que é único, ser concebido de acordo com os cálculos do monoteísmo, do panteísmo ou do ateísmo (*CP* 289 = *GA* 65: 411).

O último deus está ligado à experiência do ser como um evento de apropriação (*Ereignis*); isto é, ao desdobramento da verdade do ser (cf. o cap. 10). Isso tem a ver com a finitude do ser, que Heidegger tematizou em *Ser e tempo* na análise existencial do ser-para-a-morte. Análoga à maneira como nos tornamos conscientes da finitude de todas as possibilidades de ser em momentos decisivos de uma experiência antecipatória da mortalidade, a finitude radical do ser se manifesta no aceno (*Wink*) do último deus, que está apenas de "passagem". Com isso, Heidegger continua sua polêmica contra a ideia cristã de Deus, que é visto como infinito em contraste com a finitude da sua criação. Com efeito, se diz que o último deus é "totalmente diferente dos deuses de outrora, especialmente diferente do Deus cristão" (*CP* 283 = *GA* 65: 403). Para a questão do que ou quem Deus é, Heidegger responde, no contexto da compreensão do ser como um evento de apropriação, que Deus é um aceno, e nada além de um aceno. O último deus essencialmente é enquanto passa, e, portanto, mesmo a questão de seu número permanece essencialmente indecisa (*CP* 308 = *GA* 65: 437). O último deus não é um fim, mas um começo, e isso marca a sua significância temporal. Esse deus *é* somente como o momento decisivo de sua passagem futura (*GA* 39: 111). Por essa razão, o último deus não se manifesta como algo presente, mas existe apenas como um aceno (*CP* 289 = *GA* 65: 410).

Portanto, ao falar sobre o último deus, não queremos dizer o último de uma série de deuses ou uma síntese final. A noção do último deus refere-se a um momento de decisão (*kairos* ou *Augenblick*) no qual a experiência da passagem do último deus abre espaço para outras possibilidades de ser. A partir dessa experiência, os seres humanos poderiam aprender a ser abertos e a esperar por outro começo. No entanto, as pessoas não sabem o que isso significa, e não serão capazes de saber enquanto estiverem presas – como aquelas mantidas em cativeiro pelas sombras da Caverna de Platão – em um método de conhecimento calculista pelo qual entendem as coisas, as circunstâncias e a si mesmas.

A palavra "último" aqui não tem nenhum significado ôntico. Indica algo que antecipa muito longe no futuro em direção à origem mais profunda, algo que alcança mais longe e não pode ser ultrapassado. O último deus, portanto, retira-se de todos os cálculos e deve suportar o fardo das más-interpretações mais ruidosas e frequentes (*CP* 285 = *GA* 65: 405). O aceno do último deus nasce de um momento que está além do pensamento calculista, e esse momento é ainda mais difícil de alcançar do que a experiência da mortalidade: "Dado que ainda mal compreendemos a 'morte' ao máximo, como estaremos então alguma vez preparados para o raro aceno do último deus?" (*CP* 285 = *GA* 65: 405). Mas, assim como em *Ser e tempo*, a morte abre o aparecimento do ser como possibilidade (*BT* § 53), igualmente a passagem do último deus abriria a possibilidade de um outro começo para a história do ser. Diferentemente da metafísica do primeiro começo, que entendia o ser em termos de atualidade, nesse outro começo seria entendido que: "O ser é possibilidade, o que nunca é subsistente e, no entanto, através da a-propriação, é sempre o que concede e se recusa ao não-conceder" (*CP* 335 = *GA* 65: 475). Nesse sentido, o ser, como lugar de reunião ou "apropriação" para a deidade e os seres humanos, é uma riqueza inexaurível de possibilidades.

O sagrado como pré-condição para o(s) deus(es)

Para Heidegger, a questão do "sagrado" seria: será possível uma experiência do sagrado dentro do mundo tecnológico? Parece que, em tal mundo, a experiência de algo que se mostre com a qualidade do sagrado é impossível, porquanto trata-se de uma experiência que só é dada a atos de adoração, e atos de adoração são radicalmente diferentes de atos de dominação tecnológica, fabricação e consumo. A experiência religiosa como uma experiência do sagrado tornou-se um mero objeto de estudo antropológico. Seu lugar apropriado é, por assim dizer, em uma reserva: uma área privada e protegida, longe da tradição cultural. Mas, na visão de Heidegger, o sagrado não é apenas um domínio de certos sujeitos e objetos protegidos. Como a dimensão que torna possível adorar o divino (*PM* 267), o sagrado é uma dimensão anterior ao sujeito e ao objeto, vem antes de Eu e Tu.

Nesse sentido, o sagrado indica uma condição da possibilidade do aparecimento do divino.

Uma compreensão das religiões sempre depende, em primeiro lugar, de uma compreensão da experiência do sagrado como um humor fundamental. Se a mensagem será recebida pelas novas gerações, depende de esse humor ser transmitido. Se não houver experiência do sagrado como um todo, a mensagem dos deuses na religião não será compreendida. As religiões têm uma história porque a maneira como o sagrado aparece (*hierofania*) está enraizada na situação histórica na qual aparece.

As religiões são históricas porque a compreensão de ser como sagrado é histórica. Isso não pode ser entendido ontoteologicamente, porque nesse caso as manifestações religiosas seriam manifestações de um ente mais elevado anistórico que transcende todos os outros entes. As religiões e seus deuses devem ser compreendidos historicamente, não como variações do que é eternamente o mesmo. Enquanto há um esquecimento da temporalidade do ser na ontoteologia, também há um esquecimento da historicidade dos deuses. A ontoteologia é uma compreensão do ser na qual não há lugar para a chegada histórica do deus ou dos deuses. Esse tempo precisa que os poetas recuperem uma entrada para o sagrado como o humor no qual o(s) deus(es) podem aparecer pela primeira vez (*EHP* 64).

O sagrado tem que aparecer como aquilo em que os seres humanos podem encontrar sua plenitude. O sagrado não é Deus ou a deidade, muito menos a entidade mais elevada da metafísica. É um fenômeno ontológico que se expressa no pensamento do ser. No entanto, o ser humano religioso não se compreenderia sem o sagrado. É precisamente onde a compreensão do sagrado se retirou que o lugar central do sacrifício é, mais uma vez, atribuído à arbitrariedade e à crueldade bárbara. Somente o sagrado como fenômeno ontológico pode prover uma entrada para o religioso. Sem entender o sagrado, comportamo-nos em relação a ele como turistas ou visitantes de um museu. Portanto, um entendimento disso da perspectiva da historicidade do ser é uma entrada para o entendimento da religião e das religiões, de Deus e dos deuses. Os deuses estão, em certo sentido, do outro lado do sagrado. Isso não significa que eles sejam totalmente diferentes; mas são diferentes no que diz respeito ao paradigma moderno de pensamento. A Modernidade não é capaz de experimentar o sagrado, uma vez que não é capaz de experimentar a plenitude do ser.

O papel dos deuses no quádruplo

Depois de romper com a teologia católica por meio de uma atenção fenomenológica à facticidade e à historicidade da vida religiosa, e então por meio de uma busca de uma "piedade ateísta" da filosofia, e depois, mais tarde, recuperando um sentido do sagrado por meio de uma crítica radical à ontoteologia, o capítulo final da questão do(s) deus(es) no pensamento de Heidegger localiza o divino no "quádruplo" de terra e céu [*heaven* ou *sky*], divinos e mortais (cf. o cap. 15). Os quatro do quádruplo são, em certo sentido, iguais uns aos outros. Nao há subordinação de inferior a superior. Embora possa parecer haver mais parentesco entre o céu e os divinos, por um lado, e, por outro, entre a terra e os mortais, estes não são dois casais que se enfrentam, e cada um dos quatro torna-se a si mesmo na reunião dos quatro. Dessa maneira, eles estão conectados uns aos outros. "Cada um dos quatro espelha, à sua maneira, a presença dos outros. Cada um deles, com isso, reflete-se à sua própria maneira em si mesmo, dentro da simplicidade dos quatro" (*PLT* 177).

Às vezes parece que o divino tem uma posição especial. Parece que a deidade se esquiva da interdependência fundamental do quádruplo, eximindo-se do destino ao ser o elemento que o governa. Isso é sugerido, não apenas na entrevista para a *Der Spiegel*, onde Heidegger enigmaticamente sugere que "apenas um deus nos pode salvar" (*HC* 107), mas também onde Heidegger escreve: "os divinos são os mensageiros aliciantes da deidade. Fora do domínio sagrado da deidade, o deus aparece em sua presença ou se retira para o seu encobrimento" (*PLT* 147-148). Aqui os divinos, a deidade e o deus são mencionados sem nenhuma explicação de suas relações no quádruplo. No entanto, uma certa ordem é discernível. A deidade parece ser a primeira pelo seu domínio sagrado. Seus mensageiros aliciantes são os divinos, e o deus que aparece e se retira, aparece apenas fora do domínio sagrado da deidade. É como se a deidade saísse da totalidade do quádruplo, e não se encontrasse nele, mas no sagrado. No entanto, o sagrado não é inerente ao quádruplo, nem aos divinos, nem aos mortais. Antes, o sagrado é a relação toda que passa a ser como o quádruplo (*EHP* 94ss.). Somente no relâmpago do sagrado pode o todo estar presente. "O sagrado decide primordialmente de antemão no que concerne aos homens e aos deuses, se são, quem são, como são e quando são" (*EHP* 97-98). O sagrado não é sagrado porque é divino; antes, o divino é divino porque é sagrado à sua maneira (*EHP* 82). O divino é sagrado porque participa do sagrado, que é o todo do quádruplo.

Da perspectiva da noção do quádruplo, é, portanto, estritamente falando, inconsequente dizer que o deus esteja mais próximo do sagrado. O que é dito aqui é que o deus está situado sob o sagrado e que a relação com o sagrado só pode ser mantida em comum com o ser humano (*EHP* 90). Com isso, os mortais, bem como os divinos, estão situados no quádruplo, sob o sagrado. O sagrado indica a totalidade dessa relação.

O quádruplo, como um contraparadigma para o mundo tecnológico, já não implica uma relação subjetivista com o divino e o sagrado. Os seres humanos habitam na medida em que aguardam os divinos enquanto divinos. "Eles esperam indicações de sua vinda e não confundem os sinais de sua ausência. Eles não fazem deuses para si mesmos e não adoram ídolos." No infortúnio, eles esperam a salvação que foi retirada (*PLT* 148). Sob certas condições, pode-se falar aqui de teologia, mas apenas de uma maneira não-ontoteológica. É impossível definir o sagrado aqui ontoteologicamente, uma vez que toda ontoteologia pressupõe um *theos*, ou deus, como uma entidade. Isso é tão certo que, onde quer que a ontologia surja, o deus já fugiu (*GA* 52: 132).

Referências

HEGEL, G.W.F. (1975). *Aesthetics* [Trad. T. Knox]. Oxford: Oxford University Press.

OCHWADT, C. & TECKLENBORG, E. (eds.) (1981). *Das Mass des Verborgenen* – Heinrich Ochsner (1891-1970) zum Gedächtnis. Hannover: Charis.

OTT, H. (1988). *Martin Heidegger* – Unterwegs zu seiner Biographie. Frankfurt: Campus.

PAPENFUSS, D. & PÖGGELER, O. (eds.) (1990). *Zur philosophische Aktualität Heideggers*. Vol. 2. Frankfurt: Vittorio Klostermann.

SHEEHAN, T. (1986). "Heidegger's Introduction to the Phenomenology of Religion, 1920-1921". In: KOCKELMANS, J. (ed.). *A Companion to Martin Heidegger's Being and Time*. Washington, DC: University Press of America, p. 40-62.

Leituras complementares

Fontes primárias

Cf., de Heidegger: "Building, Dwelling, Thinking" ["Construir, habitar, pensar]. In: *Poetry, Language, Thought* [*Poesia, linguagem, pensamento*]. • *Contributions to Philosophy* (From Enowning) [*Contribuições à filosofia* – Do acontecimento apropriador], pt. VII. • *Identity and Difference* [*Identidade e diferença*]. • "Letter on Humanism" ["Carta sobre o Humanismo"]. In: *Pathmarks* [*Marcas do caminho*], p. 239-276, esp. p. 258. • "Phenomenology and Theology" [*Fenomenologia e teologia*]. In: *Pathmarks*, p. 39-62. • *The Phenomenology of Religious Life* [*Fenomenologia da vida religiosa*].

Fontes secundárias

Cf. CAPUTO (1982, 1990); CROWE (2008); KOVACS (1990); THOMSON (2005); VEDDER (2007).

17

Heidegger sobre o cristianismo e a divindade

Um compêndio cronológico

Bret W. Davis

A relação de Heidegger com o cristianismo e suas ideias sobre divindade estão entre as mais difíceis – e, para muitos, entre as mais instigantes – questões com as quais seus leitores se confrontam. Com efeito, essas foram algumas das questões mais difíceis com as quais Heidegger lidou pessoalmente, chamando "a luta com a fé do meu nascimento" de um dos "dois grandes espinhos na minha carne" (sendo o outro a sua desventura política; cf. OTT, 1993, p. 37). Essa luta foi contínua: ao longo de sua vida, o pensamento de Heidegger passou por desenvolvimentos significativos e várias mudanças em relação ao cristianismo, e a *Gottesfrage* (questão de Deus) pode ser vista como um acompanhamento periodicamente ressurgente da *Seinsfrage* (questão do ser) ao longo de todo o seu percurso de pensamento.

Ao compilar este compêndio, meu objetivo foi respigar das páginas dos muitos textos de Heidegger uma seleção cronologicamente ordenada de passagens que exemplificam as diferentes fases do desenvolvimento do pensamento de Heidegger sobre o cristianismo e a divindade. Em esboço, essas fases podem ser descritas da seguinte maneira:

1) Até por volta de 1917, Heidegger exibe uma profunda fé pessoal no catolicismo e um compromisso filosófico com o escolasticismo aristotélico-tomista, que ele procura defender contra o "modernismo", mas também desenvolver à luz da lógica moderna e do misticismo medieval.

2) Entre 1917 e 1919, Heidegger passa por uma conversão filosófico-religiosa do "*sistema* do catolicismo" para um protestantismo não-dogmático ou "cristianismo livre". Inspirado por Paulo, Agostinho, Lutero e Kierkegaard, em 1920-1921, ele procura empregar a fenomenologia para recuperar uma compreensão experimental do "cristianismo primitivo".

3) Por volta de 1922, Heidegger começa a separar estritamente teologia e filosofia (fenomenologia), e a se identificar cada vez mais com esta última. Em 1927, ele passa a ridicularizar a ideia de uma "filosofia cristã" como um "círculo quadrado".

4) Começando bastante abruptamente, em 1934, com o seu primeiro ciclo de conferências sobre a poesia de Hölderlin, o pensamento de Heidegger passa por um afastamento *tanto* do cristianismo *quanto* do suposto "ateísmo da filosofia" em direção a um repensar radical do divino. Inspirado pelas noções de divindade que ele encontra no pensamento grego antigo e, sobretudo, na palavra poética de Hölderlin, Heidegger tende a falar agora de *der Gott* (o deus) ou *die Götter* (os deuses) em vez do Criador chamado *Gott* (Deus, sem artigo) das tradições abraâmicas monoteístas[128]. Essa fase final do pensamento de Heidegger sobre divindade continua a desenvolver-se através da noção inerentemente enigmática de "o último deus" articulada em *Contribuições à filosofia* (1936-1938) até as suas discussões posteriores sobre "o sagrado" (*das Heilige*), "a deidade" ["*the godhead*"] ou "divindade" ["*godhood*"] (*die Gottheit*) e "os divinos" (*die Göttlichen*) do quádruplo (cf. os cap. 15 e 16). Desde meados da década de 1930 até o final de sua vida, essas noções de divindade desempenham um papel crucial – embora nem sempre facilmente aparente – no pensamento de Heidegger.

128 O leitor deve ter em mente que todos os substantivos, e não apenas os nomes próprios, são escritos em maiúscula em alemão. Portanto, *das Sein* pode ser traduzido como "Ser", embora hoje seja mais frequentemente traduzido como "ser" a fim de evitar conotações de uma entidade metafísica. Os tradutores tendem a interpretar *der Gott* como "o deus", mas geralmente usam maiúscula quando o termo *Gott* (Deus) é usado como nome próprio sem artigo, como nas tradições monoteístas. Em vários casos, o uso de maiúsculas nos textos aqui reproduzidos foi silenciosamente modificado por uma questão de consistência.

Além de reunir uma série de textos com enfoques temáticos, este compêndio também visa permitir que os leitores concluam seu estudo preliminar (ou revisão) dos principais conceitos de Heidegger com uma amostragem cronologicamente abrangente dos próprios escritos de Heidegger, cobrindo um período que se estende de seus tempos de estudante até os anos finais de sua vida. (Pode ser útil para os leitores fazer uma referência-cruzada desse compêndio com a cronologia da vida de Heidegger que o segue.)

1911 As conferências acadêmicas sobre religião incutem ideias contemporâneas: concebidas com um escopo abrangente, apresentadas em discursos finamente elaborados, as verdades básicas do cristianismo em sua grandeza eterna aparecem perante a alma do estudante católico, suscitam seu entusiasmo, fazem-no lembrar do "que nós temos" – mais precisamente, do que o indivíduo *potencialmente* tem. Com efeito, o autodomínio *real* desse tesouro de verdades postula uma autopersistência intrépida e incessante, para a qual meramente ouvir conferências nunca pode ser um substituto. A mente jovem procura, impulsionada por uma mágica necessidade interior de verdade, garantir para *si* os contornos básicos do pré-conhecimento necessário. Pode-se, então, começar a assumir e refletir por si mesmo acerca dos "principais problemas das visões de mundo". Só se possui a verdade em um sentido genuíno quando se apropriou-se dela dessa maneira (*BH* 15).

De uma das primeiras publicações de Heidegger como estudante universitário, "Sobre uma orientação filosófica para acadêmicos", que apareceu no jornal católico antimodernista *Der Akademiker*, pouco antes de Heidegger deixar o seminário e redirecionar o foco de seus estudos da teologia para a filosofia. Theodore Kisiel e Thomas Sheehan comentam que o forte compromisso do jovem Heidegger com o escolasticismo aristotélico-tomista, no entanto, não o leva a considerá-lo um sistema completo e fechado de "declarações doutrinárias". Trata-se antes de uma contínua "luta pela verdade", aberta a avanços na filosofia mais recente, assim como na lógica moderna, que Heidegger aplicará às suas duas dissertações ainda escolásticas (*BH* 12).

1915 Nós, modernos, de muitas maneiras perdemos de vista o simples, somos fascinados pelo complicado, pelo questionável; daí esse terrível medo de *princípios*, que, enquanto tais, são sempre os mais simples; daí a total indisposição em relação à grande simplicidade e grandeza silenciosa da cosmovisão cristã e da crença católica. Se não quisermos ser vencidos pela vitória no futuro, *devemos, em princípio, livrar-nos da falta de princípios nas mais elementares questões da vida* (*BH* 50).

De um artigo de jornal, "O Tríduo de Guerra em Messkirch", na ocasião de uma meditação de três dias sobre o significado da guerra solicitada pelos bispos alemães.

1916 Se meditarmos (*sich besinnen*) sobre a essência mais profunda da filosofia em sua conexão com a visão de mundo, a concepção da filosofia cristã da Idade Média como um escolasticismo em oposição ao então prevalecente misticismo deve ser revelada como fundamentalmente deficiente. Para a cosmovisão medieval, escolasticismo e misticismo pertencem essencialmente um ao outro. [...] A filosofia como estrutura racionalista, separada da vida, é *impotente*; o misticismo como experiência irracional é *desprovido de propósito* (*BH* 85; cf. tb. *SUP* 68).

Da "conclusão" à versão publicada da dissertação de pós-doutorado de Heidegger, *A doutrina das categorias e do significado em Duns Escoto*.

1917 E as pseudofilosofias dogmáticas e casuísticas, que se colocam como filosofias de um sistema de religião particular (p. ex., o catolicismo) e presumivelmente estão mais próximas da religião e dos religiosos, são as menos capazes de promover a vitalidade do problema. [...] [O] valor inerente da religião, sua esfera de significado palpável, deve primeiro ser experimentado através de uma sebe dogmática, não-orgânica e emaranhada de proposições e provas que são teoricamente totalmente não-esclarecidas, que, como estatuto canônico com poder policial, em última análise serve para dominar e oprimir o sujeito e sobrecarregá-lo na escuridão.

No final, o sistema exclui totalmente uma experiência original e genuína de valor religioso. [...] [O] escolasticismo, no âmbito da totalidade do mundo-da-vida medieval cristão, comprometeu severamente o imediatismo da vida religiosa e esqueceu a religião pela teologia e pelos dogmas. [Em uma situação como essa], uma experiência como a do misticismo deve ser entendida como um contramovimento elementar.

De uma nota não publicada, citada em Kisiel (1993: 73-74). Theodore Kisiel estima que esta nota foi escrita no início de 1917, ou seja, durante o período que ele caracteriza como "aquele obscuro e praticamente desconhecido Interregno (1917-1919) no desenvolvimento de Heidegger, do qual ele emerge como um 'apóstata protestante'" (p. 70).

1917 O ponto é "descer à sacralidade mais íntima da vida", onde encontra-se a relação original do sentimento com a intuição. – "Mas devo referi-los a si mesmos, ao alcance de um momento vivo. Vocês devem entender, outrossim, para que a sua consciência, por assim dizer, escute, ou pelo menos reconstitua, esse estado a partir do momento vivo para vocês mesmos." [...] O objetivo é descobrir uma região original de vida e desempenho de consciência (ou sentimento), no qual somente a religião realize-se como uma certa forma de experiência. [...] O universo – plenitude de realidade – é fluxos e operações ininterruptos; todos os indivíduos como partes do todo. A religião é a referência emocional especificamente religiosamente intencional de cada conteúdo de experiência a um todo infinito como significado fundamental. *Devoção*: fluxo original de plenitude, sem restrições, que se deixa excitar. *Conduzir de volta* a respectiva experiência à unidade da vida interior. A vida religiosa é a constante renovação desse procedimento. [...] A *história*, em seu sentido mais autêntico, é o objeto mais elevado da religião, a religião começa e termina nela. A humanidade deve ser vista como uma comunidade viva de indivíduos na qual a experiência isolada deve ser perdida. [...] Fazer tudo *com* a religião e não *a partir da* religião. A religião deveria acompanhar, como a música sagrada, todos os feitos da vida (*PRL* 243-244 = *GA* 60: 321-322; cf. tb. *BH* 86-91).

Das anotações para uma conferência, "Sobre o Segundo Discurso de Schleiermacher 'Sobre a Essência da Religião'". As citações nas notas de Heidegger são do texto de Schleiermacher.

1918 Meu marido perdeu a sua fé religiosa, e eu não consegui encontrar a minha. Sua fé foi minada por dúvidas, mesmo quando nos casamos [em 1917]. Mas eu mesma insisti em um casamento católico e esperei, com a sua ajuda, encontrar a fé. Passamos muito tempo lendo, conversando, pensando e orando juntos, e o resultado é que ambos acabamos pensando em linhas protestantes, ou seja, sem vínculos dogmáticos fixos, acreditando em um Deus pessoal, orando a Ele no espírito de Cristo, mas fora de qualquer ortodoxia protestante ou católica (atribuído a Elfride Heidegger, citado em OTT, 1993, p. 109).

Do diário do padre Engelbert Krebs (amigo teólogo que realizou a cerimônia católica do casamento de Heidegger), registro da essência do que lhe foi dito em uma conversa com a esposa de Heidegger, Elfride.

1918-1919 Divorcia claramente o problema da teologia do problema da religiosidade. Em teologia, é preciso cuidar de observar sua constante dependência da filosofia e da situação da respectiva consciência teórica em geral. Até agora, a teologia não encontrou uma postura básica teórica original que corresponda à originalidade de seu objeto. [...] A fé protestante e a fé católica são *fundamentalmente diferentes*. Trata-se, noética e noematicamente, de experiências distintas. Em Lutero irrompe uma forma *original* de religiosidade – que nem sequer é encontrada nos místicos. [...] A "garantia-de-verdade" da fé católica é fundada de maneira inteiramente diversa da *fiducia* dos reformadores.

[...] O imediatismo da experiência religiosa, a vivacidade incontida da devoção ao sagrado, ao piedoso, não emite a forma a partir de si mesma e da contemplação do genuíno caráter-desempenho; em vez disso, surge como a culminância de uma psicologia e de uma doutrina epistemológica historicamente determinadas [...]. É preciso esclarecer-se acerca dessa conexão a fim de realmente entender o misticismo de Eckhart enquanto tal [...].

[...] O objeto primordial, o absoluto, não é o ainda-não-determinável e o ainda-não-determinado – é, antes, aquilo que é essencialmente sem determinação em geral. [...] Correspondente ao princípio fundamental de que o mesmo é reconhecido apenas através do mesmo – o mesmo torna-se objeto apenas *para* o mesmo – a teoria do sujeito, da alma se desenvolve; aqui também o processo de desfazer a multiplicidade, da rejeição das forças individuais em sua individualidade e direcionalidade determinada, o retorno ao seu fundamento, origem e sua raiz. [...] Eliminação de mudança, multiplicidade, tempo. O caráter absoluto de objeto e sujeito no sentido de unidade radical e, enquanto tal, tanto de *eu sou isso* quanto de *isso sou eu.* A partir disso, o caráter inominado de Deus e do fundamento da alma. [...] A "concepção fundamental" de Eckhart – "você só pode saber o que você é", torna-se concebível apenas a partir de conceitos específicos de cognição. Aqui, a cognição determina sujeito e objeto (*PRL* 235-236, 239, 240 = *GA* 60: 310, 315, 316).

Das anotações de Heidegger para um ciclo de conferências planejado – mas não ministrado – sobre *Os fundamentos filosóficos da mística medieval.*

1919 Os *insights* epistemológicos que se estendem a uma teoria do conhecimento histórico tornaram o *sistema* do catolicismo problemático e inaceitável para mim, mas não o cristianismo e a metafísica – esses, porém, em um novo sentido. [...] Minhas investigações na fenomenologia da religião, que se basearão fortemente na Idade Média, devem demonstrar, sem sombra de dúvida, que, ao transformar minha posição filosófica básica, não fui levado a substituir o julgamento apreciativo objetivo e o profundo respeito pelo mundo-da-vida do catolicismo pelas polêmicas coléricas e grosseiras de um apóstata. [...] Acredito que eu tenha o chamado interior à filosofia e, através de minhas pesquisas e ensino, a fazer o que esteja em meu poder em prol da vocação eterna do homem interior, e *fazê-lo exclusivamente por isso*, e assim justificar minha existência [*Dasein*] e finalmente trabalhar diante de Deus (*SUP* 69-70; cf. tb. *BH* 96).

De uma carta ao padre Engelbert Krebs.

1920-1921 No que se segue, não pretendemos oferecer uma interpretação dogmática ou teológico-exegética, nem um estudo histórico ou uma meditação religiosa, mas apenas orientações para uma compreensão fenomenológica. [...] O método teológico não se insere na estrutura do nosso estudo. Somente com uma compreensão fenomenológica, um novo caminho para a teologia é aberto. A indicação formal renuncia à compreensão última que só pode dar-se em uma experiência religiosa genuína; ela pretende apenas abrir um acesso ao Novo Testamento. [...] Para começar, basta buscar um entendimento geral da carta de [Paulo] aos Gálatas, a fim de com ela penetrar os fenômenos fundamentais da vida cristã primitiva [...].

[...] Há um decréscimo de compreensão autêntica se Deus é apreendido principalmente como objeto de especulação. Isso só pode ser realizado se se efetuar a explicação das conexões conceituais. Isso, no entanto, nunca foi tentado, porque a filosofia grega penetrou no cristianismo. [...] A espera da *parusia* do Senhor é decisiva. [...] A experiência é uma aflição (*thlipis*) absoluta que pertence à vida do próprio cristão. A aceitação (*dechesthai*) é um entrar-em angústia [...].

[...] "A religiosidade cristã vive a temporalidade." Trata-se de um tempo sem ordem e demarcações próprias. Não se pode encontrar essa temporalidade em algum tipo de conceito objetivo de tempo. O quando não é, de maneira alguma, objetivamente apreensível. [...] O presente estudo se ocupa do centro do cristianismo: o problema escatológico. Já no final do primeiro século, o escatológico estava encoberto no cristianismo. Mais tarde, julgou-se mal todos os conceitos cristãos originais. Também na filosofia de hoje, as formações-de-conceito cristãs estão escondidas atrás de uma visão grega. [...] Não há segurança para a vida cristã; a insegurança constante também é característica para o que é fundamentalmente significativo na vida fáctica [...].

[...] [A] *anamenein* [espera] é uma espera obstinada diante de Deus. A espera obstinada não espera pelos significados de um conteúdo futuro, mas por Deus. O significado da temporalidade determina-se a partir do relacionamento fundamental com Deus – no entanto, de tal maneira que somente aqueles que vivem a temporalidade à maneira de uma encenação entendem a eternidade. O sentido do Ser de Deus pode ser determinado primeiro apenas a partir desses complexos de encenação. Passar por eles é a pré-condição [...].

[...] Subsiste uma profunda oposição entre os místicos e os cristãos. O místico é, através da manipulação, removido do complexo-da-vida; em um estado extasiado, Deus e o universo são possuídos. O cristão não conhece tal "entusiasmo", antes, ele diz: "fiquemos despertos e sóbrios". Eis aqui precisamente demonstrada a ele a terrível dificuldade da vida cristã. [...] A verdadeira filosofia da religião não surge de conceitos preconcebidos de filosofia e religião. Antes, a possibilidade de sua compreensão filosófica surge de uma certa religiosidade – para nós, a religiosidade cristã. Por que exatamente a religiosidade cristã está no foco de nosso estudo, essa é uma questão difícil; é respondível apenas através da solução do problema das conexões históricas. A tarefa é obter um relacionamento real e original com a história, que deve ser explicado a partir de nossa própria situação e facticidade histórica (*PRL* 47, 67, 73, 83-84, 89 = *GA* 60: 67-68, 97-98, 104-105, 117, 124).

De um ciclo de conferências intitulado *Introdução à fenomenologia da religião*.

1921 O neoplatonismo e Agostinho não se tornarão um caso arbitrário, mas, no estudo, sua historicidade (*Historizität*) deve ser precisamente considerada em si mesma, como algo em cuja peculiar dimensão efetiva (*Wirkungsdimension*) nos situamos hoje. A história nos atinge, e nós somos a própria história. [...] Os limites entre o teológico e o filosófico não devem ser confundidos (nenhuma confusão filosófica da teologia, nenhuma "intensificação" da filosofia fingindo ser religiosa). Antes, precisamente voltar atrás de ambas as formações exemplares de vida fática deve (1) indicar em princípio como e o que está "por trás" de ambas, e (2) como uma problemática genuína resulta disso; tudo isso não extratemporalmente e para a construção de uma cultura aproximativa ou não aproximativa, mas *em encenação histórica* [...]

[...] O curare *(Preocupar-se) como o Caráter Básico da Vida Fáctica: cap. 28 e 29 [das Confissões de Agostinho]* [...] Minha vida é "deformis" [deformada]. – Não a fim de desculpar-se, mas, de fato, para afastar-se de si mesmo imprudentemente, e para ganhar a si mesmo dessa distância severa, Agostinho agora deixa claro para si mesmo que "a vida" não é uma caminhada (*Spaziergang*) e é precisamente o momento mais inoportuno para assumir um ar de importância. [...] Pois "in multa defluximus" [estamos dispersos em muitos], estamos nos dissolvendo na multiplicidade e somos absorvidos na dispersão. Você exige contra-movimento contra a dispersão, contra o desmoronamento da vida. [...] "Per continentiam quippe colligimur et redigimur in unum [necessarium – Deum?]." [Pela continência, somos reunidos e trazidos para o Uno (o necessário – Deus?)]. [...] Nesta esperança decisiva, o esforço genuíno na *continentia* está vivo, esforço que não chega ao fim. (Não "abstinência", que perde precisamente o sentido positivo, mas "contenção", retirar-se de *defluxio* [dispersão], opondo-se a isso em plena de falta de confiança.) [...] Pois a vida nada é realmente senão uma constante tentação. [...] "Numquid non tentatio est vita humana super terram sine ullo interstitio?" [Não é a vida humana na terra um julgamento sem intermissão?] [...].

[...] O problema da teoria universal do valor está ligado ao neoplatonismo e à doutrina do *summum bonum*, especificamente à concepção de como o *summum bonum* se torna acessível. [...] Não [se] pode simplesmente descartar o platônico em Agostinho; e é um mal-entendido acreditar que, voltando a Agostinho, pode-se obter o autenticamente cristão (*PRL* 124-125, 151-152, 212 = *GA* 60: 173, 205-206, 281).

De um ciclo de conferências intitulado *Agostinho e o neoplatonismo*.

1921 Eu trabalho concreta e facticamente a partir do meu "eu sou" – a partir da minha herança espiritual e completamente fática, do meu meio, dos meus contextos de vida e do que quer que esteja disponível a partir deles, como a experiência vital na qual eu vivo. [...] Essa minha facticidade inclui – resumidamente – o fato de eu ser um "teólogo cristão". Isso implica uma certa preocupação radical, uma certa cientificidade radical, uma objetividade rigorosa (*Gegenständlichkeit*) nessa facticidade; inclui a consciência histórica, a consciência da "história do espírito". E eu sou tudo isso no contexto da vida da *universidade* (*BH* 99-100).

De uma carta para Karl Löwith.

1921-1922 Meu comportamento no filosofar não é religioso, mesmo que, como filósofo, eu também possa ser uma pessoa religiosa. "A arte reside precisamente nisso": filosofar, e, ao fazê-lo, ser genuinamente religioso; ou seja, assumir facticamente a própria tarefa mundanamente histórico-historiológica na filosofia, na ação e em um mundo de ação concreto, embora não na ideologia e na fantasia religiosas. [...] A filosofia, em sua autoimposta questionabilidade radical, deve ser *a-teística* por uma questão de princípio. Precisamente por causa de sua intenção básica, a filosofia não deve presumir possuir ou determinar Deus. Quanto mais radical é a filosofia, mais determinantemente ela está em um caminho longe de Deus; no entanto, precisamente na atualização radical do "longe", ela tem a sua própria difícil proximidade a Deus (*PIA* 148 = *GA* 61: 197-198; cf. tb. *BH* 165, 479-480, n. 24).

De um ciclo de conferências intitulado *Interpretações fenomenológicas de Aristóteles*.

1922 Pelo começo da minha docência acadêmica [o que, considerado literalmente, significaria o Semestre de Inverno de 1915-1916], ficou claro para mim que uma verdadeira pesquisa científica, livre de todas as reservas e compromissos secretos, não é possível juntamente com uma adesão ativa à Fé católica e seu ponto de vista. Esse ponto de vista tornou-se insustentável para mim devido à minha preocupação incessante com o cristianismo primitivo, tal como desenvolvido pela escola moderna da história da religião. Meu ciclo de conferências foi proibido aos teólogos (*BH* 107).

De uma *vita* composta em 1922 e enviada para Georg Misch como parte de uma candidatura a uma posição em filosofia na Universidade de Göttingen.

1924 O sentido e a essência de qualquer teologia particular podem ser lidos a partir de sua visão da *iustititia originalis* (justiça original) do homem. Pois quanto mais a radicalidade do pecado é subestimada, mais a redenção é menosprezada e mais Deus tornar-se humano na Encarnação perde sua necessidade. Encontramos, portanto, no pensamento de Lutero, a tendência fundamental de que a *corruptio* do ser do homem nunca pode ser apreendida de maneira suficientemente radical. E Lutero afirmou isso particularmente em oposição ao escolasticismo, que sempre falava de *corruptio* com qualificação e de maneira mitigada (*BH* 189-190; cf. tb. *SUP* 106).

De uma transcrição feita por um aluno de uma conferência proferida por Heidegger no seminário teológico de Rudolf Bultmann na Universidade de Marburgo.

1927-1928 A compreensão popular da relação entre teologia e filosofia gosta de opor fé e conhecimento, revelação e razão. [...] Nós, no entanto, vemos o problema do relacionamento de maneira diferente desde o início. Trata-se antes, para nós, de uma questão acerca da relação de duas ciências. [...] Oferecemos apenas como guia a seguinte definição formal de ciência: a ciência é a revelação fundadora, em prol exclusivamente de revelar, de uma região autônoma de entes, ou do ser. [...] [H]á duas possibilidades básicas de ciência: ciências dos entes, do que quer que exista, ou ciências ônticas; e *a* ciência do ser, a ciência ontológica, a filosofia. [...] As ciências ônticas, em cada caso, tematizam um dado ente que, de certa maneira, já está sempre revelado *antes* da revelação científica. Chamamos as ciências dos entes enquanto dados – de um *positum* – de ciências positivas. [...] A ontologia, ou a ciência do ser, por outro lado, exige uma mudança fundamental de visão: dos entes para o ser. [...] Nossa tese, então, é que *a teologia é uma ciência positiva, e, como tal, é absolutamente diferente da filosofia* [...].

[...] [N]ós sustentamos que *o que é dado para a teologia (seu positum) é a Cristandade* [*Christlichkeit*]. [...] Chamamos de fé cristã. A essência da fé pode ser formalmente esboçada como um modo de existência do Dasein humano que [...] surge *não do* Dasein ou espontaneamente *através* do Dasein, mas sim daquilo que é revelado no e com esse modo de existência, daquilo em que se acredita. Para a fé "cristã", aquele ente que é sobretudo revelado à fé, e somente a ela, e que, como revelação, primeiro suscita a fé, é Cristo, o Deus crucificado. [...] [A] fé é uma apropriação da revelação que co-constitui a ocorrência cristã; isto é, o modo de existência que especifica a Cristandade de um Dasein fáctico como uma forma particular de destino. *A fé é o modo crer-compreender de existir na história revelada – isto é, ocorrente – com o Crucificado.* [...] A totalidade deste ente que é revelado pela fé [...] constitui o caráter do *positum* que a teologia encontra diante dela. [...] A teologia [...] é a ciência da fé, não apenas porquanto faz a fé e aquilo que se acredita que seja seu objeto, mas porque ela mesma surge da fé. É a ciência que a própria fé motiva e justifica [...].

[...] Se a fé não precisa da filosofia, a *ciência* da fé, como uma ciência *positiva*, precisa. [...] Toda interpretação ôntica opera com base, a princípio e em geral oculta, em uma ontologia. [...] Todos os conceitos teológicos necessariamente contêm *essa* compreensão do ser que é constitutiva do Dasein humano enquanto tal, na medida em que exista. Assim, por exemplo, o pecado manifesta-se apenas na fé, e somente o crente pode existir facticamente como pecador. [...] Mas a culpa é uma determinação ontológica original da existência do Dasein [...].

[...] *A filosofia é o corretivo ontológico possível e formalmente indicativo do ôntico e, em particular, do conteúdo pré-cristão dos conceitos teológicos básicos. Mas a filosofia pode ser o que é sem funcionar facticamente como esse corretivo.* [...] Essa relação peculiar não exclui, mas inclui o fato de que a *fé*, como uma possibilidade específica de existência, é, em seu âmago, a inimiga mortal da *forma de existência* que é uma parte essencial da filosofia e que está facticamente em constante mudança. A fé é tão absolutamente a inimiga mortal que a filosofia nem sequer começa a querer, de maneira alguma, lutar com ela. Essa *oposição existenciária* [*existentiell*] entre fidelidade e a apropriação livre da integralidade do próprio Dasein não é provocada primeiramente pelas ciências da teologia e da filosofia, mas é anterior a elas. Além disso, é precisamente essa *oposição* que deve suportar a *possibilidade de uma comunidade das ciências* da teologia e da filosofia, se é que elas devam se comunicar de maneira genuína, livre de ilusões e fracas tentativas de mediação. Por conseguinte, não existe uma filosofia cristã; esse é um "círculo quadrado" absoluto. Por outro lado, tampouco existe uma teologia neokantiana, axiológica ou fenomenológica, assim como não existe matemática fenomenológica (*PM* 40-41, 43-46, 50-51, 53 = *GA* 9: 47-49, 52-55, 61-64, 66).

De uma conferência, "Fenomenologia e teologia". Cf. tb. as seguintes notas relevantes em *Ser e tempo*: *BTS* 404, n. 4; 405, n. 7; 408, n. 6; 410-411, n. 2; 416, n. 13 = *SZ* 190, 199, 249, 306, 427 (cf. *BH* 200ss.).

1929 A interpretação ontológica do Dasein como ser-no-mundo não decide nem positiva nem negativamente a respeito de um possível ser para Deus. Presumivelmente, no entanto, a elucidação da transcendência alcança primeiro um *conceito adequado* de *Dasein*, e, com relação a este ente, pode-se *perguntar* como as coisas permanecem ontologicamente no que concerne à relação do Dasein com Deus (*PM* 371, n. 62 = *GA* 9: 159).

De uma nota de rodapé a "Sobre a essência do fundamento".

1934-1935 Trata-se Hölderlin "historiologicamente" e perde-se a única coisa essencial, a saber, que a sua obra ainda atemporal e utópica já superou nossa confusão historiológica e fundamentou a incoação de outra história, uma história que começa com a luta pela decisão acerca da chegada ou fuga do deus (*GA* 39: 1).

Do prefácio de Heidegger ao seu primeiro ciclo de conferências sobre a poesia de Hölderlin.

1935 [Qualquer pessoa] para quem a Bíblia seja revelação divina e verdade já tem uma resposta para a pergunta "Por que existem entes em vez de nada?" antes mesmo que ela seja perguntada: os entes, com exceção do próprio Deus, são criados por Ele. O próprio Deus "é" como o Criador não criado. Quem se apegue a tal fé como base pode, talvez, emular e participar da nossa indagação, de certa maneira, mas não pode questionar autenticamente sem desistir de ser crente, com todas as consequências desse passo. Ele só pode agir "como se". Por outro lado, se tal fé não se expuser continuamente à possibilidade de infidelidade, não é fé, mas conveniência. Torna-se um acordo consigo mesmo de aderir no futuro a uma doutrina como algo que, de alguma maneira, foi transmitido. Isso não é ter fé nem questionar, mas indiferença – que pode então, talvez mesmo com grande interesse, ocupar-se com tudo, tanto com a fé quanto com o questionar. [...] O que realmente é perguntado em nossa pergunta é, para a fé, uma tolice. [...] A filosofia consiste nessa tolice. Uma "filosofia cristã" é um quadrado redondo e um mal-entendido. Certamente alguém pode refletidamente questionar e resolver o mundo da experiência cristã – isto é, o mundo da fé. Isso é então teologia. [...] A filosofia, para a fé originalmente cristã, é tolice. Filosofar significa perguntar: "Por que existem entes em vez de nada?" Realmente perguntar isso significa aventurar-se a exaurir, a questionar minuciosamente, a riqueza inexaurível dessa questão, desvelando o que ela exige que questionemos. Sempre que essa aventura ocorrer, há filosofia (*IM* 7-8 = *EM* 5-6).

De um ciclo de conferências publicado posteriormente como *Introdução à metafísica.*

1936 Schelling [...] quer realizar precisamente isso: trazer para uma formulação conceitual a maneira como Deus vem a si mesmo, como Deus – não como um conceito pensado, mas como a vida da vida – vem a si mesmo. Portanto, um *devir* Deus! [...] Deus como existência; isto é, o deus existente é esse deus que é *em si mesmo* histórico. Para Schelling, a existência sempre significa um ente à medida que seja *consciente de si mesmo* (*bei sich selbst*). Só que, no entanto, pode estar consciente de que saiu de si mesmo e, de certa maneira, está sempre fora de si mesmo. Somente o que saiu de si mesmo e o que assume estar fora de si e é, portanto, um ente consciente de si mesmo, por assim dizer, "absolveu" a história interior do seu Ser e é, por conseguinte, "absoluto". Deus *como o existente* é o Deus *absoluto*, ou Deus como ele mesmo – em resumo: Deus-*mesmo*. Deus considerado como o fundamento de sua existência ainda não "é" Deus verdadeiramente como ele mesmo. Mas, ainda assim, Deus "é" o seu fundamento. É verdade que o fundamento é algo distinto de Deus, mas não ainda "fora de" Deus. O fundamento em Deus é aquele em Deus que Deus mesmo não "é" verdadeiramente ele mesmo, mas, antes, o seu fundamento para a sua individualidade. Schelling chama esse fundamento de "natureza" em Deus [...].

[...] Deus não como um velho papai de barba branca que fabrica coisas, mas como o devir Deus a cuja essência o fundamento pertence, natureza incriada que não é Ele mesmo [...].

[...] Em filosofia, não podemos voltar à filosofia grega por meio de um salto, assim como não podemos eliminar o advento do cristianismo na história ocidental e, portanto, na filosofia, por meio de um comando. A única possibilidade é transformar a história, ou seja, verdadeiramente produzir a necessidade oculta da história, à qual nem o conhecimento nem a ação alcançam, e a transformação verdadeiramente produzida é a essência do criativo [...].

[...] Na passagem da transição para a seção VI [do tratado de Schelling sobre a liberdade], há a frase: "No entendimento divino há um sistema; Deus mesmo, no entanto, não é um sistema, mas uma vida [...]". Aqui o sistema é atribuído a apenas um fator da junção do Ser, à existência. Ao mesmo tempo, uma unidade superior é postulada e designada como "vida". [...] Mas quando o sistema está apenas no entendimento, o fundamento e toda a oposição entre fundamento e entendimento são excluídos do sistema como seu outro, e o sistema já não é sistema quanto aos entes como um todo. [...] Essa é a dificuldade que surge cada vez mais claramente nos esforços posteriores de Schelling com toda a filosofia, a dificuldade que prova ser um *impasse* (*Scheitern*). E esse *impasse* é evidente, uma vez que os fatores da junção de ser, fundamento e existência, e sua unidade, não apenas tornam-se cada vez menos compatíveis, mas são mesmo arremessados tão distante que Schelling recai na tradição enrijecida do pensamento ocidental sem transformá-la de maneira criativa. [...] Schelling não vê a necessidade de um passo essencial. Se o ser na verdade não pode ser predicado do Absoluto, isso significa que a essência de todo ente é finitude e somente o que existe finitamente tem o privilégio e a dor de permanecer no ser enquanto tal e experimentar o que é verdadeiro enquanto entes (*ST* 109-110, 135, 145-146, 160-162 = *SA* 131-132, 163, 175, 193-195).

De um ciclo de conferências publicado posteriormente como *O tratado de Schelling sobre a essência da liberdade humana.*

1936 [Ao] prover de novo a essência da poesia, Hölderlin primeiro determina um novo tempo. É o tempo dos deuses que fugiram *e* do deus que está vindo. É o *tempo da necessidade*, porque subsiste em uma dupla falta e um duplo não: no não-mais dos deuses que fugiram e no ainda-não do deus que está chegando (*EHP* 64 = *EHD* 47).

De "Hölderlin e a essência da poesia".

1936-1938 O ÚLTIMO DEUS [...] O totalmente outro contra os deuses de outrora, especialmente contra o Deus cristão [...].

[...] Mas o último deus, não é isso uma degradação, ou antes *a* maior blasfêmia? No entanto, e se o último deus tiver que ser assim chamado porque no final a decisão sobre os deuses leva sob e entre eles e, portanto, eleva ao máximo a ocorrência (*Wesen*) essencial da singularidade da essência divina (*Gottwesen*)? [...] Se pensarmos aqui de forma calculista e considerarmos esse "último" meramente cessante e final, em vez de a decisão maior e mais breve acerca do que é mais alto, então é claro que toda consciência cognoscente do último deus é impossível [...].

[...] O último deus não é o próprio evento de apropriação (*Ereignis*); antes, ele precisa do evento de apropriação como aquilo a que pertence o fundador do aí/aqui (*Dagründer*) [...].

[...] O último deus tem a sua singularidade mais singular e fica fora daquelas determinações calculistas denotadas por títulos tais como "mono-teísmo", "pan-teísmo" e "a-teísmo". "Monoteísmo" e todos os tipos de "teísmo" existem apenas desde a "apologética" judaico-cristã, que tem a metafísica como pressuposto intelectual. Com a morte desse deus, todos os teísmos entram em colapso [...].

[...] O último deus é a incoação da história mais longa em sua trilha mais curta. É necessária uma longa preparação para o grande momento da passagem do último deus. E, para esta preparação, os povos e os Estados são muito pequenos; isto é, já estão muito arrancados de todo crescimento e ainda estão entregues à maquinação. [...] Somente indivíduos grandes e ocultos criarão a quietude para a passagem do último deus, juntamente com o reticente acordo entre aqueles que estão preparados [...].

[...] [O] deus exige o seer, e o humano como ser-aí (*Da-sein*) precisa ter fundamentado o pertencimento ao seer. Então, para esse momento, o seer como o mais íntimo "entre" é como o nada; o deus domina o humano e o humano supera o deus – na imediatez, por assim dizer, e ainda assim ambos apenas no evento de apropriação, que é o que a verdade do próprio seer é [...].

[...] Todos os até então "cultos" e "igrejas", e tais coisas, não podem, de maneira alguma, se tornar a preparação essencial para a colisão de deus e do humano no ponto médio do seer. Pois a verdade do seer mesmo deve primeiro ser fundamentada, e, para essa atribuição, toda a criação deve assumir outra incoação. [...] Quão poucos sabem que Deus espera o fundamento da verdade do seer e, portanto, espera o salto do humano no ser-aí. Em vez disso, parece que os humanos esperariam, e teriam que esperar, o deus [...].

[...] [O] discurso de "deuses" aqui não indica uma afirmação decidida acerca da existência de uma pluralidade contra um singular, mas é antes denotada como uma alusão à indecisão do ser dos deuses, seja de um único deus ou de muitos deuses. Essa indecisão contém em si o que é questionável, a saber, se algo como "ser" (*Sein*) pode ser atribuído aos deuses, sem destruir tudo o que é divino. A indecisão acerca de qual deus e se um deus pode, na mais extrema necessidade, mais uma vez surgir, e [se tanto for possível] de que maneira e para que tipo de ser humano – isso é o que é nomeado com o nome de "deuses" [...]. Não atribuir ser aos "deuses" inicialmente significa apenas que o ser não está "acima" dos deuses e que os deuses não estão "acima" do ser. Mas "os deuses" precisam do seer, e no dito sobre "os deuses", a ocorrência essencial "do" seer já está pensada. "Os deuses" não precisam do seer como sua propriedade, na qual eles mesmos encontrem uma posição. "Os deuses", no entanto, precisam do seer, o qual não lhes pertence, a fim de pertencerem a si mesmos. [...] [Os] "deuses" precisam de um pensamento do seer-histórico, ou seja, de filosofia. "Os deuses" precisam de filosofia, não como se *eles mesmos* tivessem que filosofar por causa de seu deusar [*godding*]; mas, antes, a filosofia deve ser *para que* "os deuses" voltem a decidir e para que a história atinja o seu fundamento essencial [...].

[...] O seer essencialmente ocorre (*west*) como o intermédio (*das Zwischen*) entre Deus e o humano, mas de tal maneira que esse espaço intermediário primeiro abra espaço para a possibilidade essencial de Deus e do humano [...] O seer ocorre essencialmente como a a-propriação (*Er-eignung*) dos deuses e dos humanos a seu en-contrar (*Ent-gegnung*) (*CP* 283, 286, 288, 289, 291, 292, 293, 308-309, 335-336 = *GA* 65: 403, 406-407, 409, 411, 414, 415, 416-417, 437-439, 476-477, trad. mod.).

De *Contribuições à filosofia*.

1937-1938 E quem quereria ignorar o fato de que um confronto (*Auseinandersetzung*) com o cristianismo me acompanhou silenciosamente por todo o meu percurso até agora – um confronto que não foi e não é um "problema" a ser abordado, mas, *ao mesmo tempo*, uma preservação *e* uma dolorosa separação da proveniência que é sobretudo minha: a casa dos meus pais, minha terra natal e minha juventude. Somente alguém que tenha estado igualmente enraizado em tal mundo católico realmente vivido pode ser capaz de ter uma ideia das necessidades que, como terremotos subterrâneos, operaram no percurso da minha investigação até agora. Além disso, o período de Marburgo ofereceu uma experiência íntima de um cristianismo protestante – o qual tinha que ser todo como que superado a partir do zero, mas não destruído. [...] Não é apropriado falar dessas confrontações mais internas, uma vez que elas não giram em torno de questões que concernem ao dogma do cristianismo e a artigos de fé, mas apenas em torno da única questão: se o deus está fugindo ou não de nós e se nós mesmos ainda estamos verdadeiramente – e isso significa como aqueles que criam – experimentando isso. [...] E isso nada tem a ver com um mero contexto "religioso" da filosofia, mas com a única investigação sobre a verdade do ser, que exclusivamente decide acerca do "tempo" e do "lugar" que são historicamente preservados para nós dentro da história do Ocidente e de seus deuses (*M* 368 = *GA* 66: 415-416, trad. mod.).

De "Meu caminho até agora", um apêndice à *Meditação*.

1938-1939 Os deuses não criam os humanos; nem os humanos inventam os deuses. A verdade do seer decide "sobre" ambos, não os dominando, mas ocorrendo apropriadoramente entre eles, de modo que eles mesmos primeiro venham a um encontro (*M* 208 = *GA* 66: 235, trad. mod.).

De *Meditação*.

1939-1940 Hölderlin nomeia a natureza o sagrado porque ela é "mais velha do que as eras e acima dos deuses". Portanto, a santidade não é, de maneira alguma, uma propriedade emprestada de um deus determinado. O sagrado não é sagrado porque é divino; antes, o divino é divino porque, a seu modo, é "sagrado" [...].

[...] Em sua vinda, o sagrado, "mais antigo do que as eras" e "acima dos deuses", fundamenta outro começo de outra história. O sagrado primordialmente decide de antemão acerca dos humanos e dos deuses, se são, quem são, como são e quando são (*EHP* 82, 97-98 = *EHD* 59, 76).

Do ensaio de Heidegger sobre o poema de Hölderlin "Como quando de férias [...]".

1942-1943 Os gregos nem humanizaram os deuses nem divinizaram os humanos; muito pelo contrário, eles experimentaram os deuses e os humanos em sua essência distinta, e em sua relação recíproca, com base na essência do ser no sentido de surgimento autorrevelador; isto é, no sentido de olhar e apontar. [...] A essência fundamental das divindades gregas, em distinção a todas as outras, mesmo o Deus cristão, consiste em sua origem a partir da "presença" do ser "presente". E essa é também a razão pela qual a disputa entre os "novos" – isto é, os deuses olímpicos – e os "velhos" é a batalha, que ocorre na essência do ser, que determina o recrudescimento do próprio ser no surgimento da sua essência. Esse nexo essencial é a razão pela qual os deuses gregos, assim como os humanos, são impotentes perante o destino e contra ele. *Moira* domina os deuses e os humanos, enquanto no pensamento cristão, por exemplo, todo destino é obra da divina "providência" do criador e redentor, que como criador também domina e calcula todos os entes como o criado. E assim Leibniz pode ainda dizer: *cum Deus calculat, fit mundus* – "porque e enquanto Deus calcula, o mundo surge". Os deuses gregos não são "personalidades" ou "pessoas" que dominam o ser; eles são o próprio ser olhando para os entes. Mas porque o ser sempre e em toda parte excede infinitamente todos os entes e se projeta nos entes, portanto, onde a essência do ser tenha vindo originalmente ao não encoberto, como é o caso com os gregos, os deuses são mais "excessivos" ou, dito da maneira cristã e moderna, mais "etéreos" e mais "espirituais", a despeito de suas "qualidades humanas". [...] Enquanto a palavra do baixo-alemão "*Got*" significa, de acordo com a sua raiz indo-europeia, um ente que os humanos invocam e, por conseguinte, o invocado, os nomes gregos para o que chamamos de "Deus" (*Gott*) expressam algo essencialmente diferente: *theos-theaon* e *daimon-daion* significam o olhar autoemergente e o ser que entra nos entes. Aqui, Deus e os deuses, já pelo próprio nome, não são vistos desde o ponto de vista dos humanos, como invocados pelos humanos. [...] No entanto, o nome e a designação da divindade (*theion*) como o que olha e o que resplandece (*theaon*) não é uma mera expressão vocal. O nome como a primeira palavra permite que o que é designado apareça em sua presença primordial. A essência dos humanos, conforme experimentada pelos gregos, é determinada com base em sua relação com o ser autoemergente, de modo que os humanos são os que têm a palavra. E a palavra é, em essência, o deixar aparecer do ser pelo nomear. [...] E é assim que os humanos na experiência grega, e somente eles, são em sua essência, e de acordo com a essência de *alētheia*, os porta-vozes de deus. [...] Mas e se precisamente essa essência da *alētheia*, e com ela a essência automanifestante primordial do ser, estiverem distorcidas por transformações e, devido a tal distorção, tiverem acabado por se tornarem presas do encobrimento no sentido de esquecimento? [...] Se a divindade originária surge sobre a base da essência do ser, será que o esquecimento do ser não deveria ser o fundamento do fato de a origem da verdade do ser ter desde então se retirado no encobrimento, e de que nenhum deus poderia então aparecer surgindo a partir do próprio ser? [...] O "a-teísmo", entendido corretamente como a ausência dos deuses, tem sido, desde o declínio do mundo grego, o esquecimento do ser que dominou a história do Ocidente como a característica básica dessa história mesma. [...] Somente quando o ser e a essência da verdade se recordarem e se livrarem do esquecimento, a humanidade ocidental assegurará a mais preliminar pré-condição para o que é o mais preliminar de tudo quanto seja preliminar; isto é, uma experiência da essência do ser como o domínio no qual uma decisão sobre os deuses ou a ausência dos deuses pode, pela primeira vez, ser preparada [...].

[...] Se Parmênides nomeia a deusa *Alētheia* logo no início de seu pronunciamento, isto não é, como sustentam os filólogos, uma espécie de introdução poeticamente elegante ao assim chamado "poema didático", mas, em vez disso, é o nomear do lugar essencial, onde o pensador enquanto pensador habita. O local é *dai-monios topos* (*PRM* 110-113, 127 = *GA* 54: 163-167, 188, trad. mod.).

De um ciclo de conferências intitulado *Parmênides e Heráclito* (publicado no *Gesamtausgabe* como *Parmênides*).

1943 Enquanto entendermos a expressão "Deus está morto" [em *A gaia ciência*, de Nietzsche, § 125] exclusivamente como uma fórmula de descrença, nós a estaremos pensando teologicamente à maneira da apologética, e estaremos renunciando a todas as reivindicações ao que importa para Nietzsche; isto é, a reflexão que pondera o que já aconteceu quanto à verdade do mundo suprassensível e quanto à sua relação com a essência humana. [...] Portanto, também o niilismo, no sentido de Nietzsche, não coincide de maneira alguma com a situação concebida meramente negativa, de que o Deus cristão da revelação bíblica já não pode ser acreditado, assim como Nietzsche não considera que a vida cristã que uma vez existiu por pouco tempo antes da redação dos Evangelhos e antes da propaganda missionária de Paulo pertença à Cristandade. Para Nietzsche a Cristandade é o fenômeno histórico, político-mundial da Igreja e sua pretensão de poder dentro da formação da humanidade ocidental e de sua cultura moderna. A Cristandade [*Christentum*] nesse sentido e o cristianismo [*Christlichkeit*] da fé do Novo Testamento não são a mesma coisa. Mesmo uma vida não cristã pode afirmar a Cristandade e usá-la como um meio de poder, assim como, inversamente, uma vida cristã não requer necessariamente a Cristandade. Portanto, um confronto com a Cristandade não é, de maneira alguma, um ataque contra o que é cristão, assim como uma crítica da teologia não é necessariamente uma crítica da fé, cuja interpretação considera-se que a teologia o seja. [...] Na expressão "Deus está morto", o nome "Deus", pensado essencialmente, representa o mundo suprassensível daqueles ideais que contêm a meta que existe além da vida terrena para aquela vida e que, por conseguinte, determina a vida de cima, e também, de certa maneira, de fora. [...] O domínio da essência e do acontecimento do niilismo é a própria metafísica [...] A metafísica é o espaço aberto da história no qual ela se torna um destino que o mundo suprassensível, as ideias, Deus, a lei moral, a autoridade da razão, o progresso, a felicidade do maior número, a cultura, a civilização, sofrem a perda de força construtiva e tornam-se vazios. [...] A descrença, no sentido de um afastamento da doutrina cristã da fé, nunca é, portanto, a essência e o fundamento, mas sempre apenas uma consequência do niilismo; pois pode ser que a própria Cristandade represente uma consequência e encarnação do niilismo [...].

[...] O golpe final contra Deus e contra o mundo suprassensível consiste no fato de Deus, o primeiro dos entes (*das Seiende des Seienden*), ser degradado ao mais alto valor. O golpe mais forte contra Deus não é que Deus seja considerado incognoscível, não é que a existência de Deus seja demonstrada improvável, mas sim que o deus considerado real seja elevado ao mais alto valor. Pois esse golpe vem precisamente não daqueles que resistem, que não acreditam em Deus, mas dos crentes e de seus teólogos que discursam sobre o ente que, de todos os entes, mais está no ser (*vom Seiendsten alles Seienden*), sem que alguma vez lhes permita ocorrer de pensar no ser (*Sein*) mesmo, a fim de assim tornarem-se conscientes de que, vistos de fora da fé, seus pensamentos e seus discursos são pura blasfêmia se se intrometem na teologia da fé. [...] O pronunciamento ("Deus está morto") não significa – como se fosse proferido por negação e ódio comum – que não haja deus. O pronunciamento significa algo pior: Deus foi assassinado [...].

[...] A insurreição do ser humano na subjetividade transforma o que é em objeto. Mas o que é objetivo é o que é trazido a uma posição através da representação. A eliminação daquilo que é em si mesmo – isto é, o assassinato de Deus – é realizada para garantir a reserva constante por meio da qual os humanos asseguram para si mesmos recursos materiais, corporais, psíquicos e espirituais, e isso em prol da sua própria segurança, que deseja domínio sobre o que quer que seja – como o potencialmente objetivo – a fim de corresponder ao ser do que quer que seja, à vontade de poder [...].

[...] Talvez já não passemos tão depressa sem ouvir o que é dito no começo da passagem (de *A gaia ciência*, de Nietzsche) que foi elucidada: que o louco "chorou incessantemente: busco a Deus! Eu busco a Deus!" [...] E o ouvido do nosso pensamento, será que ele ainda não ouve o clamor? (*QCT* 63-65, 105, 107, 111-112 = *GA* 5: 219-221, 259-260, 262, 266-267, trad. mod.).

De "A sentença nietzscheana 'Deus está morto'".

1943 Ao usar a palavra "deuses" com moderação e hesitar em dizer o nome, o poeta trouxe à luz o elemento próprio dos deuses [...].

[...] O sagrado realmente aparece. Mas o deus permanece distante. [...] No entanto, porquanto a descoberta está próxima, embora de maneira reservada, o deus ausente estende sua saudação ao aproximar-se dos celestiais. Assim, a "ausência de deus" também não é uma deficiência. Portanto, tampouco os conterrâneos podem tentar tornar-se um deus por astúcia, e, assim, eliminar pela força a suposta deficiência. Mas tampouco devem se confortar meramente exortando um deus acostumado. É verdade que, em tais caminhos, a presença da ausência passaria despercebida. Mas se a proximidade não fosse determinada pela ausência, e, portanto, não fosse uma proximidade reservada, a descoberta preciosa não poderia estar próxima da maneira como está próxima. Portanto, para o cuidado do poeta, só há uma possibilidade: sem medo de parecer sem deus, ele deve permanecer próximo da ausência de deus, e esperar por tempo suficiente nessa proximidade preparada da ausência, até que, da proximidade do deus ausente, seja concedida uma palavra originária para nomear o altíssimo (*EHP* 39, 46-47 = *EHD* 20, 27-28).

Do ensaio de Heidegger sobre o poema de Hölderlin, "Chegada a casa/Aos parentes".

1944-1945 Cientista: A transição da vontade para a serenidade (*Gelassenheit*) é o que me parece ser a dificuldade genuína. [...]
Guia: E ainda mais, quando para nós a essência da sereni-

dade ainda está encoberta. [...] Erudito: E isso, acima de tudo, como resultado do fato de que até mesmo a serenidade pode ser pensada ainda no domínio da vontade, como acontece com velhos mestres do pensamento, tais como Meister Eckhart. [...] Guia: De quem, mesmo assim, muitas coisas boas podem ser aprendidas. [...] Erudito: Certamente; mas o que estamos chamando de serenidade evidentemente não significa rejeitar o egoísmo pecaminoso e renunciar à vontade própria em favor da vontade divina (*GA* 77: 109; cf. tb. *DT* 61-62 = *G* 33-34).

De *Country Path Conversations* [*Conversas no caminho do campo*].

1947 O "Ser" – não é Deus nem um fundamento cósmico. O ser está essencialmente mais distante do que todos os entes e, no entanto, está mais próximo do ser humano do que todo ser, seja uma rocha, um animal, uma obra de arte, uma máquina, seja um anjo, seja Deus [...].

[...] [O] sagrado, que é a única esfera essencial da divindade, que, por sua vez, é a única a prover uma dimensão para os deuses e para o deus, só irradia quando o próprio ser, de antemão e após extensa preparação, tenha sido liberado e seja experimentado na sua verdade [...].

[...] A afirmação de que a essência do ser humano consiste em ser-no-mundo também não contém nenhuma decisão quanto a se o ser humano, no sentido teológico-metafísico, é meramente uma criatura imanente ou transcendente. [...] Com a determinação existencial da essência do ser humano, portanto, nada é decidido acerca da "existência de Deus" ou de seu "não-ser", não mais do que acerca da possibilidade ou impossibilidade de deuses. [...] Somente a partir da verdade do ser, a essência do sagrado pode ser pensada. Somente a partir da essência do sagrado, a essência da divindade deve ser pensada. Somente à luz da essência da divindade, pode-se pensar ou dizer o que a palavra "Deus" significa. [...] Talvez o que seja distinto acerca dessa época do mundo consista no fechamento da dimensão do são [*des Heilen*]. Talvez esta seja a única malignidade [*Unheil*]. [...] Mas com essa referência, o pensamento que aponta para a verdade do ser como aquilo que deve ser pensado, não decidiu, de maneira alguma, a favor do teísmo. Pode ser tão pouco teísta quanto ateísta. Não, no entanto, por causa de uma atitude indiferente, mas por respeito aos limites que foram estabelecidos para o pensamento enquanto tal, de fato definidos pelo que dá a si mesmo ao pensamento como o que deve ser pensado, pela verdade do ser (*PM* 252, 258, 266-267 = *GA* 9: 331, 338-339, 350-352).

Da "Carta sobre Humanismo".

1950 O padrão de Deus e dos divinos é a ausência. Mas a ausência não é um nada; antes, ela é precisamente a presença, que primeiro deve ser apropriada, da plenitude e da riqueza ocultas do que tem sido e do que, assim reunido, é o presenciar, do divino no mundo dos gregos, no judaísmo profético, na pregação de Jesus. Esse já-não é em si mesmo um não-ainda do advento velado da sua natureza inesgotável (*PLT* 182 = *VA* 177).

De "A coisa".

1953 Eu [Hermann Noack] observei que [certas] afirmações [da "Introdução" a "O que é metafísica?" e da "Carta sobre o Humanismo"] incentivam a interpretação de que o pensamento de Heidegger se move em uma dimensão que, por si só, dá lugar à realização do "pensamento" teológico genuíno mais uma vez – porquanto a teologia, em um estágio muito inicial, foi enfeitiçada pela "metafísica", o que é inapropriado para falar sobre a verdade da revelação. Heidegger não contestou isso, mas disse literalmente: "No pensamento, nada pode ser alcançado que fosse uma preparação ou uma confirmação para o que ocorre na fé e na graça. Se eu fosse abordado dessa maneira pela fé, eu teria que fechar as portas. – Dentro da fidelidade ainda se pensa, é claro; mas o pensamento enquanto tal já não tem uma função. – A filosofia envolve um tipo de pensamento do que o homem é capaz por si só. Isso para quando ele é abordado pela revelação". "Hoje o pensamento assumiu a forma mais experimental que se possa imaginar." [...] Os teólogos, continuou Heidegger, simplesmente têm muito pouca confiança em seu próprio ponto de vista e têm muito a ver com a filosofia. O impulso por parte do pensamento só pode ser indireto. Os teólogos devem respeitar a exclusividade da revelação. Para Lutero [...] não havia o que questionar acerca da "afirmação" (da filosofia). Para ele, a Epístola de Paulo aos Romanos foi uma revelação desde o início; lá ele ouviu a palavra de Deus. Quando um pensador ouve um poeta como Hölderlin, há algo completamente diferente – uma escuta em outra região de "manifestabilidade", de cuja fundação, em contraste com a já decidida revelação da palavra de Deus, o próprio poeta essencialmente participa. O pensador fala da "manifestabilidade do ser"; mas "ser" é uma palavra ateológica. [...] A experiência cristã é tão completamente diferente que não há necessidade de entrar em competição com a filosofia. Quando a teologia se apega firmemente à visão de que a filosofia é tolice, o caráter misterioso da revelação será muito mais bem preservado. Portanto, diante de uma decisão final, os caminhos se separam. [...] Em relação ao texto mencionado na "Carta sobre o Humanismo", o que está sendo discutido aí é o deus do poeta, não o Deus revelado [...].

[...] O pensamento nada sabe de um "Deus revelado" e não pode reconhecer na proclamação cristã qualquer "destinar histórico da revelação do ser", porque o conteúdo da revelação consiste em afirmações sobre "um ser" (Deus como criador e senhor do mundo). Portanto, pode-se dizer que a "tolice" da qual Paulo fala é recíproca para a fé e o pensamento (*PT* 64-65, 68).

De "Conversa com Martin Heidegger, gravada por Hermann Noack". A conversa ocorreu na Academia Protestante de Hofgeismar.

1954 Os divinos são os mensageiros aliciantes da deidade. Fora do domínio sagrado da deidade, o deus aparece em sua presença ou se retira no seu encobrimento. Quando falamos dos divinos, já estamos pensando nos outros três [membros do quádruplo; isto é, terra, céu e mortais] junto com eles, mas não pensamos na simples unidade dos quatro. [...] Os mortais habitam na medida em que esperam os divinos enquanto divinos. Na esperança, eles guardam para os divinos o que é inesperado. Eles esperam por indicações de seu advento e não confundem os sinais de sua ausência. Eles não fazem seus deuses para si mesmos e não adoram ídolos. No fundo do infortúnio, eles esperam pela felicidade que tem estado retirada (*PLT* 147-148 = *VA* 144-145).

De "Construir, habitar, pensar".

1955-1956 [A] mais extrema agudeza e profundidade de pensamento pertencem ao genuíno e grande misticismo. [...] Meister Eckhart dá prova disso (*PR* 36-37 = *SG* 71, trad. mod.).

De um ciclo de conferências publicado como *O princípio da razão*.

1957 Os humanos não podem orar nem sacrificar a esse deus [da filosofia]. Perante a *causa sui*, os humanos não podem cair de joelhos com reverência nem tocar música e dançar perante esse deus. [...] O pensamento sem-Deus que deve abandonar o deus da filosofia, o deus como *causa sui*, talvez esteja mais próximo do deus divino. Aqui, isso significa simplesmente: o pensamento sem-Deus está mais aberto a ele [*freier für ihn*] do que o on-theo-lógico gostaria de admitir (*IDS* 72 = *ID* 140-141, trad. mod.).

De "A constituição onto-teológica da metafísica".

1959 Sem esse contexto teológico, eu nunca teria vindo ao caminho do pensamento. Mas a origem sempre vem ao nosso encontro do futuro (*OWL* 10 = *GA* 12: 91.)

De "Um diálogo sobre linguagem entre um japonês e um inquiridor".

1963 Com uma determinação quase apaixonada, Heidegger então quer saber o que o monge [Bikkhu Maha Mani] considera ser a religião. Dogmas e doutrinas? Ou o que constitui sua origem? Então ele se vira para mim [H.W. Petzet] e diz:

"Agora você deve realmente tentar deixar clara a diferença entre cristianismo e ser cristão (*Christlichkeit*)" – o que se revela ser um assunto difícil. Mas uma explicação suplementar não é necessária porque o monge diz simplesmente que, por religião, ele entende os ensinamentos dos fundadores ("ditos dos fundadores"). [...] Animado e muito determinado, Heidegger responde virando-se para mim e dizendo: "Diga a ele que só considero crucial uma única coisa – a saber, seguir as palavras do fundador. Exclusivamente isso – nem sistemas, nem doutrinas e dogmas são importantes. *Religião significa seguir* [...]".

[...] [O monge pergunta,] Por que Heidegger nunca vai ao povo? [...] Heidegger é visivelmente afetado. Ele tenta explicar que isso tem a ver principalmente com o desenvolvimento do pensamento, que foi abordado anteriormente de várias maneiras – a saber, com a maneira como a predisposição do pensamento que ele descreveu faz com que as pessoas percam sua abertura à simples audição (e escuta). Por exemplo, se ele falasse com os católicos, o catolicismo enquanto tal seria um obstáculo (embora sempre existam indivíduos que, excepcionalmente, pudessem subitamente ser afetados). Mesmo os melhores teólogos, católicos e protestantes, retiram do que ele diz apenas o que se encaixa em seus próprios pontos de vista. Até mesmo eles se recusam a ver o todo do seu pensamento, do que ele diz (PETZET, 1993, p. 176-177, 179; cf. *GA* 16: 589-593).

Das anotações de Heinrich Wiegand Petzet de uma conversa realizada com um monge budista da Tailândia.

1964 Pois, na verdade, isso exigiria que a teologia, de uma vez por todas, tivesse clareza acerca do requisito de sua principal tarefa: não tomar emprestadas as categorias do seu pensamento e a forma do seu discurso da filosofia ou das ciências, mas pensar e falar a partir da fé pela fé com fidelidade ao seu assunto [...].

[...] [A] tarefa da teologia consiste em colocar em discussão, dentro do seu próprio domínio da fé cristã e a partir da natureza própria dessa fé, o que a teologia tem que pensar e como tem que falar. Essa tarefa inclui a questão de saber se a teologia ainda pode ser uma ciência – porque presumivelmente não deveria ser uma ciência de maneira alguma (*PM* 55, 61 = *GA* 9: 69, 77).

De "A discussão teológica de 'O problema de um pensamento e de um discurso não-objetificante na teologia de hoje' – algumas indicações de seus principais aspectos".

1966 [A] filosofia não será capaz de efetuar uma transformação imediata da presente condição do mundo. Isso não se aplica apenas à filosofia, mas a todos os pensamentos e esforços meramente humanos. Só um deus pode nos salvar. A única possibilidade que nos resta é preparar uma espécie de disponibilidade, através do pensamento e da poetização, para o aparecimento do deus ou para a ausência do deus no tempo do afundamento (*Untergang*); pois, perante o deus que está ausente, afundamos. [...] [O entrevistador então pergunta: "Existe alguma conexão entre o seu pensamento e o surgimento desse deus? Na sua opinião, existe uma conexão causal? Você acha que podemos nos aproximar do deus pelo pensamento?" Heidegger responde:] Não o podemos atrair pelo pensamento; podemos, no máximo, despertar a disponibilidade da expectativa. [O entrevistador pergunta: "Mas podemos ajudar?" Heidegger responde:] A preparação de uma disponibilidade pode ser o primeiro passo. O mundo não pode ser o que é ou da maneira como é através dos humanos, mas tampouco pode sê-lo sem os humanos. De acordo com o meu ponto de vista, isso está relacionado ao fato de que o que eu nomeio com a palavra ser [...] requer os humanos para a sua revelação, preservação e formação (*OG* 107 = *GA* 16: 671-672, trad. mod.).

Declarações que Heidegger fez em sua entrevista à revista *Der Spiegel*.

1968 [O] poeta pertence à tarefa para a qual ele é necessário. Pois o dizer do poeta é necessário – mostrando, velando--desvelando – para permitir o aparecimento do advento dos deuses, que precisam das palavras do poeta para o seu aparecimento, porque somente em seu aparecimento são eles mesmos. [...] *O* poema, o poema de Hölderlin, reúne poesia sob uma santa compulsão: nomear os deuses presentes, reunindo-os em um dizer que é necessário pelos celestiais e ordenado por eles (*EHP* 218-219 = *EHD* 191-192).

De "O poema".

Na conclusão de sua biografia intelectual, Rüdiger Safranski escreve:

> Será que Heidegger retornou ao seio da Igreja? Max Müller relata que, nas caminhadas, sempre que eles iam a uma igreja ou capela, Heidegger sempre se benzia e genufletia. Em uma ocasião, ele lhe perguntou se isso não era inconsistente, uma vez que ele havia se distanciado do dogma da Igreja. A resposta de Heidegger foi: "Deve-se pensar historicamente. E onde tem havido tantas orações, aí o divino está presente de uma maneira muito especial" (SAFRANSKI, 1998, p. 432-433).

Pouco antes de falecer, em 1976, Heidegger solicitou que lhe fosse concedida uma cerimônia fúnebre católica em Friburgo, que seu amigo teólogo, Bernhard Welte, falasse em seu enterro em Messkirch, e que passagens que ele selecionou da poesia de Hölderlin também fossem lidas em seu túmulo (cf. HEIDEGGER & WELTE, 2003, p. 124-136). Aparentemente, também era desejo de Heidegger que sua lápide fosse marcada com uma estrela, em vez de uma cruz.

Referências

HEIDEGGER, M. & WELTE, B. (2003). In: DENKER, A. & ZABOROWSKI, H. (eds.). *Briefe und Begegnungen*. Stuttgart: Klett-Cotta.

KISIEL, T. (1993). *The Genesis of Heidegger's Being and Time*. Berkeley, CA: University of California Press.

OTT, H. (1993). *Martin Heidegger* – A Political Life [Trad. A. Blunden]. Nova York: Basic Books.

PETZET, H.W. (1993). *Encounters and Dialogues with Martin Heidegger: 1929-1976* [Trad. P. Emad & K. Maly]. Chicago, IL: University of Chicago Press.

SAFRANSKI, R. (1998). *Martin Heidegger* – Between Good and Evil [Trad. E. Osers]. Cambridge, MA: Harvard University Press.

Leituras complementares

Fontes primárias

Além das fontes primárias listadas no final do cap. 16, cf., de Heidegger: *Elucidations of Hölderlin's Poetry* [*Elucidações da poesia de Hölderlin*]; *Mindfulness* [*Meditação*], pt. XVII; *The piety of Thinking* [*A piedade do pensamento*]; "The Word of Nietzsche: 'God is Dead'" ["A sentença nietzscheana 'Deus está morto'"]. In: *The Question Concerning Technology* [*A questão da técnica*], p. 53-112. • *Becoming Heidegger* – On the Trail of His Early Occasional Writings [*Tornando-se Heidegger* – Na trilha de seus primeiros escritos ocasionais], 1910-1927, cap. 1, 2, 5, 9, 10, 11, 12, 15.

Fontes secundárias

Além das fontes secundárias listadas no final do cap. 16, cf. HANLEY (2000); HEMMING (2002); KISIEL (1993, cap. 2, 4); OTT (1993, pt. 2); PEROTTI (1974); PRUDHOMME (1997); VAN BUREN (1994: cap. 6, 8, 14).

Cf. tb. FISCHER, N. & HERMANN, F.-W. (eds.). *Heidegger und die christliche Tradition*. Hamburgo: Felix Meiner, 2007. • RICHARDSON, W.J. "Heidegger and God – and Professor Jonas". In: *Thought*, 40, 1965, p. 13-40.

Cronologia da vida de Heidegger

1889[129] Nasce em 26 de setembro, em Messkirch, uma pequena cidade predominantemente católica no Sudoeste da Alemanha, filho de Friedrich Heidegger (1852-1924), mestre tanoeiro e sacristão da Igreja de St. Martin, e Johanna Kempf Heidegger (1858-1927).

1895-1903 Frequenta escolas públicas em Messkirch. Cresce na casa do sacristão, na praça da igreja; Heidegger mais tarde se recorda de dar recados para o padre e tocar os sinos na torre da igreja.

1903-1906 Estuda com uma bolsa de estudos no ginásio público de Constança, enquanto reside em um seminário católico em preparação para o sacerdócio.

1906-1909 Continua seus estudos no ginásio público Berthold, em Friburgo, residindo no seminário do ginásio. Em 1907, recebe uma cópia de *On the Manifold Meaning of Being According to Aristotle* [*Sobre o significado múltiplo do ser segundo Aristóteles*], de Franz Brentano. Em 1908, lê *On Being - Outline of Ontology* [*Sobre o ser - Esboço de ontologia*], do teólogo especulativo Carl Braig. Em 13 de julho de 1909, passa no exame de conclusão do ginásio (*Abitur*) com a mais alta nota geral possível.

129 As fontes consultadas para a composição desta cronologia incluem: *GA* 16; *LW*. • HEIDEGGER, G. "Life of Martin Heidegger". In: *LW*. • KISIEL, T. & SHEEHAN, T. "Chronological Overview". In: *BH*. • VAN BUREN, J. "Chronological Overview". In: *SUP*. • OTT (1993). • PETZET (1993). • SAFRANSKI (1998). • DENKER, A. "Martin Heidegger (1889-1976): Chronology" (disponível em www.freewebs.com/m3smg2/HeideggerChronology.html – acesso em set./2009). • GEIER, M. *Martin Heidegger*. Reinbek bei Hamburg: Rowohlt, 2005. • MEHRING, R. & THOMÄ, D. "Eine Chronik". In: *Heidegger Handbuc* – Leben, Werk, Wirkung. Stuttgart: Metzler, 2003, p. 515-539.

1909- 1911 No outono de 1909, Heidegger inicia um período experimental no noviciado jesuíta em Tisis, na Áustria, mas é dispensado, após duas semanas, por problemas de saúde. Estuda teologia e filosofia na Universidade de Friburgo, residindo no Seminário Teológico. Publica poemas, resenhas e artigos em periódicos católicos antimodernistas. Inicia o estudo de Husserl e Dilthey.

1911- 1913 Em fevereiro de 1911, Heidegger interrompe seu treinamento para o sacerdócio e seus estudos de teologia, novamente devido a problemas de saúde (uma "condição nervosa e cardíaca" psicossomática). Ao retornar à universidade após um período de convalescença em Messkirch, Heidegger redireciona seus estudos, concentrando-se finalmente na filosofia, enquanto também frequenta cursos de matemática, ciências naturais e humanidades. Em 1912, publica seu primeiro artigo filosófico acadêmico, "O problema da realidade na filosofia moderna" (in: *SUP* = *BH* = *GA* 1). Em 1913, obtém seu doutorado em filosofia, *summa cum laude*, sob a direção de Arthur Schneider, com uma dissertação intitulada *A doutrina do juízo no psicologismo* (in: *GA* 1).

1913- 1918 Inicialmente, apresenta-se como voluntário para o serviço militar e é depois recrutado várias vezes, mas devido a seus problemas de saúde é dispensado ou alistado, com capacidade limitada, para a censura postal e o serviço meteorológico.

1915 Obtém a Habilitação (pós-doutorado) e a *venia legendi* (licença para ensinar em universidades alemãs), sob a direção de Heinrich Rickert, com uma dissertação intitulada *A doutrina das categorias e do significado em Duns Scotus* (in: *GA* 1). Inicia a carreira docente como conferencista (*Privat-dozent*) na Universidade de Friburgo.

1917-1918 Casa-se com Elfride Petri, em 21 de março de 1917, em uma cerimônia católica, em Friburgo; uma semana depois, o casal se casa novamente, em uma cerimônia protestante, em Mannheim, na companhia da família de Elfride. Nessa época, Heidegger efetivamente se converte a um protestantismo não dogmático ("cristianismo livre"). Em 1919, ele anuncia a sua "ruptura com o *sistema* do catolicismo"; no entanto, em 1921, ainda se refere a si mesmo como um "*teólogo* cristão". Em 1922, no entanto, ele começa a separar nitidamente a filosofia – e a si mesmo enquanto filósofo – da fé e da teologia. A complexa relação de Heidegger com o cristianismo e seus pensamentos sobre a divindade continuam a evoluir ao longo de sua carreira (cf. os cap. 16 e 17).

1919-1923 Ministra conferências sobre fenomenologia, neokantismo, Aristóteles e filosofia da religião como assistente de Husserl. Os alunos, durante esse período, incluem Oskar Becker, Karl Löwith e Leo Strauss. A amizade com Elisabeth Blochmann se desenvolve.

1919 Nascimento de seu primeiro filho, Jörg. Profere seu ciclo de conferências "inovador", "A ideia da filosofia e o problema da visão de mundo" (in: *TDP* = *GA* 56/57).

1920 Começa a amizade com Karl Jaspers. Nascimento de seu segundo filho, Hermann. Em 2005, Hermann Heidegger reconheceu que em 1934 ele foi informado de que Martin Heidegger – a quem ele caracterizou em 1999 como um "pai e avô amoroso e compreensivo" (*GA* 16: 835) – não era seu pai biológico. Na verdade, este último era seu padrinho, Dr. Friedel Caesar, amigo de sua mãe desde a juventude (*LW* 317).

1922-1923 Elfride presenteia o marido com uma cabana na aldeia montanhosa de Todtnauberg, na Floresta Negra, que, pelo resto de sua vida, Heidegger usa como retiro da vida urbana e como um lugar sem perturbações para pensar e escrever. A fama de Heidegger como conferencista se espalha pela Alemanha entre estudantes universitários. Embora não tivesse publicado nada desde a sua tese de Habilitação, com base em uma forte recomendação de Husserl e em uma alta consideração por suas interpretações fenomenológicas de Aristóteles por parte de Paul Natorp e outros, Heidegger é nomeado professor-associado de filosofia na Universidade de Marburgo, onde ele faz amizade com o teólogo protestante Rudolf Bultmann.

1924 Começa um caso amoroso com uma aluna (e mais tarde famosa filósofa por direito próprio), Hannah Arendt. Outros alunos durante seu período em Marburgo incluem Hans-Georg Gadamer, Hans Jonas e Miki Kiyoshi. Seu pai morre. O primeiro artigo a ser escrito sobre o pensamento de Heidegger, "Uma nova virada na fenomenologia: a fenomenologia da vida de Heidegger", é publicado no Japão por Tanabe Hajime após seu retorno de Friburgo.

1927 A primeira *magnum opus* de Heidegger, *Ser e tempo* (*BT* = *BTS* = *SZ* = *GA* 2), é publicada, e sua fama aumenta rapidamente. É promovido a professor em Marburgo. Profere um ciclo de conferências, "Os problemas básicos da fenomenologia" (posteriormente publicado como *BPP* = *GA* 24). Sua mãe morre.

1928 Nomeado professor de Filosofia na Universidade de Friburgo como sucessor de Husserl. Os alunos que participam das conferências de Heidegger nessa época incluem Eugen Fink, Emmanuel Lévinas, Herbert Marcuse, Max Müller, Jan Patočka e Karl Rahner.

1929 Apresenta a conferência inaugural, "O que é metafísica?" (in: *BW* e *PM* = *GA* 9). Debate com Ernst Cassirer sobre Kant e Neo-kantianismo, e publica *Kant e o problema da metafísica* (*KPM* = *GA* 3).

1930 Recusa a primeira oferta de professor na Universidade de Berlim. Dá a primeira versão da conferência, "Sobre a essência da verdade" (versão final de 1943, in: *BW* e *PM* = *GA* 9).

1933 Eleito reitor da Universidade de Friburgo em 21 de abril. Em 1º de maio, torna-se membro do Partido Nazista, e, em 27 de maio, profere seu discurso da reitoria, "A autoafirmação da universidade alemã" (*SU* = *R*; *GA* 16: 107-117). No verão, Heidegger ministra conferências em Leipzig, Heidelberg e Tübingen em apoio à revolução nacional-socialista e faz vários pronunciamentos em apoio a Hitler e suas políticas. Escreve cartas apoiando alguns acadêmicos judeus e denunciando outros. Recusa uma segunda oferta de Berlim e uma de Munique. O primeiro livro a ser escrito sobre o pensamento de Heidegger, *A filosofia de Heidegger*, é publicado no Japão por Kuki Shūzō, que havia estudado com Heidegger em Friburgo e Marburgo, e que havia apresentado seu pensamento a Jean-Paul Sartre em Paris.

1934 Devido a desacordos com o corpo docente e com autoridades do governo e do partido, renuncia como reitor em 23 de abril. Trabalha nos planos para uma *Dozentenakademie* (academia para conferencistas universitários) em Berlim. Ministra o primeiro ciclo de conferências sobre a poesia de Hölderlin (*GA* 39).

1935 Ministra um ciclo de conferências publicado posteriormente como *Introdução à metafísica* (*IM* = *EM* = *GA* 40), bem como a primeira versão de sua famosa conferência sobre arte, posteriormente publicada como "A origem da obra de arte" (em *BW*; *PLT*; *OBT* = *GA* 5).

1936 Viaja a Roma, em abril, para ministrar as conferências "Hölderlin e a essência da poesia" e "A Europa e a filosofia alemã". Reúne-se aí com Karl Löwith, que relata que Heidegger ainda usava a suástica, que ainda acreditava em perseverar pelo verdadeiro potencial do movimento nacional-socialista, e que reconheceu uma conexão entre a sua ideia filosófica de "historicidade" e seu "serviço" político.

1936-1940 Em 1936, ministra conferência sobre Schelling (*ST* = *SA*). Em 1936-1938, escreve o que muitos consideram ser a sua segunda *magnum opus*, *Contribuições à filosofia* (*CP* = *GA* 65), o primeiro de uma série de manuscritos mantidos em sigilo, mas destinados a publicação posterior. Entre 1936 e 1940, oferece extensos cursos de conferências sobre Nietzsche, posteriormente editados e publicados juntamente com vários ensaios em dois volumes como *Nietzsche* (*N1*, *N2*, *N3*, *N4*; *NI*, *NII*). Em seus manuscritos particulares e ciclos de conferências públicos durante esse período, Heidegger critica a vontade de poder e a maquinação tecnológica, bem como o racismo biológico exemplificado pelo nacional-socialismo. Ele é colocado sob vigilância pela Gestapo. O filósofo da Escola de Kyoto, Nishitani Keiji, estuda com Heidegger entre 1937 e 1939.

1941-1943 Conferências sobre "Conceitos fundamentais" (*BC* = *GA* 51), sobre Hölderlin (*GA* 52; *HHI* = *GA* 53), sobre Parmênides (*PRM* = *GA* 54) e sobre Heráclito (*GA* 55).

1944-1945 Enviado por um tempo, em 1944, para a Milícia do Povo (*Volkssturm*). Em janeiro de 1945, vai para Messkirch a fim de armazenar com segurança seus manuscritos. Em abril, evacua com a Faculdade de Filosofia da Universidade de Friburgo para o Castelo Wildenstein, perto de Beuron, no Vale do Danúbio. A primeira edição de *Elucidações da poesia de Holderlin* foi publicada em 1944; edições expandidas aparecem em 1951, 1971 e 1996 (*EHP* = *EHD* = *GA* 4). Escreve *Conversas no caminho do campo* (*CPC* = *GA* 77).

1945-1946 Trazido perante o comitê de desnazificação em julho de 1945. Jaspers escreve uma carta crítica de opinião de especialista, que contribui para a decisão de proibir Heidegger de ensinar. (A proibição é suspensa em 1949.) Sofre um colapso nervoso e se recupera por três semanas em um sanatório. Uma correspondência com Sartre é iniciada por oficiais da ocupação francesa com interesse em filosofia. Começa a amizade com Jean Beaufret, que gera a primeira publicação de uma declaração abrangente do pensamento do segundo Heidegger, "Carta sobre o Humanismo" (em *BW* e *PM* = *GA* 9). Trabalha em uma tradução alemã do *Daodejing* com Paul Shih-yi Hsiao.

1949 Ministra quatro conferências seminais em Bremen ("A coisa", "O enquadramento", "O perigo", "A virada") sob o título coletivo "*Insight* do que é" (em *GA* 79; cf. ensaios pertinentes em *PLT* e *QCT*). A correspondência com Jaspers é retomada. O filho mais velho de Heidegger, Jörg, volta para casa depois de ser libertado de um campo de prisioneiros de guerra na Rússia; seu filho mais novo, Hermann, que também havia sido capturado na frente russa durante a guerra, foi libertado em 1947.

1950 Publica uma coleção de ensaios com o título *Holzwege* [*Caminhos de floresta*] (*OBT* = GA 5). As visitas e a amizade de Arendt são renovadas.

1951-1952 É-lhe concedido o *status* emérito. Retoma suas conferências universitárias com um curso publicado como *What Calls for Thinking* [*O que solicita o pensamento?*] (*WCT* = *WhD*). Seus alunos nessa época incluem Harmut Buchner, Rainer Marten e Ernst Tugendhat. Em Darmstadt ministra a conferência "Construir, habitar, pensar" (in: *BW*; *VA*).

1953 Em Munique, ministra a conferência "A questão da técnica" (in: *QCT*; *BW*; *VA*). Encontra D.T. Suzuki. Começo da amizade com Erhart Kästner.

1954 Publica *Vorträge und Aufsätze* [*Conferências e ensaios*] (*VA*). Visitas de Tezuka Tomio, ocasionando a composição de "Um diálogo sobre linguagem entre um japonês e um inquiridor" (in: *OWL* = *GA* 12).

1955 Em Messkirch, faz seu discurso em memória do compositor Conradin Kreutzer (intitulado "*Gelassenheit*" em alemão, in: *DT* = *G* e *GA* 13). Em Cérisy-la-Salle, na França, ministra a conferência "O que é a filosofia?" (*WP*). Escreve "Sobre a questão do ser" (in: *PM* = *GA* 9), dedicado a Ernst Jünger em seu sexagésimo aniversário. Ministra um último ciclo de conferências na Universidade de Friburgo, publicado como *The Principle of Reason* [*O princípio de razão*] (*PR* = *SG*).

1957 Ministra conferência em Provence, França, onde conhece o poeta René Char. Empossado na Academia de Artes de Berlim, bem como na Academia de Ciências de Heidelberg. Publica *Identidade e diferença* (IDS = ID).

1958 Participa de um colóquio sobre "Arte e Pensamento" com o pensador zen Hisamatsu Shinichi (*GA* 16: 552-557; cf. tb. 776-780).

1959 Nomeado cidadão honorário de Messkirch, em 27 de setembro. Publica *A caminho da linguagem* (*OWL* = *GA* 12) e *Gelassenheit* (traduzido como *Discourse on Thinking* [*Discurso sobre o pensamento*]) (*DT* = *G*). Ministra o primeiro de uma série de Seminários de Zollikon com o psiquiatra Medard Boss, que continua sendo realizado regularmente até 1966 (cujos registros foram publicados posteriormente em *ZS* = *Z*). Visita a exposição das pinturas e desenhos de Paul Klee, em Basileia, com o amigo historiador de arte Heinrich Wiegand Petzet, e, em resposta, considera escrever uma segunda parte de "A origem da obra de arte".

1962 Viaja pela primeira vez à Grécia (reflexões de viagens publicadas como *SJG*). Viagens subsequentes são feitas em 1964, 1966 e 1967.

1963 Os primeiros estudos abrangentes do pensamento de Heidegger aparecem em alemão e em inglês: *Der Denkweg Martin Heideggers*, de Otto Pöggeler, e *Heidegger – Through Phenomenology to Thought* [*Heidegger – Da fenomenologia ao pensamento*], de William Richardson. Este último inclui um prefácio de Heidegger no qual ele discute a suposta virada em seu pensamento (*PMH*). Encontra-se com Bikkhu Maha Mani, um monge budista da Tailândia (cf. *GA* 16: 589-593).

1964 Em Paris, ministra a conferência, "O fim da filosofia e a tarefa do pensamento" (in: *BW* e *TB* = *ZSD*). A primeira conferência sobre o pensamento de Heidegger na América do Norte é realizada na Universidade Drew; simpósios subsequentes, também incentivados por cartas de Heidegger, são organizados na Universidade DePaul e na Universidade Duquesne, em 1966; em 1967, o Círculo Heidegger é formado, com a sua primeira reunião anual convocada na Penn State University.

1966 Ministra o primeiro de uma série de seminários com um grupo de filósofos franceses em Le Thor, França (in: *FS*; *GA* 15). Dá uma entrevista à revista *Der Spiegel*, sob o acordo de que não seria publicada até depois de sua morte (*OG* = *GA* 16: 652-683). Começa a fazer planos para sua edição das *Obras completas* [*Gesamtausgabe*].

1967 Publica uma seleção de ensaios-chave de 1919 a 1958 sob o título de *Wegmarken* [*Marcas no caminho*] (*PM* = *GA* 9). Encontra-se pela primeira vez com o poeta Paul Celan.

1969 Acordo feito para a transferência das obras póstumas de Heidegger para o Arquivo Alemão de Literatura, em Marbach. Dá entrevista de televisão a Richard Wisser (*MHC* = *GA* 16: 702-710). Celebração do octogésimo aniversário de Heidegger em Messkirch; discurso de abertura de Tsujimura Kōichi. Empossado na Academia de Belas Artes da Baviera.

1970 Sofre um pequeno derrame, mas se recupera quase totalmente. Começa a focar sua atenção no arranjo de seus manuscritos.

1975 O primeiro volume (*GA* 24, traduzido como *BPP*) de sua edição das *Obras completas* é publicado.

1976 Morre em casa, em Friburgo, em 26 de maio, e é enterrado em 28 de maio em sua cidade natal, Messkirch.

Bibliografia

Algumas traduções de Heidegger para o português publicadas no Brasil

A autoafirmação da universidade alemã [*Die Selbstbehauptung der deutschen Universität* (1933). Trad. Fausto Castilho]. Curitiba: Secretaria de Estado da Cultura.

A caminho da linguagem [*Unterwegs zur Sprache*. Trad. Márcia Sá Cavalcante Schuback]. Petrópolis/Bragança Paulista: Vozes/Ed. Univ. São Francisco, 2003.

A coisa [Das Ding (1951)]. In: *Ensaios e conferências* [*Vorträge und Aufsätze* (1936). Trad. Emmanuel C. Leão; G. Fogel e Márcia de Sá Cavalcante Schuback]. Petrópolis: Vozes, 2001.

A determiação do ser do ente segundo Leibniz. A tese de Kant sobre o ser [Kants These über das sein (1960)]. In: *Conferências e escritos filosóficos* [Trad. Ernildo Stein. Coleção Os Pensadores]. São Paulo: Abril Cultural, 1973.

A determinação histórico-ontológica do niilismo [Die seinsgeschichtliche Bestimmung des Nihilismus (1944-1946)]. In: *Nietzsche*. Vol. II [*Nietzsche*. Bd. II. Trad. Marco Antonio Casanova]. Rio de Janeiro: Forense Universitária, 2008.

A época das imagens do mundo [*Die Zeit des Weltbildes* (1938). Trad. Claudia Drucker] [Disponível em http://ghiraldelli.pro.br/wp-content/uploads/Heidegger-A-%C3%89poca-das-Imagens-de-Mundo.pdf].

A essência da linguagem [Das Wesen der Sprache (1957)]. In: *A caminho da linguagem* [*Unterwegs zur Sprache*. Trad. Márcia Sá Cavalcante Schuback]. Petrópolis/Bragança Paulista: Vozes/Ed. Univ. São Francisco, 2003.

A essência da verdade [Vom Wesen der Wahrheit (1930)]. In: *Marcas no caminho* [*Wegmarken*. Trad. Enio Paulo Giachini e Ernildo Stein]. Petrópolis: Vozes, 2008.

A essência do fundamento [Vom Wesen des Grundes (1929)]. In: *Marcas no caminho* [*Wegmarken*. Trad. Enio Paulo Giachini e Ernildo Stein]. Petrópolis: Vozes, 2008.

A essência e o conceito da physis em Aristóteles – *Física B*, 1 [Vom Wesen und Begriff der Physis. Aristoteles, *Physik B*, 1 (1939)]. In: *Marcas no caminho* [*Wegmarken*. Trad. Enio Paulo Giachini e Ernildo Stein]. Petrópolis: Vozes, 2008.

A lembrança da metafísica [Die Erinnerung an die Metaphysik (1941)]. In: *Nietzsche*. Vol. II [*Nietzsche*. Bd. II. Trad. Marco Antonio Casanova]. Rio de Janeiro: Forense Universitária, 2008.

A linguagem [Die Sprache (1950)]. In: *A caminho da linguagem* [*Unterwegs zur Sprache*. Trad. Márcia Sá Cavalcante Schuback]. Petrópolis/Bragança Paulista: Vozes/Ed. Univ. São Francisco, 2003.

A linguagem na poesia. Uma colocação a partir da poesia de Georg Trakl [Die Sprache im Gedicht. Eine Erörterung von Georg Trakls Gedicht (1953)]. In: *A caminho da linguagem* [*Unterwegs zur Sprache*. Trad. Márcia Sá Cavalcante Schuback]. Petrópolis/Bragança Paulista: Vozes/Ed. Univ. São Francisco, 2003.

A metafísica de Nietzsche [Nietzsches Metaphysik (1940)]. In: *Nietzsche*. Vol. II [*Nietzsche*. Bd. II. Trad. Marco Antonio Casanova]. Rio de Janeiro: Forense Universitária, 2008.

A origem do pensamento ocidental [Der Anfang des abendländischen Denkens (Heraklit) (1943)]. In: *Heráclito* [*Heraklit*. Trad. Márcia de Sá Cavalcante Schuback]. Rio de Janeiro: Relume Dumará, 1998.

A palavra [Das Wort (1958)]. In: *A caminho da linguagem* [*Unterwegs zur Sprache*. Trad. Márcia Sá Cavalcante Schuback]. Petrópolis/Bragança Paulista: Vozes/Ed. Univ. São Francisco, 2003.

A questão da técnica [Die Frage nach der Technik (1949)]. In: *Ensaios e conferências* [*Vorträge und Aufsätze* (1936). Trad. Emmanuel C. Leão, G. Fogel e Márcia de Sá Cavalcante Schuback]. Petrópolis: Vozes, 2001.

A questão fundamental da filosofia [Die Grundfrage der Philosophie (1933)]. In: *Ser e verdade* [*Sein und Wahrheit*. Trad. Emmanuel Carneiro Leão]. Petrópolis: Vozes, 2007.

A superação da metafísica [Überwindung der Metaphysik (1936-1946)]. In: *Ensaios e conferências* [*Vorträge und Aufsätze* (1936). Trad. Emmanuel C. Leão, G. Fogel e Márcia de Sá Cavalcante Schuback]. Petrópolis: Vozes, 2001.

A teoria platônica da verdade [Platons Lehre von der Wahrheit (1931-1932)]. In: *Marcas no caminho* [*Wegmarken*. Trad. Enio Paulo Giachini e Ernildo Stein]. Petrópolis: Vozes, 2008.

A tese de Kant sobre o ser [Kants These über das sein (1961)]. In: *Marcas no caminho* [*Wegmarken*. Trad. Enio Paulo Giachini e Ernildo Stein]. Petrópolis: Vozes, 2008.

A vontade de poder como arte [Der Wille zur Macht als Kunst (1936-1937)]. In: *Nietzsche*. Vol. I [*Nietzsche*. Bd. I. Trad. Marco Antonio Casanova]. Rio de Janeiro: Forense Universitária, 2007.

A vontade de poder como conhecimento [Der Wille zur Macht als Erkenntnis (1939)]. In: *Nietzsche*. Vol. I [*Nietzsche*. Bd. I. Trad. Marco Antonio Casanova]. Rio de Janeiro: Forense Universitária, 2007.

Aletheia (Heráclito, frag. 16) [Alétheia (Heraklit, frag. 6) (1954)]. In: *Ensaios e conferências* [*Vorträge und Aufsätze* (1936). Trad. Emmanuel C. Leão, G. Fogel e Márcia de Sá Cavalcante Schuback]. Petrópolis: Vozes, 2001.

Carta sobre o "Humanismo" [Über den Humanismus. Brief an Jean Beaufret. (1947)]. In: *Conferências e escritos filosóficos* [Trad. Ernildo Stein. Coleção Os Pensadores]. São Paulo: Abril Cultural, 1973.

Carta sobre o Humanismo [Brief über den "Humanismus" (1946)]. In: *Marcas no caminho* [*Wegmarken*. Trad. Enio Paulo Giachini e Ernildo Stein]. Petrópolis: Vozes, 2008.

Ciência e pensamento do sentido [Wissenschaft und Besinnung (1954)]. In: *Ensaios e conferências* [*Vorträge und Aufsätze* (1936). Trad. Emmanuel C. Leão, G. Fogel e Márcia de Sá Cavalcante Schuback]. Petrópolis: Vozes, 2001.

Conferências e escritos filosóficos [Trad. Ernildo Stein. Coleção Os Pensadores]. São Paulo: Abril Cultural, 1973.

Construir, habitar, pensar [Bauen, Wohnen, Denken (1951)]. In: *Ensaios e conferências* [*Vorträge und Aufsätze* (1936). Trad. Emmanuel C. Leão, G. Fogel e Márcia de Sá Cavalcante Schuback]. Petrópolis: Vozes, 2001.

Contribuições à filosofia (do acontecimento apropriador) [*Beiträge zur Philosophie* (Vom Ereignis) (1989). Trad. Marco Antonio Casanova]. Rio de Janeiro: Via Verita, 2014.

Da essência da verdade [Vom Wesen der Wahrheit (1933-1934)]. In: *Ser e verdade* [*Sein und Wahrheit*. Trad. Emmanuel Carneiro Leão]. Petrópolis: Vozes, 2007.

De uma conversa sobre a linguagem entre um japonês e um pensador [Aus einem Gesprach von der Sprache. Zwischen einem Japaner und einem Fragenden] (1953-1954)]. In: *A caminho da linguagem* [*Unterwegs zur Sprache*. Trad. Márcia Sá Cavalcante Schuback]. Petrópolis/Bragança Paulista: Vozes/Ed. Univ. São Francisco, 2003.

Ensaios e conferências [*Vorträge und Aufsätze* (1936). Trad. Emmanuel C. Leão, G. Fogel e Márcia de Sá Cavalcante Schuback]. Petrópolis: Vozes, 2001.

Esboços para a história do ser enquanto metafísica [Entwürfe zur Geschichte des Seins als Metaphysik (1941)]. In: *Nietzsche*. Vol. II [*Nietzsche*. Bd. II. Trad. Marco Antonio Casanova]. Rio de Janeiro: Forense Universitária, 2008.

Esboços tirados do Ateliê (1959) [Trad. Antonio Abranches]. In: *O Nó Górdio* – Jornal de Metafísica, Literatura e Artes, ano 1, n. 1, 2001.

Fenomenologia da vida religiosa [*Phanomenologie des religiosen Lebens* (1921-1922). Trad. Enio Paulo Giachini, Jairo Ferrandin e Renato Kirchner]. Petrópolis: Vozes, 2010.

Fenomenologia e teologia [Phänomenologie und Theologie (1927)]. Sobre a última preleção de Marburgo [Aus den letzten Marburger Vorlesung (1928)]. In: *Marcas no caminho* [*Wegmarken*. Trad. Enio Paulo Giachini e Ernildo Stein]. Petrópolis: Vozes, 2008.

Hannah Arendt - Martin Heidegger: Correspondência 1925-1975 [*Hannah Arendt - Martin Heidegger*: Briefe 1925 bis 1975 und andere zeugnisse. Trad. Marco Antonio Casanova]. Rio de Janeiro: Relume Dumará, 2001.

Hegel e os gregos [Hegel und die Griechen (1958)]. In: *Marcas no Caminho* [*Wegmarken*. Trad. Enio Paulo Giachini e Ernildo Stein]. Petrópolis: Vozes, 2008.

Heráclito [*Heraklit*. Trad. Márcia de Sá Cavalcante Schuback]. Rio de Janeiro: Relume Dumará, 1998.

História da Filosofia – De Tomás de Aquino a Kant [*Geschichte der Philosophie von Thomas v. Aquin bis Kant* (1926). Trad. Enio Paulo Giachini]. Petrópolis: Vozes, 2009.

Identidade e diferença [Identität und Differenz (1957)]. In: *Conferências e escritos filosóficos* [Trad. Ernildo Stein. Coleção Os Pensadores]. São Paulo: Abril Cultural, 1973.

Interpretações fenomenológicas sobre Aristóteles – Introdução à pesquisa fenomenológica [*Phänomenologische Interpretationen zu Aristoteles* – Einführung in die phänomenologische Forschung (1921-1922). Trad. Enio Paulo Giachini]. Petrópolis: Vozes, 2011.

Introdução a "O que é metafísica?" [Einleitung zu "Was ist Metaphysik?" (1949)]. In: *Marcas no caminho* [*Wegmarken*. Trad. Enio Paulo Giachini e Ernildo Stein]. Petrópolis: Vozes, 2008.

Introdução à metafísica [*Einführung in die Metaphysik* (1953). Trad. Emmanuel C. Leão]. 4. ed. Rio de Janeiro: Tempo Brasileiro, 1999.

Lógica: A doutrina heraclítica do logos [Logik: Heraklits Lehre vom Logos (1944)]. In: *Heráclito* [*Heraklit*. Trad. Márcia de Sá Cavalcante Schuback]. Rio de Janeiro: Relume Dumará, 1998.

Logos (Heráclito, frag. 50) [Logos (Heraklit, frag. 50) (1951)]. In: *Ensaios e conferências* [*Vorträge und Aufsätze* (1936). Trad. Emmanuel C. Leão, G. Fogel e Márcia de Sá Cavalcante Schuback]. Petrópolis: Vozes, 2001.

Marcas no caminho [*Wegmarken*. Trad. Enio Paulo Giachini e Ernildo Stein]. Petrópolis: Vozes, 2008.

Meditação [*Besinnung* (1938-1939). Trad. Marco Antonio Casanova]. Petrópolis: Vozes, 2010.

Metafísica de Aristóteles – Sobre a essência e a realidade da força [*Aristoteles Metaphysik 1, 1-3*. Vom Wesen und Wirklichkei der Kraft (1931). Trad. Enio Paulo Giachini]. Petrópolis: Vozes, 2007.

Meu caminho para a fenomenologia [Mein Weg in die Phanomenologie (1963)]. In: *Conferências e escritos filosóficos* [Trad. Ernildo Stein. Coleção Os Pensadores]. São Paulo: Abril Cultural, 1973.

Meu caminho para a fenomenologia [Mein Weg in die Phänomenologie (1963)]. In: *Sobre a questão do pensamento* [*Zur Sache des Denkens*. Trad. Ernildo Stein]. Petrópolis: Vozes, 2009.

Moira (Parmênides, frag. VIII, 34-41) [Moira (Parmenides, frag. 8) (1951-1952)]. In: *Ensaios e conferências* [*Vorträge und Aufsätze* (1936). Trad. Emmanuel C. Leão, G. Fogel e Márcia de Sá Cavalcante Schuback]. Petrópolis: Vozes, 2001.

Nietzsche – Metafísica e niilismo [*Nietzsches Metaphysik* (1941-1942). Trad. Marco Antonio Casanova]. Rio de Janeiro: Relume Dumará, 2000.

Nietzsche. Vol. I [*Nietzsche*. Bd. I. Trad. Marco Antonio Casanova]. Rio de Janeiro: Forense Universitária, 2007.

Nietzsche. Vol. II [*Nietzsche*. Bd. II. Trad. Marco Antonio Casanova]. Rio de Janeiro: Forense Universitária, 2008.

Notas sobre a "Psicologia das concepções de mundo" de Karl Jaspers [Anmerkungen zu Karl Jaspers "Psychologie der Weltanschauungen" (1919-1921)]. In: *Marcas no caminho* [*Wegmarken*. Trad. Enio Paulo Giachini e Ernildo Stein]. Petrópolis: Vozes, 2008.

O caminho para a linguagem [Der Weg zur Sprache (1959)]. In: *A caminho da linguagem* [*Unterwegs zur Sprache*. Trad. Márcia Sá Cavalcante Schuback]. Petrópolis/Bragança Paulista: Vozes/Ed. Univ. São Francisco, 2003.

O conceito de tempo [Der Begriff der Zeit (1924). Trad. M. Werle]. In: *Cadernos de Tradução*, n. 2, 1997. São Paulo: Departamento de Filosofia da USP.

O eterno retorno do mesmo [Die ewige Wiederkehr des Gleichen]. In: *Nietzsche*. Vol. I [*Nietzsche*. Bd. I. Trad. Marco Antonio Casanova]. Rio de Janeiro: Forense Universitária, 2007.

O fim da filosofia e a tarefa do pensamento [Das Ende der Philosophie und die Aufgabe des Denkens (1966)]. In: *Conferências e escritos filosóficos* [Trad. Ernildo Stein. Coleção Os Pensadores]. São Paulo: Abril Cultural, 1973.

O fim da filosofia e a tarefa do pensamento [Das Ende der Philosophie und die Aufgabe des Denkens (1966)]. In: *Sobre a questão do pensamento* [*Zur Sache des Denkens*. Trad. Ernildo Stein]. Petrópolis: Vozes, 2009.

O niilismo europeu [Der europäische Nihilismus (1940)]. In: *Nietzsche*. Vol. II [*Nietzsche*. Bd. II. Trad. Marco Antonio Casanova]. Rio de Janeiro: Forense Universitária, 2008.

O princípio de identidade. A constituição onto-teo-lógica da metafísica. Hegel e os gregos [Hegel und die Griechen (1958)]. In: *Conferências e escritos filosóficos* [Trad. Ernildo Stein. Coleção Os Pensadores]. São Paulo: Abril Cultural, 1973.

O que é isto – A filosofia? (1956). In: *Conferências e escritos filosóficos* [Trad. Ernildo Stein. Coleção Os Pensadores]. São Paulo: Abril Cultural, 1973.

O que é metafísica? [Was ist Metaphysik? (1927)]. In: *Marcas no caminho* [*Wegmarken*. Trad. Enio Paulo Giachini e Ernildo Stein]. Petrópolis: Vozes, 2008.

O que é metafísica? [Was ist Metaphysik? (1929)]. In: *Conferências e escritos filosóficos* [Trad. Ernildo Stein. Coleção Os Pensadores]. São Paulo: Abril Cultural, 1973.

O que quer dizer pensar? [Was heisst Denken? (1952)]. In: *Ensaios e conferências* [*Vorträge und Aufsätze* (1936)]. Trad. Emmanuel C. Leão, G. Fogel e Márcia de Sá Cavalcante Schuback]. Petrópolis: Vozes, 2001.

Os conceitos fundamentais da metafísica – Mundo, finitude, solidão [*Die Grundbegriffe der Metaphysik* – Welt, Endlichkeit, Einsamkeit (1929-1930). Trad. Marco Antonio Casanova]. Rio de Janeiro: Forense Universitária, 2003.

Os problemas fundamentais da fenomenologia. Trad. Marco Antonio Casanova. Petrópolis: Vozes, 2012 [Original alemão: *Die Grundprobleme der Phänomenologie* (*Gesamtausgabe Band* [= GA] 24). Frankfurt: Vittorio Klostermann, 1975 (2005)].

Os seminários de Zollikon – Protocolos, diálogos, cartas [*Zollikoner Seminare* (1959-1969). Org. Medard Boss. Trad. Gabriela Arnhold e Maria de Fátima de Almeida Prado]. 2. ed. Petrópolis: Vozes, 2009.

Parmênides [*Parmenides*. (1942). Trad. Sérgio Mario Wrublevski]. Petrópolis: Vozes, 2008.

Poeticamente o homem habita... [Dichterisch wohnet der Mensch... (1951)]. In: *Ensaios e conferências* [*Vorträge und Aufsätze* (1936). Trad. Emmanuel C. Leão; G. Fogel & Márcia de Sá Cavalcante Schuback]. Petrópolis: Vozes, 2001.

Posfácio a "O que é metafísica?" [Nachwort zu "Was ist Metaphysik" (1943).] In: *Marcas no caminho* [*Wegmarken*. Trad. Enio Paulo Giachini e Ernildo Stein]. Petrópolis: Vozes, 2008.

Protocolo do seminário sobre a conferência "Tempo e ser" [Protokoll zu einem Seminar über den Vortrag "Zeit und Sein". (1962)]. In: *Conferências e escritos filosóficos* [Trad. Ernildo Stein. Coleção Os Pensadores]. São Paulo: Abril Cultural, 1973.

Protocolo do seminário sobre a conferência "Tempo e ser" [Protokoll zu einem Seminar über den Vortrag "Zeit und Sein". (1962)]. In: *Sobre a questão do pensamento* [*Zur Sache des Denkens*. Trad. Ernildo Stein]. Petrópolis: Vozes, 2009.

Quem é o Zaratustra de Nietzsche? [Wer ist Nietzsches Zarathustra? (1953)]. In: *Ensaios e conferências* [*Vorträge und Aufsätze* (1936). Trad. Emmanuel C. Leão, G. Fogel e Márcia de Sá Cavalcante Schuback]. Petrópolis: Vozes, 2001.

Ser e tempo [*Sein und Zeit* (1927). Trad. Márcia de Sá Cavalcante Schuback]. Petrópolis/Bragança Paulista: Vozes/Ed. Univ. São Francisco, 2009.

Ser e verdade [*Sein und Wahrheit*. Trad. Emmanuel Carneiro Leão]. Petrópolis: Vozes, 2007.

Sobre a essência da verdade [Vom Wesen der Wahrheit (1930)]. In: *Conferências e escritos filosóficos* [Trad. Ernildo Stein. Coleção Os Pensadores]. São Paulo: Abril Cultural, 1973.

Sobre a essência do fundamento [Vom Wesen des Grundes (1929)]. In: *Conferências e escritos filosóficos* [Trad. Ernildo Stein. Coleção Os Pensadores]. São Paulo: Abril Cultural, 1973.

Sobre a questão do pensamento [*Zur Sache des Denkens*. Trad. Ernildo Stein]. Petrópolis: Vozes, 2009.

Sobre a questão do ser [Zur Seinsfrage. (1955)]. In: *Marcas no caminho* [*Wegmarken*. Trad. Enio Paulo Giachini e Ernildo Stein]. Petrópolis: Vozes, 2008.

Sobre o problema do ser [*Zur Seinsfrage* (1955)]; *O caminho do campo* [*Der Feldweg* (1949). Trad. Ernildo Stein]. São Paulo: Duas Cidades, 1969.

Tempo e ser [Zeit und Sein (1962)]. In: *Sobre a questão do pensamento* [*Zur Sache des Denkens*. Trad. Ernildo Stein]. Petrópolis: Vozes, 2009.

Traduções de Heidegger para o inglês

Art and Space (1969) [Trad. C.H. Seibert]. In: *Man & World*, 1 (1973), p. 3-8.

Basic Concepts of Ancient Philosophy (1926) [Trad. R. Rojcewicz]. Bloomington, IN: Indiana University Press, 2008.

Basic Concepts (1941) [Trad. G.E. Aylesworth]. Bloomington, IN: Indiana University Press, 1993.

Basic Questions of Philosophy – Selected "Problems" of "Logic" (1937-1938) [Trad. R. Rojcewicz & A. Schuwer]. Bloomington, IN: Indiana University Press, 1984.

Basic Writings (1927-1964) [Ed. D.F. Krell]. 2. ed. Nova York: Harper & Row, 1993.

Becoming Heidegger – On the Trail of His Early Occasional Writings, 1910-1927 (1910-1927) [Ed. T. Kisiel & T. Sheehan]. Evanston, IL: Northwestern University Press, 2007.

Being and Time (1927) [Trad. J. Stambaugh]. Albany, NY: Suny Press, 1996.

Being and Time (1927) [Trad. J. Macquarrie & E. Robinson]. Nova York: Harper & Row, 1962.

Contributions to Philosophy (From Enowning) (1936-1938) [Trad. P. Emad & K. Maley]. Bloomington, IN: Indiana University Press, 1999.

Country Path Conversations (1944-1945) [Trad. B.W. Davis]. Bloomington, IN: Indiana University Press, 2010.

Der Satz vom Grund (1955-1956). 7. ed. Pfullingen: Neske, 1992.

Die Herkunft der Kunst und die Bestimmung des Denkens (1967). In: JAEGER, P. & LÜTHE, R. (eds.). *Distanz und* Nähe – Reflexionen und Analysen zur Kunst der Gegenwart. Würzburg: Könighausen und Neumann, 1983, p. 11-22.

Die Selbstbehauptung der deutschen Universität – Das Rektorat 1933-1934 (1933-1945). Frankfurt: Vittorio Klostermann, 1990.

Discourse on Thinking (1944-1955) [Trad. J.M. Anderson & E.H. Freund]. Nova York: Harper & Row, 1966.

Early Greek Thinking (1943-1954) [Trad. D.F. Krell & F. Capuzzi]. Nova York: Harper & Row, 1975.

Einführung in die Metaphysik (1935). 5. ed. Tübingen: Max Niemeyer, 1987.

Elucidations of Hölderlin's Poetry (1936-1969) [Trad. K. Hoeller]. Nova York: Humanity Books, 2000.

Erläuterungen zu Hölderlins Dichtung (1936-1969). 6. ed. Frankfurt: Vittorio Klostermann, 1996.

Four Seminars (1966-1973) [Trad. A. Mitchell & F. Raffoul]. Bloomington, IN: Indiana University Press, 2003.

Gelassenheit (1944-1955). 10. ed. Pfullingen: Neske, 1992.

Hegel's Phenomenology of Spirit (1930-1931) [Trad. P. Emad & K. Maly]. Bloomington, IN: Indiana University Press, 1988.

Heidegger Jahrbuch IV – Heidegger und National Sozialismus [A. Denker & H. Zaborowski (eds.)]. Friburgo: Alber, 2009.

History of the Concept of Time – Prolegomena (1925) [Trad. T. Kisiel]. Bloomington, IN: Indiana University Press, 1985.

Hölderlin's Hymn "The Ister" (1942) [Trad. W. McNeil & J. Davis]. Bloomington, IN: Indiana University Press, 1996.

Identität und Differenz (1956-1957). 11. ed. Stuttgart: Nesk, 1999.

Identity and Difference (1956-1957) [Trad. J. Stambaugh]. Nova York: Harper & Row, 1969.

Introduction to Metaphysics (1935) [Trad. G. Fried & R. Polt]. New Haven, CT: Yale University Press, 2000.

Introduction to Phenomenological Research (1923-1924) [Trad. D.O. Dahlstrom]. Bloomington, IN: Indiana University Press, 2005.

Kant and the Problem of Metaphysics (1929) [Trad. R. Taft]. 4. ed., enlarged. Bloomington, IN: Indiana University Press, 1990.

Letters to His Wife – 1915-1970 [Ed. G. Heidegger; trad. R. Glasgow]. Cambridge: Polity, 2008.

Martin Heidegger and National Socialism – Questions and Answers [Ed. G. Neske & E. Kettering; trad. L. Harries]. Nova York: Paragon House, 1990.

Martin Heidegger/Elisabeth Blochmann – Briefwechsel 1918-1969 [Ed. J. Storck]. Marbach: Deutsche Schillergesellschaft, 1990.

Martin Heidegger/Karl Jaspers – Briefwechsel 1920-1963 [Ed. W. Biemel & H. Saner]. Frankfurt: Vittorio Klostermann, 1990.

"*Mein liebes Seelchen!*" – Briefe Martin Heideggers an seine Frau Elfride 1915-1970 [Ed. G. Heidegger]. Munique: Deutsche Verlags--Anstalt, 2005.

Mindfulness (1938-1939) [Trad. P. Emad & T. Kalary]. Londres/Nova York: Continuum, 2006.

Nietzsche – Erster Band (1936-1939). 5. ed. Pfullingen: Neske, 1989.

Nietzsche – Zweiter Band (1939-1946) 5. ed. Pfullingen: Neske, 1989.

Nietzsche. Vol. I – The Will to Power as Art (1936-1937) [Trad. D. F. Krell]. Nova York: Harper & Row, 1979.

Nietzsche. Vol. II – The Eternal Recurrence of the Same (1937, 1953) [Trad. D.F. Krell]. Nova York: Harper & Row, 1984.

Nietzsche. Vol. III – The Will to Power as Knowledge and as Metaphysics (1939-1940) [Trad. J. Stambaugh, D.F. Krell & F.A. Capuzzi]. Nova York: Harper & Row, 1987.

Nietzsche. Vol. IV – Nihilism (1940-1946) [Ed. D.F. Krell; trad. F.A. Capuzzi]. Nova York: Harper & Row, 1982.

"Nur noch ein Gott kann uns retten". Entrevista de 1966, publicada postumamente em *Der Spiegel* 23 (mai/1976), p. 193-201. Reimpressa em *GA* 16: 652-683.

Of the Beaten Track (1935-1946) [Ed. e trad. J. Young & K. Haynes]. Cambridge: Cambridge University Press, 2002.

Of the Origin of the Work of Art (first elaboration) (1935) [Trad. M. Zisselsberger]. In: *Epoché*, 12 (2) (primavera/2008), p. 329-347.

On the Way to Language (1950-1959) [Trad. P.D. Hertz]. Nova York: Harper & Row, 1971.

On Time and Being (1962-1964) [Trad. J. Stambaugh]. Nova York: Harper & Row, 1972.

Ontology – The Hermeneutics of Facticity (1923) [Trad. J. van Buren]. Bloomington, IN: Indiana University Press, 1999.

Parmenides (1942-1943) [Trad. A. Schuwer & R. Rojcewicz]. Bloomington, IN: Indiana University Press, 1992.

Pathmarks (1919-1961) [Ed. W. McNeill]. Cambridge: Cambridge University Press, 1998.

Phenomenological Interpretations of Aristotle – Initiation into Phenomenological Research (1921-1922) [Trad. R. Rojcewicz]. Bloomington, IN: Indiana University Press, 2001.

Poetry, Language, Thought (1936-1954) [Trad. A. Hofstadter]. Nova York: Harper Collins/Perennial Classics Edition, 2001.

Preface by Martin Heidegger (1962). In: RICHARDSON, W.J. *Heidegger* – Through Phenomenology to Thought. 4. ed. Nova York: Fordham University Press, 2003.

Schelling's Treatise on the Essence of Human Freedom (1941-1943) [Trad. J. Stambaugh]. Athens, OH: Ohio University Press, 1985.

Schellings Abhandlung Über das Wesen der menschlichen Freiheit (1809) (1936, 1941-1943). 2. ed. Tübingen: Max Niemeyer, 1995.

Sein und Zeit (1927). 17. ed. Tübingen: Max Niemeyer, 1993.

Sojourns – The Journey to Greece (1962). [Trad. J. Panteleimon Manoussakis]. Bloomington, IN: Indiana University Press, 2005.

Supplements – From the Earliest Essays to Being and Time and Beyond (1910-1925) [Ed. J. van Buren]. Albany, NY: Suny Press, 2002.

The Basic Problems of Phenomenology (1927) [Trad. A. Hofstadter]. Bloomington, IN: Indiana University Press, 1982.

The End of Philosophy (1941-1946) [Trad. J. Stambaugh]. Nova York: Harper & Row, 1973.

The Essence of Human Freedom – An Introduction to Philosophy (1930) [Trad. T. Sadler]. Londres/Nova York: Continuum, 2002.

The Essence of Reasons (1929) [Trad. T. Malick]. Evanston, IL: Northwestern University Press, 1969.

The Essence of Truth – On Plato's Cave Allegory and Theaetetus (1931-1932) [Trad. T. Sadler]. Nova York/Londres: Continuum, 2002.

The Fundamental Concepts of Metaphysics – World, Finitude, Solitude (1929-1930) [Trad. W. McNeill & N. Walker]. Bloomington, IN: Indiana University Press, 1995.

The Heidegger Controversy – A Critical Reader [Ed. R. Wolin]. Cambridge, MA: MIT Press, 1993.

The Heidegger Reader [Ed. G. Figal; trad. J. Veith]. Bloomington, IN: Indiana University Press, 2009.

The Metaphysical Foundations of Logic (1928) [Trad. M. Heim]. Bloomington, IN: Indiana University Press, 1984.

The Phenomenology of Religious Life (1918-1921) [Trad. M. Fritsch & J.A. Gosetti-Ferencei]. Bloomington, IN: Indiana University Press, 2004.

The Piety of Thinking [Trad., notes e comm. J.G. Hart & J.C. Maraldo]. Bloomington, IN: Indiana University Press, 1976.

The Principle of Reason (1955-1956) [Trad. R. Lilly]. Bloomington, IN: Indiana University Press, 1991.

The Question Concerning Technology and Other Essays (1936-1954) [Trad. W. Lovitt]. Nova York: Harper & Row, 1977.

Towards the Definition of Philosophy (1919) [Trad. T. Sadler]. Londres: Athlone Press, 2000.

Unbenutzte Vorarbeiten zur Vorlesung vom Wintersemester 1929-1930: Die Grundbegriffe der Metaphysik – Welt, Endlichkeit, Einsamkeit (1929-1930). In: *Heidegger Studies*, 7 (1991), p. 5-12.

Vom Ursprung des Kunstwerks: Erste Ausarbeitung (1935). In: HEIDEGGER, H. (ed.). *Heidegger Studies*, 5 (1989), p. 5-22.

Vorträge und Aufsätze (1936-1953). 7. ed. Pfullingen: Neske, 1994.

Was heisst Denken? (1951-1952). 4. ed. Tübingen: Max Niemeyer, 1984.

What is a Thing? (1935-1936) [Trad. W.B. Barton Jr. & V. Deutsch]. Chicago, IL: Henry Regency Co., 1967.

What is Called Thinking? (1951-1952) [Trad. J. Glenn Gray]. Nova York: Harper & Row, 1968.

What is Philosophy? (1955) [Trad. W. Kluback & J.T. Wilde]. New Haven, CT: College and University Press, 1958.

Zollikon Seminars: Protocols – Conversations – Letters (1959-1971) [Ed. M. Boss; trad. F. Mayr & R. Askay]. Evanston, IL: Northwestern University Press, 2001.

Zollikoner Seminare: Protokolle – Zwiegespräche – Briefe (1959-1971) [Ed. M. Boss]. Frankfurt: Vittorio Klostermann, 1987.

Zur Sache des Denkens (1962-1964). 3. ed. Tübingen: Max Niemeyer, 1988.

Os volumes individuais citados na *Collected Edition* de Heidegger, Gesamtausgabe (Frankfurt: Vittorio Klostermann, 1975-), são os seguintes:

1 *Frühe Schriften* (1912-1916)

2 *Sein und Zeit* (1927)

3 *Kant und das Problem der Metaphysik* (1929)

4 *Erläuterungen zu Hölderlins Dichtung* (1936-1968)

5 *Holzwege* (1935-1946)

7 *Vorträge und Aufsätze* (1936-1953)

8 *Was heisst Denken?* (1951-1952)

9 *Wegmarken* (1919-1961)

10 *Der Satz vom Grund* (1955-1956)

11 *Identität und Differenz* (1955-1963)

12 *Unterwegs zur Sprache* (1950-1959)

13 *Aus der Erfahrung des Denkens* (1910-1976)

14 *Zur Sache des Denkens* (1962-1964)

15 *Seminare* (1951-1973)

16 *Reden und andere Zeugnisse eines Lebensweges* (1910-1976)

18 *Grundbegriffe der aristotelischen Philosophie* (1924)

20 *Prolegomena zur Geschichte des Zeitbegriffs* (1925)

21 *Logik* – Die Frage nach der Wahrheit (1925-1926)

22 *Die Grundbegriffe der antiken Philosophie* (1926)

24 *Die Grundprobleme der Phänomenologie* (1927)

26 *Metaphysische Anfangsgründe der Logik im Ausgang von Leibniz* (1928)

29/30 *Die Grundbegriffe der Metaphysik* – Welt, Endlichkeit, Einsamkeit (1929-1930)

31 *Vom Wesen der menschlichen Freiheit* – Einleitung in die Philosophie (1930)

34 *Vom Wesen der Wahrheit* – Zu Platons Höhlengleichnis und Theätet (1931-1932)

36/37 *Sein und Wahrheit* (1933-1934)

38 *Logik als die Frage nach dem Wesen der Sprache* (1934)

39 *Hölderlins Hymnen "Germanien" und "Der Rhein"* (1934-1935)

40 *Einführung in die Metaphysik* (1935)

41 *Die Frage nach dem Ding* – Zu Kants Lehre von den transzendentalen Grundsätzen (1935-1936)

45 *Grundfragen der Philosophie* – Ausgewählte "Probleme" der "Logik" (1937-1938)

46 *Zur Auslegung von Nietzsches II* – Unzeitgemässer Betrachtung "Vom Nutzen und Nachteil der Historie für das Leben" (1938-1939)

49 *Die Metaphysik des deutschen Idealismus* – Zur erneuten Auslegung von Schelling: Philosophische Untersuchungen ueber das Wesen der menschlichen Freiheit und die damit zusammenhaengenden Gegenstaende (1809) (1941)

51 *Grundbegriffe* (1941)

52 *Hölderlins Hymne "Andenken"* (1941-1942)

53 *Hölderlins Hymne "Der Ister"* (1942)

54 *Parmenides* (1942-1943)

55 *Heraklit* (1943-1944)

56/57 *Zur Bestimmung der Philosophie* (1919)

60 *Phänomenologie des religiösen Lebens* (1918-1921)

61 *Phänomenologische Interpretationen zu Aristoteles* – Einführung in die phänomenologische Forschung (1921-1922)

62 *Phänomenologische Interpretationen ausgewählter Abhandlungen des Aristoteles zur Ontologie und Logik* (1922)

63 *Ontologie* – Hermeneutik der Faktizität (1923)

64 *Der Begriff der Zeit* (1923)

65 *Beiträge zur Philosophie (Vom Ereignis)* (1936-1938)

66 *Besinnung* (1938-1939)

67 *Metaphysik und Nihilismus* (1938-1939, 1946-1948)

69 *Die Geschichte des Seyns* (1938-1940)

70 *Über den Anfang* (1941)

77 *Feldweg-Gespräche* (1944-1945)

79 *Bremer und Freiburger Vorträge* (1949, 1957)

81 *Gedachtes* (1910-1975)

90 *Zu Ernst Jünger "Der Arbeiter"* (1934-1954)

Livros em inglês sobre o pensamento de Heidegger

ADKINS, B. (2007). *Death and Desire in Hegel, Heidegger, and Deleuze*. Edimburgo: Edinburgh University Press.

ADORNO, T.W. (1973). *The Jargon of Authenticity* [Trad. K. Tarnowski & F. Will]. Evanston, IL: Northwestern University Press.

ALLEN, W.S. (2007). *Ellipsis* – Of Poetry and the Experience of Language after Heidegger, Hölderlin, and Blanchot. Albany, NY: Suny Press.

ARENDT, H. (1978). *The Life of the Mind*. San Diego, CA: Harcourt Brace.

BABICH, B.E. (2006). *Words in Blood, Like Flowers* – Philosophy and Poetry, Music and Eros in Hölderlin, Nietzsche, and Heidegger. Albany, NY: Suny Press.

______ (ed.) (1995). *From Phenomenology to Thought, Errancy, and Desire* – Essays in Honor of William J. Richarson. Dordrecht: Kluwer.

BAMBACH, C.R. (2003). *Heidegger's Roots* – Nietzsche, National Socialism, and the Greeks. Ithaca, NY: Cornell University Press.

______ (1995). *Heidegger, Dilthey, and the Crisis of Historicism*. Ithaca, NY: Cornell University Press.

BARASH, J.A. (1989). *Martin Heidegger and the Problem of Historical Meaning*. Nova York: Fordham University Press.

BEHLER, E. 1991. *Confrontations* – Derrida/Heidegger/Nietzsche [Trad. S. Taubeneck]. Stanford, CA: Stanford University Press.

BERNASCONI, R. (1993). *Heidegger in Question* – The Art of Existing. Atlantic Highlands, NJ: Humanities Press.

______ (1985). *The Question of Language in Heidegger's History of Being*. Atlantic Highlands, NJ: Humanities Press.

BIEMEL, W. (1977). *Martin Heidegger* – An Illustrated Study [Trad. J.L. Mehta]. Londres: Routledge & Kegan Paul.

BLATTNER, W.D. (2006). *Heidegger's "Being and Time"*. Londres: Continuum.

______ (1999). *Heidegger's Temporal Idealism*. Cambridge: Cambridge University Press.

BOSS, M. (1979). *Existential Foundations of Medicine and Psychology* [Trad. S. Conway & A. Cleaves]. Nova York: Aronson.

BOURDIEU, P. (1988). *The Political Ontology of Martin Heidegger*. [Trad. P. Collier]. Stanford, CA: Stanford University Press.

BOWLER, M. (2008). *Heidegger and Aristotle* – Philosophy as Praxis. Londres: Continuum.

BRAVER, L. (2009). *Heidegger's Later Writings* – A Reader's Guide. Londres: Continuum.

BROCKELMAN, T. (2009). *Žižek and Heidegger* – The Question Concerning Techno-Capitalism. Londres: Continuum.

BROGAN, W.A. (2005). *Heidegger and Aristotle* – The Twofoldness of Being. Albany, NY: Suny Press.

CAREL, H. (2006). *Life and Death in Freud and Heidegger.* Amsterdã: Rodopi.

CAPUTO, J.D. (1993). *Demythologizing Heidegger.* Bloomington, IN: Indiana University Press.

______ (1990). *The Mystical Element in Heidegger's Thought.* Reprinted with corrections. Nova York: Fordham University Press.

______ (1987). *Radical Hermeneutics* – Repetition, Deconstruction, and the Hermeneutic Project. Bloomington, IN: Indiana University Press.

______ (1982). *Heidegger and Aquinas* – An Essay on Overcoming Metaphysics. Nova York: Fordham University Press.

CARMAN, T. (2003). *Heidegger's Analytic* – Interpretation, Discourse, and Authenticity in *Being and Time.* Cambridge: Cambridge University Press.

CERBONE, D.R. (2008). *Heidegger* – A Guide for the Perplexed. Nova York: Continuum.

CLARK, T. (2002). *Martin Heidegger*. Nova York: Routledge.

______ (1992). *Derrida, Heidegger, Blanchot* – Sources of Derrida's Notion and Practice of Literature. Cambridge: Cambridge University Press.

CRITCHLEY, S. & SCHÜRMANN, R. (2008). *On Heidegger's "Being and Time"*. Nova York: Routledge.

CROWE, B.D. (2008). *Heidegger's Phenomenology of Religion* – Realism and Cultural Criticism. Bloomington, IN: Indiana University Press.

______ (2006). *Heidegger's Religious Origins* – Deconstruction and Authenticity. Bloomington, IN: Indiana University Press.

CROWELL, S.G. (2001). *Husserl, Heidegger, and the Space of Meaning*. Evanston, IL: Northwestern University Press.

CROWELL, S. & MALPAS, J. (eds.) (2007). *Transcendental Heidegger*. Stanford, CA: Stanford University Press.

DAHLSTROM, D.O. (2001). *Heidegger's Concept of Truth*. Cambridge: Cambridge University Press.

DALLERY, A.; SCOTT, C.E. & ROBERTS, H.P. (eds.) (1992). *Ethics and Danger* – Essays on Heidegger and Continental Thought. Albany, NY: Suny Press.

DALLMAYR, F. (1993). *The Other Heidegger*. Ithaca, NY: Cornell University Press.

______ (1991). *Between Freiburg and Frankfurt* – Toward a Critical Ontology. Amherst, MA: University of Massachusetts Press.

DASTUR, F. (1998). *Heidegger and the Question of Time* [Trad. F. Raffoul & D. Pettigrew]. Amherst, NY: Humanity Books.

DAVIS, B.W. (2007). *Heidegger and the Will* – On the Way to Gelassenheit. Evanston, IL: Northwestern University Press.

DE BEISTEGUI, M. (2005). *The New Heidegger*. Londres: Continuum.

______ (2003). *Thinking with Heidegger* – Displacements. Bloomington, IN: Indiana University Press.

______ (1998). *Heidegger and the Political*. Londres: Routledge.

DE BOER, K. (2000). *Thinking in the Light of Time* – Heidegger's Encounter with Hegel. Albany, NY: Suny Press.

DENKER, A. (2000). *Historical Dictionary of Heidegger's Philosophy*. Lanham, MD: Scarecrow Press.

DERRIDA, J. (1993). *Aporias*. [Trad. T. Dutoit]. Stanford, CA: Stanford University Press.

______ (1989). *Of Spirit* – Heidegger and the Question. [Trad. G. Bennington & R. Bowlby]. Chicago, IL: University of Chicago Press.

______ (1982). *Margins of Philosophy* [Trad. e notas de A. Bass]. Chicago, IL: University of Chicago Press.

DILLARD, P.S. (2008). *Heidegger and Philosophical Atheology* – A Neo-Scholastic Critique. Londres: Continuum.

DREYFUS, H.L. (ed.) (2002). *Heidegger Reexamined*. 4 vols. Londres: Routledge.

______ (1992). *Being-in-the-World* – A Commentary on Heidegger's *Being and Time*, Division I. Cambridge, MA: MIT Press.

DREYFUS, H.L. & HALL, H. (eds.) (1992). *Heidegger*: A Critical Reader. Oxford: Blackwell.

DREYFUS, H.L. & WRATHALL, M. A. (eds.) (2007). *A Companion to Heidegger*. Oxford: Blackwell.

EDWARDS, P. (2004). *Heidegger's Confusions*. Nova York: Prometheus.

ELKHOLY, S.N. (2008). *Heidegger and a Metaphysics of Feeling* – Angst and the Finitude of Being. Londres: Continuum.

EMADF, P. (2007). *On the Way to Heidegger's "Contributions to Philosophy"*. Madison, WI: University of Wisconsin Press.

FANDOZI, P. (1982). *Nihilism and Technology* – A Heideggerian Investigation. Washington, DC: University Press of America.

FARIAS, V. (1989). *Heidegger and National Socialism*. Filadélfia, PA: Temple University Press.

FAULCONER, J.E. & WRATHALL, M.A. (eds.) (2008). *Appropriating Heidegger*. Cambridge: Cambridge University Press.

FEENBERG, A. (2005). *Heidegger and Marcuse* – The Catastrophe and Redemption of History. Londres: Routledge.

FELDMAN, K.S. (2006). *Binding Words* – Conscience and Rhetoric in Hobbes, Hegel, and Heidegger. Evanston, IL: Northwestern University Press.

FERRY, L. & RENAUT, A. (1990). *Heidegger and Modernity* [Trad. F. Philip]. Chicago, IL: University of Chicago Press.

FLEISCHACKER, S. (ed.) (2008). *Heidegger's Jewish Followers* – Essays on Hannah Arendt, Leo Strauss, Hans Jonas, and Emmanuel Lévinas. Pittsburgh, PA: Duquesne University Press.

FOLTZ, B.V. (1995). *Inhabiting the Earth* – Heidegger, Environmental Ethics, and the Metaphysics of Nature. Atlantic Highlands, NJ: Humanities Press.

FÓTI, V. (1992). *Heidegger and the Poets*. Atlantic Highlands, NJ: Humanities Press.

FRIED, G. (2000). *Heidegger's Polemos*. New Haven, CT: Yale University Press.

FRIEDMAN, M. (2000). *A Parting of the Ways* – Carnap, Cassirer, and Heidegger. Chicago, IL: Open Court.

FRINGS, M.S. (ed.) (1968). *Heidegger and the Quest for Truth*. Chicago, IL: Quadrangle Books.

FROESE, K. (2006). *Nietzsche, Heidegger, and Daoist Thought* – Crossing Paths In-Between. Albany, NY: Suny Press.

FYNSK, C. (1986). *Heidegger* – Thought and Historicity. Ithaca, NY: Cornell University Press.

GADAMER, H.-G. (1994). *Heidegger's Ways* [Trad. J.W. Stanley]. Albany, NY: Suny Press.

______ (1989). *Truth and Method*. [Trad. J. Weinsheimer & D. Marshall]. 2. ed. rev. Nova York: Crossroad Publishing.

GASCHÉ, R. (2009). *Europe, or the Infinite Task*. Stanford, CA: Stanford University Press.

GELVEN, M. (1970). *A Commentary on Heidegger's* Being and Time. Nova York: Harper Torchbooks.

GILLESPIE, M.A. (1984). *Hegel, Heidegger, and the Ground of History*. Chicago, IL: University of Chicago Press.

GLAZEBROOK, T. 2000. *Heidegger's Philosophy of Science*. Nova York: Fordham University Press.

GLENDINNING, S. (1998). *On Being With Others* – Heidegger, Derrida, Wittgenstein. Londres: Routledge.

GORDON, P.E. (2003). *Rosenzweig and Heidegger* – Between Judaism and German Philosophy. Berkeley, CA: University of California Press.

GOSETTI-FERENCEI, J.A. (2004). *Heidegger, Hölderlin, and the Subject of Poetic Language*. Nova York: Fordham University Press.

GORNER, P. (2007). *Heidegger's Being and Time* – An Introduction. Cambridge: Cambridge University Press.

GROSS, D.M. & KEMMANN, A. (eds.) (2005). *Heidegger and Rhetoric*. Albany, NY: Suny Press.

GROTH, M. (2004). *Translating Heidegger*. Amherst, NY: Humanity Books.

GUIGNON, C. (ed.) (2006). *The Cambridge Companion to Heidegger*. 2. ed. Cambridge: Cambridge University Press.

GUIGNON, C.B. (1983). *Heidegger and the Problem of Knowledge*. Indianapolis, IN: Hackett.

HAAR, M. (1993). *Heidegger and the Essence of Man*. [Trad. W. McNeill]. Albany, NY: Suny Press.

HAAR, M. (1993). *The Song of the Earth* – Heidegger and the Grounds of the History of Being [Trad. R. Lilly]. Bloomington, IN: Indiana University Press.

HABERMAS, J. (1987). *The Philosophical Discourse of Modernity*. [Trad. F.G. Lawrence]. Cambridge, MA: MIT Press.

HANLEY, C. (2000). *Being and God in Aristotle and Heidegger*. Lanham, MD: Rowman & Littlefield.

HARMAN, G. (2007). *Heidegger Explained* – From Phenomenon to Thing. Chicago, IL: Open Court.

______ (2002). *Tool-Being* – Heidegger and the Metaphysics of Objects. Chicago, IL: Open Court.

HARRIES, K. (2009). *Art Matters* – A Critical Commentary on Heidegger's "The Origin of the Work of Art". Nova York: Springer.

HARRIES, K. & JAMME, C. (eds.) (1994). *Martin Heidegger* – Politics, Art, and Technology. Nova York: Holmes & Meier.

HART, J.G. & MARALDO, J.C. (1976). *The Piety of Thinking* – Essays by Martin Heidegger [Trad., notas e coment. J.G. Hart & J.C. Maraldo]. Bloomington, IN: Indiana University Press.

HEINE, S. (1985). *Existential and Ontological Dimensions of Time in Heidegger and Dōgen*. Albany, NY: Suny Press.

HEMMING, L.P. (2002). *Heidegger's Atheism* – The Refusal of a Theological Voice. Notre Dame, IN: University of Notre Dame Press.

HOELLER, K. (ed.) (1988). *Heidegger and Psychology*. Atlantic Highlands, NJ: Humanities Press.

HOLLAND, N.J. & HUNTINGTON, P. (2001). *Feminist Interpretations of Martin Heidegger*. University Park, PA: Penn State University Press.

HYLAND, D.A. & MANOUSSAKIS, J.P. (eds.) (2006). *Heidegger and the Greeks* – Interpretive Essays. Bloomington, IN: Indiana University Press.

INWOOD, M. (2000). *Heidegger* – A Very Short Introduction. Oxford: Oxford University Press.

______ (1999). *A Heidegger Dictionary*. Oxford: Blackwell.

IRIGARAY, L. (1999). *The Forgetting of Air in Martin Heidegger* [Trad. M.B. Mader]. Austin, TX: University of Texas Press.

JACOBS, D.C. [1999]. *The Pre-Socratics After Heidegger*. Albany, NY: Suny Press.

JANICAUD, D. & MATTÉI, J.-F. (1995). *Heidegger From Metaphysics to Thought* [Trad. M. Gendre]. Albany, NY: Suny Press.

KELLER, P. (1999). *Husserl and Heidegger on Human Experience*. Cambridge: Cambridge University Press.

KING, M. (2001). *A Guide to "Being and Time"* [Ed. J. Llewelyn]. Albany, NY: Suny Press.

KISIEL, T. (2005). The Demise of Being and Time: 1927-30. In: POLT, R. (ed.). *Heidegger's* Being and Time – Critical Essays. Lanham, MD: Rowman & Littlefield, p. 189-214.

______ (2002). *Heidegger's Way of Thought* – Critical and Interpretive Signposts. Londres: Continuum.

______ (1993). *The Genesis of Heidegger's "Being and Time"*. Berkeley, CA: University of California Press.

KISIEL, T. & VAN BUREN, J. (eds.) (1994). *Reading Heidegger from the Start* – Essays in His Earliest Thought. Albany, NY: Suny Press.

KISIEL, T. & SHEEHAN, T. (eds.) (2007). *Becoming Heidegger* – On the Trail of His Occasional Writings, 1910-1927. Evanston, IL: Northwestern University Press.

KLEINBERG, E. (2005). *Generation Existential* – Heidegger's Philosophy in France, 1927-1961. Ithaca, NY: Cornell University Press.

KOCKELMANS, J.J. (ed.) (1986). *A Companion to Martin Heidegger's "Being and Time"*. Washington, DC: University Press of America.

______ (1985a). *Heidegger and Science*. Lanham, MD: Rowman & Littlefield.

______ (1985b). *Heidegger on Art and Art Works*. Nova York: Springer.

______ (1984). *On the Truth of Being* – Reflections on Heidegger's Later Philosophy. Bloomington, IN: Indiana University Press.

______ (1980). *On Heidegger and Language*. Evanston, IL: Northwestern University Press.

KOVACS, G. (1990). *The Question of God in Heidegger's Phenomenology*. Evanston, IL: Northwestern University Press.

KRELL, D.F. (1992). *Daimon Life* – Heidegger and Life-Philosophy. Bloomington, IN: Indiana University Press.

______ (1986). *Intimations of Mortality* – Time, Truth, and Finitude in Heidegger's Thinking of Being. University Park, PA: Penn State University Press.

LACOUE-LABARTHE, P. (2007). *Heidegger and the Politics of Poetry* [Trad. J. Fort]. Urbana, IL: University of Illinois Press.

______ (1990). *Heidegger, Art and Politics* [Trad. C. Turner]. Oxford: Blackwell.

LAFONT, C. (2000). *Heidegger, Language, and World Disclosure*. Cambridge: Cambridge University Press.

LETTERI, M. (2008). *Heidegger and the Question of Psychology* – Zollikon and Beyond. Amsterdã: Rodopi.

LEVIN, D.M. (1999). *The Philosopher's Gaze* – Modernity in the Shadows of Enlighten-ment. Berkeley, CA: University of California Press.

______ (1986). *The Body's Recollection of Being*. Londres: Routledge & Kegan Paul.

LEWIS, M. (2007). *Heidegger Beyond Deconstruction* – On Nature. Londres: Continuum.

______ (2005). *Heidegger and the Place of Ethics*. Londres: Continuum.

LLEWELYN, J. (1991). *The Middle Voice of Ecological Conscience* – A Chiasmic Reading of Responsibility in the Neighborhood of Lévinas, Heidegger, and Others. Nova York: St. Martin's Press.

LÖWITH, K. (1995). *Martin Heidegger and European Nihilism* [Ed. Richard Wolin; trad. G. Steiner]. Nova York: Columbia University Press.

LUCHTE, J. (2008). *Heidegger's Early Philosophy* – The Phenomenology of Ecstatic Temporality. Londres: Continuum.

LYOTARD, J.-F. (1990). *Heidegger and "The Jews"* [Trad. A. Michel & M.S. Roberts]. Minneapolis, MN: University of Minnesota Press.

LYSAKER, J. (2002). *You Must Change Your Life* – Poetry, Philosophy and the Birth of Sense. University Park, PA: Penn State University Press.

MA, L. (2008). *Heidegger on East-West Dialogue* – Anticipating the Event. Nova York: Routledge.

MACANN, C. (ed.) (1996). *Critical Heidegger*. Nova York: Routledge.

______ (1993). *Four Phenomenological Philosophers* – Husserl, Heidegger, Sartre, Merleau-Ponty. Londres: Routledge.

______ (ed.) (1992). *Martin Heidegger* – Critical Assessments. 4 vol. Nova York: Routledge.

MacDONALD, I. & ZIAREK, K. (eds.) (2008). *Adorno and Heidegger* – Philosophical Questions. Stanford, CA: Stanford University Press.

MACQUARRIE, J. (1999). *Heidegger and Christianity*. Nova York: Continuum.

______ (1973). *An Existentialist Theology* – A Comparison of Heidegger and Bultmann. Harmondsworth: Penguin.

MALPAS, J. (2006). *Heidegger's Topology* – Being, Place, World. Cambridge, MA: MIT Press.

MALY, K. (2008). *Heidegger's Possibility*: Language, Emergence – Saying Being. Toronto: University of Toronto Press.

MARION, J.-L. (1998). *Reduction and Givenness* – Investigations of Husserl, Heidegger, and Phenomenology [Trad. T.A. Carlson]. Evanston, IL: Northwestern University Press.

MARX, W. (1971). *Heidegger and the Tradition* [Trad. T. Kisiel & M. Greene]. Evanston, IL: Northwestern University Press.

MAY, R. (1996). *Heidegger's Hidden Sources* – East Asian Influences on His Work [Trad. G. Parkes]. Nova York: Routledge.

MAYEDA, G. (2006). *Time, Space, and Ethics in the Philosophy of Watsuji Tetsuro, Kuki Shuzo, and Martin Heidegger*. Londres: Routledge.

McCUMBER, J. (1999). *Metaphysics and Oppression* – Heidegger's Challenge to Western Philosophy. Bloomington, IN: Indiana University Press.

McGRATH, S.J. (2008). *Heidegger* – A (very) Critical Introduction. Grand Rapids, MI: Eerdmans.

______ (2006). *The Early Heidegger and Medieval Philosophy* – Phenomenology for the Godforsaken. Washington, DC: Catholic University of America Press.

McNEIL, W. (2006). *The Time of Life* – Heidegger and Ethos. Albany, NY: Suny Press.

______ (1999). *The Glance of the Eye* – Heidegger, Aristotle, and the Ends of Theory. Albany, NY: Suny Press.

MEHTA, J.L. (1976). *Martin Heidegger, the Way and the Vision*. Honolulu, HI: University of Hawaii Press.

MILCHMAN, A. & ROSENBERG, A. (eds.) (2003). *Heidegger and Foucault* – Critical Encounters. Minneapolis, MN: University of Minnesota Press.

MITCHELL, D.R. (2001). *Heidegger's Philosophy and Theories of the Self*. Aldershot: Ashgate.

MORAN, D. (2000). *Introduction to Phenomenology*. Londres: Routledge.

MURRAY, M. (ed.) (1978). *Heidegger and Modern Philosophy*. New Haven, CT: Yale University Press.

NANCY, J.-L. (1993). *The Experience of Freedom* [Trad. B. McDonald]. Stanford, CA: Stanford University Press.

NESKE, G. & KETTERING, E. (eds.) (1990). *Martin Heidegger and National Socialism* – Questions and Answers [Trad. L. Harries & J. Neugroschel]. Nova York: Paragon House.

NICHOLSON, G. (1992). *Illustrations of Being* – Drawing upon Heidegger and upon Metaphysics. Atlantic Highlands, NJ: Humanities Press.

NULTY, T. (2006). *Primative Disclosive Alethism* – Davidson, Heidegger, and the Nature of Truth. Nova York: Peter Lang.

OKRENT, M. (1988). *Heidegger's Pragmatism* – Understanding, Being, and the Critique of Metaphysics. Ithaca, NY: Cornell University Press.

OLAFSON, F.A. (1998). *Heidegger and the Ground of Ethics* – A Study of Mitsein. Cambridge: Cambridge University Press.

______ (1995). *What is a Human Being?* A Heideggerian View. Cambridge: Cambridge University Press.

______ (1987). *Heidegger and the Philosophy of Mind*. New Haven, CT: Yale University Press.

OTT, H. (1993). *Martin Heidegger* – A Political Life [Trad. A. Blunden]. Nova York: Basic Books.

PARKES, G. (ed.) (1987). *Heidegger and Asian Thought*. Honolulu, HI: University of Hawaii Press.

PARTENIE, C. & ROCKMORE, T. (eds.) (2005). *Heidegger and Plato* – Toward Dialogue. Evanston, IL: Northwestern University Press.

PATTISON, G. (2000). *The Later Heidegger*. Londres: Routledge.

PEROTTI, J.L. (1974). *Heidegger on the Divine*. Athens, OH: Ohio State University Press.

PETTIGREW, D. & RAFFOUL, F. (eds.) (2009). *French Interpretations of Heidegger* – An Exceptional Reception. Albany, NY: Suny Press.

PETZET, H.W. (1993). *Encounters and Dialogues with Martin Heidegger* – 1929-1976 [Trad. P. Emad & K. Maly]. Chicago, IL: University of Chicago Press.

PHILIPS, H. (1998). *Heidegger's Philosophy of Being* – A Critical Interpretation. Princeton, NJ: Princeton University Press.

PHILLIPS, J. (2005). *Heidegger's Volk* – Between National Socialism and Poetry. Stanford, CA: Stanford University Press.

PÖGGELER, O. (1997). *The Paths of Heidegger's Life and Thought* [Trad. J. Bailiff]. Amherst, NY: Humanity Books.

______ (1987). *Martin Heidegger's Path of Thinking* [Trad. D. Magurshak & S. Barber]. Atlantic Highlands, NJ: Humanities Press.

POLT, R. (2006). *The Emergency of Being* – On Heidegger's "Contributions to Philosophy". Ithaca, NY: Cornell University Press.

______ (ed.) (2005). *Heidegger's "Being and Time"* – Critical Essays. Lanham, MD: Rowman & Littlefield.

______ (1999). *Heidegger* – An Introduction. Ithaca, NY: Cornell University Press.

POLT, R. & FRIED, G. (eds.) (2001). *A Companion to Heidegger's "Introduction to Metaphysics"*. New Haven, CT: Yale University Press.

POWELL, J. (2007). *Heidegger's Contributions to Philosophy* – Life and the Last God. Nova York: Continuum.

PRUDHOMME, J.O. (1997). *God and Being* – Heidegger's Relation to Theology. Atlantic Highlands, NJ: Humanities Press.

RAFFOUL, F. (1988). *Heidegger and the Subject* [Trad. D. Pettigrew & G. Recco]. Atlantic Highlands, NJ: Humanities Press.

RAFFOUL, F. & NELSON, E.S. (eds.) (2008). *Rethinking Facticity*. Albany, NY: Suny Press.

RAFFOUL, F. & PETTIGREW, D. (eds.) (2002). *Heidegger and Practical Philosophy*. Albany, NY: Suny Press.

RAPAPORT, H. (1989). *Heidegger and Derrida* – Reflections on Time and Language. Lincoln, NE: University of Nebraska Press.

RICHARDSON, W.J. (2003). *Heidegger* – Through Phenomenology to Thought. 4. ed. Nova York: Fordham University Press.

RICOEUR, P. (1984-1986). *Time and Narrative*. 3 vol. [Trad. J. Thompson]. Cambridge: Cambridge University Press.

RISSER, J. (ed.) (1999). *Heidegger Toward the Turn* – Essays on the Work of the 1930s. Albany, NY: Suny Press.

ROCKMORE, T. (ed.) (2000). *Heidegger, German Idealism, and Neo-Kantianism*. Amherst, NY: Humanity Books.

______ (1995). *Heidegger and French Philosophy* – Humanism, Antihumanism, and Being. Nova York: Routledge.

______ (1992). *On Heidegger's Nazism and Philosophy*. Berkeley, CA: University of California Press.

ROCKMORE, T. & MARGOLIS, J. (eds.) (1992). *The Heidegger Case* – On Philosophy and Politics. Philadelphia, PA: Temple University Press.

ROJCEWICZ, R. (2006). *The Gods and Technology* – A Reading of Heidegger. Albany, NY: Suny Press.

RORTY, R. (1991). *Essays on Heidegger and Others*. Cambridge: Cambridge University Press.

ROSEN, S. (1993). *The Question of Being* – A Reversal of Heidegger. New Haven, CT: Yale University Press.

RUIN, H. (1994). *Enigmatic Origins* – Tracing the Theme of Historicity through Heidegger's Works. Stockholm: Almqvist & Wiksell.

SADLER, T. (1996). *Heidegger and Aristotle* – The Question of Being. Londres: Athlone.

SAFRANSKI, R. (1998). *Martin Heidegger* – Between Good and Evil [Trad. E. Osers]. Cambridge, MA: Harvard University Press.

SALLIS, J. (1995a). *Delimitations* – Phenomenology and the End of Metaphysics. 2. ed. exp. Bloomington, IN: Indiana University Press.

______ (1995b). *Double Truth*. Albany, NY: Suny Press.

______ (ed.) (1993). *Reading Heidegger* – Commemorations. Bloomington, IN: Indiana University Press.

______ (ed.) (1978). *Radical Phenomenology* – Essays in Honor of Martin Heidegger. Atlantic Highlands, NJ: Humanities Press.

______ (1990). *Echoes* – After Heidegger. Bloomington, IN: Indiana University Press.

______ (ed.) (1970). *Heidegger and the Path of Thinking*. Pittsburgh, PA: Duquesne University Press.

SCHALOW, F. (2007). *The Incarnality of Being* – The Earth, Animals, and the Body in Heidegger's Thought. Albany, NY: Suny Press.

_____ (2001). *Heidegger and the Quest for the Sacred* – From Thought to the Sanctuary of Faith. Nova York: Springer.

______ (1992). *The Renewal of the Heidegger/Kant Dialogue*. Albany, NY: Suny Press.

SCHEIBLER, I.H. (2000). *Gadamer* – Between Heidegger and Habermas. Lanham, MD: Rowman & Littlefield.

SCHMIDT, D.J. (2001). *On Germans and Other Greeks* – Tragedy and Ethical Life. Bloomington, IN: Indiana University Press.

______ (1988). *The Ubiquity of the Finite* – Hegel, Heidegger, and the Entitlements of Philosophy. Cambridge, MA: MIT Press.

SCHÜRMANN, R. (2003). *Broken Hegemonies* [Trad. R. Lilly]. Bloomington, IN: Indiana University Press.

______ (1987). *Heidegger on Being and Acting* – From Principles to Anarchy [Trad. C.-M. Gros & R. Schürmann]. Bloomington, IN: Indiana University Press.

SCOTT, C.E. (1990). *The Question of Ethics* – Nietzsche, Foucault, Heidegger. Bloomington, IN: Indiana University Press.

_____ (1987). *The Language of Difference*. Atlantic Highlands, NJ: Humanities Press.

SCOTT, C.E. & BALLARD, E. (eds.) (1973). *Martin Heidegger* – In Europe and America. Haia: Nijhoff.

SCOTT, C.E.; SCHOENBOHM, S.; VALLEGA-NEU, D. & VALLEGA, A. (eds.) (2002). *Companion to Heidegger's "Contributions to Philosophy"*. Bloomington, IN: Indiana University Press.

SHAHAN, R.W. & MOHANTY, J.N. (eds.) (1984). *Thinking about Being* – Aspects of Heidegger's Thought. Norman, OK: University of Oklahoma Press.

SHARR, A. (2006). *Heidegger's Hut*. Cambridge, MA: MIT Press.

SHEEHAN, T. (2009). *Heidegger* – The Man and the Thinker. Edison, NJ: Transaction.

______ (1987). *Karl Rahner* – The Philosophical Foundations. Athens, OH: Ohio University Press.

SLUGA, H. (1993). *Heidegger's Crisis* – Philosophy and Politics in Nazi Germany. Cambridge, MA: Harvard University Press.

SPANOS, W. (1979). *Martin Heidegger and the Question of Literature*. Bloomington, IN: Indiana University Press.

SPIEGELBERG, H. (1969). *The Phenomenological Movement* – An Historical Introduction. 2 vol. Haia: Nijhoff.

STAMBAUGH, J. (1992). *The Finitude of Being*. Albany, NY: Suny Press.

______ (1991). *Thoughts on Heidegger*. Lanham, MD: University Press of America.

STAPLETON, T.J. (1983). *Husserl and Heidegger* – The Question of a Phenomenological Beginning. Albany, NY: Suny Press.

STEINER, G. (1987). *Martin Heidegger*. Chicago, IL: University of Chicago Press.

TAMINIAUX, J. (1991). *Heidegger and the Project of Fundamental Ontology* [Ed. e trad. M. Gendre]. Albany, NY: Suny Press.

TANZER, M.B. (2002). *Heidegger* – Decisionism and Quietism. Amherst, NY: Humanity Books.

THOMSON, I.D. (2005). *Heidegger on Ontotheology* – Technology and the Politics of Education. Cambridge: Cambridge University Press.

VALLEGA, A. (2003). *Heidegger and the Issue of Space* – Thinking on Exilic Grounds. Univeristy Park, PA: Penn State University Press.

VALLEGA-NEU, D. (2003). *Heidegger's "Contributions to Philosophy"* – An Introduction. Bloomington, IN: Indiana University Press.

VAN BUREN, J. (ed.) (2002). *Supplements* – From the Earliest Essays to Being and Time and Beyond. Albany, NY: Suny Press.

______ (1994). *The Young Heidegger* – Rumor of the Hidden King. Bloomington, IN: Indiana University Press.

VEDDER, B. (2007). *Heidegger's Philosophy of Religion* – From God to the Gods. Pittsburgh, PA: Duquesne University Press.

VILLA, D.R. (1996). *Arendt and Heidegger* – The Fate of the Political. Princeton, NJ: Princeton University Press.

VOGEL, L. (1994). *The Fragile We* – Ethical Implications of Heidegger's "Being and Time". Evanston, IL: Northwestern University Press.

WARD, J.F. (1995). *Heidegger's Political Thinking*. Amherst, MA: University of Massachusetts Press.

WHITE, C.J. (2005). *Time and Death* – Heidegger's Analysis of Finitude. Aldershot: Ashgate.

WOLIN, R. (2003). *Heidegger's Children* – Hannah Arendt, Karl Löwith, Hans Jonas, and Herbert Marcuse. Princeton, NJ: Princeton University Press.

______ (ed.) (1993). *The Heidegger Controversy* – A Critical Reader. Cambridge, MA: MIT Press.

______ (1990). *The Politics of Being* – The Political Thought of Martin Heidegger. Nova York: Columbia University Press.

WOOD, D. (ed.) (2002). *Thinking after Heidegger*. Cambridge: Polity.

______ (2001). *The Deconstruction of Time*. 2. ed. with a new preface. Evanston, IL: Northwestern University Press.

______ (1993). *Of Derrida, Heidegger, and Spirit*. Evanston, IL: Northwestern University Press.

WRATHHALL, M. (2006). *How to Read Heidegger*. Nova York: Norton.

WRATHALL, M. & MALPAS, J. (eds.) (2000). *Heidegger, Coping, and Cognitive Science* – Essays in Honor of Hubert L. Dreyfuss. Cambridge, MA: MIT Press.

YOUNG, J. (2004). *Heidegger's Philosophy of Art*. Cambridge: Cambridge University Press.

______ (2002). *Heidegger's Later Philosophy*. Cambridge: Cambridge University Press.

______ (1997). *Heidegger, Philosophy, Nazism*. Cambridge: Cambridge University Press.

ZARADER, M. (2006). *The Unthought Debt* – Heidegger and the Hebraic Heritage [Trad. B. Bergo]. Stanford, CA: Stanford University Press.

ZHANG, W. (2006). *Heidegger, Rorty, and the Eastern Thinkers* – A Hermeneutics of Cross-Cultural Understanding. Albany, NY: Suny Press.

ZIMMERMAN, M.E. (1990). *Heidegger's Confrontation with Modernity*. Bloomington, IN: Indiana University Press.

______ (1986). *Eclipse of the Self* – The Development of Heidegger's Concept of Authenticity. Athens, OH: Ohio University Press.

Índice

LEIA TAMBÉM:

Coleção Chaves de Leitura

Coordenador: Robinson dos Santos

A Coleção se propõe a oferecer "chaves de leitura" às principais obras filosóficas de todos os tempos, da Antiguidade Grega à Era Moderna e aos contemporâneos. Ela se distingue do padrão de outras introduções por ter em perspectiva a exposição clara e sucinta das ideias-chave, dos principais temas presentes na obra e dos argumentos desenvolvidos pelo autor. Ao mesmo tempo, não abre mão do contexto histórico e da herança filosófica que lhe é pertinente. As obras da Coleção Chaves de Leitura não pressupõem um conhecimento filosófico prévio, atendendo, dessa forma, perfeitamente ao estudante de graduação e ao leitor interessado em conhecer e estudar os grandes clássicos da Filosofia.

Coleção Chaves de Leitura:

- *Fundamentação da metafísica dos costumes – Uma chave de leitura*
  Sally Sedgwick
- *Fenomenologia do espírito – Uma chave de leitura*
  Ralf Ludwig
- *O príncipe – Uma chave de leitura*
  Miguel Vatter
- *Assim falava Zaratustra – Uma chave de leitura*
  Rüdiger Schmidt e Cord Spreckelsen
- *A república – Uma chave de leitura*
  Nickolas Pappas
- *Ser e tempo – Uma chave de leitura*
  Paul Gorner